预算绩效管理创新研究

王书爱 著

郑州大学出版社

图书在版编目(CIP)数据

预算绩效管理创新研究／王书爱著. — 郑州：郑州大学出版社，2023. 4(2024.6 重印)

ISBN 978-7-5645-9533-3

Ⅰ. ①预…　Ⅱ. ①王…　Ⅲ. ①财政预算－经济绩效－财政管理－研究　Ⅳ. ①F810.3

中国国家版本馆 CIP 数据核字(2023)第 038696 号

预算绩效管理创新研究

YUSUAN JIXIAO GUANLI CHUANGXIN YANJIU

策划编辑	郜　毅	封面设计	王　微
责任编辑	吴　昊　马云飞	版式设计	苏永生
责任校对	郜　毅	责任监制	李瑞卿

出版发行	郑州大学出版社	地　　址	郑州市大学路 40 号(450052)
出 版 人	孙保营	网　　址	http://www.zzup.cn
经　　销	全国新华书店	发行电话	0371-66966070
印　　刷	廊坊市印艺阁数字科技有限公司		
开　　本	710 mm×1 010 mm　1 / 16		
印　　张	24	字　　数	395 千字
版　　次	2023 年 4 月第 1 版	印　　次	2024 年 6 月第 2 次印刷
书　　号	ISBN 978-7-5645-9533-3	定　　价	88.00 元

本书如有印装质量问题,请与本社联系调换。

作者简介

王书爱,出生于1981年3月,籍贯为湖北枣阳。本科学历,高级会计师。现任职于荆楚理工学院,主要研究方向为财务管理。发表多篇学术论文,主持完成多项省市级科研项目。

本专著为以下3个在研项目研究成果:

1. 2020年度荆门市科技计划项目"荆门市行政事业单位部门整体支出绩效评价创新研究"(课题编号:2020YFYB067)。

2. 荆楚理工学院2021年校级科研项目"中期财政规划下高校预算绩效管理创新研究"。

3. 2021年度湖北省高等学校哲学社会科学研究一般项目"中期财政规划下高校预算绩效管理创新研究"(课题编号:21Y266)。

绩效,是人类一切活动共同追求的目标,也是现代国家治理必须遵循的一项重要原则。首先提出预算绩效概念的,是1949年的美国联邦政府。其原则是:政府按照所属部门完成的各项业绩编制预算,将预算安排建立在可衡量绩效的基础上,也就是"干多少事,拨多少钱"。特别是在克林顿执政时期,美国的预算绩效管理得到了长足发展,对于提高政府运行效率,改善财政收支状况,促进经济社会可持续发展等,都发挥了重要的作用。目前国际上已有澳大利亚、新西兰、加拿大等50多个国家不同程度地推行了预算绩效管理。

预算绩效的核心是制定公共支出绩效目标,建立预算绩效评价体系,实现预算管理由注重资金投入向注重支出绩效的转变。编制预算要以工作目标为依据,预算安排要与支出绩效和结果相适应,政府预算不以投入为主导,而以支出结果为主导,这是预算管理的一项重大改革。

在我国实施预算绩效管理,不仅是建立完善现代预算制度的必然要求,也是转变政府职能、推进国家治理现代化的一个重要手段。其本质是落实政府的公共责任,体现有权必有责,有责必追究。预算作为公共财政的核心,也必须体现"花钱必有效,无效必问责"。预算绩效管理必须从明确绩效目标和建立绩效评价体系及绩效责任体系入手,重在考核政府及所属支出单位提供公共服务和公共产品的效果。在这个意义上,绩效就是预算的灵魂和生命,预算、目标、考核、责任必须四位一体,密不可分,有机统一在现代预算制度之中,这是当前财税体制改革的一项重大任务。

目前,实施预算绩效管理在我国仍处于探索、研究阶段,需要我们进一步解放思想、转变工作作风、革除传统旧习、完善制度建设。希望更多的有志之士投入我国绩效预算管理的改革与创新中,为建立和完善我国的绩效预算制度,推动政府的绩效管理与行政问责做出更多的贡献。

王书爱

2022 年 10 月

第一章

政府预算的产生和发展

第一节　政府预算的概念及特征

一、政府预算概念

政府预算是政府一定时期的具有一定法律形式和制度保障的货币资金收支计划,是集中和分配财政资金的重要工具,是维护统治阶级利益和实施财政监督管理的重要手段。其形式表现为,按一定标准,分门别类地填列有财政收入和支出的特定表格,即政府收支一览表。

首先,政府预算是政府的年度财政资金收支计划。它是对年度政府财政收支的规模和结构进行的预计和测算。其具体形式是按一定的标准将政府预算年度的财政收支分门别类地列入各种计划表格,通过这些表格可以反映一定时期政府财政收入的具体来源和支出方向。

其次,政府预算是具有法律效力的文件。表现为政府预算的级次划分、收支内容、管理职权划分、审批等都是以预算法的形式规定的,预算的编制、执行和决算的过程也是在预算法的规范下进行的。政府预算编制后要经过国家立法机构审查批准方能公布并组织实施;预算的执行过程受法律的严格制约,不经法定程序,任何人无权改变预算规定的各项收支指标。这就使政府的财政行为通过预算的法制化管理被置于民众的监督之下。

再次,政府预算是国家和政府意志的体现。从政治性方面看,政府预算是重大的政治行为,其本质是国家和政府意志的体现,为维护统治阶级利益服务。

最后,政府预算是财政体系的重要组成部分,并同政府财政具有内在的联系。从财政收支的内容上看,政府预算是政府财政的核心,但从起源看,两者不具有一致性。财政随国家的产生而产生,而政府预算是社会发展到封建社会末期资本主义初期的产物,即是财政发展到一定阶段的产物。当财政要求制订统一的年度收支计划,而且要求经过一定的立法程序审查批准时才出现政府预算。

简而言之,政府预算就是具有法律效力的政府年度财政收支计划。

二、政府预算的基本特征

政府预算作为一个独立的财政范畴,在其发展演变过程中逐步形成了与税收、公债等财政范畴不同的以下基本特征:

1. 计划预测性

政府预算的直接表现形式就是政府为下一年度财政收支编制的计划。而计划具有预测性,预测性是指政府通过编制预算可以对预算收支规模、收入来源和支出用途做出事前的设想和预计。各级政府及有关部门一般在本预算年度结束以前,需要对下一年度的预算收支做出预测,编制预算收支计划,进行收支对比,进而研究对策。政府预算的预测是经济预测的重要组成部分,它是正式编制政府预算的必要步骤。

2. 综合完整性

政府预算是政府各项财政收支的汇集点和枢纽,综合反映政府财政收支活动的全貌,反映政府活动的范围和方向,是政府的基本财政收支计划。预算内容应完整,必须包括政府一切事务所形成的所有的政府收入和支出,除了某些例外,都应当纳入政府预算,都必须处于政府预算的约束和规范下,全面体现政府年度工作安排。在政府预算收支之外,不应该存在与政府有关的其他任何收入和支出。

3. 公开透明性

即政府收支活动应是公开的、透明的,政府所有的收支计划和活动过程,除了某些例外,都必须向立法机构和社会公众公开,都必须接受立法机构、社会公众和社会舆论的监督。市场经济下政府的财政活动,其收入取自于纳税人,其支出必须为纳税人的利益服务。社会公众要能够真正决定政府的收支活动,就必须将政府的收支计划及活动全过程公开。预算作为公开性的法律文件,其内容必须明确,以便于全社会公众及其代表理解、审查。同时,政府预算收支计划的制订、执行以及决算的全过程也须向公众全面公开,不应该存在"暗箱"操作。政府预算公开所采用的形式是向社会公布其预、决算报告。

4.法律性

所谓政府预算的法律性,是指政府预算的形成和执行结果都要经过立法机关审查批准,经立法机关审批通过的政府预算就是一项法律,具有法律效力,违背政府预算就是违法行为,任何人违背政府预算都必须受到法律的追究和制裁。政府预算与一般的财政经济计划不同,它必须经过规定的合法程序,并最终成为一项法律性文件。各国的宪法和预算法都明确规定了立法机构在预算审批方面的权限和职责。如我国的《中华人民共和国宪法》(以下简称《宪法》)和《中华人民共和国预算法》(以下简称《预算法》)明确规定各级人民代表大会有审查批准本级预算的职权。各级预算确定的各项收支指标经国家权力机关审查、批准下达后,就具有法律强制性,各级政府、各部门、各单位都必须维护政府预算的严肃性、权威性,应严格贯彻执行,并保证预算收支任务的圆满实现。非经法定程序,任何部门、组织和个人均不得擅自改变批准的政府预算。法律性是政府预算区别于其他财政范畴的一个重要特征。

5.年度性

政府预算所规定的收支内容具有明确的时间界限,时间界限通常规定为一年,即预算具有年度特征。预算年度指预算收支的起讫时间,通常为一年。预算年度是各国政府编制和执行预算所依据的法定期限。预算年度有历年制和跨年制两种形式。历年制是按公历年,即预算期限规定为自公历某年1月1日起至同年12月31日止,如中国、德国和法国的预算年度采用历年制。

跨年制是指预算期限规定为从当年某月日起至次年某月日止。跨年制起讫时间的确定主要考虑本国国会会期、税收与工农业经济的季节相关性等因素。

第二节　政府预算政策与有效管理原则

一、政府预算政策

严格地说,预算政策与预算范畴一同产生。预算政策的萌芽或雏形,最早可追溯到国家财政产生的初期,但包括预算政策在内的公共政策,成为一门独立的学科,则不过是近几十年的事。在中国财政发展中,积累了丰富的预算政策实践经验,如《周礼·王制》中的"量入以为出"、汉唐等时期的轻徭薄赋政策等。新中国成立后,在预算管理中实行收支平衡、略有结余的政策。改革开放以来,随着社会主义市场经济发展,在平衡预算政策的基础上,根据国民经济运行和社会发展的需要,政府预算政策制定、实施更为科学化、民主化,手段灵活多样,如近年来政府预算采取有效措施,支持国家实施科教兴国战略、控制人口和保护环境的可持续发展战略,以及增加政府支出,刺激社会有效需求,等等。在国外,随着现代预算制度在英国出现,政府预算政策也因时代的变化而不断调整,在1929—1933年的经济大危机以前,古典经济学家一般都主张政府预算收支平衡,反对政府大量举借债务,以及干预经济运行。大危机后,凯恩斯的赤字预算政策应运而生,但政府长期实行赤字预算,大量发行公债,导致政府债台高筑,财政支出结构僵化,对经济社会发展产生消极影响,20世纪80年代前后,各国政府陆续改弦更张,采取其他经济学派政策主张。其中,美国政府在采取了一系列政策措施后,使曾为世界头号债务国的美国,在克林顿总统第二轮任期内预算出现了结余,消除了赤字,成为美国政府预算政策的重大转折点。在欧洲,欧盟成立之初,要求成员国财政赤字占GDP的比重小于3%,也表明了欧洲国家政府预算政策的导向。1997年东南亚金融危机后,经济自由主义思想又有所抬头,在政府预算政策上要求减少政府干预、收缩政府规模,推行公共企业民营化等。

与政府预算管理实践相适应,对预算政策内涵的认识不断加深。尽管对具体表述有不同意见,但核心内容基本相同,即预算政策,是指在预算编制、执行和决算等一系列预算管理活动中,为实现一定时期政府预算管理目标,所实施的指导预算工作的各种行为准则,包括各类法令、措施、办法、方法、规定等等。在概念外延上,预算政策是财政政策的核心,构成政府宏观经济政策的重要内容。因为税收政策、国债政策、财政投资政策、财政补贴政策、国有资产管理政策等各项财政政策,最终需要通过政府预算安排来实现,预算是政府财政收支运行的总枢纽,预算政策集中体现了社会公共需要对政府财政收入、财政支出和管理的要求,这就决定了预算政策在财政政策中的地位与功能。从一般意义上讲,预算政策包括政策目标、政策工具、政策传导机制和政策效果等内容。

为进一步明确预算政策的含义,我们可从以下几方面理解预算政策的概念。

(一)年度平衡预算政策

年度平衡预算政策是指政府的预算收支应该每一年度都维持平衡,应当根据政府收入能力来安排政府的支出计划,不能发生赤字,并反对政府发行公债。政府年度预算平衡可以反映出政府必备的财政职责和行政的效率,可以控制政府部门的超额支出和防止公共部门的相对膨胀,维持经济资源在政府和非政府部门间的合理配置。这是在 20 世纪 30 年代世界经济大危机以前普遍采用的预算政策。

年度预算平衡政策是古典经济学派财政学者的一贯主张。古典学派的经济学家亚当·斯密、萨伊、李嘉图与米勒等人赞成自由放任的资本主义市场经济,反对国家对经济的干预。他们从个人主义立场出发,认为国家只是一个消费体,国家财政规模应该尽量小,政府消费应当节约,国家职能必须缩小到最低限度。他们竭力主张预算收支平衡,反对预算赤字,反对将预算作为国家干预经济的工具。都认为政府本质上并不是一个生产部门,公债的发行会对社会经济产生各种不良的影响。亚当·斯密在其《国民财富的性质和原因的研究》中提出:政府征税应遵循"公平、确定、简便、征收费用最小"四原则;财政支出应遵循厉行节约、"量入为出"的原则,不列赤字;"公债是当代人对下代人的犯罪",政府应尽量减少发行公债。

古典学派强调政府预算收支平衡,反对赤字预算和以债养债的做法,这些主张称为健全财政(sound finance)。他们对政府年度预算应当保持平衡所持的理由如下:首先,政府通过发行公债从非政府部门取得资金,会造成非政府部门用于投资用途的资金发生短缺,从而阻碍了非政府部门的发展,尤其当政府发行公债将社会的生产资金转变成为政府的消费基金时,不但会影响生产资金的增加,而且会减少社会现有的资本;其次,政府实施财政赤字政策将使公共部门可利用的资源相对增加,国家为偿还旧债的本金与利息,一般需发行新债偿付旧债,这会使国家债务累积额增加,进而导致财政破产和引发通货膨胀。

(二)功能性预算政策

功能性预算政策是指预算政策应具有调节宏观经济运行,实现宏观经济总体目标的功能,而不是单纯强调对政府活动的控制,所以,称之为功能性预算政策。功能性预算政策强调,政府预算的平衡、盈余或赤字都只是手段,目标是追求无通胀的充分就业和经济的稳定增长。20世纪30年代世界经济出现有史以来最大的经济危机,主要资本主义市场经济国家进入政府干预时期。倡导者如汉森、雷纳等人主张,政府预算不必年年都维持平衡,预算收支只是政府实现政策目标的特殊工具,并认为政府必要时还可采取赤字预算和盈余预算方式,来达到实现政府宏观经济政策目标的功能。当经济萧条时,政府的预算支出可以超过预算收入,以赤字预算的方式主动刺激经济的复苏。相反,当经济繁荣时,政府的预算支出可低于预算收入,采取盈余预算方式,主动削减过度的有效需求,抑制通货膨胀的发生,以实现宏观经济平稳发展。

雷纳认为,功能性预算政策包括以下三个方面的含义。其一,政府预算应以达到充分就业和价格稳定为目标,不必强求年度收支的平衡。其二,只有在需要减少非政府部门货币使用量,以及需要增加其对政府公债的持有量时,政府才应当发行公债。在没有公债流通和市场利率水平偏低时,则社会投资压力过大有可能导致通货膨胀,此时政府发行公债最为恰当。其三,政府的预算支出大于预算收入时,如果这一差额不能用发行公债来弥补,则主张政府向中央银行借款或采取增加货币发行的方式来进行抵充;反之,若政府预算收入超过预算支出,此时的预算盈余应用于偿还以往的政府借款、销毁旧钞票,或以买入公债方式,将这些超额收入以货币方式重新流向社会其他部门。至于究竟应采取增发货币、销毁旧钞或让一般社会公众持有货币,其选择的前提主要是充分就业和价格稳定两大政策目标。

(三)周期性预算平衡政策

周期性预算平衡政策也称为循环性预算平衡政策。这一预算政策主张政府预算收支的平衡,应以整个经济周期为依据,无须强求每一个预算年度预算收支的平衡,也就是说只要求政府的预算收入与预算支出在一个经济周期内的平衡即可。在经济衰退时实行扩张政策,有意安排预算赤字;在繁荣时期实行紧缩政策,有意安排预算盈余;用繁荣时的盈余弥补衰退时的赤字,使整个经济周期的盈余和赤字相抵而实现在整个经济周期内的预算平衡。所以从单个预算年度来看,为了实现宏观经济政策目标,可能出现预算赤字或预算盈余,从这方面看,它具有弹性调节预算收支的功能性预算的基础。由于要求在整个经济周期内预算收支平衡,所以它具有在一个周期内实现对政府预算进行财政控制和调节资源配置的功能。因而周期性预算平衡政策同时兼顾了实现宏观经济政策目标与资源合理配置的双重目标。

周期性预算平衡政策具有以下两方面的优点:其一,具有功能性预算政策的特点,肯定预算收支对宏观经济产生积极正面的影响效果,同时深信谨慎的预算政策能够有效地实现宏观经济目标;其二,仍然保持了有效配置经济资源的预算控制机制,并与预算收支维持平衡的政策不相冲突。

周期性预算平衡政策在理论上似乎非常完整,但实行起来非常困难。这是因为在一个预算周期内,很难准确估计繁荣与衰退的时间与程度,两者更不会完全相等,因此连政府预算都难以事先确定,从而政府周期预算平衡也就更难以实现。各国政府在实施周期性预算平衡政策时产生了许多问题,主要包括以下几个方面。

第一,以一个经济周期为标准,在这期间内为了抑制通货膨胀而产生的预算盈余数,不太可能恰好等于为刺激经济复苏所发生的预算赤字数。因此,在一个经济周期内预算并不一定能维持平衡,只在极其偶然的情况下,盈余与赤字才会对称出现并正好相等,周期性预算平衡政策才可实行。因此周期性预算平衡政策缺乏现实必然的立论基础。

第二,在经济周期中各个小周期的顶峰点,并不必然会出现通货膨胀,一般即使经济处于繁荣时期,社会生产能力仍未得到充分发挥,因而也无法满足充分就业条件下所需的产出水平。此时立即采用盈余预算政策,反而会破坏经济的稳定状态,加剧经济周期波动的幅度。

第三,社会中存在的各种利益集团,常常会对各种预算立法施加相当程度的影响,为了维持他们所代表的团体的利益,均主张增加对他们自身有利的预算支出,减轻自身的税收负担。这种制度上存在的客观因素,导致政府赤字预算的数额普遍高于盈余预算的数额。因此即使在经济周期内,盈余预算与赤字预算呈对称状态,也会由于政治制度因素导致经常出现预算赤字,最终使周期性预算平衡政策无法真正得以实施。

(四)充分就业的预算政策

充分就业预算是指政府应当使支出保持在充分就业条件下所能达到的净税收水平。

充分就业的预算政策是另外一种折中性质的预算政策,其目标是运用各种预算收支工具,来达到充分就业,并进而谋求物价的稳定。这一预算政策要求政府在确定税率时,除了应当维持预算收支的平衡目标外,还应创造充分的就业水平。当国民收入水平达到满意的标准时,税收就应促使预算保留少量的盈余,以作为偿还公债所需要的资金。一旦政府税率决定下来,除非国家社会经济情况发生了重大变化,一般不能轻易调整。

由上可知,充分就业的预算政策是建立在财政自动稳定因素(automatic fiscal stabi-lizer factors)的理论基础上的,从而避免了人为频繁地调整变动税率。从这一角度来说,充分就业的预算政策不同于周期性预算平衡政策,其实质就是自动稳定财政政策,它的预算收支属于自发性的调整变动,税收收入与国民收入水平保持正相关关系。

(五)综合性的预算政策

为了达到充分就业、价格稳定、经济增长以及国际收支平衡等宏观经济政策目标,必须设计一种兼具上述各种预算政策优点的综合性预算政策。综合性预算政策的内容除包括年度预算平衡政策与功能性预算政策的特点外,还应合理协调运用财政政策与货币政策,综合人为性政策措施与自发性经济稳定因素,形成一种折中性的预算政策。

二、政府预算有效管理原则

政府预算原则是指政府选择预算形式和体系应遵循的指导思想,也就是确定政府财政收支计划的方针。自政府预算产生之后,就开始了对预算原则的探索,形成各种各样的思想和主张。

(一)政府预算原则的形成

古典政府预算原则形成过程当中,欧洲学者的研究占有相当重要的地位,其中具有代表性的预算原则有以下几种。

1.尼琪的预算原则

尼琪是 19 世纪的意大利财政学者,他提出的预算原则包括以下几点。

(1)公开性原则,即预算的内容应该力求详尽通俗,使社会公众能够了解预算收支的全部情况。全部预算收支必须经过议会审查批准成为公开性的文件,并向社会公布。

(2)确定性原则,即预算编制时,应该认真收集各种相关资料,依据社会经济发展的趋势,做出准确、切实的预测,以谋求预算的稳定。

(3)统一性原则,即在统一预算内,各项收支编列的标准应力求一致,所有收支均应列入同一预算之内。

(4)总括性原则,即所有财政收支都应列入预算,避免预算外收支的存在,不得进行预算以外的预算资金收支活动。

(5)分类性原则,即政府收支预算应根据其性质分门别类,清晰列示,以利于社会公众据以了解政府预算资金活动情况和政府活动内容。

(6)年度性原则,即预算必须按规定的预算年度编制和执行,不能逾越预算年度。

2.纽玛克的预算原则

德国学者纽玛克提出的预算原则包括以下几点。

(1)全面性原则,即一切政府开支和收入,必须完全计入预算。如果将应计入预算开支的经费不列入预算,要么会削减政府必要的行政计划,要么会为预算外列支提供借口。如果将能收上来的收入不计入预算,就会发生不正常的预算盈余。

(2)收入的非专用原则,即在收入项目与支出项目之间,不能设置特别的相互隶属关系。也就是说,预算收入应该作为一个整体,再根据整个政府财政活动的轻重缓急,将财源予以合理配置;收入与支出项目各不相属,也不相关,一般不能指定某项收入作为某项支出之用。

（3）一致性原则。此原则包括两层含义,一是财政收支应统一编列,维持一个完整的体系;二是一项预算内限定同一项目的内容不得分散于两个项目。

（4）明晰性原则。预算收支的项目内容,即预算收入的来源与支出的用途,应分类表示,清晰一致,便于审议与执行,进而提高政府行政工作效率。

（5）准确性原则。预算预计的收入应与实际可能筹集的收入基本相符,如低估收入就会使预算不平衡,如高估收入就会不适当地加重民众负担。同时,预算支出也不能高估或低估,以免引起浪费或导致预算失衡。

（6）事前批准原则。预算必须在预算年度开始前决定,以免侵犯立法机构的职权和产生财政舞弊现象。为达到这一目的,一般要在法律上规定预算编制、审批的期限。

（7）严格性原则。预算科目的设立应力求明确,避免科目之间隐性、不恰当的流用;预算以外的支出项目应予以禁止,包括预算中原来没有该项支出而安排支出,或是超过某项支出预算数安排支出,或是将应在预算内列支的项目转入预算外;禁止提前支用下年度的经费,或将本年度的经费不经法定程序结转到下年度使用。

（8）公开性原则。预算内容必须对社会全面公开,社会公众根据预算所列示的内容,能够全面了解政府的各项活动及财政状况。

3.舍德的预算原则

德国学者舍德认为预算原则有四个基本问题,作为对这些问题的回答,分别形成了一些预算原则。

第一个问题:什么应该被纳入预算?从预算范围来看,有全面性原则,而从预算特点来看,有准确性原则。第二个问题:预算将通过何种方式展示其所包含的支出和收入项目?针对这一问题,发展出一致性原则、清楚性原则、公开性原则和可比性原则等。第三个问题:何时提交预算?对此,有事前批准原则。第四个问题:预算规定在何种程度上约束着各个政府部门的行动?与这一问题相对应的是严格性原则。

4.桑德森的预算原则

桑德森将预算原则归纳为三大类:第一类预算原则涉及预算体系和政治单位的财政活动,包括全面性原则和排除性原则;第二类预算原则涉及预算机制如何处理预算体系内各种预算要素,包括一致性原则、严格性原则、年度性原则和准确性原则;第三类预算原则涉及提交预算内容的形式和技术,包括清楚性原则和公共性原则。

(二)政府预算原则的发展

20 世纪 30 年代,世界经济大危机后,凯恩斯主义风行于西方国家,传统的古典预算原则已不再适应新的经济形势和政府职能的变化,各国开始对古典预算原则进行修改和补充。最具代表性的是 1945 年美国联邦政府预算局局长史密斯提出的八条预算原则。

(1)反映行政计划原则。财政承担着实现政府行政计划的职责,所以预算必须为实施行政计划提供便利,即政府预算必须反映和支持政府行政首脑的计划,总统所提出的政府预算一经国会通过即成为施政纲领。

(2)加强行政责任原则。预算实施必须赋予行政部门必要的权力和责任。立法机构通过立法程序使正式预算成立后,预算的执行权力属于行政部门,行政部门应当负有有效地执行预算的责任。

(3)以政府预算报告为依据原则。在预算的编制、审批、执行、监督过程中,政府应当提供预算报告及与之相关的各项资料,以此作为预算立法和管理的基础。

(4)执行中的弹性原则。为适应社会经济形势的变化,预算要有一定的弹性。预算中应包括随经济形势的变化作适当调整的内容,应该有适当的弹性条款的规定,授权行政机关在预算执行期间,可以根据实际情况作必要的调整。

(5)适度权力原则。预算的"工具"必须充分,在政府行政机构中应有编制和执行预算的专职机构和足够的人员。行政首长具备调节预算资金的权力和手段,有权规定季度和月度的拨款额,有权建立预算预备费并在必要时使用。

(6)预算程序多样化原则。针对政府的行政活动、经济建设活动以及公共事业活动的性质不同,应采取不同的预算管理程序,采取多种管理形式来适应各种性质活动的需要,不宜强求一致,技术手段也应适应多种管理形式的需要。

(7)适当加强行政主动性原则。国会可以原则规定资金使用的范围、方向和目的,在不违背立法机构基本政策方针的前提下,具体方式和途径应允许行政机构灵活调整以实现预算的目标。

(8)机构协调原则。预算机构必须在预算的编制及执行上相互联系和协调,充分发挥各自的作用。在预算编制、执行过程中,中央预算机关与地方各级预算机关之间以及预算机关与主管部门、单位之间,都应相互协调合作,以实现相互沟通、相互监督。

(三)政府预算的一般原则

西方预算理论界对上述原则加以总结归纳,形成了一套为多数国家所接受的一般性预算原则,主要包括:

(1)全面性原则。该原则强调新有政府收支必须纳入预算,进入预算程序,受预算机制的约束。政府预算应该包括政府全部财政收支,反映政府的全部财政活动,不允许有预算之外的政府财政收支,也不允许有政府预算规定范围以外的财政活动。

(2)一致性原则。该原则强调对所有的政府收入和支出都应该同等对待,按照统一的程序和标准来计量和编制。同时,预算的各部分应该恰当地联系起来。

(3)可靠性原则。政府预算的编制和批准所依据的资料信息必须可靠,收支的每一个项目的数字指标,都必须运用科学的方法,依据充分、准确的资料,进行正确的计算与填列,不得假定、估算或编造。

(4)严格性原则。该原则强调政府预算一经做出后就必须严格执行,并能有效地约束各个政府部门的行动。该原则又包括定性和定量两个层面的内容。在定性层面上,预算拨款只能用于预先规定在预算中的项目,禁止将拨款从某一个项目(或部门)转移到另一个项目(或部门)。在定量层面上,该原则规定只有当政府决定在预算中提供某笔资金后才允许进行支出。

(5)公开性原则。该原则要求各级政府的全部财政收支必须经过立法机关审查批准,并采取一定形式向社会公布。

(6)年度性原则。该原则要求所有政府预算都按照预算年度编制,列出预算年度内收支总额,不应该对本预算年度之后的财政收支做出任何事先安排。该原则意味着每年都必须重新做一次预算,预算只能覆盖某一个特定的时期,这无疑增加了预算官员的决策成本。

第三节 政府预算的产生与演变

一、政府预算的产生

在资本主义社会以前,奴隶制社会就开始出现了以国家为主体的财政收支活动。但是,由于生产资料基本上属于奴隶主和封建帝王、贵族所有,因此,王室贵族的个人收支与国家的财政收支混在一起。并且,在奴隶主和封建主所统治的国家里,各级政府在财政分配活动中所处的地位和职责也不明确。这样,奴隶制国家和封建制国家中就不可能有完整、系统的财政管理制度。同时,在这一漫长的历史时期里,由于商品货币经济不发达,诸多的财政收支大都采用实物形态,因此,财政分配也不可能进行事前详细的量的测算,即使有些个别的财政收支预计,甚至对政府收支进行记账和分析等活动,也不具备现代政府预算管理制度的一些基本特征。所以,严格地说,在前资本主义社会里还没有政府预算这一范畴。

早期的政府预算管理制度首先兴起于西欧各国。在西欧,封建社会末期资本主义生产方式开始出现,商品货币关系逐步发展起来,但封建割据和关卡林立的局面却严重妨碍着商品生产和流通,成为当时社会生产力发展的阻力,致使阶级斗争尖锐。新生产方式的出现,国内市场的逐步形成,又使上层建筑发生了变化,有些国家已经出现了政治统一和中央集权的趋势。在政权集中化过程中,封地制度取消、国家机关扩大、官吏俸禄增加、常备军设立、对外进行扩张、封建贵族阶级的横征暴敛和挥霍浪费等因素,使国家除了增加捐税以外,还需要举借债务。这些变化都扩大了财政支出规模,于是产生了组织经常性财政收入的要求。但这一时期国家筹集财政资金相当困难。因为原来王室取得财富的方式已不适用,只好把财政负担转嫁到新兴资产阶级、广大农民和城市平民身上,这就严重地损害了他们的利益。在这种情况下,从封建社会末期成长起来的新兴资产阶级,凭借广大农民和城市平民反封建的力量,与封建贵族统治阶级展开了激烈的斗争。新兴资产阶级为了发展私人资本,就要限制封建王朝的财政特权。他们以提供资金为条件,要求对国家财政进行监督,提出以立法形式规定财政收支规模,制订财政收支计划,逐步形成了资产阶级国家预算的雏形。

可见,政府预算制度是新兴资产阶级同封建贵族统治阶级进行经济斗争的过程中,作为一种经济斗争的手段而产生的。不过,这段历史进程很长。这场斗争大体经历了三个发展阶段:最初,集中在限制国王的课税权上;后来,扩大到争夺财政资金的支配权和控制权上;最后,发展到取消封建贵族统治阶级在财政上所享有的特权。这种发展的脉络从英国的情况可以清晰地反映出来。

二、政府预算产生和发展的根源

从政府预算的产生和发展过程看,始终与新旧两个阶级为争夺政治经济大权和财政控制权的斗争密切相连,而且,这种斗争每向前发展一步,财政预算管理制度就向前发展一步。双方在争夺财政权的较量中,新兴资产阶级把建立国家预算和改进财政预算管理制度作为一种有力的斗争手段,来击溃腐朽的封建贵族统治而取胜。显然,国家预算的产生是社会生产方式的变更所引起的,是资本主义生产方式的建立起了决定性作用。资本主义生产方式逐步发展起来时,新兴资产阶级占有了大量的财产,他们必然要求登上政治经济舞台,建立维护他们利益的政治经济制度。在财政上,他们直接负担着封建国家的大部分财政供应。因此,他们要求控制国家的财政大权,限制封建国家的财政开支,严格划分王室收支和国家财政收支的界限,财政预算管理要反映和体现他们的利益就成为必然。世界上其他资本主义国家的预算管理制度虽然确立较晚,而且具体情况也不尽相同,但无论这些国家其预算制度的建立和发展状况有多大差异,却都是为适应国内政治经济发展趋势的需要和生产力发展要求而出现的。考察政府预算产生的原因和条件可归纳为以下几条。

(一)资本主义生产方式的确立对政府预算的产生起了决定性作用

从政府预算的产生和发展过程中可以看出,在封建社会末期,新兴资产阶级和封建王朝围绕着争夺财政权的问题而展开的激烈斗争,是由生产关系的变化所引起的,特别是生产资料资本主义所有制结构的变化,使资本主义生产方式得以确立,这对政府预算的产生起了决定性作用。虽然奴隶制国家和封建制国家就出现了对财政收支活动的记录,像中国古代和古罗马帝国就出现过对国家财政收支的记账,甚至有个别的预计收支,但它的基本特征是事后记录和缺乏法律约束力。因为国王享有至高无上的权力,可以无节制地任意支配国家资财,由此,决定了财政收支不可能经过一定的法律程序和手续,而且,当时的国家机构没有审批机关,也就不可能形成完备的国家预算制度。

西方资本主义新生产方式出现的初期,由于资产阶级本身力量单薄,仍然依附于封建统治者并承担纳税义务。后来,随着资本主义生产方式的发展,资产阶级作为生产资料的独立所有者逐步在经济上成为国家的统治阶级。他们直接担负着封建制国家的大部分财政供应,就必然要求国家财政分配能够反映他们的利益,要求封建君主取消封建割据、取消关卡林立和繁重的税收,要求王室收支与国家财政收支划分开来、限制政府开支规模并预先编制财政收支计划,进而要求控制国家财政大权。在新兴资产阶级出现之前,还没有哪一个强大的政治力量能够使上述要求得以实现。这些要求只有资本主义生产方式产生之后,新兴资产阶级成为一种强大的政治力量出现在政治舞台上才有可能实现,才有可能通过议会制度控制国家政权和财政权,由代表新兴资产阶级利益的国会批准的政府预算才会产生。

政府预算作为一种具有法律效力的财政经济斗争工具,在推翻封建统治的过程中起了积极作用,又对资本主义生产方式的建立和生产力的发展起了促进作用。正如马克思、恩格斯所指出的,"资产阶级在它的不到一百年的阶级统治中所创造的生产力,比过去一切世代创造的全部生产力还要多,还要大"。无疑,资本主义国家预算制度的逐步建立,促进了商品经济的发展和资本的积累。

(二)社会化大生产既是政府预算产生的原因,也是政府预算产生的条件

如果从国家预算的实质内容来看,它首先是包含着诸多经济内容的一个经济文件。所以,它的产生又与资本主义社会化大生产所引起的经济联系日益密切和复杂有关。在资本主义生产方式建立的初期,生产力发展很快,大量的社会财富涌现出来,财政可分配对象日益扩大。不但财政分配总量增加,而且财政收支数额也比较稳定。同时,社会化大生产使得社会再生产的各个领域和各个环节之间的经济联系日益紧密起来。财政既然是社会

再生产中的一个重要环节,它的各项收支的数量和用项,就必须与社会政治经济的发展形势联系起来,实行有计划的管理。财政收支管理再也不能像以前那样处于简单的"收、支、存"的自然管理状态,它必须事前做出预算安排,并实行法制化管理。所以,社会化大生产及其经济联系的密切,既是政府预算产生的根源之一,也是政府预算产生的条件。

(三)商品货币经济的发展是政府预算产生的必要条件

众所周知,政府预算是由各种不同流量和流向的价值指标组成的一个一览表。它是用价值指标并以法的形式来规范一国政府的活动范围和方向。因此,在自然经济的社会形态里是不会产生的。这并不意味着我们否认前资本主义社会存在财政收支计划。这些以实物形态为主要特征的财政收支计划之所以不能称之为国家预算,是因为它不具备国家预算的一些基本特征。从财政史上看,财政分配由实物形态向货币形态过渡是一个很长的历史过程。不同的实物有不同的使用价值,在质上不相同,在量上无法比较。只有在商品经济条件下,各种有不同使用价值的商品才能统一用价值来计量。当商品货币经济高度发达时,商品的价值独立化为货币,货币关系普遍发展而成为财富的绝对社会形式,并控制和掌握着整个社会再生产领域时,财政分配才有可能完全采取货币形式。只有在这样的条件下,一国政府的全部财政收支才能形成一个统一的综合基金计划,一个完整的、有法律制度保证的现代国家预算才会产生。所以,商品货币经济的发展是政府预算产生的条件和根源。

资本主义生产方式建立之后,商品货币关系逐渐发展起来。商品经济的发展使商品的价值独立化为货币。货币关系普遍发展而成为社会财富的绝对形式,并渗透到社会经济的各个方面,控制和掌握着整个社会再生产领域,使财政分配采取货币形式成为可能。如果没有财政分配完全货币化这一必备条件,国家财政的全部收支就无法形成统一的综合基金而被当作一个统一的整体对待,封建制专收专用制度也不可能被淘汰。所以,财政分配的货币化是政府预算产生的必备条件。有了这一条件,才有可能对不同实物形态的财政收支进行计量,才能对一个国家的全部财政收支事先进行比较和详细的计算,并统一反映在一个平衡表中,一个综合性的控制着国家财政分配活动的现代政府预算才会有利于议会审查和监督。我们之所以认为前资本主义社会的自然经济条件下产生了财政,而不可能随之产生完整意义上的政府预算,其根本原因就在于此。

(四)加强财政管理是政府预算产生和发展的决定性因素

在资本主义经济上升时期,社会化大生产的发展速度很快,社会生产力的大幅度提高所创造的社会财富日益增多,使财政分配的对象和规模日益扩大。反映在财政分配上就表现为收支项目增加,各项财政收支之间的关系也日益复杂。财政经济方面的这些变化,客观上需要加强财政管理和财政监督,需要政府事先编制一个统一的财政收支计划,进行有计划的综合管理。因此,政府预算是适应这种要求而产生的。由于政府预算既是一个财政经济文件,又是一个具有法律效力的政治文件,因此,所建立的一系列预算管理制度既为国家在经济、财政、金库和统计等方面的科学管理奠定了基础,又因财政监督和管理的需要而得到了进一步发展。

三、英国政府预算的产生

"预算"一词,英语为 Budget,该词的最初含义是国家收付钱款的"钱袋",或"公共钱包"。在英国,该词原先是用来描述财政大臣携带到议会,用来向议会陈述政府的钱款需求及其来源的皮包,以后则演变成为该皮包所装之文件,即政府提交立法机构审批的财政计划。政府预算制度就是由此而形成的一整套法律制度和体系。

近现代政府预算最初产生于英国,是市场和资本的产物。在中世纪后期的英国,随着市场和资本因素的成长壮大,逐步产生政府预算这一新的财政范畴。它保护和促进着市场因素与资本力量的发展壮大,并最终随着市场经济的确立而建立起完整的政府预算制度。它同时又是代议制政府及其作用于经济的伴生物。作为典型的市场因素的产物,它反过来又对市场经济的形成和发展产生巨大的影响与作用,有着深远的历史意义。可以这么说,如果没有市场因素的产生和发展,就没有政府预算;反过来,如果没有政府预算的建立健全,也不可能有市场经济体制的正常发展和最终确立。这样,考察政府预算制度的构建过程,充分了解和阐释其巨大的历史作用,对于我国的市场化改革来说是有着极为重大的借鉴意义的。

走向市场经济,是世界近现代史的基本潮流。因此,作为市场的产物,政府预算虽然产生和确立于英国,但却对其后世界各国走向市场化过程产生了示范作用。政府预算作为近现代公共财政的基本制度框架,在近现代逐步扩展到世界其他国家。发展至今,其基本形式已为世界各国所采用,尽管由于各国国情的不同,而有着各自不同的具体政府预算制度的形式和框架。自从产生到现在,政府预算制度已存在了数百年,它默默地发挥着自己的作用,成为各国市场经济体制和公共财政模式赖以存在与运转不可或缺的基本条件之一。因此,要了解政府预算制度的意义与作用,就必须了解其在英国形成和发展的全演变过程。然而,这点过去一直为我国理论界所忽视。本书要探讨我国的政府预算制度的改革问题,就有必要先对政府预算制度在英国的形成与发展的过程、特点做一描述与归纳。

(一)政府预算的起源

英国政府预算制度的起源,可追溯到1215年之前。在英国,政府预算制度经历了数百年的发展演变过程,这也是近现代意义上的国家在英国产生的时期。在这一过程中,形成了英国下院对财政权的根本控制,引起了英国财政模式的根本变革。英国政府预算制度的早期阶段,以1215年英王约翰签署《大宪章》,导致国王税收权的部分剥夺为起点。然而,该年英国贵族和骑士们以法律形式夺取部分税收权的行为,并不是凭空发生的,而是有其历史渊源的。这一源头可追溯至中世纪,是由当时英国社会的权力结构特点所决定的。

在中世纪,英国就存在着各种代表会议,此时君主们就需要召开这些会议,以使自己对臣民的征税较为容易。但正是这种看似无足轻重的现象,在其后市场和资本的形成与发展过程中,却逐渐发挥出愈益巨大的作用,对英国社会和政治的发展产生了极为重大的影响。英国社会正是从这一传统出发,通过夺得部分税收权,而逐步拓展其战果,形成了现代意义上的议会。而议会的下院则通过授予或撤销政府所需钱款,逐步获得了对君主和世袭制上院的支配地位,并最终完全控制了国家,控制了国王,夺取了全部的财政权。而政府预算制度,就是英国这种政治权力和财政权力格局发展演变的直接结果。

英国的议会传统,源于条顿入侵者所带来的法律和代表制。它使得国民大会在英国从未中断过,即从未有过国民大会被完全取消和完全被剥夺权力的时期。这是英国与欧洲所有其他王国的历史显著区别的。

中世纪的英国存在着许多盎格鲁-撒克逊王国,每个王国都有自己的国民大会,即"贤人会议"(Witenagemot)或"智者大会"(the Assembly of the Wise Men),其成员为"贤人"或"智者"(Witan)。此时社会公众出席贤人会议,口头表决同意或反对其所提出的议案。贤人会议享有若干重要权力,如选举和废除国王,与国王联合任命长老与主教,管理公共土地的转手,投票决定是否向国王提供钱款,决定战争与和平,执行基督教义,参与制定法律,等等。此外,贤人会议也是最高法庭。

在这些权力中,确定税收的课征,是贤人会议最重要的权力之一。保尔·爱因齐格(Paul Einzig)指出:"依据 7 世纪后期的《伊内法》(the Laws of Ine),盎格鲁-萨克逊时期的威塞克斯(Wessex)的贤人会议确定自由民要为每海德土地的大麦支付 6 磅的税收。"而对于丹麦金这一撒克逊时期最重要的直接税,《盎格鲁-撒克逊编年史》也"多次提到君主与他的咨政会(Council)讨论向入侵者支付丹麦金的问题。所以,极有可能该税的决定需要咨政会的赞同"。

史密斯在其《英国议会史》中也指出:"国王不是最高法律保有者或终极地主,而只是氏族选出的首领,是战时的领导者与和平时期的保卫者,是公众大会的主席,其实质只是国民的代表。其权力受到自由参加的咨政会的限制,也受到他对人民的誓言、正确地统治和维护宗教、和平和正义的约束。"因此,"在所有的盎格鲁-撒克逊王国中,国民咨政会的同意,对于执行法律、课征税收和批准公共管理的主要活动,都是必需的。"

诺曼的入侵,使"贤人会议"演变成"大咨政会"(Great Council,也译为"大议事会"),再演变成"议会"(Parliament)。

"大咨政会"当时只是贵族的会议,而不是所有阶级的代表会议。国王非定期地召集咨政会开会,但没有必然的义务非要召开和听取其意见不可。

不过,当时的各种国民代表大会只是依靠习惯和传统拥有这些权利,国王也并不非要遵守和依循这些传统与习惯,要服从贤人会议的决定不可。贤人会议和大咨政会能够在多大程度上和范围内控制君主增税的企图,是依据双方之间的力量平衡,即依据总环境而定的,即使国民会议的成员不是纳税人选出的代表也罢。"有着国民会议成功抵制额外需求的若干事例。

即使盎格鲁-撒克逊时期的议会成员是由君主任命的,他们也并不必然是唯唯诺诺的人,并不总是自动同意君主的税收需求的。日耳曼大会议的成员,作为强有力的封建贵族,或作为可以依靠教皇支持的高级教士,对于君主来说,确实是不好管理的。"但反过来,当时形形色色的国民会议的立法权和税收权,是被限制在狭小范围之内的。目前所知道的贤人会议最早征收的额外税收,发生在 8 世纪初,例如丹麦金或船税(shipgeld)。一般来说,在征服者威廉(1066—1087 年在位)及其继承人统治时期,人民对政府没有影响,也没有权力参与制定法律。大咨政会作为贤人会议的继承者,不再是智者的大会,而只是王国的封建诸侯的会议。国王成为封建贵族的首领和全部管辖权的根源,其收入主要来自所谓的"封建协助税"(feudal aids)。

当时议会对国王的约束和限制是有限的,其根本原因在于国王的费用主要是依靠自己的封建收入来满足的。这就使得国民会议的征税权和立法权相应失去了意义。征服者威廉有着巨大的收入。他不仅获得了前任的收入,而且还获得了属于自己的新的收入。在王室制度上,他将撒克逊惯例和诺曼惯例相混合。为此,王室土地产生了近 2 万英镑收入,再加上特权收入和其他零星项目,其总岁入可能达到 5 万英镑。

当时没有任何一个阶级不被课税。诺曼征服后的国王岁入主要有:①王室土地的收入。如征服者威廉,他拥有遍布于全国各地的1400 多个庄园。王室土地还因封土归还和封土没收而增加。②封建特权收入。如《大宪章》规定,国王作为最高领主,可从下级领主、直属佃户索取三种协助税,即长子被授予骑士的协助税,长女出嫁的协助税以及国王本人被俘后向下级领主征收的赎金。国王还可以对直属佃户征收继承税,享有并出卖对未成年子女的监护权和婚姻支配权。③国王法庭的司法收益也很可观。④国王可以出卖的其他权利。如领主开办市场的权利,城市取得某种自治的特许权,官职的出卖等。⑤教区收入。即主教死后,教区落入国王手中,国王并不急于使新主教继位,从而享有其收益。⑥佃户捐(tallage)。这是国王作为领主对王室领地的佃户征收的。至于王室领地内的许多重要城市,常常向君主缴纳一笔年捐,而免除了封建义务,但其数目是不固定的。手工业行会所交的年捐则是固定的,如伦敦织工行会每年交税 12 镑。⑦某些关税。传统上,关税也是属于君主私人的收入,甚至《大宪章》也同意商人缴纳某些古老和合理的关税,但不公正的勒索是不允许的。通常来说,税收是不属于国王的私人收入的,但关税则有其特殊性,从而在相当时间内被视同为国王的私人收入。

上述这些收入,是国王的传统岁入,其数额虽然可观,但仍远不够国王的开支,这就决定了国王还必须课征一些税收,尤其是在发生了战争等临时意外事件时就更是如此。这就为国民会议控制国王的行为提供了机会。征服者威廉利用征服初期的强大王权,征收了类似直接税的"卡鲁卡奇"(carucaqe),而亨利二世(1154—1189年在位)则开始征收动产税,但这些都不是经常性税收。

(二)政府预算的早期阶段

英国在1215年开始了其政府预算制度构建的早期阶段。尽管英国社会早就有着控制国王税收权的传统,但其毕竟只是习俗和惯例而已,是封建分封制下封建诸侯所享有的相对独立自主性的具体体现之一。随着封建社会后期市场因素的发展,英国社会开始向着专制君主政体转变,王权的强大意味着诸侯的软弱和顺从,从而出现了国王依靠强大的王权强制课征税收的可能性。在这一背景下,能否保持"赞同课税"的原则并使之确定下来,就成为财政史上的关键转折点。而要做到这点,就需要从法律上确认该原则。

英国的政府预算制度,是议会在数百年中,以法律形式一步一步地褫夺了君主的财政权而逐步形成的。具体地看,又是通过议会获得了控制税收和政府支出的法律权利,并以法律形式将"陈述"制度确立下来等方式逐步完成的。其中对于税收权的控制,既是最初的,又具有根本的意义。

1."非赞同毋纳税"原则

英国社会一直存在着抵制未经纳税人同意而课税的传统,但只是通过《大宪章》,才第一次将"非赞同毋纳税"原则以法律形式确立下来,并逐步成为英国宪法的基本原则之一。

1214年,贵族会议拒绝了无地王约翰(1199—1216年在位,也称失地王)提出的征税要求,双方关系的进一步紧张导致了内战。国王于次年被迫接受了贵族们的要求,签署了《大宪章》,其第12章明确指出:"除非得到普遍的赞同,否则在王国中既不应征收兵役税(scutage),也不应征收协助税。"这就以法律形式首次确认了"非赞同毋纳税"原则,即使它仅是针对部分税收也罢。从此,《大宪章》就成为该原则的宪法基础,而1215年也就成为政府预算制度形成的起始之年。

以法律形式确认"非赞同毋纳税"原则,意味着财政权从国王手中,转到议会和社会公众手中的开始,标志着政府预算制度在英国漫长的形成过程的开始,也是政府预算制度早期阶段的开始。

尽管国王签了字,但"非赞同毋纳税"原则得到真正的遵守,还经过了国王与议会之间近一个世纪的不断较量,才逐步做到的。签署《大宪章》的笔墨未干,约翰王就否认了它。于是,君臣之间重开内战,一直打到约翰王死去为止。此后历届君主们大体上继位之初首先要做的,或被迫去做的事情之一,就是重申对于该原则的确认。这种状况直到爱德华一世(1272—1307年在位)时才开始改变。

爱德华一世为了改善自己的收入状况,采取了重大的措施,于1275年建立了全国性的关税制度。该制度规定每袋羊毛(364磅)的出口关税为6先令8便士,每12打兽皮为13先令4便士,每磅铅或锡为3便士。这些间接税都曾取得商人和宫廷会议里大贵族的同意。1294年,英格兰对法兰西及苏格兰的战争爆发。为了筹措战费,爱德华一世于1295年召开了议会即"模范议会"。除了低级教士外,所有被承认的社会阶层都有代表。爱德华一世在召集这次议会的命令中宣布:"涉及所有人的问题,应当由所有人来批准"。这等于是对"非赞同毋纳税"原则的明确接受。这次议会同意国王征收动产税。在1297年的危机中,爱德华一世被迫签署《宪章追认书》,它意味着"'非赞同毋纳税'原则最终毫不含糊地确立了"。从此以后,除国王传统的岁入外,一切直接税和间接税(主要是关税)都必须由议会批准才能征收。尽管仍有违背该原则的现象,但由于意识到是违宪的举动,并将由此付出沉重的代价,因而多数君主都不敢公开这么做。爱德华一世于1347年增加了呢布的出口税,大约同时还增加了酒的进口税(吨税)和一般商品进出口的镑税(此税不按重量的磅征收),而羊毛出口仍是关税的大宗内容。到14—15世纪时,关税已成为政府财政的重要基础。如1374—1375年度,爱德华三世(1327—1377年在位)的岁入为11.2万英镑,而其中他自己的世袭岁入只有2.2万英镑,直接税和间接税(关税)则高达8.2万英镑,其余的差额来自借款。在"非赞同毋纳税"原则下,这种财政收入结构表明国王的经济命脉已基本上为议会所掌握。

2. 政府支出的控制

在政府预算确立的早期阶段，新兴的市场和资本力量经过数百年的努力和反复曲折的较量，终于通过议会而牢固地掌握了税收征纳的基本权力。与此同时，以税收权为根本依托，议会也在控制财政权的其他方面取得了不同程度的进展。议会在逐步加强了对税收控制的同时，显然或迟或早要涉足君主支出的控制问题的。

议会对于政府支出的控制，也可追溯到议会的早期阶段。如 13 世纪时的"大咨政会"就确立了这么一个控制君主支出的原则，即议会有权限制和取消或者由于王室成员的奢侈，或者由于投君主所好的过分慷慨，或者由于过分野心的对外战争等所引起的支出授权。

13 世纪以来，议会对政府支出采取的控制措施主要有：①议会对于基金拨款的授权。②对君主的议会外收入的拨款。③议会授权的基金，必须确保依据拨款的目的而使用。④行政当局向议会汇报费用的支出方式。⑤议会对于浪费或未授权支出的讨论与批评。⑥制裁那些蔑视拨款者或挥霍财力者。

中央政府重要性的增长，极大地增加了议会控制支出的必要性。随着政府的复杂性的增加，下院控制政府支出权的要求也增加了。在这一过程中，议会对于"拨款"的控制是有着重要意义的。

所谓的"拨款"（appropriation），指的是专项拨款或拨款基金，也指拨款授权。它可以定义为：分配基金以满足特殊目的的支出需要。虽然作为英国财政体系构成内容的永久的和系统的拨款制度，仅始于 1688 年"光荣革命"之后，但其早期的例子却可追溯到议会形成之前，而在英国政府预算形成的早期阶段，也有着大量的拨款例子。

在议会初期的君主与贵族们的斗争中，贵族们控制君主的手段之一，就是控制支出。1310 年和 1311 年，贵族们成功地将税收和关税收入都纳入了国库，而此时的国库是由他们紧紧控制的。1315 年，他们进一步将君主个人每天的支出限制为 10 英镑。在 13 世纪和 14 世纪初的几十年里，议会对于君主支出的控制是掌握在贵族们的上院手中的。到了爱德华三世时，下院开始越出仅批准税收的范围，逐步在支出控制领域也发挥作用了。其最初的专项拨款例子,是1340年下院对爱德华三世的一项用途明确的授权,其条件是该项补助收入"只能用于英格兰领土的维持和保证其安全,以及用于苏格兰、法国和加斯科因(Gs coign)的战争,而不能用于上述战争之外的任何其他用途"。

此外,君主从战争、结婚、习俗和收归地产等途径获得的非议会授权收入,也成为专项拨款,就如议会为了相同目的而授权所产生的专项拨款一样。

关税也常常被用于拨款,其收入基本上用于保卫领土抵御入侵,和保护船舶抵御敌对的海军与海盗。在14—17世纪期间,议会对君主的大量授权就是局限于这类用途的。

议会对政府支出的控制还采用了这么一种方式,这就是在通过了拨款授权之后,下院还常常将钱款保留在自己手中,直到君主动身出征之时才实际拨出该款项,以确保君主将拨款用于军事战役上。如1475年下院给予爱德华四世的对法战争拨款授权,就是一直保持到他的舰队真正向法国开拔时才拨付的。

除了用于军事的目的外,建立拨款制度的另一个主要目的,是防止君主将财力过多地用于宫廷费用。其典型的例子,是兰开斯特时期的议会有意地压低了给予王室的授权。为此,议会迫使该王朝的第一任君主亨利四世按照议会的要求削减了王室支出。这不仅在亨利四世上台的早期政权尚不稳固时是如此,就是在后来他成功地建立起了自己的权威时也如此。而爱德华四世为获得议会的拨款授权,也不得不限制了王室支出。

3."陈述"制度的确立

议会对于税收和政府支出的控制,或迟或早总会要求政府向自己说明其支出的使用情况的。这种"说明"就是陈述。

"陈述"制度的确立,也是经过一番艰难曲折的。议会批评政府支出的权力,在今天看来是理所当然的。但在几个世纪前,君主承认议会的这一权力,就意味着接受议会对于王室特权的限制。如果君主认为对臣民课税是自己的天赋权利,那么,君主就有权按照自己喜欢的方式使用税款,自己对于税收收入的使用就不应受到批评,更无须臣民们指手画脚、品头论足。如果下院能够严厉地谴责宫廷的奢侈和国王错误地使用拨款,就明显地背离了天赋课税权这个传统观念和原则。

正因如此,在中世纪,议会强迫国王执行"拨款"的实际权力是非常有限的,甚至当 14 世纪贵族们完全从政治上控制了国王的背景下,对于王室宫廷不按照议会授权的规定使用拨款的举动,议会也是无力加以阻止的。此时尽管议会控制了国库,但一旦钱款从国库拨付给了王室,议会的权力就失效了。这样,"陈述"即国王向议会报告支出用途的做法与制度,在议会争夺财政权力的格局中就显得非常重要了,从而或迟或早将形成"陈述"这一范畴。

政府向议会提交预算这一做法的起源,可追溯到 14 世纪后期。如 1380 年约翰·基尔德斯伯格爵士(Sir John Gildesburgh)就作为议会的发言人,要求君主对其所需金额的用途作清楚的陈述。

最早的大咨政会的审计陈述发生于 1216 年,当时规定由国库(the Court of the Exchequer)独立进行专门的年度审计。1242 年,当亨利三世要求主教们和贵族们为对法战争给予财政授权时,他们在答复中指出,陛下还没有为 1237 年的授权收入提交相应的陈述。

下院关于拨款的最初记录,出现于 1340 年。该年上下两院任命了一个联合委员会,去检查和审计威廉·德·拉·波尔(William de la Pole)、约翰·查尔纳尔斯(John Charnals)、意大利的巴第(Bardi)和皮茹兹(Peruzzi)的银行家族与君主的其他代理机构的财政交易。其后还多次任命了相似的委员会,但没有获得重大的成果。

1341 年,议会打算任命一个委员会去检查王室账户。爱德华三世同意了,但以财政部和首席财政大臣(the Chief Baron of the Exchequer)也要参加该委员会为条件。1342 年下院还要求成立一个贵族委员会,去检查与爱德华三世财产相关的账户,以确定议会授予的拨款基金,是否按规定用于支付战争经费和王室费用,并对王室成员的费用支出进行一般性的检查。该委员会有权传唤王室的官员,有权进入任何机构和与大臣们协商,有权检查所有的卷宗和账户,有权强制提供材料。同年,下院还坚持要求政府做出清晰的收入和支出陈述。1376 年,议会要求免除一项给予爱德华三世的拨款补助,理由是国王如果有更好的官员,将无须耗用如此大量的补助。

1378 年,理查德二世的下院要求君主陈述授权的支用情况,君主作了让步,但又强调这不应作为先例,而仅是他采取的完全自愿的行动。此时议会强烈地批评国王违宪增加贴身警卫支出的举动。在废黜理查德二世的法令中,对他的指控之一,就是他使用财政收入的方式是不利于国家的,因为他将议会授予的津贴用于他的私人追随者。1404 年,下院要求财政大臣将账户提交议会审计。亨利四世回答说君主不是会计员,但在下院取消拨款供应的威胁下,最终让步了。

在都铎时期,软弱的议会并没有要求君主给予陈述。此时君主充分控制了税收收入。由行政当局设立的委员会则有效地控制了财政权,议会对此是没有发言权的。

在斯图亚特时期,议会努力恢复都铎时期在陈述方面丧失的权威。1623 年下院任命了一个委员会,它有权成立分委员会去审计账户,并将它们提交给总委员会。

在内战和共和时期,议会虽然也任命了各种财政委员会。但据说是为了操作上的便利,克伦威尔可以自由地使用他的收入,这就使得议会无法真正地控制财政支出。

复辟后,议会作了很大的努力,去强制执行陈述活动。下院提出一项法案,打算成立一个委员会去检查海军支出和军事储备账户。该委员会有权检查政府账户,有权传唤证人和监禁任何不服从其命令的人。对此,查理二世的回答是使议会休会,以阻止该法案的通过。但该法案于1667 年被再次提出并成为法律,其成立的委员会揭露了财政拨款中的大量浪费和错误。它在使斯图亚特政权名誉扫地上起了很大的作用。1678 年对丹比的指控,提供了"陈述"实践意义的典型例子。当时议会指控丹比滥用财政钱款,包括在两年内付出不必要的津贴和秘密服务费高达23 余万英镑。查理二世时期,议会对君主提出的批评,主要针对的也是财政问题,这表明议会已重新意识到"陈述"所具有的极端重要性了。

4. "借款"的控制

长期以来,作为封建君主个人收不抵支而出现的借款,一直被认为是君主个人的私事。因此,议会在控制税收,并进而控制政府支出的过程中,很长时期都没有对君主的"借款"进行控制。这就构成了一个主要的漏洞,使得君主在很大程度上能够逃避议会对其财政收支的控制,从而逼使议会或迟或早地也要将控制扩展到国王的借款上去。

1346 年,下院呼吁取消对羊毛出口课征的关税。当爱德华答复说该关税收入已抵押给了债权人时,下院就撤销了这一要求。此外,还存在着许多类似的情况,即如果议会拒绝批准君主所需的偿债基金,那么,或者财政部完全无力偿还债务,或者只能将经常性税入转用于偿债,而忽视公共行政管理和国防费用的支出。

当君主难以满足与行政管理费用相联系的经常性支出需要时,他们常常以信用凭证来支付。这些凭证是现代国库券的前身,它作为一种信用货币而流通,直至君主将它们兑现为止。君主常常要求议会投票拨款以兑现这些凭证,而议会对此则不管愿意与否,大体上是只能批准的。当然,议会每次这样做,都是在进一步鼓励国王重复使用借款这一做法。

作为私人的行为,君主们时常利用各种机会,以多种实物形式和货币形式来借款。对于强有力的君主来说,由于他们大体上有着良好的财政状况,其个人信誉或世袭收入足以成为举债的担保物,因而能够容易地借到所需数量的债款。而对于不得人心的君主来说,其举债时往往不得不典当自己的有价物品,包括王冠上的宝石,甚至王冠本身也被多次抵押,或者以无需议会新授权的君主私人收入来源作抵押。这类君主有时因为债务而处境尴尬。如亨利三世欠了巨额的债务,由于害怕债权人的抗议,几乎不敢在公众面前露面。1340 年,爱德华三世被迫留在布鲁塞尔,作为他欠款的抵押品。

君主举债的另一种担保方式,是将各种政府收入由私人承包而取得借款。例如爱德华一世时期,鲁斯卡(Lucca)的银行家们通过贷款给君主,获得了 1276—1292 年的关税征收权。

从 14 世纪开始,佛罗伦庭(Florentine)的银行家们由于借款给国王,在英国税收的课征上获得了重要地位。这种包税的做法不断受到下院的指责,因为它时常导致税收征集时的敲诈勒索。不过,当时的英国公众就发现,君主的举债要求往往是无法拒绝的。教士们和城镇被迫不断地借款给君主,商人们往往也无法拒绝以将来的关税收入为担保的借款。甚至议会也如此,譬如亨利八世的驯服的议会就通过了两个法案,替他偿付债务。1529 年,该议会甚至强行取消了所有臣民对亨利八世所持有的债权。它通过一项法令免除了君主直至 1542 年的所有债务,甚至已从君主得到偿还的所有债权人,还被迫将钱款再次送还给君主。议会还多次为君主举债提供了担保,其典型的事例发生在亨利六世时期。

议会对君主举债的控制也是逐步推进的,其过程非常缓慢与艰难。1382 年,伦敦的商人们拒绝借款给理查德二世去支付对法国的战费,除非议会赞同君主的这一举债行为,但议会并不赞同。于是,理查德二世不得不放弃了计划中的战争。这是议会成功地控制国王借款的一个例子。但反过来,当议会与查理一世作坚决的斗争时,也很少或没有做什么事去完全控制君主借款。《权利请愿书》禁止君主的强制借款,但并没有限制其未经议会的赞同,就以自愿方式去借款的权利。内战时期,议会自己也利用了借款方式。例如议会于 1642 年成立了借款委员会,以借款方式去为议会党筹款,并担保以 8 分利去偿付所有的借款。复辟后,查理二世运用一切努力去阻止议会控制其借款。

1664 年,在议会的担保下,首次发行了可流通公债券,其数额达 125 万英镑之巨,1666 年,议会又再次作了担保。1672 年国王发布公告,停止兑付从城市银行举借的 1 年期债务。不断地停止兑付导致的长期诉讼,在 1688 年政变之后很久才平息。这种状况一直延续到 1680 年。该年议会通过决议,规定"从今以后,无论君主以关税、货物税的收入,还是以取自家庭钱财的收入为担保,而进行借款,都被认为是在妨碍议会的活动,而必须对这些行为负责"。这一法令的有效执行,才确保了议会对于君主借款的完全控制。

5."非议会收入"的控制

对于君主来说,除了从社会公众取得的收入之外,还有许多自己的私人收益,这就是君主的"非议会收入"。其主要形式有:

(1)变卖王室地产的收入。这为君主带来了可观的非议会收入。无远见的君主杀鸡取卵,通过售卖自己的地产获得了议会不愿授权的收入。尽管这种行为从长远看是不利于王室的,但它毕竟涉及君主否定议会控制财政权的问题,因而议会有时也对王室变卖地产的行为进行干预。如 1387 年,议会就指控约克主教等人替君主作了不适当的王室土地转让。在议会的压力下,君主时常被迫允诺不变卖其财产。在许多情况下,议会甚至通过立法禁止国王这样做。

(2)没收财产的收入。君主有时寻找各种借口,合法或非法地没收其富裕臣属的财产。这也是国王"非议会收入"的一种重要形式。

（3）卖官鬻爵的收入。这种做法臭名昭著，但毕竟是君主一种重要的"非议会收入"。议会努力阻止国王的这种非议会收入，但它却长期延续下来。

（4）专卖权和垄断权的售卖收入。这是另一个经常引起议会抗议的非议会收入的形式。1377年，下院法庭传讯了约翰·皮彻，因为他从君主那里获得一项进口甜葡萄酒的垄断权。该项专卖权被宣布无效并废除了，而皮彻则被送进监狱，直至他吐出所有已获得的收入为止。伊丽莎白一世利用并滥用了专卖权，她从自己创造的种类繁多的新专卖权收入中，分得了大量的利润。慑于女王的巨大威望，1601年下院在关于专卖权问题的辩论中，大多数发言者只敢对各个具体事例提出批评，而没敢对女王出售专卖权本身提出质疑。女王投桃报李，做出了同意改革的慷慨姿态，于1601年大规模地削减了其垄断权。这是议会与君主角逐财政权时，双方既斗争又团结的又一个典型例子。

（5）王室的食物与重要产品（prises）征发权的收入。这种征发权构成了非议会收入的一种重要形式，它使得君主可以强制地获得国内生产或进口的产品和服务。许多世纪以来，王家官员拥有极广泛的权力，为了王室宫廷或武装力量的需要，甚至为了他们自己的需要，去征用各种运输工具、羊毛、谷物、牲畜、木材等产品。尽管王室也对所征用的产品付费或缴税，但所付价格多数是随意给予的，而进口产品所付关税则是过低的，并且通常是在长久拖欠之后才支付的。此外，王室官员往往会再出售这些征发品，其可观的利润并没有进入了王室国库。因此，直至斯图亚特时代，议会及其前身都不断地反对王室的这种征发权。《大宪章》就试图对之加以限制。亨利三世就曾经多次宣布，尤其是在1258—1266年多次重申，他接受议会对于王室这一特权的限制。而1275年的《威斯特敏斯特法令》（the Statute of Westminster），也重申了对于王室的食物征发权的限制，并作了防止其滥用的规定。

爱德华一世则无视这一规定，他大规模地使用了王室的征发权以满足其收入需要。1297年，王国内所有的羊毛都被君主征用，并集中于某些港口出口，以弥补对法战争和其他方面的费用。国王以信用凭证（tallies）去支付羊毛的所有者,并以未来收入作为偿还的担保。这种做法导致了叛乱。

爱德华二世的食物征发权却受到了限制。因为议会于1310年通过了一项法令,其中包含着限制王室食物征发权的内容。当爱德华三世废除该法令时,他仍然重申限制王室食物征发权的法律的有效性。1362年他宣布,今后王室的食物征发权仅适用于他和王后的需要,并且必须按时价以现金支付。

此外,在这方面还存在着大量的君主极不情愿地屈从于议会压力的例子。其典型的是爱德华六世(1547—1553年在位)的议会于1548年通过的一项法令,它迫使王室同意将供应王室成员的食物征发权停止三年,除非产品所有者同意并能以现金支付。对于军需品的王室食物征发权,也作了同样的限制。伊丽莎白一世在位时,议会对王室征发权的抵制加剧了,因为征发者所付的价格和市场时价之间的差距拉大了。然而,议会的努力几乎没有进展,因为女王不愿意放弃这一获利丰厚的手段,她否决了议会1563年和1587年提出的限制其滥用王室征发权的法案。1610年,下院试图诱使詹姆斯一世放弃王室征发权这一特权。为此,下院打算提供一笔20万英镑的年俸,以换取废除君主的王室征发权和其他封建收入,结果没有成功。对王室征发权的有效限制,是由长期议会完成的。复辟后,议会通过法令废除了这一令人讨厌的特权,以及其他的封建特权。

6. 战俘赎金

诸如对法国的胜利征伐,使得囚犯的赎金成了重要的非议会收入来源。

7. 外国政府的贡纳

这也提供了议会控制外的一种重要收入来源。外国的贡纳,有的是贿赂,而有的则是合法的贡品。后者是胜利者或强有力的君主向战败者或受威胁的对手征收的。

8. 海外领地的售卖收入

这也偶然地为国王提供了非议会收入。例如亨利八世曾以13万英镑出售鲍朗内(Boulogne)给法国,然后将出售收入据为己有。

9. 强制捐款

以各种方式强制其臣民捐款给自己,也是君主避开议会的控制获得所需收入的一种重要方式。诸如亨利八世就曾诉诸强制捐款去解决自己的收入问题,而拒绝捐款者被威胁要受到惩罚。他幽默地将这种强制捐款称为"友情奉献"(amicable grants)。不过,亨利八世的都铎王朝继承者们再也没有使用这种捐款方式去敛财,而斯图亚特王朝的詹姆斯一世却恢复了这一手段。此外,君主似乎还有无限的手段,去取得非议会收入。唯一能够卡紧并阻止他们的办法,只能是以对议会负责的内阁改府,取代对君主负责的王室政府,但那已是1688年革命之后的事了。

(三)政府预算的中期阶段

1688年的"光荣革命",清除了议会控制权力的主要障碍,使得议会基本上控制了政权。在此之前,君主可以没有议会而实行统治若干年,在此之后就不可能了。这就提供了基本条件,使得议会在控制财政方面迈上了一个新的台阶,也使政府预算的发展进入一个崭新阶段,基本上完成了政府预算制度的构建任务。

"光荣革命"使得下院进一步扩大了相对于上院的财政控制优势。从威廉三世开始,重大国家事务的最后决定,是由议会而不是由君主做出的。从17世纪末起,下院相对于上院具有了支配性影响。1689年,下院通过了《权利法案》和《叛乱法案》,限制了国王的权力,确保了司法的独立性,肯定了社会公众的写作与言论的自由。此外,威廉三世挑选得到下院多数党信任的一流议员为大臣。这就为议会内阁制的形成开启了一个重要先例,并为威廉三世的继承者们所永久承袭。

就财政领域来看,"光荣革命"导致议会控制政府财政范围的扩大,而逐步地囊括了对国王个人支出的监管,确立了王室年俸与国家支出相分离,以及国王支出仅限于专项经费的制度。

1760年后,乔治三世(1760—1820年在位)放弃了更大部分的世袭王室收入,以换取议会的年度专项拨款。在乔治四世(1820—1830年在位)和威廉四世(1830—1837年在位)时期,历届议会还对国王的支出作了其他的修正。这些,都使得议会完全控制了国王的财政权。

要明了"光荣革命"所引起的议会财政控制权的变化,有必要进行革命前后议会财政权控制程度的对比。下文的比较将表明,革命后议会对财政权的控制有了很大的进展,但仍然有待进一步完善。

1. 税收的变化

"光荣革命"前,议会就已基本控制了税收权,但这并不意味着革命后的英国税收不再变化了。革命后英国税收的显著变化之一,是开征了多种新税。土地税成为主要的公共收入来源,它是依据与现代所得税相同的原则确定的。此外,还开征了多种多样的新货物关税和其他税收。尽管这些税收的收入数量是波动不定的,但在 18 世纪它们却承担了收入增长的重任。由于经济的蓬勃发展,这些税收给政府带来了可观的意外收入。从理论上看,议会授权的税收额外增收的好处,君主是享受不到的,因为王室年俸的数额是固定的。但实际上由于这些意外收入是归政府支配的,因而好处还是落到君主手中了。同时,由于这些收入不是议会的拨款收入,还产生了削弱议会的税收控制力的问题。

1693 年,由于需要弥补大量的赤字和保证公债利息的正常支付,政府建议征收如下税收:①对皮革和肥皂征收进口关税,但由于将对制造业形成沉重的负担而被拒绝。②重新征收土地税。③征收盐税。④开征印花税和出租马车税。

1714 年,辉格派在大选中获胜。第二年,罗伯特·E.沃波尔被任命为财政大臣。沃波尔改革了关税制度。他对许多出口产品免税以鼓励出口,也对英国工场所需要的一些原材料产品免税或降低税率,而对可能与本国工场产品竞争的商品则禁止进口。为了防止走私,从 1723 年起对茶叶、咖啡、可可等征收了消费税和货栈税。沃波尔降低了土地税。他还考虑开征盐税,但遭到议会的反对而未能通过。1727 年,沃波尔试图设立减税基金,来应付政府日益增长的开支。减税基金是通过发行国债来筹集的,但为了还债却又需要增税,使得沃波尔于 1733 年试图向烟、酒开征消费税。但在全国各阶层人民的一致反对下,他不得不撤回关于消费税的法案。

1764 年,乔治三世的政府对美洲殖民地实行了一项灾难性的政策,即没有获得美洲人民的同意就对其课税,其最终结果是失去了该殖民地。在此之前,英国与其北美殖民地在贸易等问题上就存在摩擦,其航海法也沉重地将负担加诸美洲人民头上,但却是关于税收的分歧产生了严重的后果。格伦维尔(Grenville)认为,北美殖民地应当承担部分战争费用。他未经北美殖民地人民的同意,也没考虑法律制度的精神,就于 1764 年对北美贸易的若干项目征收了该税。他还打算征收印花税,但推迟一年才采取了这一行动。1765 年他又提出一项印花税议案,将已在英格兰征收的关税,加诸于北美殖民地之上。但所获得的总金额是很小的,一年还不到 10 万英镑。殖民地人民拒绝在被强迫的情况下纳税。作为具有不列颠传统和精神的人民,他们坚定地坚持和维护着这一基本原则,即除非在下院中有代表,否则将不承担下院加诸他们的纳税义务。

在"光荣革命"之前,议会就已牢固地确立起了对于税收的主宰地位,但这并不等于议会已经绝对控制了税收权。在汉诺威(Hanoverian)时期,18 世纪的大部分年份如同过去所有时期一样,君主对于税收仍然有着很强的影响。

通常来说,每届议会都应该更新关税制度,所批准的直接税的期限一般只有一年。然而,在复辟时期的 1660 年,议会却授予查理二世和詹姆斯三世终身关税和货物税收入,而实际上削弱了自己的权力。"光荣革命"后,议会反而增加了对于政府的永久性税收授权。此外,当税收授权到期时,政府通过借款也削弱了议会拒绝授予新税收的能力。

所有这些,都不可避免地会引起议会与君主在税收问题上的冲突。1732 年,沃波尔被迫撤销一项削减土地税和恢复征收盐关税的议案。1744 年,佩尔汉(Pelham)在糖关税问题上被击败。1756 年,面对着议会和公众的强烈反对,利特尔顿(Lyt telton)被迫放弃对砖瓦征税的建议。此外,还有许多类似的例子,诸如在 1759 年、1763 年都出现了议会否定政府的税收建议的情况。

1767 年 6 月 2 日,议会在控制税收方面赢得了显著的胜利。当时下院通过了《格伦维尔修正案》,将政府建议的 4 先令的土地税削减至 3 先令。其后在 1816 年、1833 年、1841 年、1848 年、1850 年等年份,政府的税收提议或是被击败,或是被修正。不过,这类事件多数是在制定了 1832 年的《改革法案》,下院对政府的依赖减少了之后发生的。1832 年之前,议会对于政府税收议案的否决并不多,因为议会通常是不愿或不敢拒绝大臣们所需要的税收的。同时,在 18 世纪,是没有几个大臣敢于对君主坚持的税收建议说"不"的。

1787 年,议会通过了《统一基金法》,建立了"统一基金",而使得财政收入正规化了。所谓的"统一基金",它是政府在英格兰银行的公共账户名称。自该年开始,政府所有的收入均应纳入统一基金,所有的支出均应由统一基金支付。这样,议会对政府在公共服务上的费用授权,就以法律形式加以控制了,从而确保了对税收权的完全控制。从此以后,以往采用的极为复杂的确定专项收入用于专项支出的制度宣告终结,它极大地增强了下院削减和终止税收的权力。因此,18世纪末议会的影响增强了,此时的议会多数是真正代表和反映了公共意见的。政治权力结构上所发生的这些变化,有利于议会对于税收的控制。

维多利亚女王(1837—1901年在位)时期的财政立法,已经具有了最为完整全面的特征。政府财政在1841年时处于灾难状态,5年的赤字总额高达750万英镑。为此,政府提出一项预算案,建议修改糖、木材和谷物的关税以弥补赤字。但议会对于修改糖税的议案辩论了8个晚上,最后以317:281票击败了该议案。罗伯特·比尔(Robert Peel)爵士的政府制定的1842年预算,其最大的特征是征收所得税,即对每镑收入固定征收7便士。但这只是临时性税收,是有期限的。他对关税制度也进行了全面修正,关税被削减到750项。

2. 政府支出控制的进展

"光荣革命"之后,议会在政府支出控制方面取得的进展主要有:

(1)压低王室岁入。这一时期,议会除了采取法律手段去削弱国王的权力之外,还力图通过控制财政权,来阻止国王任意动用国库钱款作为不正当的开支。1688年之后,国王自己私人收入的主要来源,是继承下来的王室岁入。不过,这笔钱每年只有70万英镑。虽然比克伦威尔的护国政府的收入增加了7倍,但要维持宫廷和民政管理之用仍是不够宽裕的。如果国王需要更多的款项补助,就必须经过议会的特别手续才能拨付。从1690年起,议会对政府的费用都指定了专门的用途,不能随便挪用,而且还设立了一个委员会来审查政府的开支。到了安妮女王的末期,财政部每年都要造预算提交议会审查,并且成为惯例。

(2)完全控制了军事支出。"光荣革命"后,议会要求对政府支出制度进行彻底的重新评价,这导致了意义重大的变化。它产生了对军事支出和民用支出控制的差异,即对前者严格控制,而对后者则相当宽松。1689年,议会决定控制军事支出,但对民用支出则不同,几乎未采取任何措施去确定王室年俸的限额。

从军事支出来看。"光荣革命"后很长时期内,议会的年授权供应主要局限于军事支出上。军事支出预算必须送呈下院,当支出数额超过授权数额时,政府则必须提交详细的数据,而超支仅仅被视为是一种"破例"。但由于超支频繁发生,因而议会对它们严格控制。在此之前的复辟时期,议会授予查理二世终身的每年120万英镑补助。而威廉和玛丽依靠议会的支持上台后不久,120万英镑的年度供应被重新授权,其中60万英镑为王室年俸,那是终身授权,而余下的60万英镑用于军事支出,则要不断地重新授权。

1694年,公共防务的三个组成部分即海军、陆军和军械,分别成立了三个部,由下院直接控制。下院接受它们提出的支出预算数,并相应做出供应授权。

从1711年开始,在陆军预算中列出了主要子项目的各单项数据,议会将它们分成7个部分进行投票。海军支出则直至1798年都是作为一个项目进行拨款的,详细的海军支出预算直到1810年才出现。如同现代一样,18世纪的战争费用是以议会批准的借款来支付的。不过,现代的议会将仔细审查借款的用途,而18世纪的借款有时是非专用的,因为议会一度放弃了其对于军事供应的控制。第一次议会批准的借款发生于1689年11月2日,此后1690年、1708年、1718年等年份均有此举。

(3)"拨款"制度的形成。在这一阶段对政府支出的控制中,"拨款"制度的形成有着重大的作用。前文已提到了各种拨款现象,但"拨款"作为英国财政体系构成内容的永久性和系统性的制度被确定下来,则始于1688年。革命后的议会,运用其增长的权力去推行拨款制度。安妮女王时期,某些拨款的授权是详细的和具体的,而另一些则是模糊的。"拨款"在和平时期比在战争时期更为专项化。

由于"拨款"实际上是议会为了特殊目的而建立起来的某一专项基金,因此拨款制度的确立,不仅意味着议会可以通过收入授权,而且也可以通过规定支出的用途,而直接限制和约束君主的行为,并将其制度化。这样,"拨款"制度的形成与否,就直接体现着议会与君主之间财政权力格局的变化和消长状态。强有力的君主往往否定拨款制度。例如在革命前的1685年,奴颜婢膝的议会为了拍詹姆斯二世的马屁,以非拨款方式做出财政授权。应当说,在革命前尚未形成议会对国王的直接控制的背景下,是难以形成真正的拨款制度的。而只有当"光荣革命"使得议会根本控制了政权时,拨款制度才能真正建立起来。几个世纪以来,一次补助授权的数额为3.8万英镑,或者是其倍数或分数。这意味着议会的财政授权的数额总是明确的。

但直到18世纪初,"拨款"形式尚未普遍使用。1704年10月29日,下院投票批准为进行战争而拨款,其数额为467万英谤。这在当时是一笔巨额的数字。这笔款项主要通过对每英镑征收4先令的土地税,继续征收麦芽酒关税,以及出售近100万份的年金等来筹集。而"预算"(Estimates)这一术语,直至19世纪初才逐渐被使用。通常地说,议会通过详细审议和确定各项拨款,控制了陆军的所有支出,而大部分的海军支出则超脱于议会的详细控制之外。

民用行政管理费用无疑应当全部由议会详细审查并拨款,但王室年俸中的行政管理支出却是处于财政部的控制之下的。财政部遵循的是君主的指示,而不是议会的指示。

只有当君主被迫要求议会增加财政供应,以弥补王室年俸支出的累积欠款时,议会才能要求君主提供预算数。此时君主的财政困难就再次成为议会的机会。假如君主能够将自己的花销限制在王室年俸的数额之内,则民用支出拨款的进展将是大为缓慢的。通过逐步酬除王室年俸中的项目,议会在民用行政支出的具体控制上不断取得进展。然而,在如何对待从王室年俸中删除的民用支出项目,议会的态度是有些莫名其妙的,因为议会将这些项目都集中到"零星供应服务"项目之下。当1787年建立了"统一基金"之后,许多项目从王室年俸转到它的账下。这些项目已不属于年度拨款,但下院有权在任何时间内复查它。在此之前,议会还不得不拨出专项税收收入,用于指定的借款的偿还。或者说建立了多种偿债基金用于债务的偿还,以应付公共债务逐渐增长的偿还压力。这一做法一直持续到"统一基金"确立为止。

指定专项收入用于专项支出,或者说将多种收入来源归属于专门的账户,以满足特定支出的需要,曾经成为非常普遍的拨款方式。例如在1785年,各种关税为来源的收入,就进入了24个不同的账户。而服务于多种专门目的的这些专项基金,则被归属于"一般基金"(the General Fund)和"汇总基金"(the Aggregate Fund)之中去。议会还时常堵塞各种漏洞,以防止政府通过它们去获得非拨款基金。议会也关注各项收入的节余,并采取措施阻止由此而产生的非授权支出。

1782 年通过的《民用基本法案》(the Civil Establishment Act),是拨款制度变化的转折点。在此之前,人们大体上仍然认为,民用支出拨款主要是政府的事情。而该法案则将王室年俸划分为 8 个大类,它标志着提交详细的民用预算数的开始。君主及其政府再也无法任意决定已获授权的终身王室年俸中的民用支出,大量的民用支出改为按照军事支出的方式由拨款来满足。1796 年 5 月 6 日,格雷促成了一个严格禁止大臣们违反拨款规定用途的决议。

1802 年,王室年俸之外的列于"零星供应服务"标题下的民用预算数,被划分成 5 个项目。同时也向议会提交了非常详细的陆军、海军和军需预算数。1831 年,所有的民用预算数从王室年俸剔除后,又不新进行再分类。1847 年,关于零星支出的专门委员会制定了若干建议,使得民用预算数最终变成了现代的形式。1827 年 2 月 19 日,下院通过议案改进了预算数的提交方法。

此外,还存在着若干侵蚀拨款控制的重要漏洞。诸如征收公共收入时的费用成为一个主要的漏洞,政府通过它成功地侵蚀了拨款原则,而两院议员则多次抗议公共收入征集上的高成本。又如政府各部通过售卖股票取得收入,或从"援助拨款"(ppro-priations in aid)等获得的其他收入,都能够不经议会的批准或财政部的同意,而按自己意图使用。再如邮政局,上缴给财政部的仅是其净收入。这种做法一直延续到 19 世纪中期。除了详细审查政府提交的预算数之外,下院还做出决定,即使议会的供应委员会通过的预算数,也必须由拨款法案授权才能成立。这就维持了议会对于公共支出的控制。该制度在 1784 年具有非常重大的实践意义,因为当时小威廉·皮特没能控制下院的多数,从而议会是足以左右政府的行为的。

(4)"非议会支出"的控制。这是此时议会加强政府支出控制的又一重要内容。所谓"非议会支出",并不完全是"非议会收入"的对应词。国王支用从王室土地和自己世袭特权取得的收入,就构成了"非议会支出"的一个重要内容。

但"非议会支出"还包括另一类重要内容,即"非拨款支出"。在此时的财政实践中,政府的各个收入部门和各个支出部门,都有权动用其收入去抵补自己的支出而无需议会的批准。这就形成了"非拨款支出"。这类支出一直持续至19世纪中期,是议会控制公共支出的一个主要漏洞。在此之前,政府的收入部门仅需要报告其收支相抵之后的净收入,而政府的支出部门则仅是其净支出才由议会授权拨款来抵补。这就意味着很大比例的公共收入和公共支出完全逃避了议会的控制,甚至也逃避了财政部的控制。收入部门没有将所有的收入向财政部上缴的责任与义务,却有权从自己取得的收入中,扣除工资、佣金和其他费用等。直至19世纪初,议会甚至没有收到关于总收入和净收入差额的报告,而财政部本身也没能获得这方面的材料。

非拨款支出的一个重要内容,是公共收入的征集和管理费用。它们可以不经议会的授权,而直接从总收入中支付。诸如土地税的征收者,每英镑可拿3便士的佣金,他们的雇员可拿1.5便士的佣金,而该税的管理者则可以再拿2便士,等等。从总收入中扣除的征集和管理费用,1802年的数额高达239万英镑。此外,还存在着另一个奇怪的名叫"国家其他目的支出"的项目,其数额也高达194万英镑。

下院多次提出全面陈述总收入和净收入的要求,但当时的政府坚定地顶住了这一压力。下院关于收入征集费用也应置于其控制之下的决议,直至19世纪中期才得到执行。这种状况,有时是由于议会所施加的压力并不全心全意引起的。而一旦议会下定决心要进行控制时,则情况就不一样了。如1830年威灵顿政府的倒台,就是由于他顽固地反对将整个民用行政管理费置于议会的控制之下。它表明只要有足够数量的议员支持,下院就能够强迫政府执行早已过时的改革。

1848年5月30日,博林博士提出了政府各部必须向议会呈送全部年度预算的议案。他在辩论中指出:政府的各个收入部门从总收入中用于抵补支出的收入,高达590万英镑;而同年各个支出部门在议会拨款之外,还获得了110万英镑;关税有近200万英镑不在其收入之内,而被用于工资和补助金等;货物税有55万英镑,王室土地收入有32.8万英镑被用于管理费用;等等。辩论中该议案得到各方面的强烈支持。尽管政府强烈反对,他的提案仍以微弱多数通过。随着博林提案的通过,财政部指示所有的政府部门都必须不折不扣地向议会呈送全部的年度预算数。

非议会支出的另一种主要形式,是以王室土地的收入和君主的世袭收入为来源的支出。这类收入具有很强的君主私人收入性质,因而也是议会最难以控制和最不应该控制的。这反映在议会1701年所通过的一项法律上。该法律规定,王室土地和其他王室财产的租借期限不得超过31年,并且其租金必须是合理的。所有世袭收入的让渡,都不得超过在位君主的生命期限。这些规定,涉及的仅是租借问题,而不是整个王室自身收入的支出的控制问题。此外,这些规定仅适用于英格兰和威尔士,苏格兰和爱尔兰是从1838年才开始执行的。

"光荣革命"后,议会与君主之间的较量还引起一个影响深远的变化,这就是确立了增加公共支出的动议权仅属于君主及其政府的原则。1706年12月11日下院做出决议:"除了君主的建议,本院不接受任何增加公共服务费用的提议。"1713年6月11日,该原则成为永久立法。下院放弃支出动议权,其目的是通过采用该原则,来确保公共收入不致由于不同议员的压力而分散,而各议员又是受到其选民的压力的。这一原则的内容在19世纪成为最重要的永久性的法令和宪法的基本原则之一。它使得议会对支出的控制,只能通过压缩支出建议数的方式来实现,而增加支出的动议权则归属于政府。这就形成了一种相互制约的关系。

3."陈述"制度的进展

"陈述"(Accountability)一词,狭义的是指行政当局向议会,或对议会的调查提交关于公共支出的说明与解释,广义的则是指行政当局就公共支出对议会的负责。广义的陈述不仅要提交关于支出情况的说明以便于调查,而且还应包括议会对于公共支出的批评,对于非授权支出或超额支出的制裁等。"陈述"对于公共财政来说是非常重要的。如果没有"陈述"的监督,拨款很可能是低效的。因为一旦钱款到了行政当局手中,缺乏陈述手段的议会就无权控制钱款的使用了。

当然,议会也存在这么一个问题,即滥用指控浪费公共钱款的武器,但毕竟是瑕不掩瑜的。王室官员必须向议会提交陈述这一原则的确立,是具有巨大的宪法重要性的。"光荣革命"使议会拥有了强大地位,这就为实施

"陈述"制度提供了关键性的条件。此时的下院几乎没有浪费什么时间,就开始这么做了。

1689 年 3 月 19 日,议会最初提出的建议之一,就是要求将前政权的账户提交给自己。第二天王室就送来了詹姆斯二世期间的主要账簿。下院对迅速满足其要求感到满意,但要求财政部必须形成详细和及时地记录公共支出状况的习惯。为此,议会于 1690 年成立了第一个现代意义的公共账户委员会(the Public Ac counts Committee)。

1689 年后,议会不断地重申要求政府陈述公共支出的权利。而在革命后初期的君主也乐于承认议会的这一权利。但不幸的是,议会本身监督公共账户以控制公共支出的热情是短暂的。这表现在汉诺威王朝直至 1780 年都没有任命公共账户委员会,也没有系统地向议会提交任何财政账簿。在18 世纪的最后 25 年和 19 世纪的上半叶,议会做出了很大的努力去重新确立和运用陈述原则,并且通过多次的斗争,才迫使政府提交了有价值的最新账户资料。

安妮女王时期,议会通过了一个检查公共账户的议案,一个授予女王终身享有与威廉三世相同收入的议案。女王在上院宣布,由于其臣民在沉重的赋税下劳作,她将从其王室年俸中转出 10 万英镑用于当年的公共服务。

上院也参加了确立陈述制度的战斗。1770 年 1 月 22 日罗金汉(Rockingham)在偶然中要求王室年俸之外的公共账户应提交给议会,如果不提供陈述就不满足政府的支出需求。

1780 年 4 月 6 日通过的《丹宁议案》(Dunning's Motion),是英国宪法史上重要的转折点之一。议会法案规定,除了君主私人金库和秘密服务钱款外,所有的公共账户包括王室年俸的支出账户,都要提交给公共账户委员会。在其提案被通过后,丹宁又提出了第二个议案,声称具有检查王室年俸支出的权利。该提案被一致通过了。

公共账户委员会的成立是及时的。这是一个非议会委员会,它将向议会提交若干报告。它提出的许多改进建议被采纳,其中最突出的就是创建"统一基金"制以取代专款专用的多种基金制。这一制度上的简化,对于创建便于议会和公众理解的政府会计制度是非常重要的。

在 1780 年及其后的数十年中,议会彻底地意识到自己在陈述上的权利与责任,从而持续地对政府施加压力,使其系统地提供更多的支出和公债的数据与情况,并要求财政大臣更为及时地提供公共账户的资料。在这方面取得的进展,使得政府在1782年甚至公开了20年前乃至30年前的公共账户簿册。

1787年建立的统一基金,作为单一的总基金,接纳并记录了所有的收入与支出,这为全面综合陈述政府的财政活动奠定了基础。这一法案的重要意义,还在于它奠定了建立公共基金账户的基础,并很快地在此基础上形成了完整的财政陈述制度。

1802年开始了账户"陈述"的实质性改进过程。从那年开始,年度财政账户被出版了。但即使这样,"陈述"制度仍远不是完善的。因为出版的财政账册尽管包括了财政部的收入和支出数据,但并不包括每一项目的支出数据。此外,虽然财政部拥有审计后的实际支出账本,但议会必须等60年后才可以使用这些数据。在18世纪,大体上是没有严厉制裁蔑视议会拨款罪的。到18世纪后期和19世纪前期,议会要求详细全面地说明公共账户内的各种数据。到了1822年,财政大臣开始提交关于政府财政的指导方针和活动内容的陈述给议会,从而标志着英国政府预算制度羽翼丰满了。因为此时政府对于财政计划的陈述,已经包含财政计划收入、计划支出以及预期的盈余或赤字等内容了。

4. 公债的控制

君主借款,既是国债的一种形式,也是现代国债的前身。在中世纪,甚至在近代史早期,人们并不知道这么一种理论,即国家是永存的,因而国家可以永久欠债的理论。当时君主的借款被认为是他个人的债务,对每位君主来说,尽其所能在临终之前偿清债务,是具有道义上的责任的。但实际上大部分君主都未能履行这一责任。这往往引起纠纷。如爱德华一世即位时,就拒绝支付他父亲的债务。同样地,理查德二世也不愿支付其前任爱德华三世的债务。斯图亚特王朝复辟后,共和政府的债务于1660年也被理所当然地勾销了。

君主无需议会的赞同就借款以筹集基金,曾经是一个主要的漏洞,及被系统性地用作侵蚀议会控制的手段。这是因为,借款不仅为国王提供了必需的财力,即绕开议会满足了自己的支出需要,而且使君主能够避免召开议会。相反,议会则或迟或早终归是要提供拨款和收入去偿付国王的债务的。之所以如此,不仅仅在于国王对议会的压力,而且还在于议会有着强烈的经济动机去支付君主债务,因为作为议员的上院的贵族和下院的商人,他们通常是君主的主要债权人。为了堵塞这一漏洞,也为了保护自己的经济利益,都使得议会在"光荣革命"之前,就已开始逐步控制政府借款。

但是,"光荣革命"导致政府借款发生三个根本变化:一是确保了将政府借款置于议会的控制之下;二是正式消除了强制借款的坏名声;三是议会授权专项收入担保某一借款的做法,使得政府借款达到了史无前例的规模。如议会于1693年通过法案,授权财政机构发售一批终身年金公债券,并以某一征收期限为99年的税收作担保。这是一种政府只付息不还本,年息为14%,一直支付到持券人去世为止的终身年金。这一法案是英国永久性公债的开端。任何国民只要有几镑钱,就可以购买该年金。1694年英格兰银行的创立,大大加强了政府发行永久性公债的能力。该年议会通过法案,规定设立这一银行,由该银行借款120万英镑给政府。而政府每年付给银行8%的利息,并准许银行出售股票、吸收存款、发放贷款、发行钞票。由于英格兰银行创立后非常成功,使得政府把英格兰银行视为一个不可或缺的筹款捷径。

1688年后,没有议会的同意,政府已经不可能借款了。然而,这并不意味着君主、政府各民事部门和其他部门无法不再发生债务。君主及其政府通过欠款的积累,仍然发生着债务。这就使得议会对借款的控制,是远不如对税收的控制那么紧的。"光荣革命"前的数世纪中,军事费用超过议会的授权,是君主借款的主要原因。1688年后,议会如果可能就以税收收入,或者必要时以授权的收入和担保借款的收入,去满足陆海军费支出的全部需要。但这些变化仍然有一个逐步完善的过程,君主往往通过超支然后举债,而在一定程度上逃脱了议会对自己收支的控制。君主超支的主要原因,是支付宫廷雇员、公务员、外交使节、养老金领取者等的工资和费用。这导致了国王的欠款和对商人债务累计余额的迅速膨胀。

1688年后,英国政府能够在议会担保下大规模举债。这是英国之所以能成为第一流强国的直接原因之一,尽管它与法国或德国对比人口相对少。这应当归功于建立在大规模借款之上的国家财政制度,英国在"光荣革命"

后的一整个世纪中,才拥有足够的财政能力去支持昂贵的战争和资助她在大陆上的盟友。从这个意义上讲,英国从议会控制财政的进展中是获得了巨大好处的。

1716 年,沃波尔政府首次建立了偿债基金以削减现存的债务。它以"南海基金""汇总基金"和"一般基金"为来源,将它们的结余全都纳入了偿债基金。18 世纪后期和 19 世纪,尽管偿债基金开始发挥作用,但并没能减少公债的规模,甚至在和平时期公债也在持续增长。在整个世纪中,公债的利息支出在财政总支出中,都占了非常高的比重。安妮女王在位时期,平常年份的公债利息支付的数额,等于整个正常收入的数额。由于利息支付成了税收收入的第一用途,因而整个王室年俸和"供应服务"(the Supply Services)的需求只能以新借款来满足。

1776 年,诺斯勋爵被召来处理新的公共债务。此时公债的规模已经超过了 60 万英磅,是王室年俸引起的债务。1786 年,皮特提出了他著名的偿债基金计划。该计划由普莱斯(Pice)博士设计,即每年储备 100 万英镑,通过复利的积累用于国债的支付。

总的来说,议会对于政府无论是借款,还是将钱从偿债基金转走,都没有做出有效的抵制。由于偿债基金时常被转用于经常支出,这就产生了严重的宪法问题。由于偿债基金是永久性的,因而议会为建立该基金所授权的收入,实际上是置于政府控制之下的。尽管从偿债基金转走财力需要议会批准,但由于它并不需要纳税人再次做出牺牲,因而获得所需的批准从未遇到很大困难。

18 世纪后期与 19 世纪前期,政府各部未经议会的事先批准就举借抵押国债的权力被逐步剥夺了。但在战时例外。政府从三大公司,即英格兰银行、东印度公司和南海公司的借款,构成了政府举债的早期形式之一。这种借款从一开始就受到议会的严格控制,每次新借款的授权都必须以议会的法令为依据。英格兰银行一成立,就借了一笔款给政府。为此议会规定,该银行此后的任何借款都必须有议会的批准。拿破仑战争期间,当英格兰银行券兑付黄金被暂停时,该银行也被禁止在暂停期间借款给政府。

此外,议会控制政府财政所给予英国的另一主要利益,就是避免了以通货膨胀这一最坏的方式去弥补预算赤字。直至第一次世界大战,英国都成功地避免了政府通过发行纸币来借款这一最坏的方式。而这是 18 世纪和 19 世纪许多国家喜爱的借款方式。这就确保了两个世纪通货的相对稳定，为英国经济的迅速发展提供了最重要的条件之一。

5. 王室收入的控制

1688 年之后，议会在控制政府收入上的进展，是通过区分君主收入与国家收入取得的。这一区分在革命前实际上是不存在的。虽然君主只有世袭收入才是他的个人财产，但他也完全能够通过议会的授权或借款来获得财政收入，以补偿其家庭成员花费所产生的额外支出。

（1）王室年俸的控制。"光荣革命"之后，议会确立了王室年俸制度，它大大加强了议会对政府收入的控制，使得议会对于国家收入的控制，开始从"公共收入"拓展到"君主收入"领域。对王室年俸的控制，又是这一时期议会控制财政权的一个重大进展。

所谓"王室年俸"一词的现代含义，是用于君主和王室需求的财政款项。如前所述，"光荣革命"后不久，议会很快就给予威廉和玛丽一笔 60 万英镑的固定年收入终身授权，专门用于王室成员的需要和民用行政管理的支出需要。作为回报，君主取消了自己大部分的世袭收入，它们被列入"王室年俸"，由专门指定的政府收入来支付。

这就是"王室年俸"的产生由来。当时王室年俸的含义，除了王室本身的支出外，还要加上除公债费用之外的中央政府的整个民用支出，所以它名为"民用项目"（Civil List）。此时议会的王室年俸的拨款授权，除了宫廷费用外，还包括整个中央行政当局的支出。王室年俸的数额确定之后，其一半以上的数额来源于君主原有的世袭收入，只不过它已转由国家征收，其余的数额则以专门的货物关税收入来满足。这样，没有议会的赞同，君主是无法获得收入的。但由于政府的大部分民用支出是在君主支出的名义下安排的，这就使得王室年俸成为政府任意支出的避难所，逃避了议会的批评和年度详细审查。可见，王室年俸制度远不是令人满意的。议会要进一步加强对政府支出的控制，就势必对王室年俸开刀。

在一个世纪的时间内，王室年俸的数额从最初的 60 万英镑，上升到了 70 万英镑，再逐渐上升到 80 万英镑，最后达到了 90 万英镑。1760 年，王室年俸的世袭收入又被归入"汇总基金"中，君主则从该基金中得到了自己的固定年收入。

　　然而，要改革对王室年俸的控制制度，是有其特殊困难的。因为除某些例外，革命之前的君主们是有权自由使用自己的世袭收入的。它作为君主的私人收入，议会是难以有效干预的。因为自古以来，君主就有着自由决定民用支出和行政管理支出的权利，甚至在君主逐渐放弃其世袭收入，而代之以议会所设置的特定税收之后，它实际上仍基本维持下来了，即君主有着自由处置这些税收的同样权利。由于王室年俸取代的是君主的世袭收入，因而公众甚至政治家们都认为它是君主自己的收入。这就是为什么长期以来议会很少要求君主报告王室年俸的使用状况，而君主则抵制对于王室年俸的陈述的根本原因。

　　正因如此，对于授权以内的王室年俸，君主从一开始就有着完全的征收自由。民用服务被认为是君主个人提供的服务，君主有权随意增加或减少外交官的数量，或改变他们的报酬。这也适用于王室年俸支出项目下的其他官员。议会并不拥有宪法权力去干预这些支出，也不能反对君主所选择的花钱方式，因为那是授予君主的个人生活费。这样，议会对于王室年俸的控制，是从区分君主的个人支出和他的政府一般性行政支出着手的。王室年俸中与中央行政管理相关的支出，先是逐渐转到"供应服务"项目中，而后再转到"统一基金"上去的。当许多项目从王室年俸中被不断别除之时，其决定因素不是基于主要的宪法原则，而几乎总是直接考虑支出的便利。因此，王室年俸在18世纪和19世纪初期的发展状况，就为英国先法是沿着偶然进程发展的观点，提供了一个鲜明的范例。到1830年，议会对每位新王采用每年授权，而不是给予终身的供应授权的原则，才完全确立了。严格地说，将王室年俸从政府的其他财政支出中划出的进程，到这一年才算真正完成了。

　　随着社会经济生活的进步，民事管理的复杂程度增加了，对王室年俸的需求数额也不断增长。然而，面对着缺乏弹性的终身授权，王室年俸的数额很快就变得不足，君主超支几乎是不可避免的。君主们开始以拖欠从宫廷仆人到外交官的报酬，以及不支付商人的账单等方式来欠债，来满足自己的支出需要。

　　起初下院认为君主的这些债务是不公正的，尽管这是由于威廉三世的议会有意实行了使君主缺钱的政策造成的。因此,威廉三世死后,下院简单地拒绝了替其偿还债务的要求。在安妮女王、乔治一世、乔治二世统治时期,议会则转变了态度,变得愿意支付几乎所有的王室年俸的债务了。

1782年通过的埃德蒙·伯克的改革议案,首次体现下院控制王室年俸的意志。19世纪初,超过一半的民事政府费用由议会的供应授权所涵盖。1804年议会做出规定,当王室年俸的支出比授权数超支12.4万英镑时,必须将其提交下院以便考虑采取什么措施弥补。为此,卡斯特勒日夫(Castlereagh)于1816年5月3日将约20万英镑的王室年俸赤字提交下院处理。他指出,现存的观点认为民用支出不与公共服务相联系,而仅与君主费用相关。然而事实却是,大部分的民用支出"完全是为国家服务的公共支出,如同为陆军和海军以及与公共防务相关的其他年度授权一样"。为此,议会提出的解决办法是,或者增加分配给民用支出的数额并撤销王室年俸,或者从王室年俸中扣除与赤字相等的数额。卡斯特勒日夫接受了后者。代替撤销所有与民事管理相关的王室年俸项目,卡斯特勒日夫向"统一基金"或"供应服务"项目转移了足够的收入数额,用以保证王室年俸支出在现有水平上的收支平衡。他还被建议将外交服务费用从王室年俸中剔除。1820年5月4日,上院围绕着是否将民事管理从王室年俸中剔除的问题进行了辩论。

10年后,议会将君主私人支出与民用行政支出完全区分开了。为此,议会强烈反对政府保留旧王室年俸制度的提议。议会完全控制了政府支出,导致了政府的辞职。然而,新政府的新王室年俸条款,也没有完全执行将王室年俸限制在王室家庭支出内的原则,而仍然在王室年俸中保留了一笔7.5万英镑的养老金。直至维多利亚女王时期的1837年,议会才将王室年俸中的养老金授权数额削减至每年1.2万英镑,而实质上废除了旧的王室年俸制度。这笔小数额的项目最后于1911年被剔除,议会终于完全控制了所有的公共支出。然而,王室年俸的这些最后阶段的斗争,实际上已不是在议会与君主,而是在议会与政府之间进行的。

(2)"非议会收入"的控制。革命后议会对王室收入控制的进一步加强,还表现在对"非议会收入"的控制上。前文已指出,君主除了从社会公众取得收入之外,还有着许多自己的私人收益,这就是君主的"非议会收入"。因此,君主实际的收入来源并不仅限于王室年俸,君主还拥有逃脱议会控制的残存世袭收入。如海军俘获敌舰的净收入,直至威廉四世都是君主的收入。

控制君主的非议会收入及其支出,比控制议会授权的收入和支出要困难得多。这是因为,如果授权收入被浪费使用的话,议会还可以撤销下一步的授权。而非议会收入作为君主的私人收入,是无需议会批准就征收的。因此,君主为了摆脱议会的财政控制,总是千方百计扩大自己的非议会收入。而议会要想完全控制非议会收入,确实是非常困难的,因为存在着多种多样的漏洞。然而,"光荣革命"后的议会在这方面也逐步取得了进展,而只余下很少的漏洞。北美独立战争和法国大革命时期,英国君主征集"自愿"捐款的做法,在议会引起了强烈反对,从而采取措施将捐款置于议会的控制之下。此外,君主和政府的非议会收入也受到议会的限制。不再有封建收入,而残存的王室领地收入是可以忽略不计的,王室征发权及其价格税(prisages)已成为过去,作为王室收入一个来源的铸币权被终止,强制借款是办不到的。

1715年叛乱期间没收的谋反者的财产,也被归入议会的拨款之列。

在此之前,议会还强迫威廉三世同意恢复被没收的爱尔兰土地的授权。对于被抓获的走私物品,以及海军部的珍宝收藏、肥沃的土地和违禁物品的收入,也都逐渐被置于议会的控制之下。

(四)政府预算的近期阶段

英国政府预算制度形成过程的中期阶段和近期阶段之间的区分标志,是威廉·尤沃特·格莱斯顿时代的到来。这也是英国政府预算制度发展的第三阶段的到来,用格莱斯顿充满希望的话来表示就是:"财政控制之环行将完成。"爱因齐格指出,将"英国政府预算制度第三阶段,即完成阶段的开始时间定在1852年是合理的,因为这是格莱斯顿首次担任财政大臣的日期"。

1. 总体进展

议会利用"光荣革命"提供的有利时机,大大加强了其对公共财政的控制。但在整个政府预算发展的中期阶段,议会对于财政权的控制程度仍是不够的。这主要表现在以下方面:

(1)债务漏洞仍然存在。此时议会已紧紧控制了借款,但漏洞仍然存在,其主要的是未能阻止"借款"之外的债务增加。此外,尽管此时已确立了君主借款必须经由议会批准的原则,但这些经投票批准的借款收入,行政当局仍然可以完全自由地支用,只要不超过议会设置的限额就行。而有时议会并未对批准的借款设立固定的限额,则此时议会的控制力反而是低于1688年之前的。

（2）拨款和陈述的缺陷。议会对于"拨款"的控制和"陈述"的运用,仍然存在着较大的缺陷。在一个多世纪的时间内,民用支出基本上采用的是非拨款方式,而大部分军事支出的拨款则是不足的。向议会陈述制度的建立,进展极为缓慢和时断时续。直至19世纪后半期,议会才成功地掌握了有效的工具去监督公共账户。

（3）王室年俸限额形同虚设。议会为了确保自己的特权,反对专制君主在和平时期建立常备军,同时也为了避免王室的奢侈,议会对每一位新王都设立了固定限额的终身王室年俸。但这种限额往往缺乏实际意义。因为自安妮女王开始,每一位君主都多次超支,并且也都没遇到多大的困难,就获得议会的收入授权而弥补了赤字。

（4）秘密服务基金的存在。18世纪还存在着若干"秘密服务基金"（Secret Service Funds）。对于这些基金的争议,主要在于它们是否被用于贿赂议员。这是有无财政腐败的主要标准。否认存在贿赂的理由是,在整个18世纪,秘密服务支出的实际年度数额在1万～1.18万英镑。而在18世纪后半期,贿赂议员的标准价格被认为是0.25万英镑。

这样,即使动用全部的秘密服务基金,也收买不了几名议员,因而是难以产生决定性结果的。虽然也可以动用其他项目的收入如王室年俸等,但如同此时的王室年俸拨款和君主的支出陈述是极为不充分的一样,也不存在任何方式去确保获得足够的王室收入,以真正有效地贿赂选民和议会议员。即使这类辩护理由可以成立,这类基金毕竟仍提供着议会难以有效控制的公共支出。

（5）君主仍然起重大作用。比秘密服务基金远为重要的是,君主有权任命、提拔、降级或解除人们在陆军、海军和所有民事服务机构中的职位。这就有可能产生腐败。

"光荣革命"后的议会在财政权的控制上之所以存在上述问题,一个很大的原因在于议会自身的态度。威廉三世时,下院坚持了自己的权利,君主收支很大程度上处于议会的真正控制之下,使得君主处于依赖的状态。在汉诺威王朝,议会已经在新的财政制度下控制了政府,但并不感到需要积极地实行其财政控制权。1780 年的《丹宁议案》,才开始了议会控制财政权的努力,但仍然遇到困难。1781 年 11 月 30 日,托马斯·皮特试图推迟财政供应的授权,声称"除非大臣们同意改变整个制度,否则人民一个子儿也不会给君主"。然而,这一尝试失败了,因为政府从多数议员那里得到了完全的供应。在此之前的 1770 年和 1780 年,议会的几次反对都无效。议会控制财政权成为孤立事件,几个世纪前就已确立的原则,在 18 世纪变成了稀有的例外。

然而,社会公众和议会获得真正权力的进程尽管非常缓慢,却是不可阻挡的。1832 年的《改革法案》(the Reform Act)通过后,产业资本力量在议会中获得了明显的力量。

到了 19 世纪中期,议会对于财政权的控制,经历了一个渐进的然而是决定性的变化,在政治上完全拥有了财政控制权,从而英国政府预算制度的发展进入了其近期阶段。在英国政府预算制度建立的早期和中期阶段,议会对于财政的控制,虽然不时出现倒退现象,但其基本趋势是逐步加强的。近期阶段完成了这一趋势,但又出现了另外的问题。议会的控制技术无疑在继续改进,手段先进了,各种漏洞堵塞了。在政治上,下院也比以往处于更强有力的地位,下院也拥有较为完备的制度和办法去实施财政控制。但从 19 世纪最后 10 年开始一直到现在,下院却放松了对政府财政的控制,议员们反对增加税收、公共支出和公债的决心,已比 1852 年甚至 1688 年时都更弱了。

英国政府预算制度的第三阶段,是伴随着将所有的公共收入都纳入财政预算这一重要改革而开始的。格莱斯顿改革的第一个主要成就,是修补了仅仅上缴净收入这一严重缺陷。以公共账户委员会的成立为开端,格莱斯顿开始了一系列财政改革,向议会递交各部门预算及审计后的账户的做法,也按现代方式制度化了。尤其是"陈述"制度,在格莱斯顿改革后的百余年间,改进是极为显著的。所有的财政资料都有规则地呈送议会,并由公共账户委员会在专家指导下进行详细审查。当格莱斯顿完成其改革后,公共财政的主要轮廓已经形成,并在其后几十年中逐步加以完善了,从而逐步形成了现代形式上的政府预算制度。

19 世纪 50—60 年代的格莱斯顿改革后的几十年中,"供应委员会"耗费了大量的时间去辩论财政原则和年度预算细节等问题。在此之前的 40—50 年代,英国的议会和政府之间权力的平衡格局发生了根本变化。

这一时期议会通过财政控制,大体上杜绝了财政腐败。18 世纪各种各样的财政腐败是触目惊心的。到 19 世纪,财政腐败已成为偶然的例外。这一变革是由 18 世纪 80 年代的巴克尔改革启动的,在皮特政府下取得了进展,到 1861 年公共账户委员会确立时,已无必要将主要的注意力集中在财政腐败问题上了。

然而,就议会对公共财政各个组成部分的控制程度来看,是各不相同的。一般来说,政府更愿意接受议会对税收和借款的控制。不过,一旦政府提出了预算草案,要使政府改变就困难得多了,因为政府感到议会详细控制预算,是侵入了政府的禁区。19 世纪下半叶,议会对财政的控制达到了其最高点。其后由于议会失去了详细审查预算的兴趣,从而减弱了自己对于财政的控制力度。

尽管已形成了下院控制政府预算的基本格局,但下院往往原封不动地通过了政府的预算草案。其原因在于政治家们普遍相信,一旦政府的财政议案被否决,不管是否定整个预算草案,还是修改个别具体数字,都必然相应地要求(政府)辞职或(议会)解散。在 19 世纪和 20 世纪早期,政府预算案失败的例子是很少的,总共只有 30 例左右。而这些失败案例中的绝大部分,议会都是只作了几千英镑金额的修正,几乎没有超过 5 万英镑金额的。修改数额最少的,是 1869 年 6 月 28 日的《亚瑟·格斯特修正案》,只酬除了 52 英镑的一个项目。1904 年 3 月 15 日的《雷德蒙特议案》,也只削减了 100 英镑的教育授权。在这一时期,议会每年都对政府预算提出了大量的修正案,尽管有些被通过了,但绝大多数的修正案被撤回或被否决。因此,一直到 20 世纪 60 年代,一个拥有明显多数的政府,是能够安全地确保其预算草案按照提交时的形式原封不动地通过的。

世界上事物的发展,在达到巅峰时往往会走向自己的反面。在议会逐步获得了对政府收支以及政府活动完全控制权的同时,却出现了政府反过来控制"控制者"的问题。政府控制议会的目的,在于防止议员提出公共支出动议。18 世纪早期,下院就通过了《议事规则法案》,剥夺了自己的支出动议权。这是对 17 世纪时就已存在的财政实践的正式确认,即议员只能针对君主的预算草案提出议案,而由下院某个委员会通过的财政议案,是建立在政府草拟预算草案的基础上的。18 世纪,政府通过腐败手段控制下院,而随着议会内阁制在 19 世纪的发展,议会控制税收,实质上是变成了内阁控制税收。在 20 世纪,由议会多数党组成的政府,是通过实施政党纪律来控制下院的。

下院对待政府预算的态度也逐步发生了根本变化。过去一切为了节俭,修正案几乎都是要削减费用或限制支出项目。而到一战结束时,下院的态度已转为增加费用或扩大其规模。此时政府保护纳税人反对下院的能力,比下院保护自己反对政府的能力,对于财政收支规模的控制而言反而变得更为重要了。

这些变化,使得财政的最高控制权尽管依据宪法是在下院手中,但在实践中却无法做到。因为由多数党组成的政府,在实践中通常能够依据自己的意愿草拟财政议案,而下院则是难以削减预算数的。

应指出的是,在这一时期下院获得了最终胜利。从 14 世纪开始,上院就逐步失去了对税收权的控制。14 世纪末 15 世纪初,下院又确立了自己在供应授权上的特权。到了 17 世纪,又确立了上院不再修改《金融法案》(Money Bills)的原则。这些,都表明了权力向下院集中的历史潮流是不可逆转的。在此后的两个世纪中,两院之间勉强维持了平衡,小心地避免了大冲突。尽管上院明智地不对下院进行"摊牌式的"挑战,但上院仍经常拒绝《金融法案》和大量修正《财政法案》。在某些时候,下院实际接受了上院的修正,但为了挽回面子,下院仍然在形式上否定了修正后的法案,再引入一个完整的新法案。但这一新法案实质上是与上院修正后的旧法案完全一致的,如1854 年就如此。在另一些场合,下院则拒绝了上院对于法案的修正。总的来看,两院在 6 个半世纪中是成功地避免了重大冲突的。这一状态在 20 世纪初被打破了。1919 年,劳埃德·乔治提出了一个极为激进的政府预算,这就迫使上院采取了导致两院剧烈冲突的行动。其结果是通过了 1911 年的《议会法》(the Parliament Act),确定了一个非常清楚的两院关系的宪法格局:"某一金融法案如果已为下院通过,并在会议结束至少一个月前送交上院,而上院在收到后一个月内未能不作修改地通过,则除非下院反对,该法案将送呈国王,经陛下签署后成为议会的法令,而不管上院是否赞同该法案。"这一以下院1407年的胜利开始的过程,迟至1911年才达到了其应有的最终逻辑结果。

2. 税收控制上的变化

格莱斯顿于1857年指出,英国"这个国家对待公共支出是粗心大意的,但对待税收却非常严厉"。这句话是对的,其典型表现就是,没有任何一届政府由于奢侈而遭受重大的失败。政府在预算支出上仅有的一次重大失败,发生在1895年,但那是由于支出的不适当,而不是由于过度支出引起的。与此同时,政府在试图增加税收时却多次遇到了麻烦。在1832年《改革法案》实行后的20年中,预算议案有6次失败,大部分都是由于税收的缘故。此后类似的失败减少了,但仍然显示了下院对于税收问题的强烈关注。迪斯累里(Disraeli)遭受的首次预算失败,发生在1852年12月16日,当时下院多数议员不赞成增加房屋税的建议,而拒绝了他的预算议案。

相反,这时期还进行了若干税收削减。诸如1861年的政府预算削减了1便士的所得税,废除了纸张的关税。1863年,格莱斯顿削减茶关税到每磅1先令,所得税则为2便士。1880年,当格莱斯顿再次掌权时,废除了麦芽税,而代之以啤酒税,等等。

劳埃德·乔治(Lloyd George)1909年提出的政府预算,被称为"人民预算",它意味着议会控制税收的历史转折点。在此之前,尽管公共支出呈现出不断上升的长期趋势,但无论是哪一党执政,政府都不敢提高税收以满足支出的需要。然而,时任财政大臣的乔治,起初打算通过削减国防费用来扩大社会服务,但面对着强有力的国防大臣,这样做是极为困难的。于是他决定选择增税来弥补新增的社会服务费用。为此,他以事关社会正义为理由,要求提高税收。1909年的政府预算表明,议会的多数对于税收上升趋势的反对态度已趋于缓和。

两次世界大战中,议会和政府在税收控制问题上,曾一度互换了角色。此时反而是议会要求提高税收,而负责筹措战费的财政大臣则不愿意将税收提高到史无前例的水平,他在最后的让步之前一直抵制议会提高税收的压力。不过,下院总是警惕政府削弱其批准税收的绝对权力的。这解释了为什么在 19 世纪后期和 20 世纪前期,每年投票通过的议案中,税收议案的比例反而降低了的原因。不过,由于多数议员强烈地支持减少议会花费在财政条款上的时间,又使得议会对税收的控制进一步削弱了。

3. 公共支出控制的变化

这一阶段,议会在公共支出控制上的变化主要有:

(1)支出规模从压缩变为膨胀。由于格莱斯顿改革在公共支出控制上取得的进展,以及下院控制权在 19 世纪最后 25 年的增进,下院终于拥有了实际控制财政的宪法特权。然而不幸的是,数百年追求的目标一旦实现了,下院压缩公共支出的决心也开始减弱了。自从 1688 年逐步控制了公共支出之后,议会给予政府的年度授权支出数额增长了 4 000 倍。因为它主要是英国经济总量的增长、社会财富的扩大、价格水平的上升,以及国家在国民经济中角色的变化等因素影响的自然结果。但下院失去控制和压缩公共支出规模的兴趣,也是重要的原因之一。

从发展的观点看,政府偏离其严厉压缩经费的狭隘态度是必需的。但在格莱斯顿时代,公共支出必须予以压缩和控制却是主流观点。在 20 世纪,潮流明显地逆转了,低支出和低税收只是作为"美好的旧时光"的象征,而留存在人们的记忆中。

19 世纪对于公共支出不断膨胀趋势的抵制,不仅来自下院,也来自政府和公众。格莱斯顿的《维多利亚法令》(the Victorian Stature of Gladstone)代表着压缩公共支出的巅峰,它暂时成功地阻止了公共支出的膨胀势头。"压缩公共支出"一时成为下院和整个国家的流行口号。然而,扩张公共支出的基本趋势毕竟是太强烈了,因此,即使是诸如格莱斯顿这样影响巨大的人物进行了长期的抵制,也是无济于事的。相反,格莱斯顿还两次由于抵制增加支出而下台。1886 年,伦道夫·丘吉尔勋爵(Lord Ran dolph Churchill)由于内阁拒绝削减支出而辞职,则提供了另一个抵制公共支出上升趋势的典型例子。到了南非战争时期,公共支出有了实质性的增长。

然而在整个 20 世纪 20 年代,压缩支出的气氛仍然很流行,甚至在经济大危机期间,英国的公共支出也曾被削减过。正是在这样的背景下,1943 年 2 月 16 日,阿瑟·格林伍德先生喊出了以后被多次引用的名句:"英镑、先令和便士已变为毫无意义的符号。"

第二次世界大战后不久,政府预算开始区分"线上"支出和"线下"支出,这一技术手段也削弱了议会抵制公共支出上升趋势的能力。因为它使得议会接受了这么一个观念,即如果政府预算由于未能弥补资本支出而出现大量赤字,但却平衡了经常收支,就没有违反"健全预算"的原则。在这种观念的指导下,1957 年的财政支出比 70 年前增长了 100 倍。

(2)公共账户委员会的成立。1861 年 4 月 2 日,议会通过了格莱斯顿议案,成立了"公共账户委员会"。议会终于拥有了高效的手段,能够以相对系统和完整的方式,去实施监管公共账户的宪法权力了。公共账户委员会也极大地加强了财政部对于大臣们和各个支出部的终身公务员的控制。

公共账户委员会成立之后,直至一战前夕都没有成立相应的委员会去详细审查政府预算。此时的下院已倾向于依赖自己的声望去解决这一问题。应当承认,这在格莱斯顿时代是完全可以这样做的,因为当时下院抵制增加支出的功能是由"供应委员会"执行的。只有在供应委员会详细审查了政府预算之后,"预算委员会"才发挥主要作用。

格莱斯顿对议会控制财政做出了许多贡献,其中最重要的是 1866 年的《国库与审计部法》。如同约翰·莫尔利所说的那样:"它将名义的控制变成了真正的控制。"

至此,将政府账户现代化并置于议会控制之下的长期努力终于完成了。更重要的是,它解决了自 18 世纪 80 年代以来一直困惑着议会的两难困境,即支出应当由非专家的议员,还是由专家的非议员来控制的问题。数十年的经验表明,在这一问题上,既不是非议员的专家委员们,也不是议会的专门委员会能够获得满意结果的。《国库与审计部法》对此的解决办法,是以专职的专家,即议员、总审计长(the Comptroller and Auditor General) 及其职业审计员班子,去取代议会委员会。这就混合了两种制度的优点,它通过专家的帮助克服了议会专门委员会的缺陷。《国库与审计部法》的最大成就之一,就是它迫使所有的部都向议会提交审计后的账户,以说明财政部拨付的钱款是否真正依据议会的拨款规定使用。

总审计长是完全独立于政府,而只服务于议会的官员。总审计长制度的建立,构成了议会控制财政最重要的一步。总审计长及其工作班子的工资,都直接由"统一基金"支付,而不需要每年由政府提出他们的工资预算,并经议会的投票。只有两院的有效决议,才可以将他解职。由于公共账户委员会既缺乏手段,在技术上又难以胜任,甚至也缺乏决心去详细审查各部的账户,因而公共账户委员会的活动几乎整个要依靠总审计长来进行。反过来,总审计长也需要依靠该委员会和议会的支持,才能正常开展工作。

公共账户委员会堵塞了许多议会控制上的漏洞,其成功的原因在于它从一开始就具有超党派的实质。该委员会收集和出版了与财政相关的庞大信息资料,是它对议会控制财政所提供的重要服务。因为难以获得所需的资料,正是以往议会无法对政府预算提出有效批评和控制的关键原因之一。

1932 年建立"支付均衡账户"(the Exchange Equalization Account)时,政府拒绝议会对该账户的任何检查。这种状态僵持了 5 年,它使得"支付均衡账户"成为某种形式的 18 世纪的秘密服务基金,而超脱了议会的控制。

(3)供应授权的加强。直至 19 世纪中叶,政府每年都向议会提供繁简相宜且覆盖所有"供应服务"项目的政府预算,从而议会能够对支出所需的资料进行详细的审查。而下院也乐意花时间去做这项工作。此时"供应日"的天数是没有限制的,因而议会有着大量的时间和机会去检查审核预算数据。在整个 19 世纪的后半期,每年都要详细讨论授权供应,甚至每一项目都按所需的程度进行了彻底讨论。

不过,在大多数年份里,政府预算是完全按照提交时的样子,未经修正就通过了。直至 19 世纪 90 年代,几乎没什么证据表明供应委员会在反对浪费。议会的辩论日益变得具有政治性和按政党划线,议员们提出的削减公共支出的修正案,越来越多是用于表明对于政府政策的不赞同。

伦道夫·丘吉尔勋爵 1884 年 3 月 25 日在讲话中,强烈呼吁下院对其供应授权的功能给予更多的关注。到了 19 世纪的最后 10 年,人们越来越不满议会花费太多的时间去辩论供应授权问题。政府预算日益复杂,其审核要耗费越来越多的时间,这使得议员们对政府预算草案的审批愈益失去了兴趣。

1896 年修正了供应授权的程序,它明显不利于对政府预算草案的详细审查。新程序对供应授权日的天数作了 23 天的最大限制,但可外加详细审查附加预算所需的天数。预算草案必须在每年 8 月 5 日前通过,如果此时还没通过,则给予另一个供应日,以便进行非辩论的投票表决。

1902 年，"国民支出委员会"提出一个议案，建议设立"预算委员会"，去进行政府预算草案的事前检查。1912 年成立了"预算专门委员会"（the Select Committee on Estimates），使供应授权委员会完全解脱了详细审查政府预算草案的责任，它的供应授权被认为纯粹是一种形式。

（4）拨款的改进与缺陷。至 19 世纪末，下院失去了详细审查政府预算草案的兴趣，导致议会对拨款控制的减弱。而支出种类的变化，也削弱了议会对于年度预算的详细审查能力。

为了预先筹措若干年的支出，和平时期的 1937 年恢复了战争借款制度。当时议会授权政府依据 1919 年的《战时借贷法》，举借了高达 4 亿英镑的债款，但债款的使用却必须逐年投票批准。虽然 1866 年的《国库与审计部法》规定，收入征集费用属于供应授权的程序，但在错综复杂的实践中却没能完全做到。例如，某些费用在收入上缴国库过程中被坐支而没有表现出来，从而削弱了议会的控制。

依据 1854 年的《公共收入统一基金支用法》，国内收入各部、关税部和邮局的所有年度支出预算，都被强制性地提交给议会。此时提交给下院的经常项目预算，首次包含了征集收入的费用，总数约 400 万英镑。它意味着账面上的收入和支出都增加了约 400 万英镑。同时支出各部也首次实行了上缴所有的收入给国库，而不是未经议会批准就使用它们的制度。

当然，这一过程是不可能一帆风顺的。如 1882 年格莱斯顿在这一问题上就有所倒退，他授权支出各部使用某种特定收入去满足支出需求，而不是上缴给国库。虽然当年这样做所涉及的数额不足 100 万英镑，但到 1900 年则达到 1 800 万英镑，即此时逃避议会控制的总支出数额，已等于皮特时代的财政总收入。此外，还存在着若干政府支出逃避下院年度详细审查的漏洞。其主要有：①中央政府补助地方当局的授权。1888 年通过的法令，授权政府将相当份额的税收收入，从财政部转到地方账户（the Local Account）上，以补助地方当局。它首次涉及的数量为 550 万英镑，而到 1900 年则上升到近 1 000 万英镑。这一授权所涉及的数额，可以由政府从关税、货物税和遗产税收入中增加拨给，而无需议会的年度授权。这一做法终止于 1907 年。1891 年，《公共账户及其支出法》以法律形式授予财政部权力去履行补助拨款授权。议会也详细审查了公共账户，主要由于公共账户委员会的努力，对补助拨款实行了应有的严格控制。②原本应进入"供应服务"项目的支出，改为从"统一基金"中支付。虽然下院完全控制了"统一基金"，但基金的支付无需辩论却是惯例。不过，该基金的滥用程度大体上是很小的。此外，曾经声名狼藉的"秘密服务基金"的一小部分，就长期从"统一基金"中支付而用于各种目的。这样，补助授权的存在表明，议会甚至财政部放松对议会投票的钱款控制是不可避免的。③"民用应急基金"（the Civil Contingencies Fund）的存在，也为政府支出逃避议会的控制和监督提供了重要手段。这一基金从18世纪就存在了，是为政府应付紧急的和无法预料的事件而从附加预算中安排的支出。如制造第一颗原子弹的主要经费，就是由"民用应急基金"拨款的。从1761年开始，在"紧急和零星费用"（Contingent and Miscellaneous Charges）项目下，以预付"王室年俸"的形式提供这类支出，然后在下一时期的"供应授权"中归还给"王室年俸"。公共账户委员会经常调查"民用应急基金"的使用状况。④政府预算的"财政金库基金"（the Treasury Chest Fund），一直被用于海陆军的海外需求。"财政金库基金"1910年曾被违法使用。它被总审计长发现，受到公共账户委员会的批评。该基金于1958年被终止。⑤"账户授权投票"（Votes on Account），即对年度预算数给予有限度的预先授权，也削弱了议会对政府财政事务的控制。这些都表明，议会对于供应授权的控制，即使在现代也远不是那么严密的。

（5）预算专门委员会的成立。预算专门委员会成立之前很久，议会就已形成了这么一个信念，即某种专门委员会是必须的，因为供应授权委员会是难以妥善处理规模日增的预算的。为此，1912年成立了预算专门委员会，它存在到1914年，以后于1921年6月又成立了新的预算专门委员会。但这些预算专门委员会的工作条件都不好，缺乏公共账户委员会所具有的那些配合条件，诸如没有终身制的总审计长及其工作班子的支持，也缺乏经验和专门的权力，更没有财政部真正的、积极的支持。

第二次世界大战期间停止了预算专门委员会的工作，任命了"国民支出专门委员会"（a Select Committee on National Expenditure）。1946年，在"1946—1947财政年度借款"投票程序为预算程序代替之后，又设立了新的预算专门委员会。它决定不再恢复战前由财政部官员提供帮助的做法。因为提交给该委员会的，是由财政部确定的预算建议数，再要由财政部官员去发现其缺陷,可能是一件尴尬的事。另一方面,该委员会决定恢复各下属委员会。战后的各下属委员会被授予了与总委员会相同的功能。它们能够召唤证人,要求有关方面提供文件和进行实地调查。在许多方面,该委员会的活动大大超越了战前的那些委员会。它明显地变得勇敢了,在某些报告中已不再局限于预算的支出细节,而是严厉地抨击了政府的主要政策。该委员会还确定了将来应遵循的原则。但即使这样,预算专门委员会仍然不具有公共账户委员会那样的权威,因为它不能系统详细地审查预算。尽管政府也执行了它的大部分建议,但它的权力也小于供应授权委员会,因为后者有权对支出进行实质性的削减而改变政策,而预算专门委员会则没有。

大战期间,议会放松了对政府的财政控制。此时紧急支出的规模大幅度增加,从"战争压倒一切"来说这是必然的结果。但反过来,议会并没有对公共支出放任不管。在第一次世界大战的早期阶段,政府被迫同意议会设立某个委员会去控制战时支出。不过,由于种种原因,在战争爆发三年后,所设立的国民支出委员会才开始运转。而在战争结束两年之后,该委员会仍然存在,并表达了公众日益增大的压缩支出的呼声,批评政府没有能够或不愿有效地从战时高水平上往下压缩支出。总的来看,国民支出委员会是非常有效地执行了自己的任务的。

第一次世界大战时期,公共账户委员会几乎完全被国民支出委员会所取代。但在第二次世界大战时期,公共账户委员会却保持了自己的存在,并在一定程度上起了比国民支出委员会更大的作用。它利用公共账户的审计报告和总审计长的报告,进行了卓有成效的工作。国民支出委员会和公共账户委员会都公布了某些令人震惊的丑闻,因而政府各部都害怕两委员会的批评,这使得两委员会的活动对财政部控制支出的努力提供了极大的帮助。

4. 公债的控制

18 世纪,"借款投票"(Votes of Credit)通常被认为是一种应急措施,以支付全球性战争或完全无法预料的费用。而到 19 世纪后半期,政府在许多情况下包括为了应付小型战争也使用了借款投票的办法。19 世纪后半期借款投票的不断增加,与议会加强控制财政的趋势形成了尖锐的反差。

在布尔战争期间,政府不断地提出增加预算附加的要求,为此进行了借款投票,形成了提议增加附加预算的习惯。两次世界大战后,预算附加的数量增加了。供应授权委员会通常特别关注预算附加。19世纪末的法律指出,在预算之外为大规模项目筹资而借款,构成了对议会控制政府预算的一大威胁。这是因为,为了筹集工期横跨若干年的项目所需资金而借款,牺牲了预算年度审查的原则。由于公共账户委员会的不断批评,逐步形成了控制"借款投票"的一整套规则。按借款使用方式投票的原则规定,只有在授权的钱款用完后,借款获得的钱款才能动用。但该原则并没有得到很好的遵守。

第一次世界大战之前的借款投票是为了支付纯粹的战争费用,而第一次世界大战时借款投票的目的则广泛得多。19世纪的小型战争,使得议会放松了对无法预计的支出的控制,此时支出数额达到了史无前例的规模。为此,公共账户委员会重申了这一原则,即借款投票不适用于弥补赤字的一般投票,并且借款只限于一个财政年度内。不过,此时政府已频繁使用借款投票方式,代替大笔金额的申请,去获得所需的钱款。

19世纪以前,向公众借款是由于政府无力偿还其债务而发生的,议会必须为政府提供所需基金去履行偿债合同,所以下院难以严格控制政府的借款。而到了这时,下院总是尽量对政府所有的借款都详细审查,以尽可能控制政府借款。但也存在着若干违背议会特权的例子。其典型事例发生于1876年,当时迪斯累里采用借款方式筹资,以控制苏伊士运河的股份,却没有获得议会的事先授权,而10天后议会还是给予了政府借款408万英镑的授权。

两次世界大战开始之际,议会对政府借款的控制都明显放松。依据1914年的《战时借款法》(the War Loan Act),财政部有权在本财政年度的供应授权额度内,以它认为是适当的方式和条件举债。1939年的《国民借款法》(the National Loans Act)恢复了政府的这一权力,并给予财政部其借款可超过议会授权数2.5亿英镑的授权。在战争期间,议会每年都重新通过了该法令,它通常只是一种纯粹的形式,无需任何的解释和辩论。

战后的1946年议会几乎未提出任何批评就通过了一项议案,使得政府仍然保留了在授权额度内借款的权力,从而能够自由地借款去支付"新城镇计划"(New Town Scheme)的支出和偿付到期债务。它表明,此时的议会已失去控制借款的兴趣。除了政府借款,下院也关注公共债务的偿还。由于议会对偿还公共债务的支持,使得1860—1900年的公债总数削减了约2亿英镑。议员们常常对偿债基金安排的不足,以及财政大臣挪用该基金等提出批评。如1911年,议会就因此强烈地批评了劳埃德·乔治。但是,财政大臣仍然时常动用偿债基金以避免增加税收,有时也偶然为减税提供所需的财力。如1855年在格莱斯顿的赞同下,迪斯累里就这么做了。在理论上,旧的偿债基金一直存在到1947年,但它实际上早已不存在,因为大多数年份都缺少财政盈余去补充它。1947年的《财政法》(the Finance Act)正式终止了它。

5."陈述"的发展

第二次世界大战后,英国的重要企业被大量国有化,这对议会的财政控制提出了一系列崭新的问题,由此而引起陈述制度的重要发展,就是提出了国有企业的陈述(Accountability of Nationalised Industries)问题。关于议会是否应该,并在多大程度上应该详细审查国有企业的账户,以确保投入这些企业的大量公共钱款不被浪费的问题,是引起很大争议的。工党政府的态度,则是坚定地反对国有企业向议会作财务陈述的。

当然,从议会对财务的控制来看,国有公司是不同于政府各部的,因此负责国有公司的各委员会被允许有较高的独立性和自主性。政府没有强迫它们向议会提交年度支出预算,而唯一必须向议会提交的,是它们由政府授权或由政府担保借款的资本投资计划。

公共账户委员会拥有检查国有企业账户的法律权力,但出于实践便利的考虑,该委员会没有坚持使用这一权力。为此,1955年3月16日任命了一个专门委员会,同年7月7日大选后又重新予以任命,1956年12月20日再任命了另一个专门委员会,以改进以往该委员会的缺陷。

总之,政府预算制度在英国是经历了数百年的时间,才逐步形成和发展起来的。其间尽管有着无数的反复曲折,但在新兴的市场因素和资本力量的根本作用下,以其不可阻挡的气势一往无前,最终成就了自己的事业,成为最基本的财政制度形式。此后,该制度又跨出国界,而逐步为世界各国所采用、所模仿,成为国际通行的财政基本制度形式。

四、美国联邦政府预算的产生

美国预算发展经历了三个主要历史时期：

（一）立法起支配作用的时期：1789—1921 年

这个时期的特点是，宪法赋予国会征税和根据拨款法案进行开支的权力。但是它没有规定这些权力的具体形式，没有规定总统在预算中发挥多大的作用。尽管如此，国会具有控制政府执行机构预算的权力。国会禁止总统或政府机构（以下简称机构）在得到国会批准之前使用预算资金。各机构的具体单项支出也要得到国会拨款法案的批准。

当时国会没有对预算产出作出任何特殊规定，只是规定每年的预算支出不能超过预算收入。1789—1916 年，2/3 的年份中都坚持平衡预算的标准，只有战争年代除外，因为战争会导致联邦财政赤字。预算平衡标准是与小政府同时存在的。它要求各年政府规模不能有大的变化。政府财政支出的增加主要是因为地域扩大和人口增加。

当时，总统预算系统还缺乏协调收入和支出的机制，政府财政状况还能基本保持稳定。后来由于国会内部的分割和联邦支出及和平时期赤字的急剧增加，结束了国会和总统之间不能相互制约的局面。使国会内部产生分割的直接因素是南北战争。这场战争大大增加了政府成本和国会的工作量。为了减轻众议院政策与方法委员会和参议院财政委员会的工作负担，参众两院分别于 1865 年和 1867 年对收入和支出的管辖区进行了划分，建立了许多新的拨款委员会。由于立法权的分割，总统管理联邦财政的权限受到了制约，许多机构直接向国会委员会递交支出需求报告，而不交由总统作事前审核。

立法权的分割及其发展，导致和平时期赤字持续增加。1894—1910 年中有 11 个年份出现赤字。为了与赤字做斗争，政府引进了一项全国范围内的所得税制，同时制定了一套预算执行程序。在国会开始执行这套新程序之前，第一次世界大战突然爆发，联邦支出 5 年中从 7.3 亿美元猛增到 1914 年的 190 亿美元，公债从 10 亿美元增长到 260 亿美元。战争一结束，国会认为需要建立一个强大的总统领导体制以控制支出增长。为此国会通过了《1921 年预算与账户法案》（以下简称 1921 年法案），建立了总统预算体系，这个体系在此后的 80 年中一直发挥作用。

(二)总统起支配作用的时期:1921—1974 年

1921 年法案的主要变化是在国会制定拨款法案之前给总统一个在预算编制中发挥作用的正式职权。该法案要求总统向国会递交年度预算,并禁止机构直接向国会提出预算申请。该法案还规定建立预算局(1970 年改名为管理和预算办公室,以下简称 OMB),为总统编制预算。尽管总统年度收支预算不能约束国会,国会可通过拨款法案增加或减少总统提出的每条预算,但总统预算对国会的决策有重要影响。同样,国会在收入预算方面也可能与总统存在分歧。

1921 年法案没有提出平衡预算的要求。但是,总统可以在控制联邦支出方面发挥重要作用。20 世纪 20 年代,税收下降了,支出和公债也明显下降。30 年代,由于出现经济大萧条和爆发第二次世界大战,政府支出规模迅猛增长。50 年代,联邦政府平均支出占 GDP 的 18%,而 1920 年以前只占 3%。但在此期间,国会将个人所得税改为主体税,扩大了收入来源,使总统和国会能保持大体平衡的预算。随着政府收入规模不断扩大,总统从支出控制者逐渐转变为计划制订者。

50—60 年代,将各项计划编入预算已经成为预算编制的基本要求。学者们称这个时期为"帝王之期",表明总统在国家政策中居支配地位。同时,由于收入和支出的增加,总统有条件充分利用预算在经济中发挥作用,保持高就业率、低通胀率,以及通过调整预算控制总需求。由于经济不断增长,赤字甚至被作为提高国民福利的政策工具。

但是越南战争结束了这种良好环境。总统领导权受到挑战。尽管总统和国会共同努力,1969 年成为政府在后几十年中最后一个盈余年。越战以后,预算状况与二战后的情况大不相同。联邦政府从 1940 年至 2000 年每隔 20 年的支出结构,在此期间,法定支出和自主性支出的比例发生了根本性变化。对个人的支出 1940 年只有大约 18%,大部分是法定支出。1969—1973 年,国防支出下降了 60 亿美元,而对个人的支出增加了近 500 亿美元。但是,越南战争和水门事件削弱了总统的预算权力。

(三)国会与总统相互作用时期:1974 年以后

这个阶段始于 20 世纪 70 年代早期,即尼克松总统就预算优先次序问题与国会发生争论,并拒绝支付数十亿美元拨款之时。由于认为预算失去控制,国会积极支持建立一个新的预算编制法律程序。国会寻求独立编制预算的意图在《1974 年扣留控制法案》(以下简称 1974 年法案)中充分表现出来。该法案由尼克松总统签署生效。根据这项法案,国会采用年度预算结果的办法确定收入、支出、盈余与赤字、债务总额,以及各项支出在 20 项功能科目之间的分配。在扩大国会预算编制职能的同时,该法案并没有改变总统的预算编制职能。与以前一样,总统每年要向国会递交预算,国会可以采纳也可拒绝总统的预算建议。但国会已经有其自己的预算蓝本、经济预测、计划分析、支出顺序,以及是否对收支安排进行调整的想法。

没有预见到的是,1974 年法案生效时,新的预算编制程序将总统与国会在预算编制中的矛盾扩大并法律化了。总统和国会都有自己的预算,国会设立了国会预算办公室(CBO),不再依靠总统的经济预测和计划分析。当然,两个机构需要解决分歧,并最终制定拨款,对收入及法定支出立法,但争论是不可回避的。总统和国会之间不仅对那些大的政策问题,如政府的规模、国防与国内计划、税收、赤字等问题进行争论,就是在一些细节问题也常发生争论。

国会的预算编制程序改革因国民经济衰退而偃旗息鼓。战后经济持续增长由于 1973—1974 财年中发生石油危机而突然结束。经济衰退将政府预算推向赤字。1974 年法案既没有要求预算平衡,也没有禁止国会制定巨额赤字的预算结果,人们期望新的预算编制程序能够将赤字控制在较小的规模,因为国会要对预算投票。但是,这种期望因经济衰退而破灭。新的预算编制程序建立后的第一个十年(1976—1985 财年),平均赤字为 1 130 亿美元,占 GDP 的 3.6%,而前一个十年(1966—1975 财年)的平均赤字只有 160 亿美元,占 GDP 的 1.4%。20 世纪 80 年代预算困难主要靠赤字解决。1982 财年以前,赤字最高为 790 亿美元(1981 财年),而 1982 年之后的几十年,最低赤字为 1 500 亿美元(1987 财年)。

里根总统减税刺激供给的政策并没有解决问题。1982 年的经济衰退以及总统和国会之间的僵局导致年度预算赤字高达 2000 亿美元。里根总统的预算局长戴维·斯托克曼(David Stockman)曾经有一句名言:赤字“用肉眼已经看不到顶了”。为了应对赤字危机,国会通过了《1985 年平衡预算和紧急控制赤字法案》,也称为 GRH(Gramm Rudman Hollings)法案。该法案提出了一项 1986—1990 年减少赤字,并且在 1991 财年实现预算平衡的计划。但是,最高法院认为该法案不符合宪法。国会通过了一项修正案,将实现预算平衡目标的时间推迟到 1993 年。尽管有"扣押程序"的制约,法律生效以后,每年的赤字还是超过了 GRH 法案规定的水平。虽然 GRH 法案在财政上是失败的,但它毕竟在那个年代的政治家们努力控制预算结果方面开了先河。

1990 年国会通过了《1990 年预算实施法案》(以下简称 1990 年法案)。该法案既不要求进行"扣押",也不要求对超过赤字目标现象作出反应。国会和总统从 GRH 法案失败中吸取的教训是,固定年度赤字限额,不允许根据经济条件和计划支出的变化进行调整是错误的。1990 年法案赋予了总统在向国会递交预算时对赤字水平进行调整的权力,因此大大减少了"扣押"的威胁。1990 年法案建立了一种新的赤字控制程序,那就是区分自主性支出和直接支出。该法案有三条基本准则:调整赤字/盈余目标、自主性支出限额、收入和直接支出的 PAYGO 法则。

2003 年春,财政部即开始着手编制 2005 财政年度的收入计划。一般方法是在上一财年实际收入金额的基础上,根据政府有关部门掌握的各种经济统计资料和预测,结合新财年政府的施政方针,按税种估算该财年的收入水平。这项工作在 2003 年的 11—12 月完成,随后即将预算收入报告提交给总统。同时,由各政府部门的预算财务机构在部门范围内综合所属单位的经费需要编制本部门的预算开支计划,并报送 OMB。OMB 据此形成一个预算草案,提交总统。总统根据这个草案和财政部、总统经济顾问委员会、联邦储备委员会等部门提供的财政收入、经济发展前景预测和货币、汇率等资料,并结合对以前的预算执行效果的分析,制定出 2005 财政年度政府预算的基本框架。该框架不仅大体反映了未来政府财政政策的基本取向、财政预算原则,而且阐释了总统对政府在社会经济中的作用的观点,以及按照重要性、紧迫性程度对各类预算项目做出优先顺序安排等。接下来,根据总统的预算原则和优先顺序安排,OMB 的负责人要在各政府部门呈报的概算基础上,与各政府部门共同商议,确定较为具体的支出要求,并对下一财政年度及以后 4 年的各部门资金要求进行规划。

美国联邦政府预算编制活动具有如下重要特点：

（1）政府预算编制程序十分严谨，预算编制各环节的所有负责人员职责明确，对每个预算细节，例如预算绩效的编制步骤、会计准则、计算方法等均给予具体的技术指导，并为预算的审议、切磋和协调提供了充足的时间，这就在极大程度上保证了政府预算活动的协调性、灵活性与规范性。

（2）将预算编制工作分解为收入预算与支出预算，分别责成相对独立的不同政府机构负责，把专业分工和某种制衡机制引入预算编制工作有助于提高其科学性和严肃性。美国预算收入的编制由财政部负责，而预算支出的编制则由专门领导国家预算工作的 OMB 负责。和由财政部统一负责预算编制活动的形式相比，这种分工明确的预算编制工作组织安排具有更多优势。首先，通过直接负责于总统的 OMB，总统的施政方针和指导社会经济活动的政策重点能够在政府预算编制中得到更加直接的体现与更准确的贯彻；其次，OMB 作为一个独立于其他行政部门的机构，在编制预算时可以更客观地对各部门进行监督审核，并对预算编制过程中可能出现的冲突进行仲裁；再次，OMB 拥有众多专门技术人员，具有雄厚预算科学研究能力与实践经验，不仅使独立的预算编制、监督工作得到效率保障，而且能够对所有政府部门提供涉及部门预算活动的强大的技术指导；最后，国家预算支出与预算收入分开编制，有助于减少单一部门编制预算情况下可能带来的各种矛盾，保证支出和收入有更多的合理性和科学性。

（3）美国的联邦政府预算，特别是政府的支出预算是一个统一的政府行动计划，在编制上注重内容完整统一，短期目标与长远目标的有机结合。实践证明，通过对预算开支的集中编制并覆盖政府所有的开支项目，不仅有助于按照轻重缓急原则安排各类支出，而且有助于抑制因预算外资金的大量存在而产生的政府腐败问题。事实上，这既有利于加强预算管理，也有助于提高预算资金的使用效率。另外，总统提交给国会的预算报告主要目的是阐释下一财年政府各项支出的要求，以此协助国会确定下一财年的财政拨款计划，但是该预算报告内容至少涵盖今后 4 年的国民经济发展预测、政府工作计划、收支预测信息和未来 4 年的预算安排大致情况。这种强调长期预算与短期预算相结合的预算编制制度的好处是：一方面，通过确定经济发展的长期战略任务、总体目标、核心项目，并据此制定中期、短期经济规划，可以尽量减少政府行为的盲目性,从而使政府预算更具一致性和可行性;另一方面,中期、短期经济规划、预算目标的确定便于为随后开展的绩效评估工作设置可行的指标体系和检测指标等。

(4)美国联邦政府预算编制工作具有较高透明度,也注意尊重纳税人的知情权,并且通常能够依法接受国民对政府活动的监督。美国较早地制定了《情报自由法》,20世纪70年代又颁布订立了《联邦政府阳光法案》,要求政府必须将预算内容尽可能完整地予以公布。至于如何协调政务公开与保守国家机密的关系,则须按照《联邦政府隐私权法》规定的原则处理。目前,美国政府每年都将所有与联邦政府预算有关的正式文件,无论是提交总统的还是提交国会的,均通过互联网、新闻媒体、出版物等渠道向社会公布。通过财政信息的广泛披露,纳税人可以详尽地了解政府税收政策、支出政策以及财政资金的安排、使用情况。而在部门预算的有关文件中,其预算内容则细化到了每一个具体支出项目上,这种预算内容的细化可在一定程度上保证预算的"刚性"。总之,预算编制的公开性有助于使预算的形成和执行置于各方面的监督之下,有助于把全部政府活动严格地控制在预算框架内,最大限度地避免了人为因素对预算的随意变更。

(5)日益完善的预算制度和不断发展的预算技术,对提高联邦预算编制质量和工作效率起到重要保障作用。美国政府十分重视对预算编制方法的改革,自20世纪50年代以来,先后经历了预算绩效(PB)、规划—计划预算(PPBS)、目标管理(MBO)、零基预算(ZBB)、新预算绩效等阶段。在历次改革过程中,美国政府始终坚持对各项政府支出实施项目化管理和绩效评估的做法,使得"政府也要讲效率"的观念逐步深入人心,也为改善政府管理水平和提高公共服务质量打下了良好的基础。而新预算绩效改革后推出的GPRA和PART使绩效与预算的联系更为清晰和紧密。2004年3月,美国国会又通过了《项目评估与结果法案(2004)》,要求OMB每五年至少对所有的政府项目进行一次评估,这样,OMB就更进一步地拥有了增减部门预算额度的科学依据。

五、我国政府预算的产生与发展

(一)清末之前预算形式的演进

夏商西周三代,尚未设立独立的理财机构,而是采用分官任事的职任制度。西周时,以"法式制财,收支对口"。所谓法式制财,就是用制度控制财用,将财政的收支管理作为各级国家机构和职官的一项重要职责。周设六官,其中天官和地官中,均设有兼管理财的官员。天官所属的大宰、小宰、宰夫分掌邦国财用制度,地官司徒总司邦国赋税之职。另外,法式制财的规则要求各项财政收支采取对口供应、专款专用的办法,为此设置了"九赋""九式"和"九贡"之制。年终财政收支要核算汇总。此外,还实行诸侯定期朝会制,要求各地诸侯向天子陈报政绩,王朝中央则向诸侯提出财政贡赋的要求,命令其遵照执行,并在朝会中进行考核。这是较早的一种上计制度,为后世各代相沿施行,并不断有所发展。

春秋时期,除了齐国采取"官山海"措施高度控制财权以聚财外,其他各国一般说来制度还不统一,财政机构还没有独立出来。进入战国时期,随着经济发展与兼并战争的进行,对财政进行统一管理的需求越来越强烈,财政机构逐渐独立。散见于《左传》《史记》《战国策》等史籍中的司徒、九府、仓库吏、田部吏、虞人等,都是各诸侯国的理财官职。同时,财务会计制度、仓储出纳制度等财政征收管理制度也逐步完善和加强。春秋战国时期的上计制度是在西周制度的基础上发展而来的,每年各地方官员须将本地赋税收入写于木券,呈送国君考核。财政收支情况好的,将受到奖励;完不成财政任务或收支情况不好的,将受到惩罚。

汉初实行量吏禄、度官用、以赋于民的财政管理原则。百官用度,各有数,为此实行从地方到中央层层上计制度。上计制度是财政预算与官吏考核相结合的制度。郡县有专门负责预决算的上计吏。年终,由县到郡再到中央,层层呈递上计簿。上计的内容主要包括本郡(县)的人户口数、成年男女数、垦田数、赋税等收入和各项财政开支、仓库储存钱数等。文帝、景帝、武帝还亲自听取上计吏的汇报,根据工作情况,给予奖惩。武帝将全国分为十三州,由中央派刺史监察地方官吏理财、治民的状况。东汉时,不只是让上计吏汇报,中央政府同时还派官吏到各地查询,具有监督审查作用。

　　唐初时,"一年一造计账,三年一造户籍,县成于州,州成于省,户部总领焉"。这就是说,预算自上而下,层层编制,户部编制总预算。玄宗时,户部尚书李林甫认为,预算每年一造浪费颇多,且条目繁杂,甚难检查,为简化编制手续,降低编制成本,将预算项目分为稳定和不稳定两部分,将稳定的赋税、放免、运送、税率,编成书册,称为"长行旨符",不必每年变动;对于其他不稳定的收入,各州应将其变化每年单独编造,另行书报。此制创立了预算经常项目编制方法,对以后各代影响甚大。安史之乱时,由于战乱,预算制度受到破坏。安史之乱后,中央政府恢复预算编制,具体办法大体遵循李林甫所行"长行旨符"。唐宪宗元和年间,宰相李吉甫撰写了《元和国计簿》,记载了当时预算收支状况,并对全国各地户口和赋税收入情况作了比较详尽的统计和概要分析。自此之后,直至宋明清各朝,国家岁入、岁出之数大都有所记载,岁入、岁出有预算,更有决算。宋初,参照李吉甫的国计簿编制会计录。此后编制会计录便成为一项制度,几乎每代皇帝统治时期都编有会计录。会计录一般记载户赋、郡县、课入、岁用、禄食、杂记等六项,各代根据情况,略有增减。宋代形成的四柱式会计方法也是会计制度的一大发展。所谓四柱式实际上是记账的格式,分为旧管、新收、开除、实在四栏,以此得名。

　　明清时,随着财政收支数额的膨胀和项目的增加,预算形式也日益繁细。明代财政困难,岁出常常超过岁入之数,为了解除财政收不抵支的困扰,控制财政收支之数,皇帝往往依据过去会计录所载收支情况制定当年收支预算之数,以图量入为出,国计不亏。从会计录中反映出来的预算项目有:起运若于、尚留若干、供给边防若干,列项记载。其他项目如内府亲藩,以及文武官吏、卫所旗军,并内外在官俸数,祭祀、修造、供给等费用以每年最高出入数为基数,制定次年支出之数。由户部总办其事。

　　清代时,户部制国用,分支出为十二项:祭祀之款,仪宪之款,俸食之款,料物之款,饷乾之款,驿站之款,禀食之款,赏恤之款,修缮之款,采用之款,织造之款,公廉之款。量入制出,略有节余,搏节财用。年初,国家预定各项收入、支出之数,年终则分门别类编造奏销册,奏销册必依"四柱式"填造,司道汇总报总督,巡抚加印送户部,再由户部所属十四清吏司审核奏销。

（二）现代预算形式的形成

第一次鸦片战争后,由于英、法、美等国的入侵,清王朝日渐走向衰败,国家财政也出现危机。为抗击外侮,自强求富,光绪皇帝在一批爱国志士的推动下,进行了政治、经济、财政等方面的改革。康有为提议要按照西方国家政府预算的形式,编制预算、公开财政,每年的出、入款要分门别类列为一表,按月刊报,但因维新变法失败而未能实施。

自维新变法失败后,社会民众对慈禧太后的统治日益不满,尤其是一些接受西方文化的知识分子,他们要求清政府仿效西方和日本实行政治和财政改革。慈禧太后为掩人耳目,便提出了实现宪政的旗号,并准备实施西方国家的政府预算制度。清光绪三十四年(1908 年),清政府颁布《清理财政章程》,同时诏令京师各衙署及各省每年要实报收支数字,由清理财政处及各省财政局予以督察,准备建立预算制度。经过几年的准备,宣统二年(1910 年)起,由清理财政处主持编制预算工作,这是我国两千多年来的封建王朝第一次正式编制政府预算。这一预算是先由各省汇报,由度支部加以审核,资政院加以修正,奏请施行。与此同时,又拟定《预算册式及例言》,以每年正月初一到腊月底为预算年度;预算册内先列岁入,后列岁出,各分“经常”与“临时”两门,门内分类,类下分款,款下分项,项下分子目;出入银数以库平足银为标准,以“两”为记账单位,小数至厘。

清政府编制预算的目的不在于实行资产阶级民主和财政公开,而在于解决多年以来封疆大吏各自为政、收支混乱的局面。但当时清政府的社会危机已日趋严重,各省形成割据状态,财政崩溃的局面已经形成。因此,预算虽形似统一,但实际上各地上报的数字不过是应付局面,中央预算不过是各省数字的杂凑和拼合,仅是账面上的统一而已。1911 年,辛亥革命爆发,清政府被推翻,因此,这个预算是只有预算,而没有决算。尽管如此,这份预算仍旧普遍被认为是我国第一份现代意义上的政府预算。

（三）南京国民政府的财政预算管理

北洋政府时期,中央财权旁落,表现为财权外移和下移,地方财政主要由各地军阀控制。1927 年,南京国民政府成立以后,设立中央财政机构和地方财政机构。中央财政机构为财政部,作为南京国民政府管理监督全国财务行政的总机关,总揽全国财政收支。地方财政机构有两类:一类是中央派出处理国家收支的机构,如财政特派员、关监督、盐运使、统税局、印花烟酒税局、直接税办事处等。另一类是处理地方财政收支的机构,各省设财政厅,管理全省财政收支、预决算的编制及对县财政的监督。县设财政科,管理全县财政收支、预决算的编制及各项税收。针对北洋政府时期各级财政收支不清,地方截留中央财力的现象,南京国民政府1928年11月正式公布施行《划分国家收支地方收支标准案》,将财政体制定为中央与省二级制。1934年,南京国民政府又公布了《财政收支系统法》,将财政体制由过去中央与省二级制改为中央、省、县三级制,提高县市地方政府的地位。1941年起,为适应抗日战争的需要,实行国家与地方自治两级财政,省级并入中央。1946年7月1日,南京政府修正公布《财政收支系统法》,重新确立中央、省、县三级财政体制。

为了统一财政管理,加强中央集权,南京国民政府成立后,即把加强预算管理作为一项重要政策。1928年设立预算委员会,1929年颁布《民国十八年度预算章程》,此为南京国民政府实施预算之始。此后又有1930、1931等年度的预算章程,1932年公布预算法。但因准备不足,1928、1929、1930年度只有个别分预算,没有综合总预算,到1931年才有立法院通过的总预算案。

1934年以后,总预算案才经法定程序正式公布。地方预算最初只是省及直隶行政院的市本级预算,对省(总预算)及隶属于省的县市预算并无明文规定。1934年第二次财政会议上通过办理县市预算规章。至于决算,在1930年颁布决算章程,1932年修订后,更名为《暂行决算章程》,但决算案一直未能正式成立,仅有与之相类似的会计年度报告书。此外,南京国民政府为了加强预算管理,还制定和修正一系列有关预算的法律、法规,比如,《办理预算收支分类标准》《预算法》等。在预算监督方面,颁布《审计法》《国民政府监督地方财政暂行法》等。当时预算管理的重要特点是"超然主计、联综控制"。国民政府初期成立时,各政府部门财务管理由预算到出纳、购买、会计、报销与决算,均由各部门一人兼办,串通舞弊现象频生。财政部会计司负责预算管理,但因"无独立资格,不能超然有所主张,对各机关之岁计案,纵秉公增减……而地位太低,复不能指挥全国各机关之会计行政,保证其职务"。为了解决这一问题,1931 年,国民政府根据美国甘默尔财政顾问团的建议,实行所谓"超然主计,联综组织制度"。

其中,"联综组织制度"是将政府部门的财务管理分为四大系统:财务行政系统(收支命令系统)、主计系统、出纳保管系统、审计系统。"超然主计"指的是成立直接隶属于中央政府的最高主计机构——"主计处",并在中央各部门和各省市政府都设置会计人员以掌握主计大权。主计系统处于监督各机关财务管理的超然地位,对各级财政长官及行政长官具有牵制作用。主计处下设岁计、会计、统计三局,分别负责预决算编制、会计工作与统计工作。从组织形式与内容方面考察,"超然主计,联综组织制度"具有进步意义。然而,由于国民政府的政治制度、组织制度及吏治已极端腐败,预算管理的变革最终不可避免流于形式,最终也未实现整顿吏政、强化预算管理、提高政府公务效能的设想与愿望。

(四)新民主主义革命时期根据地政权的财政预算管理

第二次国内革命战争时期,中国共产党领导的武装力量在革命根据地建立政权。但是在1931 年11 月临时中央政府成立以前,根据地财政基本上是各自为政。其特点是自收自支,分散经营,主要依靠打土豪筹款,没有经常的固定的收入来源。由于当时根据地还不巩固,处于被敌人分割、包围的环境中,军事上独立作战,财政上分散经营有其客观必然性。但是,分散经营也容易造成滥收滥支、苦乐不均和贪污浪费等现象。

1931 年11 月7 日,中国工农民主政府在江西瑞金成立。11 月27 日,中央执行委员会第一次会议决定,设立中央财政部,任命邓子恢为部长。从此,根据地有了最高的财政领导机关。同年12 月27 日,人民委员会第三次会议通过《中华苏维埃共和国暂行财政条例》和统一财政的训令。该条例是临时中央政府的第一个财政法规,标志着根据地政权预算制度的建立。其内容主要有以下四点:①一切税收,概由中央财政机关按照临时中央政府所颁布的税则征收,地方政府不得自行征收。②各级财政机关所收税款及其他预算收入应及时送交中央财政部,不得自行支配。③各省政府财政部、中央军委总经理部,应于每月25 日以前向中央财政部报告下月预算;其他各级财政机关应于每月20 日以前向上级财政机关报告下月预算。④各级财政机关使用的账簿、表册、单据等一律进用中央财政部规定的统一格式,不得沿用旧式账簿或另立新奇。又规定,各种账簿的银钱记账单位,一律折合大洋计算。在当时的形势下,根据地财政的适当统一和加强财政管理,是十分必要的,但由于缺乏经验,特别是受王明路线的"城市中心论"和"正规化"观点的影响,根据地的财政管理也出现了统得过死的问题。例如,不分中央和地方,不分经常性收支和临时性收支,不分集中性收入和零星的收入,由中央把一切收支统管起来,财会制度规定得过于烦琐等,都不利于发挥地方和各部门、各单位增加收入节约支出的积极性。随着第五次反围剿的失利,红军撤出苏区,北上抗日,原土地革命时期建立的各项预算管理制度不得不停止执行。

抗日战争时期,抗日根据地的预算管理形式随着军事形势的变化而发生变动。1939 年以前,抗日根据地刚刚建立,立足未稳,统辖范围经常变化,因而财政上一般实行自收自支的办法,没有建立统一的财政体制。1939 年以后,抗日根据地逐渐扩大,边区政府相继建立,各地陆续实行"统一领导,分散经营"的财政方针。1942 年以后,随着抗日根据地进一步巩固和发展,为了克服分散经营出现的弊端,各根据地先后实行"统筹统支为主,生产自给为辅"的财政体制。在根据地财政状况逐步好转的情况下,于 1943 年实行"统一领导,分区统筹"的财政体制。

这种体制一直沿用至解放战争初期。随着"统一领导,分区统筹"财政体制的建立,抗日根据地的预算制度也逐步恢复或重建起来。根据各抗日根据地的实际情况,预算制度也有所不同。

1948 年秋,辽沈战役结束后,党中央决定对华北、华东、西北三大解放区的财政工作实行统一领导。1948 年 10 月,华北财经委员会成立(董必武任主任),作为三大解放区统一的财政领导机构。为减少统一中的困难,确定以 1948 年 12 月以前作为过渡期,自 1949 年 1 月起实行大区的统筹统支。大区财政实行二级或三级管理体制。野战军和华北直属党政机关,由华北财经委统一供给;地方军和地方党政机关由地方政府自给。地方财政由各财经分会拟定预算,报华北财经委审批执行。东北解放区是日本投降后新开辟的解放区。1946 年 8 月,东北解放区行政联合会成立,同时成立财经委员会(对外称东北财经办事处),陈云任主任委员。至 1948 年末,除冀察热辽仍作为独立的财政单位外,东北解放区的财政工作基本上实现统一。

(五)1949 年后我国政府预算的演进

1949 年新中国成立后,我国政府预算制度演进的过程,可分为四个阶段。

1. 政府预算制度的形成阶段:1949—1951 年

1951 年 3 月,政务院颁发《关于一九五一年度财政收支系统划分的决定》,将财政收支由高度集中,统一于中央人民政府,改为在中央的统一领导下,实行中央、大行政区、省(市)三级财政。随着财政体制的构建,较为系统的政府预算制度也逐步形成。1949 年 12 月 27 日,政务院发出《关于 1949 年财政决算及 1950 年财政预算编制的指示》,要求各级政府和中央直属企业部门编制 1949 年的财政收支决算和 1950 年的预算,按规定时间编制上报,并明确规定政府预算实行历年制,即从公历 1 月 1 日起至 12 月 31 日止为一预算年度,同时规定了预算编制的具体方法和要求。1950 年 3 月,政务院颁发《中央金库条例》,规定国库工作委托中国人民银行代理,国库机构的设置原则上是一级预算设立一级国库,国库工作实行垂直领导。1950 年 11 月,政务院发布《中央人民政府财政部设置财政检查机构办法》,确立了财政监察机构的基本任务,并建立起全国性的财政监察网络体系。1950 年 12 月财政部发布《各级人民政府暂行总会计制度》和《各级人民政府暂行单位预算会计制度》,以满足政府预算管理的实际需要。1951 年 8 月,政务院颁布《预算决算暂行条例》,规定了国家预算的组织体系,各级人民政府的预算权,各级预算的编制、审查、核定、执行的程序,决算的编制与审定程序等。

随着上述各种预算法规的颁布和实施,我国的政府预算制度初步建立起来。

2. 政府预算制度的长期稳定阶段:1952—1992 年

在这 40 年间,尽管经济体制、财政体制发生多次变化,但政府预算制度从总体上而言则保持相对稳定。这是由于在这一阶段,中央与地方利益分配关系长期处于不断变化中(从这一时期财政体制的多次变化可以看出),中央与地方政府的关注点主要集中在彼此利益分割的多重博弈问题上,缺乏通过优化预算内部管理制度约束、降低管理成本、提高资金使用效益的激励机制,从而导致政府预算制度演进的长期滞后。这段时期,我国的政府预算制度具有典型的计划经济特征,主要表现为:在预算形式上采用单式预算;预算编制原则上贯彻国民经济综合平衡原则;预算编制方法上长期沿用基数法编制预算;预算编制程序上采用自下而上和自上而下,上下结合,逐级汇总的方法;预算管理总体上比较粗放,预算编制法制性不强、透明度不高,存在着非程序化和非规范化等问题。而具体到不同的部门、单位以及不同类别的支出,预算管理的方法也不尽相同。

3. 政府预算制度的初步改革阶段:1992—1998 年

1992 年,为适应社会主义市场经济发展的要求,强化预算管理,我国开始对传统的政府预算制度进行改革,实施了一系列改革措施。包括 1992 年实施《国家预算管理条例》,实行复式预算、自 1995 年实施《预算法》,1998年实施新的预算会计制度,1996 年国务院发布《关于加强预算外资金管理的决定》,1994 年部分地方政府开始实行零基预算改革。

4. 政府预算制度深化改革阶段:1998 年以后

1998 年以后,随着建立公共财政框架财政改革目标的确立,我国的政府预算制度改革速度开始加快,改革全面进入深化阶段。相继实施了以下预算改革措施:编制部门预算、深化"收支两条线"管理改革、改进政府收支科目分类、实施国库集中收付制度、推行政府采购制度、建设"金财工程"、预算公开和预算绩效改革等。通过近年来实施的各项预算改革措施,规范了预算资金范围界定、预算编制、预算执行等预算管理环节,初步建立起与公共财政相适应的政府预算制度框架,并在提高预算管理水平,加强预算约束方面取得了较好效果。自 2000 年起,按照公共财政的本质要求,我国开始了新一轮以部门预算、政府采购、国库集中支付制度、"收支两条线"管理和政府收支分类等为基本内容的制度创新,着重解决政府预算支出使用效率的问题。

2015 年实施的《预算法》奠定了当前地方政府债务管理的法律基础。《预算法》第 35 条对地方政府债务管理作出了明确规定,各省预算中必需的部分建设投资资金可在国务院报全国人大批准的限额内,通过发行地方政府债券筹措,除此之外,地方政府及其所属部门不得以任何方式举借债务,不得为任何单位和个人的债务以任何方式提供担保。举债只能用于公益性资本支出,不得用于经常性支出。举债应当有偿还计划和稳定的偿还资金来源。国务院建立地方政府债务风险评估和预警机制、应急处置机制以及责任追究制度。上述规定从借、用、还三个层次，以及事前、事中、事后三个阶段对我国地方政府债务管理体系作出了全方位的指导性架构。

2016 年国务院颁布的《地方政府性债务风险应急处置预案》(以下简称《预案》)也对建立地方政府性债务风险评估和预警机制做出了重点强调，要求省级财政部门应当按照财政部相关规定做好本地区政府性债务风险评估和预警工作，及时实施风险评估和预警，做到风险早发现、早报告、早处置。《实施意见》指出，地方各级政府要全面掌握资产负债、还本付息、财政运行等情况，加快建立政府综合财务报告制度，全面评估风险状况，跟踪风险变化，切实防范风险。中央和省级财政部门要加强对地方政府债务的监督，对债务高风险地区进行风险预警。

建立和完善考核问责机制，明晰地方债务管理中各相关主体的责任，严肃责任追究，严明奖惩，是强化地方债务管理政策执行力度、提高地方政府举债融资规范化水平的关键。根据第二代财政分权理论和公共选择理论，明确权责制，建立政府间债务管理的激励相容和约束机制是在"政府经济人"假设下有效解决上下级政府信息不对称导致的委托代理问题和道德风险问题，提高地方债务管理水平，促进公共利益的重要手段。对此，《实施意见》特别指出，建立考核问责机制，把政府性债务作为一个硬指标纳入政绩考核是地方政府性债务管理的重要配套制度。对脱离实际过度举债、违法违规举债或担保、违规使用债务资金、恶意逃废债务等行为，要追究相关责任人责任。《实施意见》再次强调了健全地方政府债务考核问责机制的重要性。地方各级政府要主动接受本级人大和社会监督，定期向社会公开政府债务限额、举借、使用、偿还等情况。要将政府债务管理作为硬指标纳入政绩考核，强化对地方政府领导干部的考核。对地方政府防范化解政府债务风险不力的，要进行约谈、通报，必要时可以责令其减少或暂停举借新债。《预案》也特别指出，属于在本届政府任期内举借债务形成风险事件的，在终止应急措施之前，政府主要领导同志不得重用或提拔；属于已经离任的政府领导责任的，应当依纪依法追究其责任。

六、政府预算职能与作用

(一)政府预算职能

政府预算职能是指政府预算所具有的内在功能。一般认为政府预算具有资源配置、稳定经济、反映、监督和控制五大职能。

(1)资源配置职能。即政府预算不仅是一部分社会资源的直接分配者,而且也是全社会资源配置的调节者。能在市场资源配置失灵的基础上,通过预算收支安排实现社会资源在政府部门和非政府部门之间、政府部门内部的配置资源,以及对非政府部门资源配置的调控,提高资源的配置效率,弥补市场失灵。

(2)稳定经济职能。自由市场经济容易出现波动,无法实现宏观经济的稳定运行。通过实施赤字、盈余或平衡预算政策,刺激、抑制或平衡社会总需求,进而实现社会总供给与总需求平衡,最终实现宏观经济稳定运行的目标。

(3)反映职能。即具有反映政府部门活动或工作状况的功能,作为财政收支安排的基本计划,政府预算反映和规定了政府在预算年度内的工作或活动范围、方向和重点。

(4)监督职能。即具有监督政府部门收支运作情况的功能。作为我国各级人民代表大会审议的重要文件,政府预算是人大代表和全体人民监督政府收支运作的途径和窗口。

(5)控制职能。即具有控制政府部门收入和支出的功能。由各级人民代表大会审议、批准的政府预算,实质是对政府收支规模的一种法定授权。只有在授权范围内的收入和支出,才是合法和有效的。

(二)政府预算的作用

政府预算作为政府的年度财政收支计划,对政府活动和经济社会发展具有重要作用。

(1)政府预算是政府分配资金的主要手段。政府为实现其职能主要通过政府预算参与国民收入的分配和再分配集中必要的资金,用以满足社会的公共需要。预算收支活动体现财政分配活动中的筹集和使用资金两个方面。预算收入来源和支出用途全面反映政府的经济活动,体现政府集中财政资金的来源规模、去向用途,并在一定程度上反映社会经济发展的规模、比例、速度和效益。

（2）政府预算是政府提供公共产品、进行资源配置、实现职能的重要工具。公共产品具有非排他性和非竞争性,市场不能有效地提供,往往需要政府预算对其进行资源的配置。政府预算集中资金只是手段,分配资金满足国家各方面的需要才是目的。国家根据社会共同需要,将集中的国民收入—预算收入在全社会范围内进行再分配,合理安排各项支出,保证重点建设、行政、国防和文教科卫等方面的需要,用于维持政府活动,为公共产品提供必要的财力保证。同时,预算支出的结构比例、去向用途体现国民经济和社会发展以及政府各部门之间的比例关系,在一定程度上影响着整个社会资源的配置。

（3）政府预算综合反映和监督经济运行状态。政府预算综合性强、联系面广,预算的收支涉及一系列的财政分配关系。政府预算通过其收支活动和收支指标,反映政府活动的范围和方向,政府各部门的情况,以及国民经济和社会发展各方面的活动。预算收入反映国民经济发展规模和经济效益水平,预算支出反映各项建设事业发展的基本情况。因此,通过政府预算的编制和执行,便于掌握国民经济的发展趋势,发现国民经济发展中存在的问题,从而及时采取对策措施,促进国民经济稳定、快速、健康地发展。预算部门运用信息灵通的优势,可以通过对比分析,从宏观方面反映国民经济发展的情况和存在的问题,为决策部门提供经济信息,不断提高宏观经济效益。

（4）政府预算是以计划为基础进行宏观调控的重要杠杆。预算必须以国民经济和社会发展计划为基础。政府预算既是国民经济计划在财力上的主要反映,又是实现经济发展、社会进步以及进行宏观调控的财力保证。预算收入主要来源于国民经济各部门,预算支出主要用于各项经济和科技文教建设事业,并对国民经济和社会发展计划起积极的促进和制约作用。预算调控作用主要从三个方面实现:一是控制社会总供求。预算收支总规模可直接或间接影响社会总供求,其中主要通过预算支出控制社会总需求,用总需求制约总供给,使之保持基本平衡。二是调节结构。通过预算支出结构来调节国民经济结构,调节产业结构,协调国民经济的重大比例关系,促进生产要素的优化配置和经济效益的提高。三是公平分配关系。预算管理体制是划分预算收支范围和预算管理权责,处理中央和地方、地方之间、行业之间财政分配关系的根本制度,合理分配各地区的财力,可适当缩小地区间的经济差距。

七、政府预算的演变

政府预算随资本主义市场经济产生以后,又因财政职能的不断变化、财政理论的发展和财政制度自身完善的需要而在不断发展。

在建立守夜人政府和不干预经济的理念下,最初财政的职能被基本限定于社会安全与管理的范围内,最小的政府是最好的政府,政府以税赋满足维持其职能的要求,所以,基本的预算制度是单式预算和以收入为重点的预算制度。随着工业化和城市化的发展,社会公共事务不断增加,要求政府制定和实施社会公共政策。同时,市场失灵导致的周期性经济危机,特别是1929—1933 年的美国经济大萧条,也提出了政府干预经济的新要求。罗斯福新政开通政府预算干预经济的先河,德国社会政策学派和凯恩斯主义的出现反映了这一新的变化和要求。为此,财政的预算就由单一的税收预算发展为税收与公债预算和社会保障预算,单式预算逐步被复式预算所代替,预算的重点也由重收入转向重支出管理,零基预算和预算绩效等都是加强预算管理的新的制度和方法。

除了上述外部原因外,推动政府预算发展的内在原因是公共财政模式下,政府预算自身的不断完善。随着财政分配规模日益扩大,财政收支项目增加,收支之间的关系也日益复杂,财政收支的发展变化客观上要求加强财政的监督与管理,要求编制统一的财政收支计划。而伴随着国际化和经济全球化,国与国之间的经济政治交往,国际合作组织的建立,区域联盟的发展,也为国际化的统一财政预算的口径提出了新的要求,政府收支分类标准国际化是其集中体现。

新中国政府预算的发展主要经历了计划经济和市场经济两个时期。在《中国人民政治协商会议共同纲领》中规定:建立国家预算决算制度。随后中央人民政府编制了1950 年财政收支概算草案,这是新中国第一个预算,在1949 年的中央人民政府第四次会议上中央人民政府批准了这个概算草案。

1956年随着我国社会主义改造的完成,社会主义制度基本确立,我国基本形成了与计划经济体制相适应的全能型的高度集中的政府预算体制。

改革开放以后,我国的财政体制进行了一系列改革,从1992年开始,我国的政府预算经过了复试预算、零基预算等改革,从1998年开始又积极推进以加强支出管理为重点、以部门预算改革、政府采购制度、国库集中收付三项改革为主要内容的财政管理体制改革,同时积极推进预算绩效、标准周期预算等新的预算方法和制度,从2007年起,我国又进行了政府收支分类改革,从而使我国的政府预算不断得到改善。

然而,需要指出的是,这些改革主要集中于预算技术性方面的完善,而较少关注预算民主性、民主理财的推进,更多强调预算的规范化和科学化,而较少注重预算民主化。特别是各级人民代表大会在参与、控制和监督政府预算上,没有很好地发挥其应有的作用。对预算的监督是宪法和法律赋予各级人大及其常委会一项重要的职权。但是由于种种原因,特别是财政的透明度问题没有切实得到解决,目前人大对预算监督不够有力,预算编制、审批、执行、调整、决算方面存在许多问题,使预算不能很好地发挥其应有的作用。

第二章

政府预算理论

第一节　渐进预算理论

渐进预算理论形成于 20 世纪 60 年代中期,其主要内容是由美国预算学者瓦尔达沃斯基(Aaron Wildavsky,1964)的著作《预算过程中的政治》和芬诺(Richard Fernno,1965)的著作《预算的力量》构成的。该理论从政治学视角,研究了政府预算运作程序和政府官员预算行为。其核心观点是认为政府预算的决定是渐进的,而不是全面的。预算支出机构决不会在每个预算年度里根据现有项目的价值和替代项目的价值来积极地评估所有的预算方案。相反,支出机构的预算要求都是建立在上一年的预算基础之上的,并特别关注边际上的增加和减少。该理论曾一度成为政府预算中占支配地位的主流理论。

一、基本观点

瓦尔达沃斯基是渐进预算理论的代表人物。渐进预算理论的基本观点主要体现于瓦尔达沃斯基的代表性著作——《预算过程中的政治》(*The Politics of the Budgetary Process*)当中。渐进主义预算理论的基本含义是:①人的智力有限,时间也有限,无论对谁而言,政府预算规模都太大了,没有人能够考虑到整个预算,具体到预算的方方面面。因此,对政府预算的审核,主要是比较去年预算与今年预算建议数的异同。原因是基于今年建议数是在去年基数上渐进产生的。②人心思定,人们不喜欢政治角逐而力求避免之。这样,政客就避免对预算过程做出选择,某一年份预算的变化就很有限,由此而来的预算结果也很少发生变化,它们在很大程度上是可以预测的。

从《预算过程中的政治》一书中,可以总结出渐进预算理论的基本观点:

第一,预算具有政治性。自 20 世纪初,从美国"进步时代"开始的预算改革是以集权化、运用更为复杂和全面的预算技术为导向的。预算改革者将预算视为一个技术问题,试图将完全理性引入到政府预算决策当中。他们认为政治过程缺乏效率,因而都试图回避政治过程。但是,与预算改革者的观点不同,瓦尔达沃斯基认为,预算决策处于政治过程当中,因而具有政治性,"预算过程是政治框架中的人类行为"。他认为,如果不运用政治学理论的话,便无法回答科伊所提出的问题(即:究竟以什么为依据,决定将 X 美元分配给 A 活动,而不是分配给 B 活动)。在预算实践当中,美国的预算决策正是通过政治过程做出的,包括宪法、利益集团的压力、政治党派的立场、公众意见等在内的政治因素都将对预算决策产生影响。

第二,预算具有渐进性。渐进预算理论将预算过程看作是在原基数上递增的政治模型,认为政府预算具有渐进性。从一个预算周期到另一个预算周期,从预算过程的一个阶段到另一个阶段,预算拨款只是发生相对很小的变化。在预算过程当中,政治家、官僚、预算官员、立法者、利益集团和社会公众等预算参与者会运用多种预算策略去实现自身的预算目标。从世界各国的预算实例看,多数政府预算的编制,都是以上一年度的预算数或执行数为基数,再加以适当的递增比例计算而成的。

第三,预算参与者在预算过程中通常会采用"简化"策略。预算可以理解为决策制定的过程,这个过程非常复杂,而人类的决策能力却非常有限,因而,当预算参与者面对预算决策中的复杂情形时,会运用一些相应的策略使其简化。比如,在决策中只运用部分可以获得的信息,而不是全部的信息。

第四,预算参与者将会使用不同策略实现各自的预算目标。瓦尔达沃斯基认为,预算参与者基于以往的经验,会选择他们认为在不确定的条件下,最有可能获得成功的策略来实现各自的预算目标。瓦尔达沃斯基具体分析了各政府部门在确保本部门预算拨款时所运用的策略。与预算的技术问题相比,在争取预算拨款的过程当中,取得政治上的支持是更为重要的。

为了取得政治上的支持,预算参与者往往会运用三类策略:①培养一个积极的委托人。这反映出在现行的政治体系中寻求支持的需要。②信任策略,即与其他预算参与者,尤其是预算委员会建立信任关系。预算委员会对一个政府部门越信任,对其待遇也就会越好。信任策略包括培养预算委员会对政府官员个人的信任和对该部门的实际工作成果的信任。③暂时性策略,即政府部门对某个预算项目进行解释,从而说服国会对其进行拨款。通过这一策略,政府部门可以维持拨款水平,从而确保其预算基数;或是获得更多的拨款,从而增加其预算基数。

第五,瓦尔达沃斯基将传统的"渐进预算"和预算改革者所提倡的"理性预算"进行比较后,得出结论——传统的"渐进预算"要明显优于"理性预算"。瓦尔达沃斯基列出了对传统的渐进预算的批评,并认为这些批评中所列出的传统的渐进预算的缺点,正是使其优于理性预算的优点所在。传统的预算方式是政治性预算,简化了预算决策过程,并有利于达成政治上一致。预算改革者所建议的更为理性的预算方法则会增加预算决策的难度,妨碍政治上一致的形成,因而是很难成功的。瓦尔达沃斯基认为,预算改革并不像预算改革者所称的那样,在政治上是中立的。预算改革不仅是预算技术的变化,而且,必然会包括政治系统的变化。预算改革只有通过改变政治过程,从而改变预算份额在不同预算项目之间的分配,才能真正对预算结果产生影响。

二、渐进预算理论的贡献

渐进预算理论最为重要的贡献就在于为未来的研究提供了统一的角度、共同的语言和一系列值得深入研究的问题。渐进主义预算理论是公共预算理论建构的最佳突破口。它在有限理性的前提假设之下,已经建立了很多有价值的假说,其很多研究结论都是开放性的,并已经被制度研究方法所借用。

首先,渐进预算理论提出政府预算位于政治程序的中心,并将政治理论、组织过程理论和经济理论运用到预算研究当中。渐进预算理论涉及各个政治组织以及与其相关联的政治程序。政治组织包括立法机构、行政机构、利益集团和政治党派。政治程序主要包括各政治主体对政治支持的争取,也包括党派之间利益的相互调整。同时,渐进预算理论在对预算决策制定进行分析时也非常倚重于经济分析方法的运用。这些都为预算研究提供了统一的视角。

其次,渐进预算理论也为解释和预测预算提供了共同的语言,比如:预算增量、政治策略、过程、结果、个人和社会团体的偏好、决策制定、政治环境的变化等。

最后,渐进预算理论和那些有建设性的批评为未来的预算研究提出了一系列尚待解决的问题。解释和预测增量是预算理论中最显而易见的一个问题。其他的问题包括对预算的作用、策略、谋划、竞争、冲突和预算标准的进一步解释。更深一层的研究工作是基于对渐进预算理论有建设性的批评。这些批评提出对政府预算的研究不应只仅仅局限于政府内部,还应该涉及利益集团的行为、选民的投票行为、行政首脑的行为以及立法过程对预算决策结果的影响。此外,预算研究的领域还应扩展到预算拨款之前和预算拨款之后的预算过程,比如预算编制、预算执行、审计和评估等,这些都远远超出了渐进预算理论研究的重点——预算拨款。

三、渐进预算理论的缺陷

尽管渐进预算理论的理论框架较为完整,但其缺陷也是明显的。

第一,渐进预算理论的定性描述部分认为预算是渐进的,每年的预算是稳定、全面的增长,但是预算实践并不完全这样。如法定支出和预算赤字的增长以及联邦预算行为模式的变化等因素使这种增长方式无法继续。

第二,渐进预算理论的实证理论存在缺陷。白利和寇勒以及勒楼普指出,渐进主义预算模型没有对预算数据进行正确的解释。白利和寇勒认为,渐进主义预算模型的曲解归根于对过程渐进主义和结果渐进主义两者的混淆。还有的研究者批评说,渐进主义预算理论并没有准确地描述预算决策的实际过程,因为,在预算过程中,出现了不少背离渐进预算模式的情况。

第三,希克指出渐进预算理论的分析理论存在着自相矛盾的一面。他认为,瓦尔达沃斯基的预算过程模型是模仿经济学的市场竞争模型,而经济学家已确认市场竞争模型是存在缺陷的,需要政府去矫正这些缺陷。瓦尔达沃斯基所提出的预算过程模型也存在同样的缺陷,因此,并不能产生正确的预算结果。

第四,渐进预算理论是总括性的。渐进主义下的政府预算平均变化情况,掩盖了具体收支结构的变化。有时,尽管一项收支总额长年看变化并不明显,但其内部却可能是此消彼长的。这样,政府预算就不易体现出政府职责的变化。同时,渐进主义理论也没有反映出预算政治的作用。这是因为,此时部门的预算策略就是千方百计地扩大基数,尽可能多地获得预算拨款,预算编制部门通常就要确定一个最高支出限额,而政府为了经济发展等目标,又总是倾向于多上项目。这样,预算政治的焦点并不一定集中于部门预算的变化量上,而是集中于其项目预算的变化量上。

第二节 政策过程理论

渐进预算理论和公共选择理论都存在一定的局限性。以美国学者爱伦·鲁宾代表的政策过程理论学派认为,尼斯坎南的预算模型过于简单,在预算最大化之外,官僚还有其他一些他们非常重视的价值,例如职业主义与公共利益。并且由于各种新的预算形式的出现,渐进主义预算模型变得不能很好地解释当代的预算过程与预算结果,从而宣布了渐进主义的终结。

因此,政策过程理论学派从政策过程角度提出了政策过程预算模型,其中具有代表性的是鲁宾的实时预算模型。鲁宾认为,政府预算是一个特别的、有众多预算参与者共同参与的政治决策过程。预算参与者的目标具有多样性,政府预算对经济和政治环境是开放的,必须能对外部环境的变化做出适当的反映。这些都决定了预算理论模型必须具备某种灵活性,从而能够将各种预算参与者的要求和正在变化的预算环境纳入其中。鲁宾认为,实时预算模型基本具备了这种灵活性,这个决策模式将五个截然不同、具有松散联系的预算决策束联结在一起,每一个决策束都有自己的决策制定者群以及自己特有的"预算政治"特征。

一、实时预算模型

在鲁宾的预算模型中,预算决策被分成收入束(revenue stream)、过程束

（process stream）、支出束（expen diture stream）、平衡束（balance stream）和执行束（exe cution stream）这五个相互独立而又前后相继的决策束。每一个决策束吸引着具有不同特征的一组预算参与者参与其中。在每个决策束中，预算参与者的预算策略、预算环境等因素都会对预算结果产生影响。鲁宾将这种由五种预算决策束组成的预算决策模式称作"实时预算模型"。"实时"是指在上述五类预算决策束中，每一个预算决策束都需要根据其他决策束中的决策和信息以及政治和经济环境的变化，做出连续不断的调整。

（一）预算决策束的具体内容

1. 收入束

收入束中的预算决策是以政治上的"说服"为特征的，主要是关于收入基数的技术预测，即对下一财政年度可获得的收入进行技术性估计。在鲁宾的模型中，收入束的主要决策涉及能否和怎样通过税收政策的变化来改变收入基数。这包括以下一系列的问题：税收将增加还是减少？应该进行税收减免吗？如果应该的话，应该给谁，为何目的？应该注重哪些税源？将对不同地区、不同经济阶层和不同年龄群体产生什么影响？税收负担程度如何？预算环境、经济形势的变化都影响着收入水平，公众对税收的承受力也影响着政府官员增税、减税的意愿。此外，利益集团对收入束中的决策也有着较大影响。

2. 过程束

过程束，是关于如何做出预算决策以及由谁做出预算决策的问题。预算过程束中涉及在相对独立的政府部门之间进行预算决策权力的均衡（行政部门和立法部门）以及在纳税人和决定资源配置的政府官员之间进行预算决策权力的均衡等问题。鲁宾认为，参与预算的个人和团体都会对预算结果产生影响。其中，行政机构和议会在预算过程中起着关键性的作用。有效的预算过程束应该能够使社会成员充分表达其对政府项目的相关评价。

3. 支出束

支出束中的预算决策是以"选择"为其政治上的特征，涉及如何对各项预算支出进行预测，例如建立在一些公式上的补助金，取决于失业水平上的转移性支出等。但是，许多支出决策是与政策相关的，涉及将对哪些项目进行资助,在什么水平上进行资助,谁将从公共项目中获益,如何削减预算支出等问题。在支出束中,众多的各种各样的预算参与者都努力去影响预算资源的配置。这些预算参与者的目的在于重新排列预算支出的优先权,或保持目前预算优先权的次序。与收入束和过程束相比,政府机构的负责人在支出束中发挥着更大的作用。在支出决策束中,利益集团常常也很活跃。

4. 平衡束

平衡束(是否平衡,如何平衡)涉及一个基本的预算问题,即:每一财政年度的预算支出和预算收入是否必须平衡? 或者借债是否可以用于平衡预算? 如果可以,能借多少债,多长时期,为何目的? 平衡束是收入和支出预测之间一个相互作用的过程,但是从根本上来讲,它关系到有关政府的范围和作用的决策。因为赤字往往是政府为解决经济危机而对经济进行干预的结果,预算赤字是和缓解失业的政策联系在一起的。预算是否应该平衡,政府活动范围和税收水平是否适当,政府在缓解失业中应起的作用等,都是各政党、一般公众、利益集团所关心的问题。

5. 执行束

执行束的决策制定本质上被视为技术性更强的工作,是以政治上的"责任"为特征的。在预算执行束中,比较重要的问题是如何准确地执行预算计划,哪些偏差是允许的,哪些政策限度是不能被违反的,等等。环境因素的改变常常引起预算执行的变化。但是,预算的重新调整取决于环境因素变化的大小,对预算的重新调整是需要慎重考虑的。因为,对预算的调整会引起政治上相当多的争论,预算的重大变化还会影响到下一财政年度的预算基数,这将同时影响到支出束和平衡束这两个预算决策束。行政部门在预算决策执行过程中起着主导的作用,而议会的作用则极为有限,利益集团在预算执行过程中基本不起作用。

(二)预算决策束之间的联系

1. 各个预算决策束在一定程度上是相对独立的

预算决策制定不是直线性的和按时间顺序进行的,为了及时完成预算制定过程,部分决策束可以在其他决策束没有完成的情况下进行。按照理论上的决策模式,有的决策首先需要做出,并成为其他决策的框架,比如:有关预算平衡的决策和收入估算在决策开始前就应该完成;然后,再进行支出决策和执行决策。但是,在实际的预算过程中,实时预算编制并没有完全按照这种模式进行。这是因为:①整个预算过程处于变化的预算环境当中,会不时得到新的信息。②不同预算决策制定所花的时间各不相同,而且还需要在不可能预测或计划的时间间隔内,对其进行重新调整。③某个决策环节的行动者可能会进入另一个决策环节中,并在决策过程中促使其做出改变。因此,预算决策制定不是、也不可能是按时间顺序来进行的。对此,解决的方法就是五个主要的决策环节同时进行,在有必要信息的情况下,再将它们联结起来,这使得预算决策具有很好的适应性。

2. 各预算决策束相互作用

在大多数情况下,各个决策部分都是相互独立的,但是有时需要来自不同环节的信息以完成各自的决策工作。在某一预算决策束中,当预算参与者做出决策时,会参考其他预算束中已做出或预期做出的决策。例如,制定支出决策时,必须考虑到收入总量。而关于如何减少赤字的决策,又有赖于对收入和开支的估计。来自其他预算决策环节的信息是一种约束力量,但这种约束不具有强制性。这是因为:①随着预算环境的改变,其他的决策束可能也会发生变化。比如,对经济环境的预测发生变化,那么支出决策束中的某个收入估计数就需要进行调整。②某个环节的预算参与者有时也会主动促使其他环节发生改变。比如那些想增加预算支出的预算参与者,可能会积极采取行动改变税收结构乃至收入估算,他们还可能试图改变对预算平衡的规定;而那些想减少收入的预算参与者可能会采取某些行动达到削减支出的目的。

3. 各预算决策束具有非阻断性

在各个决策束中决策制定的时间是不同的,因此,某一个决策束中的决策制定的阻滞,不会影响其他的决策束。如果一个决策束受阻,比如,在收入决策束中,增税的计划正在讨论,但尚未付诸实际,其他决策束可以通过假设收入决策中可能会出现的情况,继续进行各自的决策过程,当得知收入决策的最终结果以后,再对其自身决策加以调整。

4. 实时预算模型中,时间是重要的约束条件

鲁宾指出,预算有底线和时间期限,这使得预算和其他的政治决策相区别。预算必须在某一时点通过,整个预算程序总是向着最终期限运行。然

而,时机的选择在实时预算模型中也是非常重要的,因为各种各样的预算参与者必须能随着环境条件的变化从其他的预算参与者那里获得必要的信息。

二、微观预算与宏观预算

鲁宾的政府预算模型是一个将宏观预算与微观预算结合在一起的预算模型,不仅研究预算参与者的预算策略,而且研究预算过程和预算环境对于预算结果的影响。政府预算活动中有很多预算参与者,他们具有不同的个人动机,并积极运用预算策略手段达到其所期望的目标。"微观预算"主要就是关注预算参与者及其预算策略。但是,预算参与者的预算行为和预算策略也受到预算过程和预算环境的影响。一方面,预算过程赋予了预算参与者不同的角色,预算参与者进行预算决策的时间及其相互间的协调问题常常受到预算过程的制约;另一方面,预算参与者还受到预算环境条件的制约。比如:法律的约束、本年度的预算收入总量的约束、公众预算偏好的约束等等。因此,预算决策的制定不仅要考虑预算参与者的预算行为和预算策略,而且还要考虑预算过程和预算环境。这种自上而下观察预算的角度被称为"宏观预算"。现代预算更多地关注宏观预算而不是微观预算。

首先,预算环境会影响到预算结果、预算过程和预算参与者的策略运用。一般情况下,预算环境通过预算过程和预算策略直接或间接地影响着预算结果。而当遇到紧急情况,比如战争或严重的自然灾害发生时,就会使得某一预算决策成为优先选择,此时,预算环境就会直接影响预算结果。预算环境从很多方面对预算过程产生影响。比如,可以获得的资源水平、实际的财富水平和公民纳税的意愿都影响着预算收入的增减。当预算收入增长时,预算决策会更多地关注如何将预算与未来的目标联系起来,并会更多地考虑如何满足新的公共需求;而当没有新的预算收入时,则无法考虑新的预算目标。以前预算决策的结果也会成为当前的预算环境,从而对预算过程产生影响。比如,如果已经累积了大量的债务,或者因为战争之外的原因使得预算支出快速增长,那么人们将会试图改革预算过程以控制债务和支出。预算环境还影响预算参与者的预算策略。比如,可获得的资源水平决定着预算参与者是否要求新的支出计划和增加现有的支出计划。政府间的补助结构也是影响预算策略的预算环境。因为某些联邦政府的补助似乎是免费的,因此,州政府和地方政府或许会把其主要精力用于获得联邦的补助,而不是从本地区获得预算收入。此外,可获得的资金的稳定程度也影响着预算参与者的策略。如果某政府机构的资金来源不稳定,预期的收入常常不能兑现,该机构的管理者就会不断地为该机构能够获得足够的预算资金而进行游说,其注意力也会更多地集中于眼前可获得的预算资源。

其次,预算过程和预算参与者预算策略的运用是相互影响的。预算过程直接影响着预算参与者预算策略的运用,并在某种程度上直接影响着预算结果。如果预算过程当中,需要在公众和利益集团当中进行公开详细的预算听证,那么,各个预算参与者都会试图在预算听证会上取得主动权。如果预算决策实际上是由少数政府负责人最终做出的,预算在议会中的审查只是流于形式,那么,任何想对预算产生影响的人,包括议员,都必须使其意见在预算决策制定的较早阶段为政府负责人所了解。比如,与政府机构的负责人进行非正式的讨论,或打电话到预算管理部门,都是常用的对预算施加影响的方法。但是,预算过程和预算策略之间的联系也是双向的。这意味着预算参与者的策略也影响着预算过程。当预算结果与某些利益集团的偏好相冲突时,这些利益集团会试图改变预算过程以获得其所期望的结果。当预算过程确实改变时,预算结果也会随之改变。

最后,预算参与者的预算策略和预算结果之间也存在着某种联系。预算参与者所运用的不同预算策略对于预算结果的影响是难以衡量的。不过,可以肯定的是,预算参与者在运用预算策略去实现自己的预算目标时,如果忽略了预算过程或预算环境的影响,那么,这一策略肯定是很难成功的。

三、政府预算特征及其对预算决策的影响

鲁宾总结出政府预算的主要特征和这些特征对于预算决策过程的相关影响。政府预算的特征主要有:

(一)政府预算涉及目标各异的多元行为主体

政府预算的第一个特征就是涉及许多的预算参与者,他们经常有互相冲突的动机和目标。议员、各政府机构的负责人、预算官员都会介入预算过

程;利益集团会对预算过程和结果产生或多或少的影响;公民也会在预算过程中发挥直接或间接的作用;法院也在不同层次的政府预算中发挥着作用。当这些预算参与者在预算决策中发挥作用时,他们不仅有不同的和潜在互相冲突的预算目标,而且所拥有的权力也不同。有时,预算管理机构在预算过程中处于完全的支配地位;有时,国会有着与总统不同的预算政策并按其偏好批准通过预算;有时,法院或许有着优先于行政和立法决策的权力。不同的预算偏好以及不同层次的预算权力,必须通过预算过程来协调,以便达成一致协议,使得预算参与者愿意继续留在预算过程当中,并继续遵从预算规则。如果某些预算参与者感到他们在预算过程中所起的作用过于微小,他们将选择不再参与预算过程或成为反对者,进而会阻止任何预算协议的达成。此外,预算权力较小的行动者还会试图改变预算过程,以使他们自己能获得更多的机会来影响预算结果。

(二)纳税人和预算决策者相分离

政府预算的主要特征之一就是承担公共产品和服务成本的纳税人与决定预算支出的预算决策者是相分离的。由于不同的公众团体可能有不同的需求,公共官员也可能有他们的优先选择,因此,民选官员所进行的预算决策有可能偏离纳税人的愿望。为了解决这个问题,需要设计某些制度,给预算决策者以一定的压力,使其做出的预算决策能与公众的期望尽量保持一致。但这会在预算的可靠性和可接受性之间形成冲突。预算的可靠性要求预算公开,预算的可接受性在某些情况下,会涉及被隐藏或扭曲的预算信息,这种冲突在预算实践中是经常存在的。

(三)预算文件是定义公共责任可靠性的重要手段

因为纳税人和决策者的分离,预算文件本身就成为公众了解政府预算决策可靠性的重要手段,公众可以在预算文件中查看官员所承诺的公共产品和服务是否确实被供给。预算文件本身在政治制度中起独特的作用,向纳税人说明了他们的钱是如何被使用的。预算在维护公共责任方面的作用对于一个社会来说是很重要的,然而,预算文件有时却发挥不了这样的作用。原因在于:预算文件中的数字并不总是精确的,其中显示的信息可能是模糊的,并不能阐明政府的主要决策;预算不得不保持某种程度的灵活性,这种灵活性有可能削弱其作为公共责任工具的作用;预算有时会在执行中被改变。

(四)预算环境具有开放性

政府预算对于环境是开放的。预算环境包括:①自然环境。如各种意外情况的发生,如暴雪、龙卷风、战争、大规模传染性疾病的暴发、干旱、爆炸和水污染事件等。②经济环境。如可获得的预算资源(可以课税的财富数量、现存的税收结构、目前的经济水平等)、预算收入的稳定程度等。③先前的预算决策所产生的结果。例如,在加利福尼亚州,20世纪90年代房价的上涨引起公民投票来反对财产税的迅速上升。公民投票的结果成为州宪法的一部分,进而限制了地方政府的税收选择。④公共舆论。公共舆论的变化也会反映在政府预算当中。⑤政府间的财政关系。各级政府预算收入来源、对于借债的限制、补助金的附带条件等,都会影响州或者地方政府所偏好的支出模式。

政府预算对于自然环境的开放意味着,在意外事件(比如:战争、飓风或地震)发生时,预算必须能够适应,并迅速做出反应,比如追加拨款等。预算决策制定对于经济环境的开放性,意味着在预算制定过程中,随着更准确信息的掌握,将不得不多次修改对预算收支的估计。预算决策制定者不可能总是坚持在预算制定过程一开始所做出的估计。政治环境和公众舆论环境的开放性,意味着曾经一致通过的预算方案有可能需要重新制定。

(五)政府预算受到各种因素的限制与约束

与私人部门预算或家庭预算相比,政府预算面临着更多的约束。联邦政府可以强制州政府进行某些支出。同样,州政府可以强制地方政府进行某些支出。州政府可以限制地方政府的借债水平,甚至要求所有地方政府的借债必须由州政府批准。政府预算的约束包括基金或会计结构、预算资金在不同账户间转移的约束、税收限制、借债限制、统一的预算格式、统一的会计规则等。

第三节　预算支出增长理论

政府预算支出不论是绝对量还是相对量都呈不断增长的趋势,这是世界各国的普遍现象。为了解释这一现象,不同学者从不同角度进行了研究,并提出了不同的理论观点。

其中影响较大的有阿道夫·瓦格纳(Adolf Wagner)的"公共支出不断增长法则"、皮科克(Peacock)和魏斯曼(Wiseman)的"梯度渐进增长理论"、马斯格雷夫(Musgrave)和罗斯托(Walt Whitman Rostow)的"经济增长阶段理论"。

一、瓦格纳法则

1882 年,德国经济学家阿道夫·瓦格纳通过对 19 世纪的许多欧洲国家和日本、美国的公共支出增长情况的考察,提出了"公共支出不断增长法则",又称瓦格纳法则。

(一)瓦格纳法则的基本内容

瓦格纳研究认为,随着一国工业化的推进,经济的发展,当国民收入增长,人均收入水平提高时,政府职能不断扩大,要求保证实现这些职能的公共支出规模将不断增加,财政支出占 GDP 的比重将会提高,财政支出会以更大比例增长。这一思想由瓦格纳提出,后人将其归纳为瓦格纳法则。

(二)瓦格纳法则的解释

瓦格纳的研究认为,这种财政支出增长的趋势可以从政治和经济两个方面加以解释。

(1)市场失灵和外部性的存在需要政府的活动增加。瓦格纳认识到,随着经济的工业化,不断扩张的市场与这些市场中的行为主体之间的关系更加复杂化,由此引起对商业法律和契约的更大需要,要求建立司法体系和管理制度,以规范行为主体的社会经济活动。

(2)政府对经济活动的干预以及从事的生产性活动,也会随着经济的工业化而不断扩大。因为随着工业化经济的发展,不完全竞争市场结构更加突出,市场机制不可能完全有效地配置整个社会资源,需要政府对资源进行再配置,实现资源配置的高效率。

(3)随着收入水平的提高,人们对教育和公共福利的需求也会扩大,从而造成政府社会性支出的增长。城市化以及高居住密度会导致外部性和拥挤现象,这些都需要政府出面进行干预和管制。最后,教育、娱乐、文化、保健以及福利服务的需求收入弹性较大,教育、文化、保健、福利等支出的增长会以超过 GDP 上升的比率而增长,要求政府在这些方面增加支出。也就是说,随着人均收入的增加,人们对上述服务的需求增加得更快,政府要为此增加支出。

需要补充的是,自从瓦格纳提出公共支出不断增长的规律后,围绕瓦格纳的分析,后来的西方学者也在对此进行继续研究。如英国经济学家伯尔德在 1971 年就提出了"瓦格纳法则"的现代模式,指出公共支出增长的原因,他认为这一现代模式包括三个内容:①瓦格纳所说的国家行政管理职能和保护职能的扩大导致公共支出的增长,这是因为公共经济对私人经济的替代作用增强;②瓦格纳认为并直接指出社会文化福利支出的明显增长,特别是与教育和收入再分配紧密联系的支出增长相关;③瓦格纳认为随着科技水平的提高,生产规模会扩大,私人垄断力量会增强,政府必须抵消私人垄断力量对社会造成的不利影响,或者干脆取而代之。

二、梯度渐进增长理论

英国经济学家皮科克和怀斯曼在瓦格纳分析的基础上,在 1961 年出版的《联合王国公共支出的增长》中,对英国 1890—1955 年的财政支出情况考察之后认为,在一个较长的时期内,财政支出的增长并不是直线型的,而是呈现出阶梯性增长的特点。这一理论被称为"梯度渐进增长论"。

皮科克和怀斯曼认为,预算支出增长的原因有两种:在正常时期的内在原因和在非正常时期的外在原因。内在原因是指由于国民生产总值(GNP)增长带来的收入增长,导致税收的上升和预算支出的增长,这时预算支出和GNP 的增长具有相关性。在社会发展的正常时期,随着经济的发展和收入上升,导致在税率不变的情况下税收收入相应增长,因而预算支出有可能同步增长,这就是政府支出增长与 GNP 增长的线性相关关系。外在原因则是预算支出增长超过 GNP 增长速度的主要因素。任何一个政府都愿意提供更多的公共产品和公共服务,即希望有更多的支出。然而公众虽然愿意享受更多的公共产品和服务的效益,却不愿交纳更多的税收。因此,公共部门的扩张会受到公众可忍受的税收水平的限制。这种"可容忍的税收水平"就是政府支出的最高限额。但在社会发展的非正常时期,如战争、自然灾害和其他意外事件发生时,政府支出会被迫急剧增加,同步上升的常规被打破了。这时政府所需要的资金就要通过增加新税种或提高税率的办法去解决,从而改变了"可容忍的税收水平"的限度。

皮科克和怀斯曼认为,外在原因主要通过三方面的效应导致了预算支出的渐进增长。

(1)替代效应。这是指在社会动荡时期,纳税人有可能接受较重的税收负担,私人的税收容忍水平将会提高,政府支出也就有可能较大地增加,从而使整个预算支出在渐进的过程中呈现一个上升的趋势;当社会危机结束后,预算支出水平就会下降,但政府不会轻易允许已经上升的"可容忍的税收水平"降到原有的水平,因此,预算支出虽然会下降,但不会降到原来的水平。

(2)检查效应。意外事件如战争等,迫使政府重视那些平日无须注意的问题,如战后的调整、退伍军人的退休金以及全民素质的提高等,同时也往往使许多久已存在、久未解决的问题得以集中暴露,从而使政府和居民都认识到了对社会所负有的新的责任,这就会使政府寻求解决一些过去所忽略的重要问题,并因此而导致预算支出的增加。

(3)集中效应。这是指在非常时期里,中央政府往往会集中较多的财力,以应付猛增的支出需求。如果平时废止或削减地方的财政权限,肯定会遇到很大的阻力,而在非常时期就是可行的了。中央政府职能的显著扩大增加了公共收支的规模,并伴随着替代和检查效应,产生了集中效应。

皮科克和怀斯曼的预算支出梯度渐进增长理论认为,财政支出的增长并不是均衡、同一速度向前发展的,而是在不断稳定增长的过程中不时出现一种跳跃式的发展过程。这种非均衡增长是在一个较长时期内进行的,在这一时期内,稳定增长和突发性增长是交替进行的,因而,这一理论主要是通过考察财政支出增长趋势中具有特定意义的时间形态,从这些特定的时间形态中来寻找政府支出增长的根本原因。这一研究手法是继瓦格纳考察预算支出长期趋势后的又一进步,就其理论阐述的内容来看,它已初步融入了公共选择学派的思想。在他们看来,财政支出增长要受到纳税人税收容忍水平的制约,因为在西方式的民主政体中,纳税人的选票可以影响政治制度的投票结果。从某种意义上说,他们所认定的财政支出水平也是由政治制度中的多数投票原则所决定的水平——这一点与公共选择论的观点具有相似之处,从而在一定程度上把财政支出与政治过程结合起来了。这是前人未曾尝试过的。

三、经济发展阶段论

这一理论主要是由马斯格雷夫和罗斯托两人提出的。这两位经济学家根据经济发展阶段的不同需要来解释预算支出增长的原因。他们把经济的发展阶段分为三个部分:

(一)经济发展的早期阶段

在这一阶段,由于交通、水利、通信等基础设施落后,直接影响私人部门生产性投资的效益,从而间接影响整个经济的发展。而对这类经济基础设施的投资往往数量大、周期长、收益小,私人部门不愿意投资或没有能力投资,但对这些经济基础设施的投资又是具有较大的外部经济效益的,因此,需要政府来提供,用以为经济发展创造一个良好的投资环境,克服可能出现的基础设施不足、延缓经济增长的情况。此外,在经济发展的早期阶段,由于私人资本积累是有限的,这就使得某些资本品必须公共生产,即使这些资本品的利益是内在的,不具有外部经济性,也要求通过政府预算提供,所以这一阶段预算支出中用于公共投资部分比重很大,增长的速度也很快。在这一时期,人们的生活水平不高,主要是满足人们的基本需要,因而对政府的消费性支出需求不大。此外,这一时期主要考虑经济的发展速度,对出于平等、分配公平等方面的考虑而进行的转移性支出因有降低私人储蓄率及其他的负面影响,因而在这一时期这方面的支出不大。

(二)经济发展的中期阶段

在这一时期,政府公共性投资还应继续进行,但此时政府投资只是对私人投资的补充。经济一旦进入发展的中期，私人产业部门已兴旺，资本存量不断扩增，私人企业和农业的资本份额增大，那些需由政府提供的具有较大外部经济效益的基础设施已基本建成，对其的增加也逐渐变缓了，此时私人资本积累开始上升，公共积累支出的增长率就会下降，从而公共投资支出占GNP的比重下降。经济发展的中期阶段是人们生活水平不断提高的时期，人们在满足基本生存需要的同时，开始关注其他方面的需要，因而对政府所提供的消费性支出的需求就会增加，换言之，政府用于教育、卫生和安全等方面的消费性支出也就会相应增加，其在整个预算支出中的比重也会相应上升。同时，伴随着经济的发展，贫富分化开始加剧，逐渐成为一个社会问题，要求政府着手解决这一问题，因而用于解决收入分配问题的转移性支出也开始增加。

（三）经济发展的成熟阶段

与中期阶段相比，这一时期的政府公共性投资支出又呈增长势头。在成熟阶段，随着人均收入进一步增长，人们对生活的质量提出了更高的要求，私人消费形式将发生变化，从而预算支出也要发生变化。比如，汽车的普及需要更为发达的交通设施，这需要政府来参与进行。此外，对生活质量要求的提高，也迫使政府进行更大规模的人力投资。因此，这一时期公共性投资的特点表现为一种对私人消费品的补偿性公共投资。随着生活水准的提高，人均收入的增加，基本需要满足之后，私人对基本需要的支出比例将减少，对提高生活层次的消费性支出将增加，资源更多地被用于满足发展性需要，如教育、卫生、安全等，由于这些消费项目都需要较大的公共消费支出作补充，因此，消费性支出占社会总支出的比重相应地就要提高。此外，伴随着经济的增长，将会出现日益复杂的社会经济组织，要求政府提供各种管理服务来协调和处理增长所引起的各种矛盾和问题，如交通、警力、控制污染、反托拉斯等需求的增加，将引起政府各种管理费支出的增加，从而导致整个社会预算支出的迅速增长。另外，在这一阶段，生产力发展水平已经很高，在效率与公平之间，政府必须更加强调对社会分配方面的作用，因而用于解决社会公平的转移性支出将会大幅度增加，从而又带来整个预算支出的增长。

总之，马斯格雷夫和罗斯托的预算支出增长的经济发展理论，是建立在对大量经济发展史料进行实证分析,以及对整个经济发展过程中的预算支出增长形势进行深入研究的基础之上的。这一理论与以往的预算支出增长理论的区别在于,它更加注重强调作为社会基础设施提供者的政府在经济发展中的作用,强调在不同的经济发展阶段,政府作用发挥的不同强度。因此,这一理论根据经济发展阶段的不同需要,解释了预算支出增长的原因,为我们认识不同经济社会发展阶段上预算支出的增长变化趋势,提供了有益的参考和借鉴。

第三章

预算绩效管理

第一节　预算绩效管理的概念

预算绩效管理是政府绩效管理的重要组成部分,它强调预算支出的结果导向,注重支出的责任和效率,重视预算支出成本的节约和单位效率的提高,要求政府部门在预算资金的分配和使用过程中更加关注预算资金的产出和结果。这是成熟市场经济国家的通行做法,也是公共财政题中应有之义。党的十六届三中全会提出"建立预算绩效评价体系"后,绩效管理理念开始在我国预算管理中应用,经过近二十年的实践探索,逐步形成了具有中国特色的预算绩效管理制度体系。党的十八大报告进一步提出,要"创新行政管理方式,提高政府公信力和执行力,推进政府绩效管理"。这一要求为预算绩效管理工作明确了道路,指明了方向。我国从 2003 年开始部门预算改革,标志着我国预算制度改革的正式启动。而其后进行的一系列部门预算、收支两条线、国库集中收付制度、政府采购以及规范预算编制程序等多项制度改革,取得了较好成效,构建了良好的制度环境。随着我国公共财政体系的不断完善,政府预算工作重心也逐渐由怎样"分钱"而转向怎样"用钱",财政预算工作不再是公共资源的简单再分配,而是通过逐步加强对于公共资源的使用全过程的管理,缓解有限的公共资源与近乎无限的公共需求之间的矛盾。我国政府预算绩效管理正是在这样一个大环境下逐步推行,是政府理财理念的一次理性回归,更重构了财政与其他各部门之间的关系。目前,从中央到地方均设立了专门的绩效业务管理处,特别是地方财政更是积极参与到预算绩效管理的探索中,形成了各地具有鲜明特点的预算绩效管理实践经验。各地、各部门原有的"重投入、轻产出""重分配、轻管理""重数量、轻质量"的粗放式预算管理方式得到了有效转变,逐步树立起了"用钱必问效、无效必问责"的预算绩效管理理念。

财政部倡导建立"预算编制有目标、预算运行有监控、预算完成有评价、评价结果有反馈、反馈结果有运用"的预算管理机制,加强预算绩效管理,提高财政科学化精细化管理水平,深入贯彻落实科学发展观和中共中央、国务院关于财政工作的各项要求,进一步完善政府绩效管理制度和加强财政预算管理工作,推动政府职能转变和公共财政体系建设。

我国传统的预算管理主要通过财政部门、预算主管部门、预算单位、各级人民代表大会等机构,采用"二上二下"("二上":各部门按财政预算控制数重新调整本部门预算草案,上报财政部门审核;"二下":财政部门内部有关业务处会同有关部门进一步审核汇总部门预算,提出意见报财政预算主管处。财政预算主管处汇总本级财政收支预算草案,上报同级政府批准,并提请同级人代会审议。部门预算草案经人代会通过后,财政部门直接将预算批复给部门,再由部门逐级批复给基层单位)的流程完成预算上报与批复,且全程围绕"预算"展开。

一、背景与发展历程

(一)预算绩效管理兴起背景

20 世纪 80 年代以来,公共部门所处环境日趋复杂,公共行政追求价值日益多元化,西方国家开始了新的探索,掀起了新公共管理活动的篇章,"绩效""绩效评价""绩效管理"和"预算绩效"等思想广泛应用。

英国于 1983 年引入竞争制,进行以顾客导向为特征的新公共管理改革。开展了著名的"雷纳评审",并启动了"财政管理创议"机制,建立起一个自动化的信息系统来支持财政管理改革。

1987 年英国(下一步)(Next Steps)报告,提倡采用更多的商业管理手段来改善执行机构的工作,提高公共服务质量。丹麦、德国、荷兰、澳大利亚、法国等国也纷纷逐步改变管理模式,在一些直接与公民接触的公共生产部门确立市场导向,引入竞争机制,从而降低行政成本,提高政府效能,体现了政府注重绩效的理念。

20 世纪 90 年代,政府部门的基本运行方式、政府与市场和社会公众之间的关系发生了显著变化。政府公共部门与社会公众之间的关系由治理者与被治理者之间的关系变为公共服务的提供者与消费者之间的关系。关于政府绩效也提出了以经济、效率、效益为主要内容的绩效评估标准。在绩效评估指标的确立和分析方法上,呈现出由定性向定性与定量相结合的转化趋势。

1991 年,英国梅杰政府实行"公民宪章",促使提供公共物品和服务的公共部门接受市场检验,各公共部门之间、公共部门与私人部门之间为公共物品和服务的提供展开竞争,体现出"为质量而竞争"的思路。1993 年,美国总统克林顿执政,开始了大规模的政府改革——"重塑政府运动"。在美国全国绩效评鉴委员会的报告中,提出了塑造"降低成本、提升效能"的企业型政府的新概念。另外,克林顿还签署了《设立顾客服务标准》第 12862 号行政命令,责令联邦政府部门制定顾客服务标准。西方国家不断地探索与求新,预算绩效管理逐步成熟,并在预算绩效管理的思想上不断探索。我国也紧跟西方步伐,借鉴和学习西方管理理念,总结适合我国国情和经济现状的指导思想和基本原则,指出了预算绩效管理的总体目标和主要内容,发展了具有中国特色的预算绩效管理体制机制。

(二)我国预算绩效管理发展历程

随着我国公共财政制度的日渐完善,以及财政预算管理改革的持续深入,财政预算管理的理念也由最初的"重分配"向"重管理"转变,并逐渐摆脱收入控制模式下对公共资源的简单分配,力图通过加强绩效管理谋求更高的资源使用效益。预算绩效管理是在预算绩效概念基础上提出的,适合我国社会主义市场经济条件下预算体制改革的新理念。从"绩效"一词引入,到预算绩效管理框架初具雏形,经历了一系列的探索与完善,在组织机构建设、规章制度建立、管理机制创新等方面取得了积极进展。

自 1994 年实行分税制改革以来,我国的财政收入得到快速、稳定增长。财政收支矛盾得到较大缓解,财政管理的侧重点逐步由收入管理转移到支出管理上来,特别是自 1999 年以来逐步形成了以国库集中支付、政府采购、部门预算和收支两条线为基础的财政管理体制,作为财政管理的重要组成部分,在很大程度上促进了财政资金使用效益的提高,但以绩效管理为基础的政府预算管理却还未形成健全的体制,亟待改善。

2000 年,财政部成立课题组对如何借鉴西方国家公共支出绩效考评制度进行了系统研究。

2003 年,党的十六届三中全会提出"建立预算绩效评价体系"后,财政部开始加强绩效评价工作,先后印发《中央级行政经费项目支出绩效考评管理办法(试行)》和《中央级教科文部门项目绩效考评管理办法》,开始进行绩效考评试点。

2004 年,财政部农业、经建、社保等部门司局选择部分项目进行了项目绩效考评试点工作。

2005 年,财政部制定了《中央部门预算支出绩效考评管理办法(试行)》(财预[2005]86 号),组织中央部门开展绩效评价试点。党的十七届二中、五中全会提出"推行政府绩效管理和行政问责制度","完善政府绩效评估制度"。

2009 年,财政部印发了《财政支出绩效评价管理暂行办法》(财预[2009]76 号),对地方的绩效评价工作进行指导。随后印发了《财政部关于进一步推进中央部门预算项目支出绩效评价试点工作的通知》(财预[2009]390 号),在全国各地展开了试点工作。

2007 年党的十七大报告中明确提出"深化预算制度改革,强化预算管理和监督",之后上海作为改革先行者,实行了以预算监督改革为框架、以绩效评审为重点、以结果为导向和以项目绩效作为评价和讨论的基础系统改革。

2011 年 6 月国务院政府绩效管理试点工作启动后,《关于开展政府绩效管理试点工作的意见》(监发[2011]6 号)进一步明确,财政部为政府绩效管理工作部际联席会议 9 个成员单位之一和 14 个试点单位之一,负责"牵头组织预算资金绩效管理工作"。同年,财政部印发了《关于推进预算绩效管理的指导意见》(财预[2011]416 号),推进了预算绩效管理进程。

2012 年,根据党中央、国务院有关加强预算绩效管理的指示精神和推进政府绩效管理的工作要求,财政部召开了全国财政厅(局)长座谈会,以预算绩效管理为主题,对下一阶段全面推进预算绩效管理进行了专题部署,并在会后印发了《预算绩效管理工作规划(2012—2015 年)》,明确了到"十二五"末"绩效目标逐步覆盖,评价范围明显扩大,重点评价全面开展,结果应用实质突破,支撑体系基本建立"的总体目标。党的十八大报告中提出"加强对政府全口径预算决算的审查和监督",各政府部门积极推进预算管理改革,大力开展部门预算公开、调整超收收入管理、整合规范专项资金和预算绩效管理的工作。

2013 年,实施预算绩效管理的部门范围和资金规模进一步扩大,中央财政对部分专项转移支付项目、县级财政支出管理等开展了重点绩效评价,积极探索实施评价结果公开、绩效约谈、绩效奖惩等绩效评价结果应用。同年,财政部印发了《预算绩效评价共性指标体系框架》(财预[2013]53 号),对预算绩效评价共性指标进行了规范。

2014 年,第十二届全国人民代表大会第二次会议上,党中央、国务院决定把预算管理制度和税收制度改革作为本年度财税体制改革的重点,重点突出了预算绩效管理内容。

2014 年修订的《中华人民共和国预算法》第十二条规定了"各级预算应当遵循统筹兼顾、勤俭节约、量力而行、讲求绩效和收支平衡的原则",这一重要修改突出了预算绩效管理在预算管理中的重要地位。同年,国务院印发了《关于深化预算管理制度改革的决定》(国发[2014]45 号)。

2015 年,财政部印发了《关于加强和改进中央部门项目支出预算管理的通知》(财预[2015]82 号),深化预算管理制度改革,全面提高预算部门管理水平。同年,财政部印发了《中央部门预算绩效目标管理办法》(财预[2015]88 号),进一步规范中央部门预算绩效目标管理,提高财政资金使用效益。

党的十八大报告中提出:创新行政管理方式,提高政府公信力和执行力,推进政府绩效管理。十八届三中全会提出要提高财政支出效率。

党的十九大报告中提出:加快建立现代财政制度,建立权责清晰、财力协调、区域均衡的中央和地方财政关系。建立全面规范透明、标准科学、约束有力的预算制度,全面实施绩效管理。

二、预算与绩效

(一)预算(budget)

1. 预算

预算,或称"财政预算",指为达到绩效目标,政府按照一定的公共政策原则、程序编制,并经立法机构通过的财政资金收支计划,其本质是平衡各种利益,体现公共价值。一般由预算收入和预算支出组成,具有计划性、公共性、政策性和法定性的特征。

"预算是庶政之母",作为现代财政管理的产物,预算所具备的财政资金分配功能、公共资源配置功能、行政管理功能、社会政策功能,使其不仅成为政府履职的财力保障,也成为政府调节经济和社会发展的重要工具。

2.预算的内容

(1)一般公共预算。一般公共预算是对以税收为主体的财政收入,安排用于保障和改善民生、推动经济社会发展、维护国家安全、维持国家机构正常运转等方面的收支预算。

(2)政府性资金预算。指按照规定在一定期限内向特定对象征收、收取或者以其他方式收集的资金,专项用于特定公共事业发展的收支预算。

(3)国有资本经营预算。指对国有资本收益作出收支安排的收支预算。

(4)社会保险基金预算。指对社会保险缴款、一般公共预算安排和其他方式筹集的资金,专项用于社会保险的收支预算。

3.预算收支范围

(1)一般公共预算。一般公共预算收入包括各项税收收入、行政事业性收费收入、国有资源(资产)有偿使用收入、转移性收入和其他收入。

一般公共预算支出按其功能分类,包括一般公共服务支出,外交、公共安全、国防支出,农业、环境保护支出,教育、科技、文化、卫生、体育支出,社会保障及就业支出和其他支出。

(2)政府性基金预算、国有资本经营预算和社会保险基金预算。政府性基金预算、国有资本经营预算和社会保险基金预算的收支范围,按照法律、行政法规和国务院的规定执行。

(二)绩效(performance)

"绩效"一词最初来源于企业,其英文"Performance",意为"履行""执行""表现""行为""完成",在管理学中被引申为"成绩""成果""效益"。

从不同角度,对"绩效"的理解也有所不同,概括来说,"绩效"就是个人组织、政府等通过努力和投入所形成的产出和结果,以及产出和结果的合理性、有效性,即效益、效率和效果情况。

从本质上讲,效益、效率和效果都是从资源投入与产出关系的角度描述资源配置所处的特定状态,但对衡量"预算绩效"而言,它们又都是其中的一个方面。现在普遍认可的是用"4E"描述"预算绩效":一是"经济性(Economy),是成本与投入的关系,是指以最低费用取得一定数量和质量的资源,即预算支出是否节约;二是"效率性"(Efficiency),是投入和产出的关系,包括是否以最小的投入取得一定的产出或者以一定的投入取得最大的产出,即是否讲求效率;三是"效益性"(Effectiveness),是产出与目标的关系,是指多大程度上达到政策目标、经营目标和其他预期结果,即是否达到目标;四是公平性(Equity),即社会公众(尤其是弱势群体)能否得到公平待遇和享受公共服务。四个方面("4E"原则)相互融合,基本诠释了"预算绩效"的内涵。

三、预算绩效管理

(一)预算绩效管理的概念

预算绩效管理,是以"预算"为对象、以绩效目标的实现为导向,对预算的编制、执行、监督和评价的全过程开展的绩效管理,运用绩效管理理念和绩效管理方法,实现与预算管理有机融合的一种预算管理模式。理解预算绩效管理的内涵,要注意把握以下几个方面:

(1)预算绩效管理的本质仍是预算管理,是利用绩效管理理念、绩效管理方法等对现有预算管理模式的改革和完善。

(2)预算绩效管理的主线是结果导向,即预算的编制、执行、监督等,始终以年初确定的绩效目标为依据,始终以"绩效目标实现"这一结果为导向开展工作。

(3)预算绩效管理的核心是强化支出责任,"用钱必问效,无效要问责",不断提高财政部门和预算部门的支出责任意识。

(4)预算绩效管理的特征是全过程,即绩效管理贯穿于预算编制、执行、监督之中,实现全方位、全覆盖。

(5)预算绩效管理的表现形式是四个环节紧密相连,即绩效目标管理、绩效运行监控、绩效评价实施、评价结果应用的有机统一,一环扣一环,形成封闭运行的预算管理闭环。

（6）开展预算绩效管理的目的是改进预算管理,控制节约成本,优化资源配置,为社会提供更多、更好的公共产品和服务,提高预算资金的使用效益。

（7）预算绩效管理的定位是政府绩效管理的重要组成部分,属于政府绩效管理的范畴,在政府绩效管理的整体框架下展开。

（二）预算绩效管理的主体

1.财政部门

财政部门作为预算绩效管理的组织主体,负责制定工作规划和规章制度,组织、领导预算绩效管理工作。

预算绩效的源头是财政投入,提高绩效必须从预算资金入手。由于财政部门承担着预算管理、财政监督等重要职能,随着绩效管理的引入,财政部门成为推动预算绩效管理改革的关键。

一般而言,财政内设绩效管理部门作为统筹组织机构,与财政内其他业务管理处室共同完成预算绩效管理工作。绩效管理部门负责从整体上拟定预算绩效管理的工作规划、规章制度和相应的技术规范,组织、指导本级预算部门、下级财政部门的绩效管理工作等。业务管理处室由于负责对口预算部门(单位)的部门预算管理工作,因此承担着绩效目标审核、配合绩效管理处室开展绩效跟踪和绩效评价工作、结果应用等职责。

2.预算部门

预算部门作为预算绩效管理的责任主体,负责本部门预算绩效管理工作规划和规章制度,具体实施本部门及指导下属单位的预算绩效管理工作,下属各单位负责本单位的预算绩效管理工作。

预算部门是财政资金的使用者,是预算绩效管理的重要主体。预算主管部门既使用财政资金,也管理下级单位的资金及业务,在财政部门和下属单位之间起着承上启下的作用。预算主管部门根据自身管理需要及财政部门工作要求,负责制定本部门预算绩效管理的相关制度、工作计划、配套措施;组织实施本部门的预算绩效管理工作,指导、督促和检查下属单位的预算绩效管理工作;按规定编报本级绩效目标,审核、论证下属单位的绩效目标;组织对预算执行、项目进度等进行绩效跟踪,并督促整改;组织开展本部门和下属单位的绩效自评和重点项目评价工作,并对财政部门组织的重点项目绩效评价给予配合。

3. 第三方专业评价机构、专家学者

第三方中介评价机构、专业评价机构、高校等机构和专家学者作为预算绩效管理的参与主体,为绩效评价工作开展提供必要的技术和智力支撑。评价机构和专家虽同为第三方组织,但承担的责任与义务不同。评价机构主要受财政或预算部门委托,辅导财政资金绩效目标申报、实施绩效跟踪评价和绩效后评价等。专家一般由绩效领域专家、预算领域专家和行业专家组成,主要参与项目立项前的评审(即绩效前评价),以及绩效评价方案及报告的评审环节,对于评价机构的方式是否科学、评价结果是否准确等进行判断,以保证评价结果的客观、公平、公正。从这个意义上说,专家与评价机构存在评审与被评审的关系。

4. 社会各界

社会各界是预算绩效管理的监督主体,包括人大、政协、审计等部门以及社会公众代表等,主要为工作开展提供相应的指导和监督。

作为国家最高权力机关,我国各级人大主要承担财政预算的审批、监督等管理职能。政协、纪委监察等部门对财政系统及预算部门(单位)的预算管理情况也具有监督职能。

审计部门对地方财政收支的真实、合法和效益具有审计监督职能,这些部门从而也在预算绩效管理中发挥着绩效监督职能,针对预算是否发挥效益、绩效评价结果是否得到应用等开展监督检查。

(三)预算绩效管理的对象

预算绩效管理的"对象",或称纳入预算绩效管理的资金范围,涵盖了所有"财政性"资金,包括纳入政府预算管理的资金和纳入部门预算管理的资金。

1. 纳入政府预算管理的资金

纳入政府预算管理的资金包括公共财政预算、政府性基金预算、国有资本经营预算、社会保障基金预算管理的资金。

2. 纳入部门预算管理的资金

纳入部门预算管理的资金既包括财政预算安排资金,也包括部门自有资金。另外,非政府预算部门(如企业)因受扶持获得财政资金后,由其配套安排的部分自有资金等,也属于此范围。

可以看出,上述两方面的内容存在一定重复,主要是受现有预算管理实际的影响,尚没有一个概念能全面概括预算绩效管理的资金范围,如纳入政府预算管理的资金中,社保基金预算等尚未纳入部门预算管理;而纳入部门预算管理的部分资金,如部门自有资金,以及非预算部门(企业)安排的配套资金等,又不属于政府预算管理的范畴。因此,用两个并行的概念进行描述,虽有交叉和重复,却可全面表述预算绩效管理的资金范围。

(四)预算绩效管理的内容

预算绩效管理是一个由绩效目标管理、绩效运行监控、绩效评价实施、绩效评价结果反馈和应用共同组成的综合系统。"预算编制有目标、预算执行有监控、预算完成有评价、评价结果有反馈、反馈结果有应用"的"五有"归纳,既描述了预算绩效管理的各个环节,也概括了预算绩效管理的基本内容。其中,绩效目标管理是预算绩效管理的基础,绩效运行监控是预算绩效管理的重要环节,绩效评价实施是预算绩效管理的核心,绩效评价结果反馈和应用是预算绩效管理的落脚点。

1. 绩效目标管理

(1)绩效目标设定。绩效目标是预算绩效管理的基础,是整个预算绩效管理系统的前提,包括绩效内容、绩效指标和绩效标准。预算单位在编制下一年度预算时,要根据国务院编制预算的总体要求和财政部门的具体部署、国民经济和社会发展规划、部门职能及事业发展规划,科学、合理地测算资金需求,编制预算绩效计划,报送绩效目标。报送的绩效目标应与部门目标高度相关,并且是具体的、可衡量的、一定时期内可实现的。预算绩效计划要详细说明为达到绩效目标拟采取的工作程序、方式方法、资金需求、信息资源等,并有明确的职责和分工。

(2)绩效目标审核。财政部门要依据国家相关政策、财政支出方向和重点、部门职能及事业发展规划等对单位提出的绩效目标进行审核,包括绩效目标与部门职能的相关性、绩效目标的实现所采取措施的可行性、绩效指标设置的科学性、实现绩效目标所需资金的合理性等。绩效目标不符合要求的,财政部门应要求报送单位调整、修改,审核合格的,进入下一步预算编审流程。

（3）绩效目标批复。财政预算经各级人民代表大会审查批准后，财政部门应在单位预算批复中同时批复绩效目标。批复的绩效目标应当清晰、可量化，以便在预算执行过程中进行监控和预算完成后实施绩效评价时对照比较。

2.绩效运行跟踪监控管理

预算绩效运行跟踪监控管理是预算绩效管理的重要环节。各级财政部门和预算单位要建立绩效运行跟踪监控机制，定期采集绩效运行信息并汇总分析，对绩效目标运行情况进行跟踪管理和督促检查，纠偏扬长，促进绩效目标的顺利实现。跟踪监控中发现绩效运行目标与预期绩效目标发生偏离时，要及时采取措施纠正。

3.绩效评价实施管理

预算支出绩效评价是预算绩效管理的核心。预算执行结束后，要及时对预算资金的产出和结果进行绩效评价，重点评价产出和结果的经济性、效率性和效益性。实施绩效评价要编制绩效评价方案，拟订评价计划，选择评价工具，确定评价方法，设计评价指标。预算具体执行单位要对预算执行情况进行自我评价，提交预算绩效报告，要将实际取得的绩效与绩效目标进行对比，如未实现绩效目标，须说明理由。组织开展预算支出绩效评价工作的单位要提交绩效评价报告，认真分析研究评价结果所反映的问题，努力查找资金使用和管理中的薄弱环节，制定改进和提高工作的措施。财政部门对预算单位的绩效评价工作进行指导、监督和检查，并对其报送的绩效评价报告进行审核，提出进一步改进预算管理、提高预算支出绩效的意见和建议。

4.绩效评价结果反馈和应用管理

建立预算支出绩效评价结果反馈和应用制度，将绩效评价结果及时反馈给预算具体执行单位，要求其根据绩效评价结果，完善管理制度，改进管理措施，提高管理水平，降低支出成本，增强支出责任；将绩效评价结果作为安排以后年度预算的重要依据，优化资源配置；将绩效评价结果向同级人民政府报告，为政府决策提供参考，并作为实施行政问责的重要依据。逐步提高绩效评价结果的透明度，将绩效评价结果，尤其是一些社会关注度高、影响力大的民生项目和重点项目支出绩效情况，依法向社会公开，接受社会监督。

(五)预算绩效管理的原则

1. 统一组织,分级负责

预算绩效管理工作由财政部门统一组织和指导,各级财政和预算部门按照相关规定分别开展工作,各司其职,各尽其责。各级财政部门负责预算绩效管理工作的统一领导,组织对重点支出进行绩效评价和再评价。财政部负责预算绩效管理工作的总体规划和顶层制度的设计,组织并指导下级财政部门和本级预算单位预算绩效管理工作;地方各级财政部门负责本行政区域预算绩效管理工作。各预算单位是本单位预算绩效管理的主体,负责组织、指导单位本级和所属单位的预算绩效管理工作。

2. 统筹规划,远近结合

统筹谋划本地区、本部门预算绩效管理的总体思路和长远规划,确定基本目标和主要任务,落实保障措施;同时,要结合加强预算绩效管理的推进情况,既要有中长期规划,又要有年度目标,建立完善年度工作计划与长期规划相结合的机制。

3. 程序规范,重点突出

建立规范的预算绩效管理工作流程,健全预算绩效管理运行机制,强化全过程预算绩效管理。加强绩效目标管理,突出重点,建立和完善绩效目标申报、审核、批复机制。既要积极扩大预算绩效管理覆盖面,逐年增加绩效目标管理范围和绩效评价项目,全面推进,又要结合本地区、本部门实际情况,因地制宜,积极探索,以重点民生项目作为突破口,以点带面,早出时效。

4. 改革创新,协力推动

既要适应新形势新任务的需要,解决当前影响财政资金使用效益的问题,又要敢于突破旧框架旧观念的束缚,从制度机制上解决财政工作中存在的突出矛盾和问题。要在发挥各级财政和预算部门能动性的同时,充分借助各级人大、纪检监察、审计、社会中介等各方面力量,合力推动,提升政府执行力和公信力。

5. 积极试点,稳步推进

各级财政部门和预算单位要结合本地区、本单位实际情况,勇于探索,先易后难,优先选择重点民生支出和社会公益性较强的项目等进行预算绩效管理试点,积累经验,在此基础上稳步推进基本支出绩效管理试点、单位整体支出绩效管理试点和财政综合绩效管理试点。

6. 客观公正,公开透明

预算绩效管理要符合真实、客观、公平、公正的要求,评价指标要科学,基础数据要准确,评价方法要合理,评价结果要依法公开,接受监督。

(六)预算绩效管理的目标

1. 预算绩效管理的总体目标

推进预算绩效管理的总体目标是:贯彻党中央、国务院提出的"建设高效、责任、透明政府"的总体要求,构建具有中国特色的预算绩效管理机制,牢固树立"讲绩效、重绩效、用绩效""用钱必问效、无效必问责"的绩效管理理念,进一步增强支出责任和效率意识,全面加强预算管理,优化资源配置,提高财政资金使用绩效和科学化精细化管理水平,提升政府执行力和公信力。

2. 预算绩效管理的具体目标

预算绩效管理的具体目标概括为"五个全面":

(1)绩效目标全面覆盖。不断增加编报绩效目标的项目和部门,逐步扩大,全面覆盖。

(2)评价范围全面扩大。各级财政和预算部门都开展绩效评价工作,并全面扩大评价的项目数量和资金规模。

(3)重点评价全面开展。中央和省级财政部门都开展县级财政支出管理绩效综合评价;各级财政部门对预算部门,预算部门对下属单位都开展部门(单位)支出管理绩效综合评价;各级财政部门和有关预算部门开展重大民生支出绩效评价。

(4)结果应用全面突破。所有评价结果都反馈给被评价单位,增强支出责任;实现绩效报告及评价结果在本部门范围内的全面公开,扩大向社会公开的范围,强化社会监督;建立评价结果与预算安排相结合的激励约束机制,完善预算管理;重点评价结果向同级政府报告,实现绩效问责。

(5)支撑体系全面建立。省级以上财政部门构建较为科学、适用的分级分类绩效评价指标体系,完善专家学者、评价机构库和监督指导库等三个智库建设,简称有机融合的预算管理信息体系,全面建成全国统一的绩效信息数据库,实现资源共享。

(七)预算绩效管理的分类

1.按预算绩效管理性质分类

按预算绩效管理性质分类,可将其分为预算收入绩效管理和预算支出绩效管理。

(1)预算收入绩效管理。预算收入绩效管理以预算收入为对象,为提高预算收入对财政履职保障程度,对预算收入的规模、质量、结构开展的绩效管理活动。

(2)预算支出绩效管理。预算支出绩效管理以预算支出为对象,为提高预算支出的经济性、效率性、效益性、公平性,对预算支出的性质、范围、投入、产出、效果所展开的绩效管理活动。

2.按预算支出的范围分类

按预算支出的范围分类,可将预算绩效管理分为基本支出预算管理、项目支出预算管理、部门整体支出预算管理等。

(1)基本支出预算管理。基本支出预算管理以部门基本支出为对象,为保证部门正常运转和完成日常任务,以基本支出对部门的保障程度为主要内容所开展的绩效管理活动。

(2)项目支出预算管理。项目支出预算管理以项目支出为对象,为促进预算单位任务完成或事业发展,对项目实施所带来的产出和结果展开的绩效管理活动。

(3)部门整体支出预算管理。部门整体支出预算管理以部门预算资金为对象,为督促部门高效履职,对部门支出所达到的产出和结果而开展的绩效管理活动。

3.预算支出的级次分类

按预算支出的级次分类,可将预算绩效管理分为本级支出绩效管理和上级对下级转移支付绩效管理。

4.预算支出的功能分类

按预算支出的功能,可分为各种功能性支出预算绩效管理。按照一般公共服务支出、教育支出、科学技术支出、医疗卫生支出、社会保障和就业支出、农林水事务支出等分类,相应形成各类支出功能的预算绩效管理。

第二节 政府预算管理的理论依据

一、政府预算管理的概念与地位

管理是人类社会一种普遍存在又十分重要的社会经济活动。经济管理是有关经济组织或个人,为达到一定的社会经济目标,运用各种手段,对某一领域的人力、资金、物资、信息等资源进行决策、计划、组织、协调和监督的活动。早在原始社会,人们为了生存就组织起来同自然界做斗争,自觉地协调人际关系,规范人的行为,并进行简单的分工和必要的协作,形成了最初的社会管理活动。随着社会经济的发展,管理变得越来越普遍、越来越重要。正如马克思在《资本论》中所说:"一切规模较大的直接社会活动或共同劳动,都或多或少地需要指挥,以协调个人的活动,并执行生产总体的运动——不同于这一总体独立器官的运动——所产生的各种般职能。"自18世纪末以后,随着社会化大生产的发展,管理理论和管理实践都有了空前的发展,人们不断地"向管理要效益"。1890年英国经济学家马歇尔在其《经济学原理》中提出了"管理也是生产力"的思想,并把管理与土地、劳动和资本并列,认为是生产的第四要素。现代社会管理更是无处不在,大到社会管理、政府管理、国民经济管理,小到企事业单位管理、家庭管理、个人生活管理等。管理已经与科学、技术共同构成支撑现代社会进步的三大支柱。毫无疑问,政府预算管理已成为人类社会财政经济管理的一个重要方面。研究这一问题既是构建我国公共财政框架的组成部分,也是建立廉洁高效政府的现实途径,符合当代民主理财、民主决策的要求和发展趋势。

(一)政府预算管理概念

政府预算管理是指国家根据特定时期的方针政策及有关法律、法规,依法对预算资金的筹集、分配、使用进行合理安排、有效配置、优化管理而开展的组织、指挥、控制、协调和监督等一系列活动的总称,是财政管理的核心组成部分,也是政府对经济实施宏观调控的重要手段。在整个预算过程中,包括预算编制、执行和决算形成都要依据国家的法律、法规和方针政策对其加强组织、协调和监督,严肃财经纪律,以保证预算收支任务的完成,提高预算资金运行效率。

(二)政府预算管理地位

1. 政府预算管理在财政管理中处于主导地位

在社会经济管理各环节中,财政管理属于对分配进行的管理,并成为分配管理的主导因素。相对于企业管理而言,财政分配是在全社会范围内以政府为主体进行的宏观调控,构成经济管理的重要组成部分并起主导作用。财政管理由预算管理、税收管理、国有资产管理、国家金库管理、财政投融资管理等各个财政环节的具体管理组成,各项管理必须综合配套、协调运行。其中,税收管理是指对筹集税收并对经济进行调节的管理活动。税收是财政收入的主要来源,也是政府预算收入的主要来源。税务管理部门当年应收税额的规模和比例如何,基本上是以政府预算为依据,所以,政府预算管理直接关系或者影响着税务管理。同样,国有资产收益要上缴国家,国有基本建设投资及补贴等需要由政府预算拨款等。综上所述可以看出,通过对政府预算的管理可以进一步实现对财政其他活动的管理,政府预算管理是财政管理的核心内容,也是财政管理的重要依据和综合反映。

在处理一些财政经济关系方面,政府预算也处于主导地位,如预算收支矛盾之间的关系、财政赤字与财政平衡的关系、中央财政与地方财政之间的关系等,要通过改进和完善政府预算管理体制来调节和划分中央与地方之间的财权、财力,保证各级政府行使职能的需要,促进国民经济的协调发展。通过这些预算管理活动,可以明显地看出政府预算管理在财政管理中的主导地位。

2. 政府预算管理是各项财政收支管理的枢纽

政府预算在与单项财政收支计划的关系上起总揽全局的作用,制约和支配其他各单项财政收支计划,使之服从于预算管理总的要求。工商税收计划、基本建设拨款、行政事业单位拨款等单项收支计划,既是政府预算的组成部分,又要受政府预算的控制和制约,从总体上保证国家财政收支任务的实现。例如,各项税收构成预算收入的主体;政府预算对行政事业和国防等部门供应资金;预算外资金的增长很大程度上要受政府预算的支配和制约,是政府预算的必要补充。此外,经批准的预算还是检查衡量财政收支任务的主要依据:根据预算规定的收入任务,及时足额上缴国库;根据预算规定的支出指标,及时足额拨付预算资金,以保证各项财政收支任务的顺利完成。实际上无论是宏观经济领域还是微观经济领域,都要直接或间接地受政府预算收支的约束和影响。因此,抓住政府预算管理这个中心环节,就可以带动或推进整个财政管理。

3. 政府预算管理是财经宏观管理的基本形式

政府预算形式上是财政收支计划,本质上是一种财政宏观控制手段。财政资金通过预算集中和分配,使预算收支规模、结构和增长速度能够反映国民经济和社会发展的要求。通过对预算收支及其平衡状况的调整,能够直接影响社会总供求的平衡。通过政府预算的宏观管理,对整个财政收支乃至国民经济从宏观上进行调节和控制,保证财政收支运行的顺利进行。所以政府预算管理是财政进行宏观调控的基本形式,是财政管理的核心部分。

随着经济体制改革的不断深化以及政府职能的转换,政府预算管理在宏观财经管理中的作用进一步扩大。从我国经济发展的实际情况以及西方国家的经济干预措施看,政府预算管理的宏观调控作用丝毫不能忽视。在西方发达国家,没有一个国家不在加强政府预算管理,充分运用政府预算的调节机能,从而达到干预经济的目的。我国的现实情况是,虽然政府预算已经打破了"统收统支"和"大包大揽"的局面,但是政府预算担负国家重点建设以及支持市场经济体制改革的任务更加繁重,各方面要求财力支持比过去更加迫切了。可以说,政府预算管理作为宏观财政经济管理的基本形式更为重要了。

4. 政府预算是财政管理的主要依据

政府预算是财政管理的主要依据,这是由政府预算是国家的基本财政计划、是国民经济和社会发展计划的有机组成部分,又是一个法律性文件所决定的。政府预算是国家分配财政资金的主要依据,也是财政进行宏观调控和管理的主要依据。因为政府预算的总体设想和总体轮廓都是国家重大财政经济政策的集中表现。执行政府预算实际上就是执行国家的财政经济政策,保证国民经济的顺利发展,保证国家基本财政计划的圆满实现。

政府预算还从总体上制约着各个单项财政收入和支出计划。在政府预算正式编制之前,国家拟定和颁发政府预算收支指标。这一收支总规模指标是确定政府预算总体轮廓的主要依据,既是编制各个单项收支计划的主要依据,也是各地区、各部门编制预算的主要依据。拟定和颁发预算收支指标,就是在宏观上对国家财政收支的总体规模和结构进行宏观控制。经过全国人民代表大会批准的中央预算和地方各级人民代表大会批准的各级地方预算成为具有法律效力的文件,是各级人民政府执行预算的依据,也是进行财政管理的依据。预算执行中的调整也必须经过法律的程序,不能随意变更预算,这不仅为加强预算管理所必需的,同时也应看到,政府预算管理的法制化和规范化对整个财政管理乃至经济管理的作用和影响是至关重要的。

二、政府预算管理的要素

政府预算管理要素主要包括预算管理主体、管理对象、管理目标和管理手段,各要素构成一个有机的管理系统。

(一)政府预算管理主体

政府预算管理是一个复杂的管理系统,管理主体是多层面的,主要包括政府预算法规的立法主体、政府预算政策的决策主体、政府预算的执行主体等,不同主体的地位和责任不同。按照法律地位的不同,政府预算管理主体可分为:全国人民代表大会和地方各级人民代表大会、国务院和地方各级人民政府、财政部和地方各级财政部门、税务部门、国家金库等。

全国人民代表大会及其常务委员会是政府预算的最高立法机构,负责制定具有重要地位、用以明确基本法律责任和义务、具有全局性和长期性的政府预算法律,如《中华人民共和国预算法》《中华人民共和国税收征收管理法》等;负责审查、批准一般中央预算和决算。各级地方人民代表大会及其常务委员会负责制定地方性政府预算法规,负责审查、批准本级预算和决算。

国务院是政府预算管理的最高行政机构,负责制定政府预算法规。作为一种法律形式,这些法规在国家法律体系中处于低于宪法、高于地方法规、部门规章和地方规章的地位。地方各级人民政府是地方政府预算的决策主体,负责制定地方性政府预算规章,并负责本级预算的执行。

各级财政部门是政府预算管理的具体执行主体,负责制定政府预算规章制度,全面、具体地实施预算收支计划,对政府预算活动进行日常管理。

具体执行机关还包括税务部门、国家金库等单位。税务机构负责办理国家税收的征收缴库任务及税收管理;国家金库则负责政府预算管理中的预算资金的入库、拨款及统计汇总等工作。

(二)政府预算管理对象

政府预算管理对象是预算资金的全部运行过程和结果。政府预算管理对象的范围涉及国民经济与社会发展的各个方面,涵盖政府宏观调控与微观主体活动的全过程。从政府预算本身来讲,既包括预算法律制度制定、预算政策的制定、预算收支体系的构建、预算收支形式和结构的选择以及预算管理体制的确定等;又包括预算机构的设置、人员的配备、预算信息的传导、预算收入的具体征纳、预算支出的资金拨付和具体运用等。

政府预算管理不仅贯穿于预算行为活动的全过程,而且涉及与政府预算分配直接相关的各个领域。如财政税收部门要正确地组织预算收入,就必须对企业收入的形式和核算进行监督;政府要对一些事业单位进行补助,也应对该单位的自身收入进行核实等。由此可见,政府预算管理对象具有广泛性。

(三)政府预算管理依据

政府预算管理的依据是国家在一定时期制定的方针政策、相关法律法规,特别是经过审批后成立的年度预算法案和专门的预算法,这是各国进行政府预算管理工作的主要依据。同时,预算是政府完成其特定的政治或经济目标的重要工具。因此,政府预算管理工作也必须以国家的方针政策为依据。

(四)政府预算管理目标

1.确立并实施政府预算

(1)合理编制预算。预算收支反映一定历史发展时期政府活动的范围、内容和方向。通过预算管理,要使所编制的预算具有科学性和合理性。一方面,充分反映公共需求,合理确定公共供给的构成和财力来源;另一方面,明确政府在资金使用上的职责,保障公共资财的有效运用。在预算形成和发展的初期,预算资金的规模较小,编制较粗糙,管理也较简单。随着经济的发展和政府职能范围的扩大,预算收支规模不断扩大,预算内容日益复杂,预算管理的要求也越来越高,这时,预算不仅是反映政府总体意图的文件,更重要的是,它反映政府和立法机构在公共收支上形成的共识以及立法机构赋予政府的职责,而这种职责要通过预算落实到具体的部门和单位。相应地,预算程序在不断健全,预算编制方式在不断完善,各种具体的编制方法也不断发展起来,如预算的内容日益细化,数量分析方法尤其是成本收益分析方法的运用日益普遍,更加强调支出与政府目标实现的关系,强调支出安排的合理依据,更加重视预算安排的效率问题,等等。

(2)有效完成预算收支任务。预算形成以后,完成预算收支任务就是预算管理的重要目标。组织预算收支是政府理财活动的主要内容,它为国家实现其职能提供基本的财力保障,预算收支任务完成情况可以从一个侧面反映政府职能的履行状况。由这一目标可引申出如下目标:一是加强国家宏观管理和调控,保证经济和社会的健康发展。二是协调各级政府和各部门预算之间的分配关系,特别是正确处理预算资金管理中的集权与分权的关系,充分调动各方面的积极性。三是合理配置和使用资源,一方面通过预算管理促使公共资源配置和使用更加合理有效;另一方面引导市场资源的配置,优化经济社会结构。

2.提高预算资金运行效率

任何管理活动都应以效率为中心,因此,提高预算资金运行的效率应贯穿于预算管理的始终。政府预算资金的运行效率在根本上体现为政府部门运用资源的社会收益大于非政府部门放弃使用这些资源所造成的机会成本,以及所选择的公共项目运用资源带来的社会收益大于放弃其他公共项目运用这些资源所造成的机会成本。政府预算资金运行的效率包括配置效率和生产效率两个层次。

(1)配置效率。配置效率又称为帕累托效率,其内涵为:当社会稀缺资源的配置达到了这样一种状态,改变这种状态已不可能使一个人的福利增加而不损害其他任何人的福利,那么就达到了最优配置。如果通过资源的重新配置,能使某些人的福利水平在不影响其他人福利的情况下提高,或所增进的福利抵去所减损的福利后仍有剩余,称为帕累托改进。

私人商品供需的效率标准是个人边际收益与其边际成本相等。公共商品由众多的社会成员共同消费，其供需的效率条件是所有个人从公共商品消费中获得的边际收益的总和与公共商品供给的边际成本相等。从总体上看，当所有不同商品供需的边际收益与边际成本均分别相等时，资源配置就达到了效率最大的状态。政府预算对资源的配置主要是处理社会有限资源在公共用途(提供公共商品、满足公共需要)和私人用途(提供私人商品、满足私人需要)之间，以及不同的公共用途之间的关系。提高预算配置效率的关键是使预算决策符合社会成员的公共需求偏好以及相应的承受能力，因此，预算决策程序和方法的安排要有民主性和科学性，以充分体现公共意愿并有客观的计量依据。

(2)生产效率。生产效率又称为投入产出效率，是指一定资源投入或占用水平下产出量最大，或一定产出水平下资源投入或占用量最低。因此，生产效率考察的是投入与产出之比、费用与效果之比、开支与收入之比、代价与收益之比，延伸到管理领域，可表示实际成绩与标准成绩之比、实际完成任务量与可完成任务量之比等。行为管理论者西蒙认为："有效率无非是指，用最短的路径、最省钱的方法，去达到预期目的。"

对于市场经济中的竞争性经营组织而言，对效率的追求通常转化为对利润最大化的追求，在财务报告中表现为经营收入与成本间差额的最大。政府是公共部门，以有效提供公共商品、满足公共需要为基本职责，因而政府预算收支的管理不存在对利润的追求问题，但是，政府的一收一支、一取一予，也要讲求投入与产出、所费与所得的比较，遵从"少花钱、多办事、办好事"的原则，用尽可能少的资财提供能满足人们需求的尽可能多的公共商品和服务。

(3)配置效率和生产效率的统一。配置效率是总体效率，居于宏观层次，解决整体上有限资源在不同部门、领域间的合理划分和运用问题。生产效率是个别效率，居于微观层次，解决具体的部门、单位如何有效运用资源，使之发挥最大效用问题。对预算管理而言，实现这两种效率的要求是有区别的，前者要求政府预算的安排在总体上有最优的规划和决策，在收支中正确处理政府部门和非政府部门以及政府部门内部的各种利害关系；后者要求每一个资金使用部门和单位都精打细算，节约支出，讲求效果，以最小的投入取得最大的社会效益。

但这两个层次的效率又相互联系、互为条件和结果。配置效率是生产效率的前提,配置的低效往往导致生产的无效,因为在资源总体配置不当的情况下,一些投入的社会边际成本高,而所形成产出的社会边际收益低,无论从微观层次看投入产出比如何,从宏观层次看都是无效或低效的。生产的效率是配置效率的基础,配置效率依靠生产效率得以最终实现,只有高效率的微观活动,才能真正增加经济资源总量、增进社会福利。

(五)政府预算管理手段

政府预算管理手段是指预算管理主体为了达到管理目标所选择的各种方法和工具,它大体上分为经济手段、法律手段和行政手段三大类。

1. 经济手段

政府预算管理的经济手段是指预算管理主体按照客观经济规律的要求,利用政府预算方面的各种经济杠杆,对被管理对象经济利益的调整、控制和约束,引导其预算行为,以达到管理目标。例如,通过公债资金的有偿使用可以强化使用者的责任,提高资金使用效果;通过有条件转移支付可以促使相关资金的使用符合政府的宏观意图;通过加收滞纳金可以促使纳税人及时缴纳预算收入等。政府预算管理运用经济手段,是在不损害各经济主体经营权利和市场运作机制的前提下进行的,因而是社会主义市场经济条件下政府预算管理运用最为广泛的一种方法。

2. 法律手段

法律是国家具有普遍约束力的行为规范。政府预算管理的法律手段是指,为了保证政府职能的实现而进行的政府预算立法、执法、执法监督和预算法制宣传等一系列管理活动。推进政府预算立法是运用法律手段,强化政府预算管理的基础与前提;而健全政府预算执法和监督机制、维护管理对象的合法权益、提高工作人员和公民的预算法律意识和法制观念,则是依法管理政府预算的核心内容。

3. 行政手段

政府预算管理的行政手段是指政府预算机关依靠国家的行政力量,采用命令、指示、规定、指令性计划等方式,对政府预算分配活动实施的各种管理。

政府预算行政管理主要包括政府预算管理机构的设置、人员管理、政府预算机关事务管理、政府预算行政法规和行政监督等内容。政府预算管理机构的设置通常取决于一国的行政管理机构和政府管理体制。我国的政府预算管理机构是按照行政级次来设置的。一级政府、一级财政、一级预算。政府预算人员管理是指按照法律法规、工作制度、工作纪律、道德规范等,对政府预算人员进行管理和约束,提高工作人员素质。机关事务管理是为保证政府预算机关对政府分配活动及相关经济活动正常管理的进行而实施的机关日常性管理。政府预算行政法规和行政监督是指政府部门内部为了提高管理水平,制定政府预算工作法规,对管理活动进行部门内部的监督和检查。

运用政府预算的行政管理手段可以直接体现国家及上级机关的意志,保证国家统一的方针政策、统一的规章制度、统一的政府预算计划得以贯彻实施。当经济运行和财政分配中出现不正常波动、国民经济中的重要比例关系严重失调等情况时,采用行政方法实施政府预算管理,一般可以在较短时间内收到熨平经济波动、矫正经济结构、协调分配关系的效果。但行政手段有时不利于发挥被管理者自身的积极性和主动性,使用不当会破坏市场机制的正常运作。因此,政府预算管理工作中只能适时适度地采用行政管理手段。

三、政府预算管理原则

(一)政府预算管理原则简述

政府预算管理关系到国家财政资金的运用,关系到一国经济、社会等各项事务的发展,因此在预算编制、预算执行、预算调整、决算等预算管理过程中,必须遵循一定的原则,这样才能保证预算管理各环节的统一、协调,进而才能保证政府预算管理工作的正常、顺利开展。

事实上,在现代预算制度产生之初就产生了预算管理原则,并且随着社会政治经济情况和预算管理需要的不断变化,预算管理原则也在不断变化着。在新兴资产阶级向封建统治势力争夺政权的过程中,为了限制以至于剥夺封建王朝的财政权,他们已经提出了一系列预算原则,如预算的完整性、统一性、可靠性、公开性以及年度性等。按照这些原则来建立他们的预算制度,当时深得民心。这些原则与自由资本主义时期健全财政的最高原则是一致的,其指导思想是加强财政管理、控制预算收支、节俭政府经费、达到预算平衡等。资本主义发展到垄断时期之后,为了克服频频发生的经济危机,要求国家加强对经济的干预。政府职能相应扩大,除了一般性公共消费支出外,还要加强对经济运行的调控。特别是20世纪30年代资本主义经济大危机后,凯恩斯主义风行于西方各国。在凯恩斯财政思想的影响下,政府加强了在预算问题上的主动性,认为政府预算的制定应以克服周期性经济危机,促进经济发展为己任。这样,政府财政权的加强就要求重新确定预算原则,于是对以前的预算原则进行了修改和补充。美国联邦政府预算局局长史密斯于1945年提出的八条原则,可以看作是这种趋势的典型。从其主要内容来看,总的倾向是加强政府的财政权,缩小国会的权力。这一方面反映了垄断资产阶级要加强对财政权的控制,另一方面也反映了资本主义国家意在充分运用财政手段进行宏观经济调控。值得注意的是,史密斯所提出的这些原则的基本倾向并非是美国一国的现象,而是垄断资本主义时期西方国家预算原则变化的一种共同趋势。

总之,政府预算管理原则是政府预算管理的一个重要内容,特定的政府预算管理需要特定的政府预算管理原则,两者是相互联系、相互制约、相互促进的,研究政府预算管理原则是完善政府预算管理所不可缺少的一项工作。

为了加强预算管理,充分发挥政府预算的职能作用,根据我国国情,借鉴西方国家一些行之有效的预算原则,我国确立了政府预算的原则:公开性原则、可靠性原则、完整性原则、统一性原则、年度性原则、法制性原则。应当指出,上述这些原则是就一般意义而言的。我国预算原则的确立,不仅要以我国政府预算本身的属性为依据,而且要与我国的财政经济实践相结合,要体现我国的政治经济政策。一般地说,政府预算原则是通过《预算法》来体现的。

(二)现代政府预算管理原则

在政府筹集和使用集中性财政资金的过程中,政府预算要具体体现一定时期内政府的施政方针及其要达到的政治经济和社会发展目标。从形式看,政府预算管理不过是对预算收入和预算支出的管理;但从实质看,政府预算管理体现中央与地方、国家与企业、国家与个人等多方面的分配关系。政府预算这种内在质的规定性,决定了它在国民经济和财政管理中的重要地位和作用,也决定了政府预算管理必须按照国家的法律、法规和遵循一定的原则进行。

在现代政府预算管理中应坚持以下几项原则。

1. 遵循客观经济规律的原则

政府预算实际上是对国民收入的分配行为,政府预算管理就是政府在一定程度上对经济生活的干预。在市场经济条件下,政府可以对经济进行一定的宏观调控,但是不能违背客观经济规律,否则将导致整个经济的波动,因此政府在通过预算管理对国民经济进行调控时,首先应遵循市场经济的客观经济规律。

2. 符合国家法律、法规要求的原则

市场经济是法制经济,反映政府活动范围、活动内容和活动方式的政府预算管理也必须在法律允许的范围内进行。这具体体现在以下几个方面:

(1)各级政府预算编制必须符合法律规定。预算编制是预算管理活动的开始。市场经济国家对预算编制的时间、预算编制的范围和内容都有明确规定。我国法律对预算编制内容也有一些具体规定。例如《中华人民共和国农业法》规定,国家财政每年对农业总投入的增长幅度应当高于国家财政经常性收入的增长幅度;《中华人民共和国教育法》规定,各级人民政府教育财政拨款的增长幅度应当高于财政经常性收入的增长幅度;《中华人民共和国科技进步法》规定,国家财政用于科学的投入增长幅度必须高于财政经常性收入的增长幅度;《预算法》规定,中央公共预算(经常性预算)不列赤字,地方各级预算按照量入为出、收支平衡的原则编制,不列赤字;《预算法》还规定,按照规定必须列入预算的收入,不得隐瞒、少列,也不得将上年的非正常收入作为编制预算收入的依据等。这些都是对预算编制的法律要求,编制预算时必须遵循法律规定。

(2)各级政府预算报告及其审查和批准必须符合法律规定。各国对政府预算报告及其审查和批准的权限和时限都有明确的法律规定。我国的《预算法》和全国人民代表大会常务委员会《关于加强中央预算审查监督的决定》都有具体规定。如《预算法》规定,中央政府预算由中央各部门预算组成,这就要求中央各部门编制部门预算;各部门预算由本部门所属各单位预算组成,这就要求部门所属各单位编制单位预算;国务院在全国人民代表大会举行会议时,向会议作关于中央和地方预算草案的报告。《预算法》还规定,中央预算由全国人民代表大会审查和批准,说明其他部门无权批准;中央预算按照复式预算编制,这就要求提交全国人民代表大会审议的预算必须以复式预算形式提供等。又如《关于加强中央预算审查监督的决定》规定,在全国人民代表大会举行会议的一个半月前,国务院财政部门将中央预算初步方案提交全国人民代表大会财政经济委员会进行初步审查,这就对财政部提出了提交初步方案的时间规定。

（3）各级政府预算的执行和调整必须符合法律规定。各国政府对预算执行和调整都有明确的法律规定。例如,规定没有特殊情况不能追加预算、预算收入必须及时足额缴库、预算支出必须及时拨付、不得截留挪用等。我国在这些方面也有法律性规定。如《预算法》规定,预算经本级人民代表大会批准后,按照批准的预算执行。这就要求收入部门必须依照法律规定及时、足额地征收应征预算收入;支出部门不得在科目间随意调剂使用。《预算法》对因特殊原因需要增加支出、减少收入使原批准预算总支出超过总收入等预算调整事项作出了专门规定,中央预算调整方案必须提请全国人民代表大会常务委员会审查批准。

3.应贯彻执行政府方针政策的原则

由于政府预算体现了政府活动的范围、内容和方向,因此,政府预算管理必须体现政府的意志。

预算管理要体现政府的方针和政策。政府的任期是有限的,每届政府均制定一定的方针和政策,表现为施政纲领。一届政府的施政纲领确定以后,需要通过政府任期内的各年度进行安排。各年度的重点任务是不一样的。

预算管理要贯彻落实政府择机采取的重大政策。国家的政治经济形势是不断变化的,政府必须根据变化了的情况适时修订政策,预算管理活动必须认真贯彻落实。

4.坚持统一、真实、公开的原则

政府预算管理作为国家经济管理的重要手段,除了要体现国家法律法规的要求和体现政府的意志外,还必须遵守其固有的一些准则。

(1)政府预算必须统一。预算统一性是指政府预算必须反映政府的全部收支活动,不应该存在脱离于预算之外的政府收支活动。这种统一性要求政府有统一的预算体系、有统一的预算分类、有统一的财政预算制度。总之,政府一切收入来源和一切支出用途都应包括在预算之中。如果政府预算不统一,就不利于对整个政府财政收支活动进行汇总,也就难以对政府的收支活动进行准确分析和判断,更难以为政府提出正确的预算政策建议。

(2)政府预算必须真实。预算真实是指政府预算必须真实、准确地反映政府收支的规模、内容和性质。只有真实的政府预算收支规模和内容才能提供正确的预算信息,才能有利于决策者正确决策。

(3)政府预算必须公开。预算公开是指政府预算要公之于众,明确政府预算收入的各项来源和各项支出的用途。该原则对政府的财政权力加以约束,便于人民代表大会和社会公众对财政业务、政府收支活动进行监督,有利于提高财政资金的使用效率,防止预算分配过程中产生腐败现象。

上述原则是相辅相成的,形成一个有机的整体。预算管理只有遵循这些原则和要求才能提高预算管理水平,充分发挥政府预算的职能作用。

四、政府预算管理的流程和周期

(一)政府预算管理的流程

政府预算管理流程是指一个相对完整的预算管理运行过程,按照各个运行阶段的管理内容,主要分为预算规划与决策、预算编制与审批、预算执行与决算、预算审计与评价、预算控制与监督等阶段。核心内容是预算的编制与审批、执行与决算。

1. 预算规划与决策

政府预算问题并不单纯是管理问题,还有其深刻的政治、经济和社会背景,因此预算方案即政府收支计划的安排要受到一国的法律、法规、政策制度、公众意愿的制约,而这一切要通过政府预算的中长期规划和短期计划来体现。政府年度预算属于短期计划,它的安排建立在中长期财政计划的基础上,根据国内外的政治经济形势,结合本国国民经济运行和社会发展的诸多矛盾,按照财政收支状况和轻重缓急分别进行决策的结果。

2.预算编制与审批

在通过规划与决策将有关预算问题纳入政府的议事日程后,就要开始对预算方案的设计预测、制定阶段。编制预算是预算管理的起点,预算编制要坚持量力而行、收支平衡的原则,以国家的财政经济方针和有关法律、法规为指导,以国民经济和社会发展规划的主要指标为基础,以上一年预算执行情况和本年收支预测为依据,积极稳妥地安排各项收支指标,做到收入稳固可靠,支出留有后备,把预算收支安排建立在科学合理的基础上。此阶段财政部门要根据法律、法规的要求,国民经济和社会发展计划指标等测算主要财政收支指标,各预算单位和部门要按照财政部门经过决策下达的收支控制指标以及部门预算的编制要求、基本支出的编制原则和定员定额标准、项目支出的编制原则和排序规定,经过"两上两下"的编制程序编制完成预算。预算编制完成后要按照法定的程序进入审查批准阶段,进而使预算方案合法化。这一过程在我国表现为各级人大对政府预算的审查批准。

3.预算执行与决算

政府预算经过审批后即进入执行阶段,预算的执行即是实现预算安排的收支计划指标的过程,是各项预算决策是否能够落实到位的关键环节。这一阶段财政部门要通过合理组织收入和有序安排支出实现既定目标。政府是预算执行的主体,财政税务部门是预算执行的主要职能机构。预算规定的收入任务,必须保证完成;预算规定的各项支出,必须及时足额地拨付。对于执行过程中必需的预算调整,超出了政府法定权限的,要报请同级人民代表大会常务委员会审批,未经批准,不得调整。各级政府有责任监督下级政府的预算执行;各级财政部门有责任监督本级各部门预算的执行,并做好预算执行情况的分析,向本级政府和上级财政部门报告本级预算的执行情况。

预算管理离不开相关信息、数据资料的掌握和分析,因此,预算管理的基础工作是预算会计、国家金库核算和财政统计。预算会计为预算管理提供基础资料,通过会计信息反映预算执行情况,通过会计监督提高预算管理水平。国家金库处于预算执行的第一线,通过国家金库的收支核算资料和定期的金库报表,可以分析检查预算收支执行情况。财政统计是财政部门信息工作的重要组成部分,通过占有和分析有关资料,可掌握财政活动各方面的情况和变化趋势,为制定和调整财政政策提供依据。

每个执行周期完成后还要对预算的执行情况进行总结,即进入决算过程。决算是对预算执行的检查、评估和总结。通过编制决算,一方面可以全面反映预算执行的结果;另一方面可以总结预算管理中的经验,以利于提高预算管理水平。在决算的编制中,要划清预算年度、预算级次和资金界限,做到收支数字准确,内容完整,报送及时。

4.预算控制与监督

预算的控制与监督是指对政府预算编制、执行、决算与评价等过程的控制与监督,其目的是保证政府预算的合法性与严肃性及执行的效率和效益,实现政府预算的政策目标。预算的控制与监督是政府预算整个流程中的重要内容,贯穿于预算过程的始终。

5.预算审计与评价

预算审计与评价是指按照一定的财务、会计、预算规定指标对政府预算实施的结果进行检查与评价的过程。其结果与预算目标的差异分析,预算执行成本与效益(包括社会效益)的分析,及时发现问题,调整和纠正预算中的偏差,解决预算资金使用中的铺张浪费、截留挪用等问题。通过预算审计与评价的过程来掌握预算的基本规律,加强预算的严肃性、科学性和效率性,提高预算的政策效应。

(二)预算管理标准周期

政府预算管理是一个周而复始的循环过程。所谓预算周期,是指从预算编制、审议批准、执行到决算的完整过程,其中,上述每一个环节又包括若干具体内容。预算编制环节包括预算编制准备、收支预测、具体编制等内容;预算执行包括事中审计、评估分析和财政报告等内容;决算包括年终清理、编制决算表格、事后审计、评估分析和财政报告等内容。一个预算周期结束后进入下一个预算周期,不断重复实施,具有鲜明的周期性特征。预算管理标准周期就是从时间序列上将预算管理划分为预算编制、预算执行、决算三个标准阶段,并对各个阶段的实施时限、工作任务、工作要求及工作程序、步骤等作出统一的制度规范。

预算管理标准周期是在我国预算管理改革中,借鉴国外先进经验引入的新的预算管理程序,它涵盖了预算管理的全过程,将预算管理的编制、执行、决算三个标准阶段有机衔接起来，并加以制度化、规范化管理，各个阶段彼此关联、相互影响和相互约束，形成了一个完整的预算管理体系。

1. 预算编制阶段

一般从每年年初开始，在对上年预算执行结果进行绩效评价的基础上，测算下一年度预算收支规模和增长速度，编制下一年度预算草案，期限约为12个月。

2. 预算执行阶段

从次年年初开始，组织该预算的执行，分析预算执行情况，办理预算调整，期限为12个月。

3. 决算阶段

从第三年年初开始，组织编制本级和汇总下一级决算草案，并对预算执行结果进行分析总结和绩效评价，作为编制下一年度预算的依据，期限约为6个月。

预算管理标准周期与预算年度是一个既相互联系又相互区别的概念。预算管理标准周期与预算年度密切关联。预算年度，也称为财政年度，是指编制和执行预算所应依据的法定时限，也就是预算收支起止的有效期限。预算年度是预算管理标准周期的基础，预算管理标准周期是围绕某一年度预算的管理确定并展开的。

预算年度作为一个阶段（预算执行阶段）存在是静态的，具有明显的时段性，预算管理标准周期是动态和滚动发展的；预算年度与预算管理标准周期存在时间上的交叉，预算管理标准周期跨越了预算年度，同一预算管理标准周期存在于不同预算年度中，而在每一预算年度内不同预算管理标准周期的三个阶段同时并存。

（三）我国政府预算周期的构成

我国政府预算周期主要包括以下几个环节。

1. 预算编制前的准备工作

（1）中央政府制定经济社会发展规划，下达编制预算的指示。为编制国家的经济社会发展规划，中央政府需召开相关经济工作会议，确定下年度经济社会发展的基本目标，同时，向省、自治区、直辖市政府和中央部门下达编制下年度预算草案的指示，提出编制预算草案的基本原则和要求。

（2）财政部门测算预算收支指标。《预算法》规定，中央预算和地方各级政府预算应当参考上一年预算执行情况和对本年度收支预测进行编制，即通过总结、分析上年度预算执行情况，掌握财务收支和业务活动的规律，客观分析本年度国家有关政策计划对预算的要求，找出本期影响预算收支的各种因素。

预算必须与政策目标挂钩，在预算编制前，应对预算年度的政策目标做具体的研究与评估，排列优先次序，使预算与预测、预算与政策有机地结合起来。财政部门要加强经济与财政分析及预测工作，除了对未来3～5年的宏观经济前景进行客观而科学的预测，可以考虑编制中期财政计划，包括分阶段的投资计划、预测经常性支出的需要和获得收入的可能性等。

（3）财政部制定并颁发政府预算科目和表格，具体部署和安排预算编制事项。财政部根据国务院有关编制下一年度预算草案的指示，部署编制预算草案的具体事项，每年第四季度由财政部制定统一的预算表格，包括财政总预算表格和单位预算表格；各预算编制单位要熟悉预算科目和表格，保证预算的统一性和规范性。各级财政每年要通过召开会议或发布通知、指示等形式，部署预算编制的内容、方针和任务，各主要收支预算的编制要求、编制方法、报送程序、份数与期限，等等。

2. 编审预算

即编制机构编制并提出预算、立法审批预算。编制预算是预算计划管理的起点，正确编制预算必须以国家的财政经济方针和有关法律、法规为指导，以国民经济和社会发展计划的主要指标为依据，参考上一年度预算执行情况和收支预测进行编制。各级预算要坚持量力而行、收支平衡的原则，积极稳妥地安排各项预算收支，做到收入稳定增长、支出留有后备，提高预算编制的准确性，把预算收支建立在科学预测的基础上。编制好的预算由政府提交同级人民代表大会审议，经人民代表大会审议批准的政府预算具有法律效力。

3. 执行预算

经过各级人大批准的预算必须认真组织实施。预算规定的收入任务，必须保证完成，做到及时足额地上缴国库；预算规定的各项支出，必须及时足额地拨付。各级政府对于必须进行的预算调整，须报请同级人大常务委员会审批,未经批准,不得调整预算。各级财政部门要监督检查本级各部门预算的执行,做好预算执行情况的分析,并向本级政府和上一级财政部门报告预算执行情况,保证预算收支任务的圆满完成。

4.编制决算

决算即审计评估预算,是对预算执行的总结。正确编制决算可以全面反映预算执行的结果。为此,必须做好决算编制的准备工作,必须自下而上经过层层审核汇编,不得估算代编。决算的编制必须符合国家的有关法律、法规,要划清预算年度、预算级次和资金界限,做到收支数字准确、内容完整、报送及时。通过编制决算,总结预算管理中的经验,为提高今后的预算管理水平创造条件。

五、政府预算管理的组织体系

(一)正确理解政府预算管理组织体系

政府预算管理的组织体系是指为政府预算服务的各种组织、机构、程序、活动等构成要素的总称,它们共同构成一个完整的系统,以保证政府预算的实现。政府预算的管理要按照一定的组织层次和职责分工来进行,如果政府预算管理没有一套完整的组织系统,或各管理机构没有明确的职责分工,就会造成预算管理的困难。

我国政府预算管理按照国家政权级次、行政区划和行政管理体制,实行"统一领导,分级管理,分工负责"。政府预算的管理涉及中央和地方各地区、各部门、各单位,其组织系统纵向由中央和地方各级政府预算组成,横向由国家政权机关、行政领导机关、财政职能部门及各类专门机构组成。

(二)纵向预算管理组织体系

1.按预算管理级次划分

由于政府预算是政府的基本收支计划,为政府履行职责、提供公共服务提供财力保障,因而预算管理体系必然与行政管理体制相一致,即一级政府、一级财政、一级预算。根据《宪法》的规定,我国目前从中央到地方共有五级政府,即中央,省、自治区、直辖市,设区的市、自治州,县、自治县、旗、不设区的市、市辖区,乡、民族乡和镇。与之相适应,我国纵向的预算管理体系也包括中央预算,省、自治区、直辖市预算,设区的市、自治州预算,县、自治县、旗、不设区的市、市辖区预算,乡、民族乡和镇预算,共五级预算。中央预算由中央各部门预算组成,省、自治区和直辖市预算以下为地方预算。

各级政府之间的财政关系要通过预算管理体制规范下来。预算管理体制的核心,就是如何处理政府间预算资金管理权限的划分,以及相应的责任与利益。因此,我国的纵向预算管理组织体系,主要涉及五级政府之间预算管理职权的划分。

2. 按预算编制主体划分

(1)政府预算。政府预算由中央预算和地方预算组成。中央预算是经法定程序批准的中央政府财政收支计划。我国的中央预算是由财政部代表中央政府(国务院)汇编的、经全国人民代表大会审批通过的财政收支计划。地方预算是经法定程序批准的、除中央预算以外的地方各级政府财政收支计划的统称,在我国包括省级及其以下的四级预算。地方各级预算由地方本级财政机关代表同级政府汇编,根据其涵盖的范围、级次又分为本级预算和总预算。总预算是各级政府的基本财政计划,由各级财政部门编制。各级总预算由本级政府预算(本级预算)和汇总的下一级政府总预算组成;下一级只有本级预算的,下一级总预算即指下一级的本级预算;没有下一级预算的,总预算即指本级预算。本级预算是指经法定程序批准的本级政府的财政收支计划,它由本级各部门(含直属单位)的预算组成,同时包括下级政府向上级政府上解的收入和上级政府对下级政府的返还或补助。

(2)部门预算。部门预算反映各本级部门(含直属单位)所属所有单位全部收支的预算,由部门机关及所属各单位预算组成。本级各部门是指与本级政府财政部门直接发生预算缴款、拨款关系的国家机关、政党组织和社会团体(中央部门含军队),直属单位是指与本级政府财政部门直接发生缴款、拨款关系的企业和事业单位。

3. 按照行政隶属关系和经费领拨关系划分

(1)一级预算单位。一级预算单位是指与同级政府财政部门发生预算领拨关系的单位,如果一级预算单位还有下级单位,则该单位又称主管预算单位。

(2)二级预算单位。二级预算单位是指与一级预算单位发生经费领拨关系,下面还有所属预算单位的单位。

(3)基层预算单位。基层预算单位是与二级或一级预算单位发生经费领拨关系,下面没有所属预算单位的单位。

总之,从纵向预算管理组织体系看,主要涉及各级政府及财政之间、各预算编制主体之间、各层级的预算单位之间预算管理的组织、协调与职责的划分等问题。

(三)横向预算管理组织体系

1. 横向预算管理组织体系主要构成

(1)立法机构。各国的立法机构(西方国家的议会、国会,我国的人大)均具有对政府预算方案的制定、预算收支的落实、预算结果评价的审查批准和监督管理权限,这也是公共选择机制的具体体现。

《预算法》规定,全国人大及其常务委员会对中央和地方预算、决算进行监督;县级以上地方各级人大及其常务委员会对本级及下级政府预算、决算进行监督;乡、民族乡、镇人大对本级预算、决算进行监督。

(2)各级政府。政府预算日常管理贯穿于政府预算编制、执行和决算的全过程。按照《预算法》的规定,各级预算由本级政府组织编制、执行和决算,即负责政府预算管理的组织领导机关是国务院及地方各级人民政府。国务院作为国家最高行政机关,负责组织中央预算和全国预算的管理;地方各级人民政府负责本级政府预算和本行政区域内总预算的管理,并负责对本级各部门和所属下级政府预算管理进行检查和监督。

(3)各级财政。《预算法》规定,政府预算的具体编制、执行和决算机构是本级政府财政部门,即各级政府财政部门是预算管理的职能机构,是具体负责预算收支管理的主管机构。财政部对国务院负责,在国务院的领导下具体负责组织中央预算的管理,指导和监督地方预算的管理,并定期向国务院报告预算情况;地方各级财政部门对地方各级政府负责,并在其领导下具体负责组织本级预算的管理,监督和指导所属下一级预算的管理,并定期向同级人民政府和上一级财政部门报告预算情况。

(4)执行机构。政府预算收支的具体管理工作,由财政部门统一负责组织,并按各项预算收支的性质和不同的管理办法,分别由财政部门和各主管收支的专职机构负责组织管理,即除财政部门外,国家还根据预算收支的不同性质和不同的管理办法,设立或指定了专门的管理机构,负责参与组织政府预算的有关管理工作。

组织预算收入执行的机关主要有税务机关和海关,参与组织预算支出执行的机关主要有中央银行、有关商业银行和国家开发银行、中国农业发展银行等政策性银行。国家金库担负着政府预算执行的重要任务,具体负责办理预算收入的收纳、划分和留解,办理预算资金的拨付。我国的国家金库由中国人民银行代理。各有关部门、单位是预算管理中部门预算和单位预算的执行主体。中央和地方各级主管部门负责执行本部门的部门预算和财务收支计划,提出本部门的预算调整方案,定期向同级财政部门报告预算执行情况;各事业、行政单位负责本单位预算的执行。

除上述机构外,我国预算管理机构还包括审计部门及有关社会中介组织,它们共同参与对政府预算的审计与评价。

2. 预算管理职责权限划分

预算管理权是国家政治权利的重要组成部分。为有效实施预算管理、维护社会公共利益,需要将各项管理权限、职责在有关方面合理划分。《预算法》等有关法律、法规对立法机构、各级政府、政府财政主管部门和预算执行部门、单位的职权做了明确界定,构成了预算管理的法律依据。

(1)立法机关的职权

1)各级人大的职权。各级人大行使预算和预算执行情况的审批权,以及预算、决算不适当决定的撤销权等。即全国人大有权审查中央和地方预算草案及中央和地方预算执行情况的报告,批准中央预算和中央预算执行情况的报告,改变或者撤销全国人大常务委员会关于预算、决算的不适当的决议;县级以上地方各级人大有权审查本级总预算草案及本级总预算执行情况的报告,批准本级预算和本级预算执行情况的报告,改变或者撤销本级人大常务委员会关于预算、决算的不适当的决议,撤销本级政府关于预算、决算的不适当的决定和命令;设立预算的乡、民族乡、镇的人大有权审查和批准本级预算和本级预算执行情况的报告,监督本级预算的执行,审查和批准本级预算的调整方案,审查和批准本级决算,撤销本级政府关于预算、决算的不适当的决定和命令。

2)各级人大常务委员会的职权。各级人大常委会主要行使预算执行监督权及调整权、预算执行情况及决算的审批权、预算和决算不适当决定的撤销权等,即全国人大常务委员会有权监督中央和地方预算的执行,审查和批准中央预算的调整方案,审查和批准中央决算,撤销国务院制定的同宪法、法律相抵触的关于预算、决算的行政法规、决定和命令,撤销省、自治区、直辖市人大及其常务委员会制定的同宪法、法律和行政法规相抵触的关于预算、决算的地方性法规和决议;县级以上地方各级人大常务委员会监督本级总预算的执行,审查和批准本级预算的调整方案,审查和批准本级政府决算,撤销本级政府和下一级人大及其常务委员会关于预算、决算的不适当的决定、命令和决议。

(2)各级政府的职权。各级政府是本级预算的行政机关,其主要职权有:编制本级预算草案、决算草案;向本级人大做关于本级预算草案的报告;组织本级总预算的执行;决定本级政府预备费的动用;编制本级预算调整方案;监督本级各部门和下一级人民政府的预算执行;改变或者撤销本级各部门和下一级人民政府关于预算方面的不适当的决定;向本级人大、本级人大常委会报告本级总预算的执行情况。

(3)各级财政主管部门的职权。各级财政主管部门是政府预算管理的职能部门,具体负责预算编制、执行和决算的各项业务工作,其主要职权有:具体编制本级预算、决算草案;具体组织和负责本级总预算的执行;提出本级预备费动用方案;具体编制本级预算调整方案;定期向本级人民政府和上一级财政部门报告本级预算执行情况。

(4)各预算执行部门的职权。各部门编制本单位预算、决算草案,组织和监督本部门预算的执行,定期向本级财政部门报告预算的执行情况。

(5)各预算单位的职权。各单位编制本单位预算、决算草案,按照国家规定上缴预算收入、安排预算支出,接受国家有关部门的监督。

第四章

典型国家的预算绩效管理

第一节　英国预算绩效管理

20世纪70年代,面对国际化、信息化和市场化的挑战,为解决日益复杂的国内社会问题,减轻沉重的财政压力和债务负担,英国开展了以市场化为导向,强调公众利益至上的政府行政改革运动。英国的预算绩效是在政府治理改革过程中孕育产生,并伴随着政府改革的深化而逐步完善、成熟。目前,英国已在中央和地方政府层面建立起比较完善的预算绩效制度框架和运行机制,形成了系统、规范、科学的绩效考评指标体系。英国因此被称为"政府行政改革最系统和最有成效"的国家,其改革深刻地影响了美国、澳大利亚、新西兰和法国等西方国家的政府改革。

一、预算绩效改革的历史背景及历程

(一)预算绩效改革的背景

英国的行政改革始于撒切尔政府,后经梅杰政府和布莱尔政府的持续推行,取得了卓著的成效。预算绩效改革贯穿于整个改革过程之中,并成为英国政府克服官僚主义、提高行政效率和效能的重要手段。包括预算绩效在内的英国行政改革的推行并非偶然,与其所面临的经济发展环境有密切关系。

1. 信任危机

政府信任危机是推行预算绩效的政治动因。政府在公共服务领域的长期垄断,排除了私人企业的进入和市场竞争,政府既缺乏行政改革的压力,也没有提高行政效率的动力,造成官僚主义盛行,整个行政系统对社会变革反应迟钝,工作效率极其低下,提供的公共服务数量有限且质量越来越差。同时,很多公务员对传统的管理体制和管理方式也感到厌烦,工作积极性和兴趣大幅度下降。政府管理危机的出现使得公众对政府的执政能力产生越来越大的怀疑,对政府的信任感下降,对政府的不满意程度与日俱增。

2.财政危机

财政危机是推行预算绩效的经济动因。经过 20 世纪 30 年代以来的政府大规模扩张,英国政府机构数量、公务员人数和政府开支在国民收入中的比重迅速攀升。20 世纪 70 年代中期,又开始出现经济增长缓慢、人口老龄化的趋势,政府职能和责任不断加大。20 世纪 70 年代末,英国经济开始严重衰退,生产力普遍下降,进而导致政府财源逐渐枯竭。21 世纪,英国经济进一步衰退,社会矛盾更加突出,随着脱欧行动的进行,英国面临着严峻的国际国内形势。同时,社会迅速发展,公众强烈要求政府提供更多的公共服务,使得政府职能不断扩张,财政支出不断增大。在财政资源有限而又无法筹措更多新财源的情况下,政府财政赤字不断扩大,财政逐步陷入危机之中。

3.管理危机

管理危机是推行预算绩效的内存动因。至 20 世纪 70 年代,随着信息技术和知识经济的发展,经济和社会的全球化,英国一直保持的大工业时代产生的"以议会主权、部长责任制和政治中立为特征"的行政管理模式遭到冲击,这种行政模式的弊端日渐暴露出来,突出体现在:所有行政强调规则为本和过程控制,关注投入而忽视产出和结果。这种过分强调规章制度服从上级命令的管理模式导致政府效率低下,资源大量浪费。并且,由于政府和公共部门规模巨大且具有垄断性,使得政府协调管理困难。庞大的政府雇员队伍既是选民,又是管理对象,使得政府行政出现管理失调、官僚主义和效率低下等现象。

(二)效率优先阶段

伴随着 20 世纪 80 年代新公共管理运动的掀起,对政府部门绩效的研究进入了一个全新的发展阶段,用全新的"绩效途径"取代传统的"效率途径",成为英国实施"管理主义"行政改革方案的重要组成部分,这一阶段的主要改革方案包括雷纳评审、部长管理信息系统和财务管理新方案。

1979 年，撒切尔政府上台后，立即任命雷纳爵士担任其效率顾问，并在内阁办公厅设立了一个效率小组，负责对政府各部门运作状况作全面、深入的调查、研究、审视和评价，找出存在的问题，并拟订提高部门组织经济和行政效率水平的具体方案和措施。雷纳及其领导的效率小组开展了著名的"雷纳评审"。雷纳评审的重点是经济和效率，目的是通过评审来终止和避免政府行政过程中不理想的东西（包括过时或不合时宜的工作任务，无效率的工作程序和方法等），从而降低政府部门的开支和运营成本，提高公共组织的经济和效率水平。据统计，从 1979 年到 1985 年的 6 年间，雷纳评审小组共进行了 266 项调查，找出并确认了 6 亿英镑的年度节支项目（或任务）和 6 700 万英镑的一次性节支项目（任务）。截止到 1986 年底，评审共花费 500 万英镑，而它所带来的直接经济效益约高达 9.5 亿英镑。雷纳小组通过评审，发现了英国公共部门存在的许多问题，并针对这些问题提出了许多切实可行的改进措施和建议。"雷纳评审"促使政府部门开始关注政府的产出和结果，初步树立起政府绩效和成本意识，在英国的行政改革和公共部门绩效考评中具有重要的地位。

继雷纳评审之后，1980 年，环境大臣赫素尔廷在环境部率先建立了"为整合目标管理、绩效考评等现代管理方法而设计的信息收集和处理系统"，通称部长管理信息系统，其目的在于向部长及时提供全面、规范的信息（主要是部门活动的直接产出信息），为部门的绩效考评提供系统、可靠的依据。它将绩效考评、目标管理、管理信息系统相结合，使公共部门绩效考评更具有战略性、持续性。部长管理信息系统的实施主要有三个步骤：第一，每一个科（部内最低一级行政单位）的负责人向部长提交一份工作陈述，包括工作内容、所用人员、工作程序、工作所要达到的目标等，如有可能还要提出绩效目标。第二，部长审核各科的工作陈述，审核要参照该部的总目标与各科室的目标进行整合，并根据具体情况进行资源配置，最后就其工作目标、绩效指标等进行讨论，达成一致意见（协议）。第三，执行协议，各科按照与部长达成的协议进行工作并定期向部长汇报，部长根据这些具体信息，做出目标、资源分配等方面的调整，并在综合对比的基础上，找出各科薄弱环节以促使其改进。

在部长管理信息系统的基础上,1982 年 5 月,英国财政部颁布了"财务管理新方案",该方案明确提出在公共部门开始引入绩效考评制度,主要目的在于对中央政府财政资源进行有效的配置和监控。它要求各部门、各层级的负责人都要做到:明确自己的目标和测定产出和绩效的标准和方法;了解可利用的资源和自己在充分利用这些资源方面负有的责任,包括对产出和货币价值进行评审;获得有效履行职责所需信息(尤其是成本方面的信息)、技能训练和专家咨询等。

上述措施都是在行政改革初期"效率战略"阶段提出来的,在这一时期,公共部门绩效考评已获得初步的发展,但是其考评的侧重点还主要是经济、效率,重点在于树立成本意识,实施成本控制,以提高公共部门的效率。从这一阶段的实践来看,通过强化绩效意识,控制成本,改革取得了预期效果。尽管如此,传统管理体制中存在的种种弊端仍未得到根本改观,预算仍侧重于关注投入,而较少关注绩效;大部分政府部门和管理者也缺少压力和动力改进部门绩效等,这些促成了英国政府绩效管理改革的深化,并成为下一阶段主要改革内容。

(三)质量优先阶段

20 世纪 80 年代末,英国开始推行"下一步行动方案""公民宪章运动"和"竞争求质量"运动,调整了 80 年代初的"效率战略"的改革方向。

1988 年,英国开始实施"下一步行动方案",该方案的主旨是发现现存的问题,提出进一步的改革方案,以提高公共服务效率。"下一步行动方案"明确提出以下改革建议:一是设立执行机构,将公共服务的提供职能和执行职能从各部门中分离出来,使部门领导和高层官员从繁杂的日常事务中解脱出来,将精力集中于政策发展和部门战略管理。二是给予执行机构更大的灵活性和自主权。三是各部首长与执行机构签订服务供给协议,使执行机构对提供的服务负责。在管理执行层面,第一,采取公开竞争的方式选拔负责人;第二,上级部门对执行机构采取"适距控制";第三,在主管部长和执行机构负责人之间签订为期 3~5 年的协议,确定双方的责任和义务;第四,上级部门对执行机构的绩效情况进行定期评审并将评审结果公之于众,以便形成有效监督,也为下一年度下达绩效指标提供参考依据;第五,建立惩罚制度,对于没有完成绩效目标的机构,主管部门通过降低负责人和高层管理者绩效工资的方法进行惩罚。"下一步行动方案"体现了政府从规则为本到结果为本、从过程控制到结果控制、从隶属关系到契约关系的转变,从而在各部门牢固树立"结果为本"的绩效意识,使英国的绩效考评不断向纵深发展。

1991年梅杰接任首相后,相继发起了"公民宪章运动"和"竞争求质量"运动,英国行政改革的重心开始从经济、效率向质量、效果和公共服务转移。"公民宪章运动"的主要内容包括:一是政府要求各公共服务机构和部门在制定宪章时要遵循六个原则,即明确的服务标准、透明度、顾客选择、礼貌服务、完善的监督机制、资金的价值;二是建立公民宪章运动的服务承诺机制,该机制包括内部管理机制和外部监督机制。内部管理机制主要是建立健全服务承诺的领导机制;外部监督机制是设立独立的公民宪章监督专员,他们不受政府行政部门的政治控制。至此,英国政府绩效考评开始着重对政府服务质量和效益等方面的评估。在发动"公民宪章运动"四个月后,梅杰政府又发表了《竞争求质量》白皮书,进一步要求提高服务质量和顾客满意度,政府管理活动接受市场的检验,并通过市场进行考核和评估。从英国政府开展绩效考评的全过程可以看出:追求经济、效率、效益是其考评活动的主要内容和出发点;伴随着政府绩效考评的深入发展,预算绩效所需的各种制度条件,如分权化管理、透明度、绩效理念和绩效意识等,也不断成熟,对预算的控制也逐步实现了从过程导向向结果导向的转变。

二、预算绩效的基本模式

(一)职能机构设置

英国的预算编制权、审批权、执行权是相互分离的。政府预算的编制工作主要由财政部负责;议会负责审批预算,并且审批权完全集中在下议院;预算执行主要由政府部门和非政府公共组织负责,预算监督则由隶属于议会的审计署进行外部审计监督和以财政部为主的政府内部控制。

英国负责预算管理的机构主要有财政部、议会、内阁委员会、英国皇家国库及审计署,各机构之间分工明确,权责明晰,既相互合作又相互制约。财政部负责税收征管及预算编制工作,主要是控制公共支出,编制和审查提交议会讨论的预算,并对政府各部门的预算进行监督。

　　议会负责审批政府确定的当年税收和公共支出计划、临时预算,预算调整方案也须得到议会的批准;同时议会还负责监督政府预算执行和预算支出的绩效进程和最终完成情况;议会还为每个政府部门设置一个专门委员会,负责检查监督该部门支出的合规性和效果。

　　政府内阁主要负责确定年度收支计划和一个为期5年的滚动远景规划;负责讨论确定提交议会的财政预算,审批各部门与政府签订的公共服务协议(绩效合同);监督各个政府部门绩效目标的完成情况,审查各部门定期报告的绩效进展和完成情况。

　　皇家国库负责英国的公共支出计划和管理。主要为政府部门和其他公共机构提供公共支出拨款服务,将政府各部门分配到的预算拨款通过国库账户直接划拨到各部门的账户。出纳署通过各部门的账户监控国库资金的流入、流出和流向,为英国皇家国库进行现金管理,并制定发债计划为国库融资。

　　审计署主要负责财政支出绩效的评估、审计工作,检查并确保任何从设在英格兰银行的国库账户上提取的款项必须有议会的具体授权,以及对政府各部门和其他公共机构账户进行检查。审计署的年度审计报告要报呈下议院公共账户委员会审议,并对社会公布。

(二)政府预算过程

　　英国的财政年度是每年4月1日至次年3月31日,预算周期自财政年度前一年4月正式开始。中央预算由财政部编制,内阁会议讨论通过后,形成政府预算草案,呈交议会批准执行。英国预算一般在财政年度开始前的12个月着手准备。在编制预算之前,财政部先进行公共支出调查,提交《公共支出调查报告》,作为政府各部门制定部门支出概算的依据。3月,财政部发出编制概算的通知;5月,各部门提交本部门的支出概算;6月,内阁会议对财政部审核汇编出的政府支出概算进行审议,确定总额目标,下达给各支出部门;7月,财政部根据支出总额目标确定税收战略;9月,财政部将各项财政措施建议送交部长讨论;11月,预算议案提交国会下院;次年1~2月,财政部对照数据检查下一年度预算报告;3月中旬或4月初,财政大臣向下议院提交题为《财政状况和预算报告》的新预算年度的预算方案;议会于7月表决财政预算,通常8月5日由议会批准生效。从新预算年度开始到正式预算成立之间需要设立临时预算。

1.预算编制过程

预算编制程序是：第一步，财政部根据往年的财政运行情况做出一个指导性的规划，并将这个规划分发到各部门，各部门根据规划编写部门概算报告，并提出长期性的目标。然后，报告汇集到由财政部、副首相、财政部常务秘书等组成的委员会。第二步，委员会就各部门提出的目标向各部部长质询，通过质询，各部门将报告逐步分解为详细的支出计划后，报送财政部。第三步，将上述计划文件按部门归集后报送给财政大臣，财政部根据这些支出计划制定出收入和借贷额度，对未来三年的年度公共支出作"总预算"，并在各部门支出和应急备用资金之间做出预算分配建议。第四步，财政部将预算上报内阁会议，经首相府讨论决策形成白皮书（即政府预算草案）。

2.预算审批过程

预算草案由财政部提交议会下院，成为政府向议会提出的资金要求。下议院通过对"供给决议"的投票来批准这些"供给估算"，而议会则是通过"拨款条例"对其进行批准，议会批准后，形成《统一拨款法案》（Consolidated Fund Acts）和《年度授权法案》（Annual Appropriation Act），即同意政府预算提出的资金要求，并允许政府从"统一基金"中提取所批准的预算拨款，预算完成立法过程。

3.预算执行过程

在预算执行过程中，英国赋予部门和机构较大的灵活性和自主权。对预算执行管理，首先，保证一年支出计划不得突破总额限制；其次，财政年度内允许财政资金划转，一个部门可以在一个决议拨款中的两个款项之间进行调整或划转，但不能将一个决议拨款划转到另一个决议拨款，两个决议拨款间的划转需经议会批准；最后，经常性支出的拨款只能在该拨款决议规定的年度内使用，根据"灵活性计划"，在预算年度结束时，允许占中央政府现金总数5%的资本性支出结转到下一预算年度。

4.预算审计和预算报告

一个财政年度内，政府各部门须向议会提交两次预算执行报告（春季与秋季）。各部门的预算报告由审计署负责审计（包括财务审计、内部管理审计和预算绩效审计），审计结果向议会公共账目委员会报告并对外公布。

(三)预算绩效管理模式

1.预算绩效制度

英国实行复式预算。预算分为统一国库基金预算和国家借贷基金预算。

大部分财源都通过统一国库基金预算来分配,它是预算资金的日常收入和支出账户。如收入超过支出,则列入国家借贷基金预算的收入部分;如支出超过收入而出现赤字,则由国家借贷基金的贷款进行弥补,政府则增加相应数额的国债。统一国库基金预算相当于经常预算,其来源主要是税收,约占总收入的96%;而支出分为由议会批准的日常支出(又称议定支出)和不经议会审查批准的统一基金的永久性支出(又称既定支出)。议定支出项目主要是军费拨款、对工农业的投资、管理机构经费、社会文化设施建设费、补贴地方政府支出、对发展中国家的拨款等;永久性支出主要是用于偿还国债、向欧共体缴纳的款项和王室的维持费等。在统一国库基金预算的支出中单独划出永久性支出,是英国国家预算的一个重要特点。国家借贷基金预算相当于资本预算,其收入主要包括对国有企业及地方政府长期贷款的利息及贷款回收的资金、英格兰银行发行局利润收入、统一国库基金预算转入的结余和国债利息收入。其支出主要是经国会批准的政府可以靠借款来进行的各种支出,如向国有企业以及地方政府或私营企业提供的长期贷款、国债费(由统一国库基金预算转入的国债利息支出和发行管理费)、常规预算赤字的转入等。

预算编制制度是预算绩效制度的基础。复式预算制度为英国政府预算绩效编制奠定了基础,各部门所编制的本部门预算是紧紧围绕部门的职责、目标与计划来编制的,预算与绩效始终联系在一起,预算的编制过程也是部门年度绩效目标及计划的编制过程。

预算审批制度是预算绩效制度的枢纽。英国预算审批权集中在下议院,需要批准的是议定支出部分,而既定支出部分是依法列支,并以"拨付资金决定"形式通知国库按照有关的规定如数拨付。对议定支出部分,下议院将提交的年度预算草案交拨款委员会对支出项目进行审核,提出审核报告,经议会表决批准。这个过程也是议会对政府及部门绩效目标与计划的审核、批准过程。

预算执行制度是预算绩效制度的关键。英国预算执行实行国库集中收付制度。预算执行管理的目标,首先是保证不得突破年度支出计划总额,其次是对现金限额进行管理。英国追加、调整预算制度非常严格。追加预算需要先报财政部审核后,再报议会审批,在议会没有批准之前,包括首相在内的任何人都无权追加支出。

2. 预算绩效管理模式

(1)实行滚动预算,以加强政府战略规划与预算之间的联系。1998 年,英国在"总支出评估"中开始实行三年期滚动预算。滚动预算可以保持预算的连续性与完整性,使政府能从动态的预算中把握总体规划和近期目标;可以根据前期预算的执行结果,结合各种新的变化信息,不断调整或修订规划和目标,并相应调整或修订预算,从而使预算与目标、规划相适应,有利于充分发挥预算的指导和控制作用。

(2)实行分权化管理,增强部门的灵活性和自主权。在预算绩效管理模式中,适当分权并给部门一定的自主权与灵活性是提高效率、效果的重要手段。英国不同程度地增强了部门和机构在预算执行过程中的灵活性。例如,赋予部门和机构更大的资源配置权利;赋予地方政府在资金使用、监控方面更多的权利。一定程度的灵活性和自主权,可以使执行部门根据情况的变化及时将资源配置到最具战略优先需要的项目上去,有利于提高政府公共资源的分配效率。

(3)建立绩效指标体系,以全面测量预算支出效果。绩效计量是预算绩效的基础,在预算管理改革中,为全面测量预算绩效,英国主要建立了四类绩效指标体系:成果指标,即反映社会公众和接受服务者从政府机构活动中获益情况的指标;产出指标,即反映政府机构提供的货物或服务数量的指标;效率指标,即以单位成本、单位时间或其他单位比率等表述的关于政府机构活动生产率的可计量指标;投入指标,即关于政府机构使用资源的可计量指标。通过四类指标考评部门绩效实现情况,并与下一年度预算相结合。

(4)实行管用分离支出制度,加强财政支出管理。为了更好地控制和管理财政收支,英国的公共支出遵循支出管理者与决策者必须与支出的使用者绝对分离的管理原则。首先,议会管理所有的政府收支,税收和其他财政收入直接记入英格兰银行的国库账户,这一账户的所有提款均须经过议会批准;其次,皇家国库作为政府支出的管理者,对每一项提款征询审计署的意见,报告所涉及支出的批准法律文本或议会表决案,审计署确认同意提款计划后,皇家国库根据批文通知英格兰银行付款;最后,政府部门及其他公共机构是支出的管理者、决策者,其所拥有的各项支出都由公共会计出纳署经办,直接拨付给产品或劳务的提供者(资金使用者)。

(5)实行政府采购制度,提高预算支出效率。1984 年,英国政府提出了推行现代政府采购制度的改革方案,建立了现代政府采购模式。英国在财政部内设立政府采购办公室,用于制定有关政府采购政策和法规,提供采购信息,实施监督和检查。在全国 5 个大区按行业或部门设立了 50 多个采购机构,进行具体的采购业务。除了宣传设施的采购必须由专门的部门负责外,政府各部门对自己的采购负责,自由决定是否采用中央采购代理机构为各部门和其他公共机构签订的初步采购协议,即使财政部的采购业务也可委托其他部门进行。

(6)采用权责发生制会计,准确计量政府活动的成本。以产出和成果为导向的预算管理,要求各部门的管理者对与产出有关的所有费用负责,而不仅仅是直接的现金费用,而权责发生制会计制度则能准确、全面地反映政府在一个时期内该产品和服务所耗费的真实成本,更好地将预算成本与预期的绩效成果进行对比,从而有利于决策的科学化,并强化管理者对产出和成果的责任。为了准确测量绩效,英国对会计制度进行了改革,于 2000 年颁布了《政府资源和账目法案》(Government Resources and Account Act 2000,GRA 2000),全面引入权责发生制会计制度。

(7)建立政府财务信息披露制度,加强对预算活动的监督。英国对政府会计信息的公开披露实行严格而规范的管理,有效的财务报告必须具有可理解性、可靠性、相关性、及时性、一致性、可比性等特征。按照政府财务信息使用者的不同需要,政府财务报告要公开披露以下信息:守法和管理信息。

(四)预算绩效的内容

1.设立绩效目标

实行预算绩效,首先要明确部门的战略目标,然后根据战略目标确定绩效目标和指标。在英国,战略目标、绩效目标和具体的绩效指标在政府与各部门签订的公共服务协议中作了明确规定。各部门的战略目标由财政部与各部门协商决定,其他内容主要由各部门负责制定,财政部对如何起草公共服务协议进行指导。但各部门的公共服务协议最终需经内阁委员会和首相办公室讨论决定。财政部有关工作人员对公共服务协议草稿进行复审,并提出改进建议。公共服务协议中的各项任务随着部门的不同而不同,一般情况下,部门可以与服务提供者就任务的具体内容、衡量指标和标准进行讨论协商,取得部门认同,最终达成一致意见,以确保绩效目标最终转变为具体的操作任务并取得预期效果。

2. 分配预算资金

各政府部门在获得(未来3年)预算资金的同时签订各自的公共服务协议,确定部门使用这些资金要实现的绩效结果。为了便于决定资金的分配,内阁委员会要求各部门提供有关资金需要与其产出或绩效改进的信息。财政部在此基础上编制政府总开支计划,并附呈各个部门的支出限额以及绩效合同,以白皮书的形式发布并提交议会。议会专门委员可以针对部门提交的公共服务协议召集相关部门首长或公务员就某些问题进行质询,以加强监控。

3. 监督预算绩效完成情况

财政部、内阁委员会定期对绩效任务的完成情况进行监督检查,对各部门和机构在完成公共服务协议中规定的绩效任务过程中存在的风险进行定期检查和监控。内阁委员会每年两次召集各部门负责人(部长)汇报该部门当前绩效目标的完成情况、存在的风险以及控制风险的计划。另外,其他级别的官员之间也有各种定期的讨论和汇报,但这些汇报和讨论的内容都是不公开的。如果某个部门的绩效下降,内阁部长会与该部门的部长协商讨论,找出解决办法与措施,确保绩效目标能够实现。

财政部每季度收集一次各部门绩效任务的进程信息,并向内阁委员会汇报。但获取新信息的时间和频率并不固定,它取决于该信息所需要数据和指标的变化频度,例如,通货膨胀的数据每月都要获取,此类数据每月都要更新;而部门执行结果的数据到年末才能得到,此类数据只能每年更新一次。

4.提交绩效报告

政府部门每年两次向议会提交绩效报告,一是春季提交的部门年度报告(Annual Departmental Report, ADP),该报告是一个财政年度结束后提交的报告,要求说明部门绩效任务最终的完成情况;二是秋季提交的秋季绩效报告(Autumn Performance Report, APR),一般在每年 12 月份提交,属于预算绩效进程报告。报告要求说明到目前为止,各部门执行公共服务协议规定的任务进展情况及已经取得的业绩。两份报告均对外公布,公众和其他组织可从财政部或各政府部门的网站上获取相关绩效信息。

5.进行预算绩效审计

进行预算绩效审计是预算绩效的重要内容。通过预算绩效审计可以准确了解各个部门预算支出所取得的实际效果,通过与预期绩效目标对比,可以发现部门是否完成预期任务。在英国,每一预算年度结束后,各部门根据各自预算执行情况,提交部门绩效报告,并由隶属于议会的审计署进行预算绩效审计。审计结果提交议会和政府部门,并对外公布。

6.绩效信息的反馈和应用

各部门的绩效信息是下一轮预算资金分配的依据。英国在绩效结果与预算之间建立了直接联系,对于绩效好的部门或地方政府,实行适当的"奖励"。如,地方政府的战略目标是执行中央政府规定的绩效任务,这些绩效任务反映了国家公共服务协议目标和地方的优先次序。如果地方政府在未来 3 年里绩效良好,将得到奖励,一部分是财政资金奖励,另一部分是扩大地方自治权,给予其更大的灵活性和自由度。这些政策极大地提高了各部门和地方政府的积极性,促使它们关注支出结果,不断提高支出绩效。而对绩效不好或未完成规定绩效目标的部门,则要削减该部门的预算资金,同时内阁委员会会给该部门提供支持和建议,帮助其分析原因、找出改进方法和措施,以保证按规定完成绩效任务。

绩效信息是公众广泛了解、监督政府的渠道。通过绩效信息的发布和公示,使社会公众了解政府绩效,监督政府行政。政府各部门的公共服务协议以及部门的绩效信息都在各政府部门的网站公开公布,公众可随时查看每个部门的预算资金的数额及使用效果。

总体而言,自 20 世纪 70 年代以来,英国的绩效改革取得了显著成效,并被称为是世界上应用公共部门绩效考评最完善、最持久、技术上最成熟的改革。通过实行公共行政改革，在政府部门引入市场竞争机制，英国成功度过了信任危机、财政危机和管理危机，从根本上改变了政府部门长期存在的官僚主义作风，提高了政府的行政效率，使得英国政府重新赢得公众的信任。可以说，预算绩效已成为英国公共管理改革的里程碑。

第二节　美国预算绩效管理

虽然在 20 世纪 50 年代美国政府就提出了预算绩效的概念，但是经过 30 多年的反复与曲折，预算绩效的概念和实际操作才在美国渐趋完善，并成为政府公共管理改革的重要内容。20 世纪 90 年代以后，美国政府通过完善预算职能机构设置、规范预算程序等措施，从项目绩效评估、部门绩效评估和跨部门绩效评估三个层次，对联邦政府预算进行评估，有效地提高了政府工作效率和社会公众对政府的满意度。

一、预算绩效改革的背景及历程

（一）预算绩效改革的背景

自"进步时代"以来，美国一直面临着随自由主义传统而来的经济和社会危机的挑战，随着市场经济的发展，市场竞争日趋恶化，资本主义垄断不断庞大，社会迫切需要一个强有力的政府来稳定秩序。同时，公众对二战后美国联邦政府预算赤字扩大和政府债务不断攀升表示担忧，对政府腐败现象和杰克逊政府期间出现的政党分赃表示出强烈的不满，希望对政府行为进行严格的约束。而且，随着 20 世纪 70 年代以来新公共管理理念的传播和新公共管理运动的兴起，民主政治的进程不断推进，公众对政府的运作状况日益关注，并希望政府提高透明度，对政府的期望越来越高。尤其在资源相对稀缺、政府支出不断增长的情况下，公众对公共资源的使用情况和取得的绩效给予了前所未有的关注。

（二）预算绩效改革的历程

在美国政府预算史上，出现过四种典型的预算形式，即线性预算、项目预算、零基预算和预算绩效。四种预算形式经历了从线性预算到预算绩效、项目预算、零基预算再回归预算绩效的过程,这四种预算形式的改革和变迁,表明了美国公共预算系统经历了从投入控制到产出控制,再到预算结果评定的变化过程。

1. 线性预算阶段

美国公共预算始于内战之后,内战前,政府的公共职能是零星的,公共预算与公共收支管理也是零星的。内战后,人口及公共需求的迅速增长要求政府有稳定的收入来源,并合理地安排公共支出以满足日益增长的公众需求。当时的预算过程是:各个公共部门预测相应的公共需求,并将预测结果提交给预算部门首长、地方最高行政首长或地方议会审议。没有详细的收入和支出项目,这种预算缺乏透明度,因而无法考察预算资金使用的有效性和合理性,也无法评定和监督各个部门的工作质量。为了克服这些缺陷,把预算收入和支出进行分类,便产生了线性预算,它要求所有部门在提交预算提案时,须按收入和支出的类别分类。线性预算的主要目的在于增加预算的效率和透明度。

2. 预算绩效阶段

二战后,军事支出的优先性被发展经济所替代,线性预算的简单分类方法已经不能满足复杂的公共预算管理的需要,管理实践要求以新的预算形式来提高公共部门绩效,预算绩效应运而生。1949 年,美国采纳了胡佛委员会关于"联邦政府全部预算应更新为以功能、活动和规划为依据的预算"及"政府的预算进程需要改善,新的预算进程应该着重于怎样帮助实现政府的公共目标,而不是简单的支出分类"的建议,首次大范围采用了预算绩效模式,重点是计量完全成本、评估工作量和单位成本,将预算的重点从单纯的支出控制转向关注支出所取得的成果,着眼于提高资源分配的经济效率。

1950 年,美国总统预算办公室对预算绩效作出了定义:"预算绩效是这样一种预算,它阐述了请求拨款是为了达到某种目标,为实现这些目标而拟定需要花费多少钱的计划,以及用哪些量化的指标来衡量其在实施每项计划的过程中取得的成绩和完成工作的情况。"概括而言有三点:一是政府提供每一项公共产品和服务都要事先制定绩效目标;二是根据绩效目标制订绩效计划,确定实现绩效目标所需花费的成本;三是对政府项目进行绩效考评,看项目的开展是否实现了绩效目标,工作是否取得了应有的成效。预算绩效特别强调预算支出的效率,要求按照一定的标准衡量政府部门的工作绩效,进而按照绩效决定预算支出。预算资金的多少以绩效为前提,与部门和具体项目的绩效紧密联系在一起。1951 年,美国联邦预算文件中就包含预算账户反映的规划或活动以及关于规划和绩效的描述性报告书。

3. 项目预算阶段

由于缺少立法部门的支持,加之公共需求扩张过程中对长期资本项目投资的需求,预算绩效逐渐被项目预算所取代。1965 年,约翰逊总统执政期间,提出了规划—计划—预算制(PPBS),大量采用现代的成本节约和成本效益分析法,关注相关项目的最终产出结果。这一预算模式改变了国会与行政机构在预算方面交流的特点和性质,并使议会开始使用更加可靠的信息,而不再是关于这些项目的缺乏根据的说明。项目预算强调预算的计划功能,主要目标是将传统的一年一度的预算准备转变为着眼于政府长期的公共政策目标。这一措施虽然在美国国防部取得了初步的成功,但它没能在联邦政府预算系统和州政府预算系统中获得成功,而只在有限的范围内影响了预算决策结果。

4. 零基预算阶段

20 世纪 70 年代中期的经济萧条迫使人们开始关注预算的控制和管理功能,零基预算正是在这一背景下产生了。1977 年,卡特政府提出了"零基预算"的概念,其核心是根据公共项目的重要性确定预算安排的优先次序。在纯粹零基预算体系中,政府每年都需对所有规划进行考评,支出机构也必须证明这些规划是正当的。零基预算的目标是在众多资源分配方案中寻求最佳方式(或最急需的项目)以提高资源分配效率。考虑到环境变化因素,零基预算力求提高预算决策的灵活性,它要求每一预算年度都要全盘考虑所有的预算支出项目并按其重要性排序,从而提高预算决策的效果。但是,要求每年在准备年度预算中对每个支出类别都采用这一方法是不可行的,最终,美国国会决定只审查编制的传统预算,把复杂的零基预算文件搁置一旁。

5. 新预算绩效阶段

进入 20 世纪 90 年代,迫于联邦财政赤字和全球竞争的巨大压力,而且为了增强美国人民对联邦政府的信心、改进政府决策与内部管理,克林顿政府开始推行"再造政府"计划,并出台了政府改革的纲领性文件《从重视过程到重视结果:创造一个花钱少、工作好的政府》,副总统戈尔领导成立了"美国绩效评估委员会"(National Performance Review,NPR)。1993 年,美国国会通过了《政府绩效成果法》(Government Performance Results Act,GPRA),GPRA 要求行政预算"提供所有的预算信息以备国会制定政策和支出决策使用"。预算绩效又被重新提出,其价值得到重估并获得了新的认识。这种预算绩效又被称为新预算绩效或修正的预算绩效。与二战后的预算绩效相比,新预算绩效更重视长期计划的制订和政府的整体效率,并且第一次以立法形式将绩效管理制度固定下来。

新预算绩效改革建立了一种由政府服务目标决定服务项目和财政配置的预算制度。新预算绩效使预算更加透明、客观和科学,从而为政府改革、岗位设置、预算的民主审议和保证政府效率奠定了基础。新预算绩效期望在预算与绩效之间建立直接的联系,将资金分配给那些绩效考评结果合理的部门或者项目。因此,要求各部门在正式获得拨款之前对支出进行以结果为中心的绩效考评。

二、预算绩效的基本模式

(一)职能机构设置

美国是立法、行政、司法部门三权分立的国家,行政和立法部门各有一套参与预算编制和审核的系统,二者各有侧重,共同配合,互相制约,履行政府预算职能。其中,行政部门参与预算编制的主要有:总统、财政部及预算管理办公室(OMB)。

总统的主要职责:决定预算实施政策,向国会提交预算报告;随时向国会提交追加预算的请求和预算修正案;签署或否决收入、授权和其他与预算相关的法律;向国会通报取消或延期支出的项目;如必要,签署取消某项预算收入的征收等。财政部的基本职能主要为:拟定和建议经济、金融及财政政策;办理国库业务;执行有关预算法令;印铸货币;管理公债、国家政策性银行和国家金库。OMB 分为预算部门和管理部门,独立于财政部之外,直接向总统负责,其职责主要是:编制支出预算,即根据各部门、机构提出的各自预算方案,经核查后统一汇编出联邦预算,交总统审核,然后由总统提交国会;经国会批准后,按项目分配资金并监督部门的预算执行情况,以保证其达到预算目标;促进政府内部机构之间的合作与协调。OMB 还负责制定政府采购的政策、规章和程序、常规预算审查等。

此外,国会还有一套审核联邦预算编制的庞大机构,包括拨款委员会、筹款委员会、预算委员会、国会预算办公室(CBO)和会计总监局(GAO)等。

(二)预算绩效编制程序

1997 年通过的《预算改革法》(Budget Reform Act)规定,美国联邦政府预算年度为每年的 10 月 1 日至次年的 9 月 30 日,预算收入由财政部负责编制,而预算支出则由 OMB 负责编制。下面以 2006 财政年度预算编制为例具体说明。

2004 年春,财政部即开始着手编制 2006 财政年度的收入计划。一般方法是在上一财年实际收入的基础上,根据政府有关部门掌握的各种经济统计资料和预测,结合新财年政府的施政方针,按税种估算该财年的收入水平。这项工作大约在 2004 年的 11—12 月之间完成,随后即将预算收入报告提交给总统。同时,由各政府部门的预算财务机构在部门范围内综合所属单位的经费需求编制本部门的预算开支计划,并报送 OMB。OMB 据此形成一个预算草案,提交总统。总统根据这个草案和财政部、总统经济顾问委员会、联邦储备委员会等部门提供的财政收入、经济发展前景预测和货币、汇率等资料,并结合对以前年度预算执行效果的分析,制定出 2006 财政年度政府预算的基本框架。随后,根据总统的预算原则和优先顺序安排预算,OMB 负责人要在政府各部门呈报的概算基础上,与各部门共同商议,确定较为具体的支出需求,并对下一财政年度及以后 4 年的各部门资金要求进行规划。

OMB 在 2004 年 7 月颁布了名为《概算的编制与提交》的 A-11 号通知,对各部门财政支出概算的形式、工作日程、文件内容等做出相应的技术性规定,提供涉及《政府绩效成果法》如何实施的指导性说明。同时,A-11 号通知一般还会制定一个时间表,规定各部门何时向 OMB 提交预算申请,以及各何时前往 OMB 进行预算陈述。

根据《政府绩效成果法》的要求和 OMB 发布的预算指导,各政府部门的预算编制分为三个阶段:

第一阶段,根据战略计划编制年度绩效计划。根据《政府绩效成果法》的规定,OMB 要求在分析、规划、评估和预算的基础上综合提出预算建议。因此,年度计划的制订必须与战略计划目标相一致并能反映总统确认的优先顺序。

第二阶段,根据绩效目标以金字塔形式逐层进行资源分解。OMB 在《预算指导》中强调:"预算绩效在组织上类似目标金字塔,最上层是战略目标,在这一框架内,各部门应按绩效目标的层次来分解资源,资源应按完全成本来计算。"这就要求各部门的年度预算必须在战略目标指导下,按各项目在各年度的产出目标计划进行财政资源配置。OMB 要求各机构在进行资源配置时要涵盖延续性项目、应在本年度执行的已授权项目、因期满而在本年度减少的项目以及其他法律规定的财务责任等。

第三阶段,按年度资源需求量和相关规定进行资金预算。OMB 要求所有资金预算必须在其提供的经济假设的基础上进行。在联邦政府的部门预算中,人员费用主要根据各类人员的国家工资规定,并在考虑雇用成本指数和本地工资率的基础上决定。资本预算主要根据资本的单位成本,考虑价格指数的变化情况来决定。此外,OMB 还要求各部门提供相关项目的单位成本信息,以反映产生特定成果的项目的平均成本和边际成本信息。

在以上工作的基础上,各部门根据项目、资源和基金账户分类,列出本部门的资金预算表(预算支出计划),提交给 OMB。到 2004 年秋季,各政府部门就将调整后的预算支出计划编写成本部门的支出概算,再次上报给OMB。在此期间,总统、OMB、总统行政办公室的其他官员和政府各部门行政长官,不断就各自掌握的信息、对经济发展的预期以及具体政策设想等进行交流,以使未来的政府预算在更好地平衡各方利益的条件下,最大限度地保证预算资源的配置效率。

从 2004 年秋季开始,OMB 对各部门提交的支出概算进行审核。首先,安排专职的审核员对部门概算进行初审,必要时召集有关部门的财务预算负责人汇报情况、交流意见。其次,由审核员对部门概算提出书面审核意见,在审核意见书中,审核员要提醒 OMB 官员关注哪些需要研究的问题。最后,由各预算办公室负责人,根据总统的意见来核定各部门的年度财政预算。经过这些严格的评估和审核过程,2004 年 11 月,OMB 完成对各部门开支计划的审定工作,汇总各部门的概算,平衡后汇编形成"政府预算草案",于12月提交给总统。在OMB和财政部分别向总统提出预算支出和预算收入报告后,收入和支出合二为一,总统对收入和支出作最后平衡并进行预算决策。受总统委托,OMB起草准备提交国会的2006财政年度总统预算建议文件,该预算文件包括"美国政府预算""美国政府预算分析""美国政府预算附录""历史统计图表"等,于2005年2月的第一个星期一前提交给国会。

(三)预算绩效审议程序

政府预算必须提交国会通过,再由总统批准签字才能成为联邦政府的实际预算。从目前来看,国会对联邦预算的审批主要是按照1990年颁布的《预算执行法案》(Budget Enforcement Act)规定的时间表进行,其过程可大致分为三个阶段:

第一阶段,形成"共同预算决议案"(Concurrent Resolution on Budget)。根据《1974年国会预算法案》的规定,国会应在完成单个拨款法案前预先决定总的预算水平和预算分配框架。在总统提交预算草案后,参众两院的每个常务委员会都要根据自己的职责范围向两院预算委员会提出关于预算的特别报告和立法计划。参众两院的预算委员就有关议题召集OMB主任、财政部长、经济咨询委员会主席以及其他政府内、外的专家举行听证会。通过充分收集信息和反复磋商后,两院预算委员会初步确立各项拨款的数额,形成两院的"共同预算决议案",于4月15日前分别提交国会参众两院批准。

第二阶段,预算的分层审议和预算法案的制定。一旦国会通过了"共同预算决议案",国会就将注意力转向年度拨款法案和与收支相关法律的审议工作上。这一阶段,国会将按照严格的法律程序和时间表对总统的预算建议进行审议,而最终的审议结果体现为13个年度拨款法案和以永久性法律形式颁布的收支权限。

第三阶段,预算拨款法案的签署生效。如果总统在国会送达预算决议之日起10天之内不表示反对并把预算草案签字后退回国会,该年度的预算就完成了立法手续。

(四)预算绩效执行程序

美国控制预算执行过程的主要法律包括《反赤字法》和《国会预算及扣

押控制法》。法律要求各政府部门要严格按照法律规定的拨款数额和用途开支,不能超过预算授权。

《反赤字法》要求 OMB 负责按法定方式将预算资金在各执行机构之间进行分配,除非其他有关法律提供了专门的授权外,禁止政府在拨款法案成立前开支。在拨款法案通过后的 30 天内,各部门向 OMB 递呈每个预算账户的资金分配请求,OMB 批准或调整预算分配,并根据不同账户的需要分别按照时段、项目或活动等列出各部门的资金分配计划。《反赤字法》要求各部门首长建立控制预算资金的管理制度,既要确保各账户的债务和支出被严格控制在 OMB 分配的数额之下,又要指定专人对违反该法案的行为负责。同时,各部门首长必须及时向总统、国会以及审计官员报告所有违反法案的行为。

当 OMB 完成对预算支出的分配并进行相应的划拨后,日常的财政资金管理由财政部负责。财政部下属的财务管理局作为美国政府的财务管理者,负责为财政部提供资金筹集、集中支付、账户管理以及报告政府财务资金状况的服务。为了解决资金集中管理上的储备、调拨等问题,美国实行银行代理国库和国库集中收付制度,通过政府采购方式支付的款项由财政部(通过单一账户)直接支付给商品或劳务的供应商。美国政府采购活动必须遵循"既要避免缺货,又要保持单位成本最低"的基本原则。为了提高政府采购的效率,《联邦购置精简法案》要求政府部门统一使用"与标准化商业合同有别的、集中体现效果导向"的"购置合同"(或称"绩效购置合同")。

为了解决可能发生的政府部门实际支出数额与最初批准数额不一致问题,OMB 通常要在每年 7 月 15 日之前发布预算执行中期审查报告(Md-Session Review),说明经济趋势变化及其对国民收入、政府支出与信贷活动的影响,据此提出解决问题的相应措施以限制预算赤字的发生。在某一预算年度结束时,各预算执行机构负责编制反映本预算年度内预算收支执行情况的决算报告。该决算报告先上报给 OMB,经 OMB 复查无误后再提交国会的会计总署进行预算审计。在规定的时间内通过会计总署审核并得到国会批准的决算成为正式决算。

(五)预算绩效监督审计程序

为监督预算的执行,美国建立了一套体系完整、职责明确、依据充分的监督制度。参与监督预算执行的政府机构主要包括：各部门内部负责项目开支的管理者和预算官员（包括监察官）、OMB、国会各专门委员会以及审计机构等。借助于这些机构参与形成的预算监督系统，联邦政府可以做到以下几点：随时关注政府各部门负责的各类开支项目，确保各政府部门按照既定的法律规定从事开支活动；及时取得法律规定和既定政策在这些项目中执行的信息；确保各部门负责的各类开支项目能够得到有效管理，并且取得预计的经济、社会效果。

预算监督的具体实施又可以分为行政部门的内部监督和审计部门的外部监督两种类型。为配合预算监督的进行，美国在预算内部监督管理体系中建立了一系列严格的报告制度：一方面，政府各部门每月要向 OMB 和财政部报送资金使用情况的详细报告，每季度最后一个月的报告副本要报送国会拨款委员会；OMB 每年 5 月要向国会提交"包括财政管理现状和对未来五年改进财政管理设想"的联邦政府财政管理规划报告；在预算年度结束后，OMB 还要配合预算执行机构编制反映预算年度内预算收支执行情况的决算报告，并对其进行复查。另一方面，在预算监督过程中编制的财政收支情况的月报和年报必须予以公开，以便在更大的范围内接受民众的监督。会计总署负责对 OMB 复查过的决算报告进行审计。会计总署在对部门决算报告进行详细的审核后要就有关审计情况编写审计报告，送交国会审查。在国会批准了由会计总署审计的联邦政府决算报告后，联邦政府便完成了正式决算。预算周期至此结束。

三、政府绩效评估的主要方法

美国联邦政府绩效评估分为项目绩效评估、部门绩效评估和跨部门绩效评估三个层次。项目绩效评估主要通过项目等级评估工具对各预算单位的具体项目进行比较评估，从而为项目管理和预算编制提供依据；部门绩效评估由各部门在每个财政年度结束时对本部门的年度绩效状况进行评估，并把评估结果编成绩效和责任报告予以公布；跨部门绩效评估主要通过"红绿灯"等级评分卡对各部门执行政府改革行动的进展情况进行比较评估，督促各部门执行总统的改革计划，从而保证政府改革计划的有效执行。

（一）项目绩效评估方法

为了加强项目有效性选择和绩效管理,白宫、OMB 及政府各部门在对政府层面绩效评估工作顺利进行的情况下,不断总结经验并完善现行制度,开始仿照"红绿灯"评级体系对各预算单位管理的支出项目进行效率评估。

2003 年,OMB 提出"按照更加严格、系统、透明的方式加强预算项目绩效管理"的要求,并推出了一种用于预算项目绩效评估的新型技术(工具),即"项目等级评估工具(Program Assessment Rating Tool,PART)"。

由于各部门承担并履行的联邦政府职能主要是通过 1 200 多个不同类型的项目来实施的,且联邦的预算资金主要用在这些名目繁多的项目上,因此,PART 在联邦政府绩效评估体系中的地位显得非常重要。这些项目的绩效水平直接关系到联邦政府管理和改革的成败,对这些项目进行评估,以促进联邦政府整体绩效水平的提高就显得尤为重要。

1. PART 的原理及内容

PART 的运作基本原理是:通过对某一个(一类)预算项目的目标、设计、规划、管理、成效和责任进行全面评估,以确定某一个(一类)预算项目的有效性及其有效程度。PART 的本质在于:它试图通过对政府部门(预算单位)管理的每个预算项目执行结果(绩效)的测评,来衡量该预算单位在管理联邦政府开支项目中应该承担的会计责任。

PART 有四个组成部分:项目目标与设计、战略性规划、项目管理、项目效果/会计责任。项目目标与设计主要评估项目的设计与目标是否明确,是否经得起检验;战略性规划主要评估项目执行机构是否对项目的实施制定了合理的年度目标与长期目标;项目管理主要是对项目实施机构的管理水平做出评级,其考核内容包括是否存在财务疏漏、对项目管理的改善需要做出的努力;项目效果/会计责任是根据战略性规划和其他评估结果,结合项目目标对项目实施绩效进行评级。

PART 的每个组成部分都由精心设计的一系列"提问"组成,目的在于为联邦政府内部确认项目绩效等级提供一种一致性的方法。PART 的实用性或适用性在很大程度上取决于"提问"设计的合理性,一般情况下,要求所有的"提问"既能反映人们所熟知的概念,也必须与业务管理者或项目监察者所使用的项目绩效评估方法相一致。这些"提问"要求使用者通过"是/否"

格式予以标注,并在答案中对所有支持答案成立的相关事实作简明的评述性解释。对"提问"的回答要实事求是,既不能作基于印象回答,又不能作过于笼统的回答。总之,PART对项目的绩效评估不仅满足了"考察的项目是否具有合法性"这种标准的要求,而且也满足了"全面反映该项目正在取得或已经取得的效果"的要求,通过评估还能确定项目管理方法是否有效。

对每个受评项目而言,PART的四个组成部分所包括的若干有针对性的"提问",就是用来揭示进行评估工作的特殊信息,因此,绩效测评过程中,要求被测定对象不仅能够提供有用的绩效数据,而且要能够对项目的重要性程度做出敏感的、有价值的判断。由于影响项目绩效各因素的作用不同,所以,绩效测评过程中,还要根据问题的重要程度进行分组,对不同的"问题组",按照其相对重要性赋予不同的权重,以突出重要影响因素在绩效决定上的意义,并根据绩效评估结果确定未来工作调整重点和采取重要的改革措施。

2. PART 的应用

如前所述,PART实际上是一套问卷系统,共分为项目目标与设计、战略性规划、项目管理、项目效果/会计责任四个部分,各部分权重依次是20%、10%、20%和50%;每组问题得分从0分到100分不等;把每组问题的得分与其权重相乘,就得出项目的综合得分;最后再把项目综合得分转换为相应等级:"有效"(85~100分)、"中度有效"(70~84分)、"勉强有效"(50~69分)和"无效"(0~49分)四个等级。

为了使PART所设计的问题与接受评估的项目之间具有更高的相关性,OMB把全部预算项目分为七种类型:直接联邦项目、竞争性资助项目、分类财政补贴项目、规制项目、固定资产与服务采购项目、信用贷款项目以及研究与发展项目。项目评估者根据每一类项目的特征设定一些特殊的问题,将项目目标、评估标准和结果等要素系统地融合在一起,进而对单个项目进行评估或跨部门对项目进行比较评估。

在实际运用中,PART还广泛用于对所有联邦项目中相同类型的项目进行比较评估。由于PART是一种格式化的绩效评估技术,每个运用PART进行等级评估的单个项目的标准与基础是一致的,使得不同部门的同一类型项目有了共同的基准,相互比较成为可能。通过对所有同一类型的联邦项目进行比较评估,并把评估结果以等级评分卡的形式进行汇总并向社会公布,以便在部门之间、项目之间形成鲜明对比,展示出政府项目整体绩效的进步和缺陷,从而为政府预算和管理改革提供重要依据。

(二)部门绩效评估方法

部门绩效评估是由政府各部门对本财政年度内部门绩效目标的实现情况进行自我评估,并将评估结果向总统、国会和公众报告,以接受监督。部门绩效评估是各部门发现问题、诊断问题和改进管理的重要手段,也是国会进行预算资源分配的重要依据。部门绩效评估主要由三个部分组成:结果导向的战略规划、年度绩效计划与目标、绩效评估。

1.结果导向的战略规划

战略规划是部门绩效评估的前提,它要求部门首长必须具有战略眼光,客观分析部门面临的问题和资源状况,并在此基础上,制定部门战略规划和目标;同时,战略规划也为年度绩效计划与绩效目标的制定、实施提供宏观指导,避免短视效应。

以社会保障部为例,基于对部门使命和客观环境的分析,社会保障部确定了四项战略目标:高质量提供公民导向的公共服务、高质量管理保证社会安全的项目和资源、维持可持续的支付能力以保证当前和未来社会安全项目的需要、战略性的人力资源管理。

2.年度绩效计划和绩效目标

年度绩效计划与目标的制定必须认真考虑两个要素:一是部门战略规划,即把部门战略规划分解为可量化的具体目标,这是非常关键的环节。但在很多情况下,由于政府管理的公共性和广泛性等特征,使得战略目标很难分解,这要充分发挥专家和咨询机构的专长,让他们根据本部门的职能特点制定科学的、可量化的绩效目标。二是往年的绩效目标和结果,审查部门往年的特别是上一年度的绩效目标及其结果,分析那些未能实现的绩效目标及其原因,以便为制定新的年度绩效计划和目标提供有价值的参考。

3.绩效评估

绩效评估有三个步骤:第一,制定绩效标准。政府绩效评估中主要使用结果标准、产出标准和效率标准三种评估标准。第二,制定绩效指标。即把绩效标准分解为更具体的绩效指标。第三,绩效评估,即把绩效目标的实际执行结果与预期绩效目标进行比较。

(三)跨部门绩效评估方法

为了解决政府各部门普遍面临的管理问题,布什政府于2002年发布"总统管理议程",确立了五项改革措施:战略性的人力资源管理、竞争性资源管理、提高财政管理绩效、推广电子政府以及预算与绩效的融合,要求政府各部门都必须执行。跨部门绩效评估是指在项目绩效评估和部门绩效评估的基础上,由OMB统一对政府各部门执行"总统管理议程"五项改革进展状况所进行的比较评估。

1. 总统管理议程的评估标准

在广泛征求专家和学者意见的基础上,总统管理委员会制定了"红绿灯"评估标准体系,用来评估各部门执行"总统管理议程"的进展状况。所谓"红绿灯"评估标准体系,就是对各部门针对"总统管理议程"提出的每一项改革所采取的行动进行评估,确定成功、进步或失败的标准,其中"绿"代表成功,"黄"代表取得了一定程度的进步,"红"代表失败;再把成功、进步或失败标准分解为具体的绩效指标。

2. 总统管理议程的执行评估

以"红绿灯"评估标准体系为基础,OMB每个季度都对联邦各部门执行"总统管理议程"的情况进行评估,并把评估结果制作成"红绿灯等级评分卡"予以公布。"红绿灯等级评分卡"分为两个部分:一是现状评估。它评估各部门执行"总统管理议程"的当前状态,如果该部门在某项改革上得"绿"或"黄",就意味着它在该项改革上满足了成功或进步标准的所有要求;但如果该部门在某项改革上得"红",就意味着它存在着失败标准下的任何一种情形。二是进展评估。OMB定期与各部门在执行这五项改革的具体细节上进行协商并达成一致目标,因此进展评估就是对各部门实现这种一致目标的程度进行评估。这里的绿、黄和红的含义有所变化,其中绿表示执行行动朝向预期目标;黄表示出现了意外情况,部门必须及时调整执行计划;红灯表示执行难度很大,如果不进行干预,就很难实现预期目标。"红绿灯等级评分卡"的功能主要体现在两个方面:其一,激励部门领导和雇员执行总统管理议程;其二,评估等级对部门预算产生重要影响。

美国政府预算绩效改革经过半个多世纪的不断实践,取得了相当的成效,尤其是20世纪90年代以绩效和结果为导向的新预算绩效改革的开展,大幅度提高了政府部门的工作效率,提升了民众对政府的满意程度。采用项目绩效评估方法、部门绩效评估方法和跨部门绩效评估方法对不同层次的政府目标进行评估是美国预算绩效改革的一大特色,通过这些方法的运用,改变了过去单个部门自行评估的状况,形成了政府绩效评估的良好氛围,逐步建立了层级式的绩效评估体系,大大提高了项目和部门的绩效管理水平,对推进政府公共管理改革具有重要意义。

第三节　加拿大的政府预算管理

加拿大的财政年度,从每年的4月1日到下一年的3月31日止。加拿大政府预算的准备、编制以及通过,是一个相当漫长的过程,一般在财政年度开始前的15个月就着手了,而预算的批准一般要到财政年度已经开始之后的3个月才完成。

(一)政府预算的职能机构

加拿大政府预算编制主要由内阁、财政部和财政委员会(the Treasury Board)负责。这三个机构关系相当密切,财政委员会由委员会主席(也是一位部长)、财政部长和其他四位由总理任命的部长(通常为内阁成员)所组成。财政委员会书记处是一个独立的部级机构,它拥有较广泛的权力和责任(如代表政府制定工资合同、确定财务会计制度等都由该机构负责)。财政委员会也是负责编制概算的机构,它可以建议设立各种项目,并按照内阁的意图和决定,与财政部长共同确定重点,筹划、安排和确定政府概算。

联邦概算的任务,不仅旨在资源的配置,还要从政府的立场考虑收入再分配问题,体现稳定经济的政策。在这方面财政部的作用比较突出。财政部负责评估项目建议,考虑有关的贷款与补贴,并根据财政收入和经济发展情况,建议预算开支水平。

(二)政府概算

加拿大的财政概算包括支出计划、概算和各项目的详细资料等三个部分的内容。支出计划的主要目的,是把概算分成十个类别,并将各项目归类,同时列出各项目今后四年的开支计划书。概算,也就是传统上的蓝皮书,其目的是向国会提出政府部门关于下一财政年度(4月1日至下一年的3月31日)的预算和非预算(贷款、投资、透支)财力的支出方案。

加拿大政府概算与预算的编制是一个比较复杂的过程。其具体工作日程表大致如下:

1. 概算的准备

上年1月,财政委员会书记处向各政府部门和各独立机构发出通知,要求在3月以前呈报下一财政年度的项目预测。各部门和有关机构便开始为下一财政年度准备项目预测。在准备过程中,各部门将其下属机构的预算的概算逐级汇总。

与此同时,财政部根据人口、产量、就业和价格水平的变动情况,以及政府稳定经济的政策目标,对财政收入作出估算。财政委员会书记处下设的项目署也将预测在建的项目维持成本(称为A预算),并估算新增项目或加强已有项目所需的追加投入(称为B预算)。

2. 概算提交内阁

上年的2月和3月,各部门将概算提交给内阁。内阁计划安排委员会根据财政部对收入的预测和各部的概算申请,讨论二者的差额以及如何在各项目的计划和安排中体现政府的政策目标等问题。

3. 公布概算指南

上年3月底,内阁计划安排委员会公布财政草案和支出指南,供财政委员会书记处修正各部门支出预测书时参考。

4. 下达支出建议书

上年4月和5月,财政委员会书记处根据内阁计划安排委员会的财政草案和支出指南,删减项目或项目中的部分支出后,由财政委员会书记处项目署向各部部长下达项目支出建议书,并开始同各部协商各种有关问题。

5. 提出修正后的概算

上年的7月中旬,财政委员会根据当前的政策目标、各方面的协商意见和各部门的要求,向内阁计划安排委员会提出对各部门支出建议书进行修正后的概算。它通常是更加接近财政部的意见。

6. 编制部门概算

上年的 8—9 月,各部门在修正后的概算框架内编制本部门的概算。

7. 概算提交国会

上年的 10—11 月,财政部审查主要的概算项目,并提交国会。

8. 有关汇报

上年的 11 月,财政委员会书记处对某些因事先未曾料及,而需要做出的较大变动的支出项目,向财政委员会和内阁计划安排委员会汇报,请示批准。

9. 形成预算草案

主要的概算项目如在国会获得批准,即可形成预算草案。

10. 新财政年度开始

4 月 1 日,新的财政年度开始。

11. 通过政府预算

4—6 月,国会讨论并通过预算草案。

(三)政府预算的审议与批准

概算在国会中的审批过程,是从供应委员会开始的。供应委员会首先考虑是否采用政府的建议。除了国会本身之外,国会下设的一些专门委员会,如财经、贸易、经济事务、退伍军人委员会等,都要参与负责审批概算。这些委员会的部分成员组成供应委员会和手段实施委员会。供应委员会讨论通过以后,就把概算转给手段实施委员会,然后将概算提交给众议院,供全体众议员审查时使用。

众议院通过的政府概算议案并不具有法律效力,还必须通过拨款法案。在正常情况下,拨款法案要在众议院讨论三次,然后报参议院,参议院讨论三次之后,才能报皇家认可。

加拿大公共财力的支出,还可以通过三个附加途径来解决:①如果新的财政年度已经开始而预算仍未最后决定,国会可以通过一种临时供应议案,动用一部分列入概算但尚未获得通过的财力。②由于概算编制和实际动用财力之间的时差达 27 个月之多,因而预测不准确之处是难免的。在这种情况下,可以用追加概算的办法。追加概算的程序很复杂,但保证了政府的财政部门具有一定的灵活性。③动用所谓的特别保证金。当遇到紧急情况而国会又正在休会时,政府可以经由总督保证而得到财力。但这部分财力的运用情况,必须在 15 天以内报告下届国会,并使之成为下一财政年度支出预算的一部分。

(四)预算制度的特点

加拿大预算制度的一个重要特点,就是将预算划分为"A"预算和"B"预算两部分。这种划分,主要是为了协调支出预算额估算的准确性和政府执行预算的灵活性之间矛盾而产生的。支出项目明文写在预算法案中,随时要求改动法案是不合法的,而且在既定的法律程序下,一年内所能够修改的非常有限。然而,如果项目支出的数额很大,而改变和修正项目又处于举足轻重的地位时,则改动就是必需的了。这就提出了一个如何在法定程序下灵活处理的问题。

20 世纪 70 年代以来,要求削减政府支出,尤其是"随机支出部分"的呼声一直很高。但对于外交使馆、港口、国防和援外等方面的行政支出的削减余地却是很有限的。实际支出的增长可以被减缓,但达到一定的程度时,实际资源运用能力的减弱,势必降低项目的效益。根据这种情况,将着眼点从如何进一步削减预算,转向预算外财力的增长和奖金配置效益上,可能是更加明智的。

为了便于将上述思想付诸实施,各部门的预算被划分成"A"预算与"B"预算。"A"预算列的是非随机项目,而"B"预算列的则是关于加强已有项目和项目更改所需费用的建议。"B"预算的审核非常严格,而且要反复多次,因为用于"B"预算的财力,完全出自自然获得的收入。这些收入是在税率不变的前提条件下,由于经济增长或其他因素而逐渐累积于国库的。如果经济情况不佳,这部分收入很可能成为无源之水。

"B"预算的不可靠性显然意味着"A"预算的吸引人之处:项目一旦成立并被列入"A"预算,便能年复一年地因袭下去,除非重新审查并发现问题时,才有可能削减或酬砍该项目。尽管加拿大也实行零基预算,但并未对"A"预算中不妥当的项目构成全面的威胁。因为零基预算作为一种比较先进的预算方法,它要求在每一财政年度对每一项目都进行审查和评估,并重新建立项目,以消除历史因袭因素的不利影响。随着电子计算机的日益广泛采用,零基预算的优点更能够得到充分显示。但迄今为止的实践表明,零基预算的可行性仍然非常有限,通常一年内只能用于为数很少的项目。因此,"A" "B"预算的划分仍具有重大的现实意义。

在划分"A"与"B"预算的条件下,各部门之间以及部门内部机构间的竞争情况是十分激烈的,无不盼望其项目更多地被列在"A"预算中。而另一方面,财政委员会书记处的项目署却千方百计地将各种非持续性的支出划在"B"预算中。

支出预算的确定先于财政年度的开始,约 15 个月左右之久。从准备概算到使用该支出的财政年度的年末,更是长达 27 个月之久。在这么长的时间内,难免有许多预料不到和预料不准的因素,这势必影响到支出预算的准确性。其中通货膨胀是最基本的不确定因素。政治风云的变幻也会影响经济政策,从而影响经济增长和经济结构的变动。

现行的基本概算,一般都基于经济预测。预测的主要手段是建立经济计量模型,大的模型可达几千个方程。这就需要借助电子计算机才行,但电子计算机和预测工作者有一个成本问题。政府只能在有限的人力和财力条件下搞预测。预测时,随机项目和非随机项目的区分显然有着重要的意义。因为对于任何一个最近将要上马的"B"预算项目和所有已确立的"A"预算项目,都必须加以更多的关注。尽管这些办法已使预测和概算工作有所改观,但加拿大政府预算和实际支出之间的差错还表明,这方面工作的准确性总的来说还是比较差的。

(五)政府预算的监督

加拿大最初的预算管理,并没有把管理与审计作明确的区分,而一直是由同一个机构执行着这两种职能的。到 1878 年,加拿大设立了总审计长办公室,由其负责对预算管理进行事前与事后的审计工作。执行预算控制的机构和其具体承担的职责后来多次发生变化。1965—1977 年,财政支出的大幅度增长以及公共领域内资源的低效使用,促使国会进一步加强了总审计长办公室的权力,同时使其可以更加独立地执行职能。内部审计由总审计长办公室派驻政府各部门的审计人员执行。国会公共会计委员会每年就审计对象提出建议,但最终还是由总审计长来决定。近年来,总审计长办公室与国会之间的联系,不再仅仅是提交年度报告,而是随时可以提交特别报告。这样使国会可以就一些问题及时采取纠正性的措施。

第四节 法国的政府预算管理

法国的政府预算实行历年制,即从每年的 1 月 1 日起至 12 月 31 日止,为一个财政年度。

一、政府预算编制的基本原则

1. 完整性原则

法国政府要求各级政府把全年各项财政性收入和支出都列入预算。政府预算必须完整地反映出国家的全部财政活动,而不允许有政府预算之外的政府财政收支活动的存在。

2. 不准以收抵支的原则

收入预算和支出预算要分别编制,任何部门都无权将本部门的收入任意留作本部门的支出,各项收入预算都要上交政府预算,各项支出预算都要由政府预算拨款,实行收支两条线,不准以收抵支。

3. 专款专用原则

经过议会讨论通过的年度预算法中规定的预算拨款,都要用于规定的项目,各项预算拨款之间不准任意调剂或挪用。

二、政府预算的编制

编制政府预算时,法国总统只决定预算的"大方向",主要的编制工作由总理负责,具体编制由经济和财政部承担。经济和财政部内部参与这项工作的主要有预算司、国库司和税务总署等机构。

法国政府预算的编制周期,相对其他发达国家来说要短许多。每一财政年度的预算草案,一般从上一财政年度的 4 月份才开始着手准备。法国政府预算的编制程序大致可以分为三个阶段:

第一阶段,由经济和财政部提出概算。在上一财政年度初,经济和财政部预算司就要在假定各项立法和政府政策不变的前提下,根据对预算年度经济发展情况和物价变动的预测,提出收支概算框架,经财政部部长审查同意后,上报政府总理审查。总理在4月初召集各部部长讨论收支概算,确定本财政年度预算的编制方针,布置各部编制本部的预算,并向各部门下达支出预算控制数。

第二阶段,各部门编制本部门的预算草案。各部门根据下达的支出控制数,编制本部门的预算草案。各部门的预算草案由维持性支出和发展性支出两部分组成。维持性支出是以前年度已经形成的,且具有刚性、在本预算年度里不能减少的支出;发展性支出则是各部门提出的新项目和新要求。提出发展性支出的部门,必须说明增加支出的重要性,并提供必要的论证材料。各部门将编好的预算草案及时报送经济和财政部,由经济和财政部召开各部代表会议进行讨论,选择和确定发展性支出项目。然后将情况加以汇总,再向总理提出报告。该报告先就维持性支出提出以下内容:各部维持性支出的项目总数是多少,在不改变税法的情况下初步估算第二年的收入,提出初步的平衡表,再报告各部门提出增加支出的项目。政府要做出两项决定:一是增加哪些税收,向谁征税;二是优先同意哪些新项目的支出。决定最后由总理做出,并以总理的名义通知各部门。

第三阶段,财政部编制政府预算草案。财政部根据各部门报来的部门预算和总理的决定,详细测算出各部门在预算年度内所需的维持性支出和发展性支出的数额,同时详细计算各种税收(包括新增税收)的数额,在此基础上形成提出政府预算草案。8月份,在总理的主持下,召开会议对草案进行讨论。9月份,再由总统亲自主持召开部长会议,最终决定下年度国家预算草案。

三、政府预算的审批

法国议会掌握着审核、批准或否决政府预算草案的权力。法国1958年宪法规定议会的财政权是:可以否定新增加的税收,也可以在收支预算总额不变的条件下,以更有效的税收项目更换之,或削减某项支出。法国议会通常于每年10月份的第一个星期二召开特别会议,专门讨论政府预算草案。在讨论时,政府除了要向议会提交政府预算草案外,还要提交各部门的预算蓝皮书和国家财政经济情况报告。经济和财政部部长要亲自向议会作有关预算草案的解释和说明,各部部长也要到会为本部门的预算进行说明。经过议会进行长达 3 个月的审查讨论,最后通过决议批准,以法令形式公布。

法国 1958 年的宪法还规定,政府向议会提交预算草案后,如果议会超过规定的期限(12 月份的最后几天)仍未做出决议,总统有权下达从下年 1 月 1 日起执行下年度政府预算草案的命令。

四、政府预算的执行

法国政府预算由各级行政部门负责执行,但具体的执行工作则由财政部门或财务部门负责。预算的执行由统一的机构和人员负责。执行收支预算的人员分为两类:决定开支的人员称执行官,负责收入入库和拨付支出的称会计(又称收税官)。在法国政府预算的执行过程中,严格贯彻将执行官和会计分开,并各自独立的原则。执行官隶属于各政府部门,而会计人员则自成体系。全国有一个统一的公共会计网,专门负责国家收支预算的执行工作。经济和财政部下设有公共会计局,各省设有总出纳署,市镇设财务所。各省的总出纳由中央派出,既管中央预算在该省的执行工作,又管各省的预算执行工作。它既负责组织收入入库,按预算拨付支出,编制年度决算,还负责征收国家的直接税。

法国的预算财力通过国库缴纳和支付。中央金库由财政部掌管,地方金库由公共会计网掌管。国库是管理预算财力的缴纳和拨付的机构,而不是保管现金的机构。各项收入预算和支出预算,绝大部分以非现金结算方式通过银行缴纳和拨付,少部分采用现金结算方式的财力收付,也是通过银行缴纳和支付的。法国预算执行的情况,由公共会计网按月逐级向市镇、省和中央报告。中央预算执行主管部门平时通过电子计算机网,可以随时查询各项收支数字,了解全国各地的预算财力的运作情况。

法国的政府预算设有预备费,但数额很小,主要用于事先预料不到的救灾费用。预备费的动用无须议会批准,经总理签字后即可动用。

法国的宪法规定,政府预算在执行中,如果由于经济形势发生了变化,政府可以提出修改方案。修改预算方案提出的时间,一般在每年的 9 月份。修改预算方案的审批办法和预算草案的审批办法相同,由财政部长以总理的名义代表政府向议会提出,经议会讨论通过后,以法令形式公布执行。

五、政府预算的监督

法国的财政监督,是法国政府通过检查财政收支是否合法,而对政府全部工作进行的监督。法国很重视财政管理和监督。法国政府在长期的实践中,形成了一套比较严密的财政监督机构和财政监督方法。这一套严密的财政监督机构,包括审计法庭、财政总监和财务监督官,他们对中央预算和地方预算进行事前和事后的监督。此外,财政部下设的预算司和公共会计局,也负有一部分监察责任。

审计法庭与其他法庭一样,是一个独立的机构。它的权力由议会授予,不受任何政府部门控制。它的主要任务是协助议会和政府监督财政法令的贯彻执行,负责检查政府各部门、公共机构和国有企业的会计账目等。如发现不正常现象,审计法庭有权与有关会计进行讨论,根据实际情况对公共会计做出处理决定。各级政府的决算、各种官方或半官方机构的财务决算、国有企业和国家股份占一半以上的企业的决算,都必须按时报送审计法庭审查,并负责向审计法庭提供有关情况。政府决算送审计法庭审查后,由审计法庭写出预算执行情况的审查报告,提交议会审批。审计法庭的法官是终身职业,一经任命,不得随意解雇或调动。

财政总监由经济和财政部长直接领导,它的职权范围很广,对一切公共会计,包括税务局、海关、公共机构、国有企业、接受国家补贴和借款的私营企业,以及所有执行政府预算的单位和部门,都有权进行监督。

对政府各部门的财政监督工作,主要是由财政部任命的财务监督官进行的。财政部对所有行政部门都派驻有由 5～10 名财务监督官组成的监督小组。驻在政府各部门的财务监督官,只对该部门的财政收支活动进行监督。各部门动用预算拨款,必须经驻各部门的财务监督官同意签字后才能执行。财务监督官主要是审核该项支出是否合法,预算中有无这笔财力。财政部对各省的财政监督,由省的总出纳作为财政部长的代表,代行财务监督官的职责。

财政部对国有企业也派驻财务监督官。由于企业的生产和销售情况十分复杂,而且主要是随着市场变化,而改变自己的经营状况和收支情况,因而对国有企业财务监督,有着以下四条基本原则:①监督国有企业会计的合法化和正常化。国有企业的会计制度,是由财政部统一制定的,正确地进行会计核算,正确地计算产品成本和盈亏,企业经营优劣就一目了然。②不对企业事先下达强制性命令。对国有企业财务收支的数额和方向,不能像监督行政部门那样,事先下达强制性命令。因为企业的财务预算是预测性的,要根据生产和销售情况随时修改。③主要对经营成果进行监督。对国有企业的财政监督,主要是对企业管理质量进行监督,也就是主要对企业经营成果进行监督。④相互交换意见。驻国有企业的财务监督官和被监督的企业之间,要经常交换意见。近年来对国有企业的财务监督,越来越多地采取国家与企业之间签订合同,进行合同监督的形式。

六、政府预算拨款支付程序

"决策与执行相分离",是法国预算执行的一项重要原则。在拨款过程中,首先,由各部部长授权本部门的支出管理人员(即授权人员)做出支付决策,即开具拨款凭证。其次,每一笔拨款都必须经财政部派驻各部门的财政监察专员签字。财政监察专员检查各项拨款是否符合预算。再次,财政监察专员签字之后,拨款凭证送达政府的公共会计(国库),由其拨款。全国所有的公共会计都是财政部的公务员,他们的责任是审核拨款是否符合规定。如果出现差错,责任将由公共会计个人承担。为了避免风险,大多数公共会计都将收入的一部分投保。

七、政府财力管理

法国的政府财力管理,不是由国库局进行,而是由财政部公共会计局具体操作的。财政部公共会计局在全国各地区都派有公共会计。大区设有财政厅,各财政厅厅长都是财政部的公共会计,财政厅下面还有很多公共会计人员。省级以下设财政局,局长也是财政部的公共会计。全国公共会计人员约6万名,全部是财政部的公务员。法国各级政府的所有收支都要通过公共会计。各级地方政府的预算,由各级政府自己负责制定,但收支账户要由财政部派出的公共会计进行管理。各地的公共会计部门都相当于一个储蓄银行,它可以以市场利率向居民吸收存款,用于减少国家债券发行量。政府的各项收支都通过公共会计进行结算。政府的每个公共会计部门都在法兰西银行开设一个账户,这些账户全部与法兰西银行总行联网。每日营业终了,财政部公共支出局与法兰西银行确定国库财力余额情况。根据法国法律和欧盟条约的规定,法国国库账户不能出现赤字。为了保证这项要求的满足,避免因资金流量预测的边际误差,国库账户始终保持着一定的财力结余。

在管理上,法国实行的是国库单一账户管理制度。其主要内容有:①国库账户不仅管理中央政府的财力,而且也管理大区、省和市镇等各级地方政府的财力。中央政府替地方政府征税,每月将地方收入预算的1/12交由地方政府进行支付,以保证地方政府开支的需要。法国禁止地方政府将收入存入其他银行,政府的各公共机构也必须将其收入全部存入国库,除非国库认为其财力管理过于复杂,而同意其由商业银行进行管理。②政府各部门的支出,全部通过公共会计账户进行管理。各支出部门只能在公共会计上开设账户,而不能在商业银行开设。财政部门只给支出部门分配支出指标,不直接拨付钱款。所有的财力都停留在国库账户上。只有当支出部门开出支票,供应商凭支票从国库账户取走钱款时,钱款才离开国库账户而进入流通。③禁止开设预算外账户。法国公共账户原则源于1959年的《机构法》,几经发展而演变为后来的《财政法》。《财政法》禁止各单位开设预算外账户。因此,预算的各种补充性收支和其他各种特殊账户,都受到国库的严格控制。

八、政府决算

政府决算是政府预算执行的结果,反映预算年度内政府实际收支的总账。法国政府的每个部门都要把一年的实际收支计算清楚,列表报财政部。财政部则要据此汇编政府决算。年度终了时,政府财政决算经审计法庭审核,提交议会审批。在议会审批决算时,政府可向议会说明收入的来源、支出的用途以及经验教训等,最后由共和国总统签署。

第五节　亚洲国家预算绩效管理

除英国、美国以外,欧洲其他 OECD 成员国,包括德国、法国、意大利和瑞士等国都将预算绩效作为政府改革的重要组成部分,并且取得了很好的效果。在这种示范作用的带动下,预算绩效管理理念迅速波及亚洲、非洲等新兴工业化国家,它们把绩效管理作为提高政府效率和服务质量的制胜法宝,在全世界掀起预算绩效改革的浪潮。作为亚洲国家的代表,日本和韩国的预算绩效改革也经历了一场摸索与完善的过程。

一、日本预算绩效管理

第二次世界大战后,根据《波茨坦公告》,日本必须选择非军事化和民主化的道路。在此背景下,日本政府在 20 世纪 40 年代末开始了行政改革。1948 年,日本行政调查部和中央监察委员会合并,成立了行政管理厅,从此拉开了日本行政改革的序幕。为了推动行政体制改革,最终完成建立廉洁、高效、民主的行政体制目标,日本政府实施了绩效审计和政策评价等一系列政府绩效评价活动,为行政体制改革的顺利推进奠定了坚实的基础。

(一)预算绩效制度法律体系

1947 年,日本成立了会计检察院,并于次年颁布实施了《会计检察院法》,法案规定会计检察院要从准确性、合规性、经济性、效率、效果,以及其他必要的角度开展审计。其中,经济性指对被审计单位人力、物力、财力资源的使用是否符合节约原则,是否以较少的投入取得较多的产出;效果性则是指被审计单位的经济活动是否在整体上达到了预期的目的和效果。虽然这里的经济性和效果性涵盖了英国的"3E"审计内容,但该法案强调的依旧是事后评价,为了强化监督效果,减少损失,在借鉴国外立法经验的基础上,日本《政府政策评价法》,强化了事先评价制度,即事先确定一个目标,然后制定实现该目标的措施。根据法案要求,政府部门和公务员制定工作目标和措施应从必要性、效率性和有效性三个方面出发,有关研究与开发、公共事业和政府援助的决策,必须进行事前评价,且政策评价必须听取外部人员的意见,评价结果要公开,并反映到预算编制上。

(二)政府绩效审计的对象和程序

《会计检察院法》明确规定会计检察院是日本最高审计机关,对内阁具有独立地位。会计检察院是由 3 名检察官组成的检察官会议和事务总局组成。检察官会议负责制定、修改和废除会计检察院规章,编写审计报告,决定被审计单位,做出审查决定,提出意见及处理要求等。事务总局从事总务和检察审计等事务工作,下设办公厅和五个分局。

日本会计检察院的审计对象涉及国家财政、国有企业和国有单位,分为必审和选审两类。对于选审对象,会计检察院可根据自身工作情况安排审计,必审和选审的审计重点都是财政、财务收支的正确性、合规性、经济性、效率性,以及效果情况。会计检察院有权要求接受审计单位按时提交会计报表或证明文件,以及其他证据;有权临时派遣工作人员进行现场检查;有权要求政府机关、公共主体及其他人员提供资料和证据。在审计中,认为会计人员有违法或不当行为,有权向主管领导或有关人员提出处理和改进意见;对会计人员的失职或重大过失,给国家造成损失的,有权要求上级或其他监督者给予惩罚或处分;有权确定出纳人员或物资管理人员的赔偿责任并命令其赔偿;有权将会计人员的犯罪行为报告检察厅。

日本的绩效审计程序一般包括审计计划、审计实施、分析和研究审计结果,以及审计报告四个环节。会计检察院审查国家财政决算报告后出具审计报告,由首相转呈议会(首相如有不同意见,可附加说明,但无权修改),议会审议审计报告并做出决议。会计检察院同时还向社会以及被审计单位公布审计结果,要求被审计单位自行纠正,整改情况于下一年度汇总后向国会报告。

(三)政府政策评价

政府绩效评估在日本也称为政策评价或行政评价。20 世纪 90 年代,日本的一些地方政府率先引入了政策评价制度,实施政策评价,并把此作为行政改革的核心内容。在总结地方政府政策评价经验的基础上,日本中央政府从 1997 年开始关注政策评价,并于当年 12 月在中央引入"再评价制度",同时要求与公共事业有关的六省厅对全部公共事业进行评价。1998 年 3 月,日本建设省就所掌握的公共事业进行了评价,以此为基础,建设省出台了一个公共事业评价基本政策。1999 年 4 月,日本内阁会议制定了《关于推进中央省厅等改革的基本方针》,将总务省的行政监察局改为行政评价局,由行政评价局行使政策评价的职能。行政评价局是专门对政府行政活动进行评价的机构,对内阁和政府各部的各项政策进行全面深入评价,同时也负责对内阁和政府各部实施的政策评价进行再评价,目的是要弄清楚每一个内阁办公室和政府部门政策的必要性、效率、效果、公平性和优先顺序,政策评价报告以及根据评价提出的建议,要提交给相关负责人,并对这些报告和建议内容予以公开。

日本的行政评价局除总部外,还在全国设立了 47 个地方分支机构,在职人员 1 100 人,它们的主要职责是负责评价地方政府执行国家政策的情况,主要任务是:为政策评价体系构建一个基本框架;掌握内阁和政府各部执行政策评价的过程,并编写和出版年度报告;提供政策评价的培训;加强政府统一票据交换所的职能,票据交换所提供有关政策评价的信息,人们可以随时进入其中获取所需要的信息;促进政策评价质量的提高,尤其是通过系统地收集相关信息和研究评价的方法、技巧、技能等来提高政策评价质量等。

为了提高并维持行政运营的标准,行政评价局要对中央各个行政机构的运营实行政策评价和检查,在政策评价和检查过程中,对是否遵守规章、适当性和效率还要进行评价监督。行政评价局不但要进行全国性政策评价和检查,还要对地方和地区进行政策评价和检查,以及开展行政调解等活动。

为了保证政府各部门能够切实地开展政策评价活动,2001 年 1 月日本设立了政策评价和独立行政机构评价委员会,对行政评价局实行的政策评价进行必要协商,并将意见提交给总务省和邮政省等部门。该委员会从全国专家、学者和名望较高的人中选出 5 000 名国民作为行政委员,由总务大臣任命,担任行政调查、行政监察方面的工作,听取国民意见,向行政评价局报告。公民可以就政策方面的问题直接向行政评价局投诉,也可以向当地的行政委员反映;一般处理方式是先在当地寻找解决问题的方法,解决不了再向行政评价局反映。

二、韩国预算绩效管理

为适应全球化、信息化和知识经济给政府管理带来的挑战,韩国于 20 世纪 90 年代启动了新一轮的行政改革,目标是创建一个廉洁、高效和服务型的政府。为了推动行政管理体制改革,达到行政改革的最终目标,韩国采取种种措施,完善和强化了政府预算绩效评价和管理体制。

（一）预算绩效制度

韩国政府政策协调办公室于 2000 年颁布实施了《政府绩效评价框架法》，对政府绩效评价的定义、目的、原则、程序、评价机构，以及评价结果的运用做出了明确说明。

1.政府绩效评价的定义

该法案对绩效的定义是：中央行政机关及其下属机构及地方政府履行的职责和从事的事务。政府绩效评价就是对政府绩效的内容和结果进行审查、分析和评价，是对政府履行职责的结果的反应。

2.政府绩效评价的原则

该法案确立了政府绩效评估必须坚持的三项原则：①政府绩效评价应当保证在自主和独立的前提下进行；②应当运用客观和专业的评价方法确保评价结果的可靠性和公正性；③除非有特殊原因，不应当进行重复评价。

3.绩效评价的对象

该法案将政府绩效评价的对象分为中央行政机关、地方政府、特别事务，以及中央行政机关的下属机构。法案规定，由总理根据总统的命令对中央行政机构绩效进行评估；中央行政机关的负责人可以对地方政府承担的国家事务、国家资助的项目，以及执行国家政策的绩效进行评估；地方政府的行政首长对本地政府的绩效进行评估，应当向总理报告其目的和评估的必要性。为了提高评估效率和减少评估成本，总理也可责成政府行政与国内事务部会同相关中央行政机关对地方政府绩效进行联合评估。法案还规定，中央政府机关的负责人负责对其下属机构进行绩效评价。必要时，总理或中央行政机关的负责人还可以对与政府事务管理相关的特别事务进行评价。

4.绩效评价的程序

法案规定，每年 1 月 31 日前总理应当制定出当年的绩效评价指南，并分发给各个中央行政机关的负责人，这些机关负责人再根据绩效评价指南制订出绩效评价计划并且在 3 月 31 日前提交给总理。如果提交的绩效评价计划由于不可避免的原因做出修改，中央机关负责人必须尽快向总理提交修改后的评价计划。绩效实施评估机构可以委托专业机构对需要专业知识的领域进行调查和研究，并且在预算允许的范围内向专业机构支付必要的费用。

5.绩效评价监督机构

法案规定,为了保证绩效评价的有效实施,设立受总理领导的政策评价委员会,其主要职责为审查政府绩效评价的基本方向和评价指南;审查对中央行政机关和地方政府的绩效评价;审查对特别事务的评价;审查与绩效评价制度的管理、研究与开发有关的主要事项。同时规定,各个中央行政机关和地方政府也应设立自我绩效评价委员会,对本部门或政府的绩效评价计划、结果和主要项目进行审查。再者,总理办公室设立政府绩效评价咨询会议,负责商议和协调评价相关机构和促进其合作的计划,确保评价结果有效性的计划,以及其他有利于绩效评价有效实施的事项。

6.绩效评价结果的运用

法案规定,中央机关的负责人应当向总理报告其对地方政府及特别事务进行绩效评价的结果,如果评价结果证明政府职责有需要改正的地方,总理就应责成该机关相关负责人进行整改,而相关负责人接到整改命令后,应立即制订整改计划并报送总理。对于需要采取预算措施的项目,总理应当通知计划和预算部长以及相关机关的负责人,要求相关机关负责人对这些项目进行检查,并报告检查结果。中央行政机关的负责人和地方政府行政首长要在相关的机构预算中详尽反映绩效评价的结果。政府应当定期召开政府绩效评估通气会,通报政府绩效评估的结果及结果的处理情况,并向国民大会提交政府绩效评估结果的年度报告。

(二)政府绩效审计

韩国是审计与监察合一的国家,检察院负责审计与监察两项任务。检察院是根据韩国宪法规定设立的宪法机关,名义上直属总统领导,但具有相对的独立性,不受政府的领导控制,其院长由总统提名,经国会批准即可上任。

韩国检察院的审计对象主要有:国家、地方政府或地方自治团体、国家银行的账目及其投资一半以上的机构等。审计分强制性和选择性审计两种,对中央和地方政府的财政、国家银行、中央与地方投资一半以上的机构等属强制性审计,审计内容包括收入、支出、财产的取得、管理、支出行为及其原因等方面。

审计形式分为书面审计和实地审计。书面审计,又叫报送审计或送达审计,是指接受审计对象所提交的书面材料,并依此进行审计。实地审计也称现场审计,指派审计官员前往被审计单位,实施就地审计。实地审计包括一般审计和特别审计,一般审计是指定期审计,特别审计又分为成果审计和特定审计。成果审计是指对主要决策事项及对国计民生有重要影响的事项进行综合、系统地审计;特定审计是指对腐败及违法行为等不正之风多的地方进行审计。审计结果的处理包括赔偿判决,要求上一级机关进行处理与处罚,要求改正、完善有关政策法规、劝告、告发等。

绩效审计的主要目标是建立一个抑制腐败的良好环境,增进公共部门的效率和竞争力,具体而言:一是通过建立严格的会计制度鼓励政府公共部门进行有效的财务管理;二是通过加强对隐瞒收入、预算编制与执行管理松懈、预算的非法使用或转移等的审计,确保建立一个良好的会计环境;三是通过消除那些引起低效率活动的职能重叠,以及检查其海外项目的管理等方式,提高国有企业、事业单位的效率;四是通过识别当地政府不必要的预算执行,检查当地政府近期的大规模投资项目,发现当地政府所属公司管理失误等方面问题,确保当地经济健康运行。

(三)政府制度评价

在韩国,制度评价被定义为"监督、分析、评估主要政策的事实及其效果、政府机构和代理机构执行政策的能力、公民的满意度",韩国政府希望通过引进制度评价,在政府和代理机构内引入竞争机制,促使政府把重点放在提高他们的绩效上,最终提高政府绩效和责任。本节将从内容、指标和实施程序三方面对其进行简要介绍。

1.制度评价的主要内容

制度评价的内容包括政策评价、政策实施能力评价,以及公民、客户对政府提供的服务和政策实施满意度的调查三个方面。其中,政策评价着重于评估政府机构和代理机构所实施政策的效果,该部分主要是在总理办公室的协助下由政策评价员来实施,他们是政策分析和评价委员会的成员;政策实施能力的评价侧重于评价政府机构对计划要实施政策的实际执行能力,该部分主要由总理办公室的官员来实施;公民、客户满意度的调查既衡量公民满意的程度,又衡量公民、客户对服务提供和政策实施满意层次的增加程度,该部分由专业研究机构——韩国公共行政研究所来完成。

2. 制度评价的实施程序

韩国制度评价的具体实施程序主要包含以下四个方面。

(1)政府及其代理机构每年 6 月 15 日前提交一份上半年的绩效自我评价报告,10 月 25 日前提交下半年的自我评价报告。

(2)先由评价小组委员会对报告进行讨论,然后提交全体委员会讨论,通过后再由所有评价员和政府及其代理机构参加的年中(7 月底举行)和年终(12 月中旬)报告大会上讨论。

(3)对评价中发现的相关问题,责令相关机构自行采取补救措施,并提交政策委员会备案,每年两次向其报告措施实施进展状况,而总理办公室的人员则负责对补救措施的执行进行督促和指导。

(4)评价结果确定后,对表现突出者予以奖励,对表现低劣者进行惩罚。评价结果要通过新闻媒介和互联网进行公开,同时评价结果也要在政策评价员、政府及其代理机构的负责人都参加的联合会以上报告给总理和总统。

第六节　OECD 成员国以产出和成果为导向的预算改革

20 世纪 80 年代以来,在世界范围内兴起的公共管理改革浪潮中,以新西兰、澳大利亚和美国等为代表的 OECD 国家,对以投入为重点的预算管理模式进行改革,开始实行以产出和成果为导向的预算管理改革,这已成为国际预算管理改革的新趋势。这些预算改革措施在促进政府提高预算管理效率,充分发挥预算资金效能,增进公众对预算过程的了解和监督,改进政府形象等方面都产生了良好效果。

一、改革背景——市场化取向的政府改革

从 20 世纪 80 年代开始,伴随着全球化、信息化以及知识经济时代的来临,OECD 成员国相继掀起了一场与市场化的经济改革相呼应的政府改革运动。尽管各国政府改革的起因、战略以及改革的范围、规模、力度有所不同,但都具有一个相同或相似的基本取向,这就是以采用商业管理的理论、方法

及技术,引入市场竞争机制,提高公共管理水平及公共服务质量为特征的"新公共管理"(New Public Management, NPM)纲领。这项改革往往被人们描述为一场以追求"三 E"(Economy、Efficiency and Effec-tiveness)为目标的"市场导向的政府改革"。

(一)传统政府管理的理论支点——韦伯的"官僚模型"

西方国家自 21 世纪以来,在现实中经过凯恩斯主义和福利国家的长期实践,逐渐形成了古典政府管理模式。这种管理模式的理论基础是 20 世纪 20 年代由马克斯·韦伯提出的"官僚模型"。

韦伯的"官僚模型"有以下主要特征:①固定的官员管辖权原则。在政府中,每个官员都有固定的职责,在职责和职权范围内有权发布命令。②机构等级制度和多层权力机构原则。政府中有一个严格规定的上下等级体制,高级机构对低层机构进行监督和管理。③机构的管理建立在书面文件基础之上。政府的各项活动都有说明书并要按照文件的规定进行。④机构中的管理人员必须经过全面的专业训练,使之能熟练掌握各项管理业务。⑤在机构中工作的官员都要充分地发挥自己的工作能力。⑥机构管理中的一般原则详尽地规定下来之后不要轻易改变,使其具有稳定性。至于在机构中工作的各级官员,只要能胜任工作,则应保证终身雇佣,能领取固定薪金和老年保障金,使公务员的收入具有高度的安全性,并得到社会的尊重,担任公职成为人们追求的职业。

韦伯认为,按照他设计的"官僚模型"建立起来的政府机关,层次结构分明,规章制度严格,职权职责明确,各级官员称职,这样的政府机关"能够取得最高的效率;在这个意义上说,它是已知的对人类进行必要的管理的最合理的方法。它优于其他形式之点是其准确性、稳定性、严格的纪律性和可靠性。……完全可以正式地应用于各种行政管理任务"。

韦伯设计的"官僚模型"在相当长的一段时期内并未引起人们的重视。只是到了后来,特别是第二次世界大战以后,不少国家在重建政府时,都希望建立一个强有力的稳定的国家。为此寻求理论指导时,"重新发现了韦伯",并用以建构政府。因此,二战后,尽管各国政府的政体与政府制度并不一致,但都表现出浓厚的韦伯式传统,具有以下共同的特点:

第一,层级节制的政府构架。建立包括多层次的金字塔式的组织架构,分为中央政府、地方政府等多个管理层次,每个层次的政府都有相应的行政机构,而每一行政机构又可以划分为若干功能单元——政府部门。同时,将政府职能分给不同层次的行政机构来行使,实行自上而下的命令和监控。

第二,设立稳定的公务员制度。这是工业经济时代建立的一项重要制度。在公务员制度下,政府的行政人员由"官员"和"公务员"两部分人组成。前者来自民选制度,即由议会选举产生或由议会选举产生行政长官后,通过行政长官提名,议会等民选机构确认而产生,实行任期制;而后者来自聘任制,即由政府人事机构招聘的公务员。公务员实行"永业制"和"公文主义"。"永业制"是指公务员不存在解聘,除非因本人的工作失职或自动辞职等原因。"公文主义"是指公务员必须按法律、政策、规定和条例办事,对于属于上述范围内的公共事务,公务员可以根据公文规定的"自由裁量"来决定;对于超越范围的,则不能办理,除非有特别授权。"公文主义"在西方也称为"去人性化"或者"非政治化"倾向,即要求公务员在执行公务时,不应当夹杂个人和党派利益。公务员制度保证了在政府人事交替、更迭时,上届政府的承诺在本届政府的兑现,因而可以保证政府工作的连续性和政府运行的稳定性,同时也限制了某些官员的利己主义倾向。

第三,建立现代政府预算制度。政府各部门在向社会提供各种服务时都需要经费,政府官员和公务员的工资也必须由政府发放,这些资金都来自政府预算拨款,由财政管理部门统一供给。政府预算制度的建立极大地限制了政府的行政权力扩张,有利于保护私人经济。

按韦伯的"官僚模型"建立的政府,在增强国家的力量,保持社会的稳定,促进经济的繁荣和保持政府工作的连续性等方面,的确发挥了应有的作用。在一段时期中,"韦伯神话"似乎成了现实。

但是,到了20世纪70年代后半期,一系列新的因素汇成了对韦伯模型的"冲击波"。这些新的因素包括:一是新技术革命,尤其是信息革命。传统的官僚制模式是工业化时代的产物,是与工业化社会传统的工业技术基础和相对稳定的社会结构相适应的政府组织形式。由于20世纪70年代末期,工业化国家开始由工业化社会进入信息化社会,社会结构和需求日益分化,原有的规模庞大、层级复杂、程序烦琐的官僚制模式就显得力不从心。二是经济全球化的大趋势。世界经济一体化的进程使世界成为"地球村",传统的民族国家越来越失去"国家一统"的权威。许多区域性乃至国际性组织的建立,使国家权力正在向诸如世界银行、国际货币基金组织、世界贸易组织、欧盟等超国家机构流动,其结果是一国的政策和政府的行为越来越受到国际规则的限制,也使政府的许多传统的运作方式不得不加以改变。三是来自政治和经济方面的各种压力。与韦伯的"官僚模型"相伴生的是职能几乎无所不包的大政府倾向、行政权力集中的集权化倾向和由大的政府开支造成的公共预算的最大化倾向。由于过分强调等级原则、计划和直接控制,强调由政府机构自身来提供公共福利,强调集权与专家主义,它把政府推向财政危机和不可遏制的官僚主义,并由此引发了公众对政府的信任危机。加上 20 世纪 70 年代末至 80 年代初石油危机之后的经济衰退,导致西方各国高额的财政赤字,并引起英国、美国、加拿大、澳大利亚和新西兰等国家的政府更迭。新上台的执政党针对传统政府行政中存在的问题,掀起了一股世界范围内的行政改革洪流。而这股改革浪潮的基本价值取向是政府的市场化。

(二)市场化取向政府改革的理论基础

市场取向的理论基础主要来自两个方面:一是公共选择理论,二是新公共管理理论。

公共选择理论以理性经济人假设为出发点,对传统的行政管理模式及其所面临的困境得出以下论断:第一,理想的官僚,即"服务于公共利益的公仆"并不存在。官僚是理性经济人,追求个人利益,追求个人效用的最大化,官僚机构与官僚行为遵循制度约束下的刺激反应模式。第二,政府产出的非市场性特征导致官僚机构缺乏竞争,使得政府没有动力降低成本,从而变得没有效率或低效率。第三,韦伯模式下强调严格的规章制度,强调绝对的、垂直的"命令—服从"机制,扼杀了公务员的创造性和积极性,造成公务员墨守成规,逃避风险,使得官僚机构丧失内部激励机制。第四,官僚追求预算最大化,追求更大的自主权和权力垄断,导致政府规模扩大,出现"政府扩张"。第五,伴随"政府扩张",政治权力可能直接介入经济活动。在此过程中,很多人会求助于权力因素谋取个人最大利益,产生寻租行为。正是基于以上分析,公共选择理论认为存在普遍的政府失败现象,并提出自己独特的解决问题的方式,即通过政府与市场、政府与社会关系的重新界定来解决政府所面临的危机。他们认为公共服务既可以由政府来提供,也可以由市场来提供;应打破公私界限,破除政府垄断,在政府和市场之间,在公共部门和私人部门之间形成竞争;应当给予公众对公共服务进行选择的机会。

而新公共管理理论是市场化取向政府改革的另外一个重要的理论基础。新公共管理是一个多维度的非常宽泛的概念。对于它的内涵,人们作出了各种不同的界定。

波立特在《管理主义和公共服务:盎格鲁和美国的经验》一书中认为,"新公共管理主义"主要由 21 世纪初发展起来的古典泰勒主义的管理原则所构成,即强调商业管理的理论、方法、技术及模式在公共部门管理中的应用。他将新公共管理主义的特征概括为以下几个方面:第一,新公共管理主义追求不断提高效率;第二,强调管理技术在公共领域中的利用;第三,强调以有组织的劳动力来提高生产力;第四,强调专业管理角色的运用;第五,给予管理者以管理的权力。他认为公共部门和私人部门之间没有什么区别,认为管理就是用来组织和激励雇员的人事机制,在公共部门和私营部门同样适用。鉴于私营部门在战后取得了长足发展,而政府部门却问题丛生,可以将私营部门的先进经验引入到公共部门中来。

胡德(C. Hood)将"新公共管理"看作是一种以强调明确的责任制、以产出为导向、以准独立的行政单位为主的分权结构(分散化),采用私人部门管理、技术、工具,引入市场机制以改善竞争为特征的公共部门管理新途径。

戴维·奥斯本和特德·盖布勒在《改革政府》(或译《重塑政府》)一书提出的"企业化政府"模式(即"新公共管理"模式)包含如下十大基本原则或基本内容:①起催化作用的政府:掌舵而不是划桨;②社区拥有的政府:授权而不是服务;③竞争性政府:把竞争机制注入提供服务;④有使命的政府:改变照章办事的组织;⑤讲究效果的政府:按效果而不是按投入拨款;⑥受顾客驱使的政府:满足顾客的需要,而不是官僚政治需要;⑦有事业心的政府:有收益而不浪费;⑧有预见的政府:预防而不是治疗;⑨分权的政府:从等级制到参与和协作;⑩以市场为导向的政府:通过市场力量进行变革。奥斯本和盖布勒在书中对这十个原则进行了详细的论证,并在最后一章(第十一章)中加以汇总组合。该书成了 1993 年开始的美国"重塑政府"改革的理论基础。克林顿总统给予该书很高的评价:"美国每一位当选官员应该阅读本书,我们要使政府在 20 世纪 90 年代充满新的活力,就必须对政府进行改革。该书给我们提供了改革的蓝图。"

哈伯德(M. Hubbard)将"新管理主义"模式的内容归纳为如下十大趋势:①主管的战略角色和战略管理实践的强化;②从行政到管理的重点转移,即从执行规则到实现既定目标的转移;③人事权由中央人事部门向部门主管的转移,限制工会的权力,打破统一的工资结构;④政策制定和执行的分离,即核心部集中于战略管理和计划,设立独立执行机构来执行政策;⑤绩效工资制;⑥改善财务管理,强化财务控制;⑦以组织规划和评估的形式,把执行机构的运作与其目标更密切地联系起来;⑧加强对运作状况的评估;⑨追求高质量和高标准的顾客服务;⑩改变传统的组织文化,建立新的"心理契约"。

综观上述"新公共管理"的不同内涵界定,其共同特征是要将市场机制引入公共服务组织的运作中来,即实行公共服务的市场化,"新公共管理"的核心价值和理念就在于转变政府职能,增强服务意识,提高服务效率和服务质量。

(三)市场化取向政府改革的具体实践

当代政府改革从 20 世纪 70 年代末期开始,现已有 40 多年的历程。如果说传统的政府行政制度在其建构时有一个较为统一的韦伯模型作指导,因而各国政府的建构与运作有大体一致的特征的话,那么当代各国的政府改革实际上是在理论准备不足的情况下开展的。各国政府依其历史文化与价值观念的特点,对政府行政现实中碰到的亟待解决的问题,纷纷开出了各具特色的行政改革的"处方"。因而综观西方一些国家的行政改革,呈现在我们面前的是异彩纷呈的景观。

英国是这场政府改革运动的起源地之一。1979 年撒切尔夫人上台以后,英国保守党政府推行了西欧最激进的政府改革计划,开始了这种以注重商业管理技术、引入竞争机制和顾客导向为特征的改革。商业管理技术在英国公共部门的引入始于 1979 年,以雷纳(Rayner)评审委员会的成立为标志。出身于私人部门的雷纳在内阁中主持一个项目小组,负责对公共部门的绩效进行评估;1983 年"财政管理创议"启动,建立起一个自动化的信息系统来支持财政管理改革;1987 年著名的《改变政府管理:下一步行动方案》提倡采用更多的商业管理手段来改善执行机构,提高公共服务的效率。"下一步"机构的创立一开始是零散的,但发展非常迅速。顾客导向和改善服务的特征,特别明显地体现在1991年梅杰政府的"公民宪章"的白皮书上。而引入市场竞争机制这一特征则明显地体现在1979年以来英国公共公司以及公共机构的私有化浪潮之中,也反映在1992年梅杰政府的"为质量而竞争"的政策文件上。这些措施促使提供公共产品和服务的公共部门接受市场检验,各公共部门之间、公共部门与私人部门之间为公共产品和服务的提供展开竞争,尤其是通过公开投标,使赢得竞争并提供优质服务的政府机构才能生存与发展。

美国是现代管理科学的摇篮。美国的"新公共管理"改革尽管不像英国那样,有明确的起点和目标,但似乎开始得更早(可以从1978年卡特政府的"文官制度改革法案"的实施算起),并且带有更明显的新公共管理主义倾向。里根政府大规模削减政府机构和收缩公共服务范围,当时负责推行改革的格鲁斯委员会的基本职责是将私人部门成功的管理方法("最好的实践")引入到公共部门管理领域之中,以提高政府效率。布什政府(1989—1993年)则全面推行质量管理。1993年克林顿上台后,开始了大规模的政府改革——"重塑政府运动"(Reinventing Government Movement)。改革的目标是简化政府组织,使其更有效率;改革的基本内容是精简政府机构、裁减政府雇员、放松管制、引入竞争机制以及推行绩效管理。这场改革的先导是奥斯本和盖布勒的《改革政府》一书,其纲领性文献则是戈尔所领导的国家绩效评价委员会(NPR:National Performance Review)的报告《从繁文缛节到具体成果——创造提高效能,节约成本的政府》。

新西兰与澳大利亚被人们视为新公共管理改革最为迅速、系统、全面和激进的国家。特别是新西兰,因改革的深度、广度、持续时间和成效而被许多西方国家奉为典范。在新西兰和澳大利亚,旧的公共行政传统以管制经济和由政府部门提供一切公共服务(即福利国家)为特征。20世纪70年代末80年代初,两国面临相同的问题与压力。20世纪80年代初期、中期相继开始了全面的行政改革(澳大利亚从1983年开始,新西兰从1984年开始)。尽管两国改革的总体框架、制度设计、改革进程和管理实践等方面存在着差别(尤其是新西兰的改革先有总体框架,而澳大利亚是在改革进程中逐步形成总体框架），但是，这两个国家与其他 OECD 成员国相比，更多、更明确地采用了管理主义的模式。在公共部门引入私人部门的管理方式以及市场机制，是公共管理方式的根本性转变。改革几乎涉及所有公共部门以及公共部门的组织、过程、角色和文化等方面，改革的具体措施包括结构变革、分权化、商业化、公司化以及私有化等。

欧洲大陆各国（德国、法国、荷兰、瑞典等）的行政改革有所不同，不具有英、美、新西兰和澳大利亚等国的行政改革的那种系统、全面、连续和激进的特点。但是欧洲大陆的行政改革同样带有明显的管理主义色彩，或多或少以"新公共管理"为取向。例如，在德国，20 世纪 70 年代末到 90 年代初的行政改革采取了非连续性渐进主义模式，即改革具有非连续性、渐进性和零散性特点，但其改革的基本内容——调整公共事业、"给国家减肥"（或"苗条国家"）、削减公共服务人员、压缩公共人事开支、转变公共组织结构等——在某种程度上都是以管理主义为取向的。特别是 20 世纪 90 年代开始的地方政府改革推行从荷兰借鉴而来的"地方治理模式"，与英美等国的"新公共管理"模式十分相似，特征是：产出与结果控制、项目预算和绩效指标、服务和顾客导向、将责任委托给商业单位等。

当代西方公共部门管理改革尤其是行政改革具有普遍性、广泛性和持久性的特点。这场改革涉及几乎所有的西方国家，改革的内容涉及公共管理尤其是行政管理的体制、过程、程序及技术等各个方面。然而，舍去某些较为次要的方面，就改革的基本要素来作考察，并进行比较研究，我们可以发现改革的共同的特征，就是将市场机制引入到公共服务组织的运作当中来，实行公共服务的市场化。

（四）政府改革与预算改革

美国学者英格拉姆（P. Inraham）把当代西方政府改革的内容概括为：预算和财政改革；结构改革；程序或技术层面的改革；相互关系方面的改革。每一类改革都涉及公共组织的内部运转及其与外界的关系；每一类改革都试图从不同的角度解决公共管理和公务员中的问题。其中，预算制度改革是政府改革的一个重要环节。

预算制度主要从三个方面与政府行政管理的效率相联结：①政府部门对预算资源总量提出需求，这是"总量配置效率"（aggregate allocation efficiency)问题;②预算资源投入最具价值的地方,这是"配置效率"(allocation efficiency)问题;③与生产相联系的技术效率(technical efficiency),也就是公共部门以最低的成本生产出社会所需要的特定公共产品与服务。健全、良好的政府预算制度是实现总量配置效率、配置效率和技术效率的关键,对于一国的经济增长也有着深远的影响。基于此认识,OECD 成员国目前从不同的起点,以不同的速度对政府预算制度进行大规模的改革。

其中,预算资源的重新分配是预算改革的核心。需要随着社会经济环境的变化对政府预算的分配作出相应的调整,以使资源流向最有效益的地方。但在传统的预算制度中,由于存在着抵制重新分配的种种因素,要想实现预算资源在各部门、支出用途和项目上的重新分配是非常困难的,结果就是大量的资源长期滞留在低效益的地方,而不能适时转移到更有价值、更符合政策目标的地方。预算改革的一项核心任务就是要创建一种预算过程,能够使多数人的未来利益压倒少数人的既得利益。赋予支出机构管理者以更多的自主性,扩大预算范围,特别是将注意力更多集中在预算的产出和成果,以及延长预算的时期范围(多年期预算),都有助于实现资源再分配目标。这些方面也正成为 OECD 成员国预算改革的重要内容。

二、改革趋势——以产出和成果为导向

在市场化取向政府改革的背景下,OECD 成员国从 20 世纪 80 年代中期开始了大规模的政府预算制度改革。虽然各 OECD 成员国的改革进程和内容各不相同,但共同的特点便是从以投入为导向的预算管理,转向以产出和成果为导向的预算模式。以投入为导向的预算模式虽然在控制支出和满足立法机构要求等方面具有优势,但也存在着明显的缺陷:忽视预算资源的使用效果。相比之下,以产出和成果为导向的预算制度可以全面提高预算管理质量和政府活动的效率。

(一)以投入为导向的预算管理模式

根据预算制度对成本、投入、过程、产出和成果的重视程度和相应评价,可以将预算制度分为不同的模式。

以投入为导向的预算管理是某个预算项目或某个政府部门可以运用多

少资金、人员和设备等为管理重点。这种预算管理模式所关注的是预算资源的投入数量,对预算执行过程的监控也是着眼于投入方面,而预算中安排的投入(资源)取得了什么结果却并不是需要特别关注的问题。在这种预算管理模式下,评价一个预算项目和政府部门工作成绩的主要测量指标是其所获得的预算资金的数量。

1. 发展阶段

以投入为重点的预算管理经历了两个阶段:第一阶段为总量投入预算。即在预算中只是给每个支出机构列出一笔资金总额,并不列示这笔资金落实到哪些具体的项目(item),如工资与办公用品。由于既不需要对投入进行分类,也不过问资金的使用取得了什么结果,总量投入预算是一种最为简单的预算模式,预算过程所需要的和所产生的信息量也是最少的,因为其所反映和关注的只是这样一个问题:××机构(单位)在预算中安排多少钱? 在20世纪以前,总量投入预算在许多国家得到广泛的采用。这种预算管理方式的主要缺陷在于,行政部门和立法机构都无法对各部门和机构的支出进行管理和控制。第二阶段为分项排列预算。20世纪后,为了加强对预算支出的控制,许多国家对投入预算模式进行了改进:在预算中不仅列示总的资源投入,还在每笔投入总额下按对象(objectives)或明细项目(line items)列示出该笔资金的用途。在此预算模式下,财政管理部门的主要作用是对预算执行过程的合规性进行监控。与总量投入预算相比,分项投入预算提供了预算资金使用单位更多的预算信息。

2. 主要特征

以投入为导向的预算管理关注的中心问题是:谁花了多少钱? 钱花在什么地方? 是否按预先设立的规定花钱? 关注"控制"和"合规性"是以投入为导向的预算管理的两个支点。所以,这种预算管理模式具有以下两个特征:

第一个特征:这种模式的管理重点在于"控制"。预算支出的控制者(比如立法机构、政府的预算管理核心部门,如财政部)着眼于通过对"预算投入"的控制,实现对预算过程的控制。其中控制的核心是支出控制,包括控制支出总量、支出结构,以及支出机构资源使用方面的具体决策等。如每一笔预算资金用来干什么,每个项目上花多少钱,等等。在以投入为导向的预算管理模式下,给每个支出部门、支出单位、支出项目安排多少预算,都是根据各种各样的标准定额确定的。编制、审查和执行预算,以及对预算进行审计时,也以这些标准是否得到良好的遵守为基础,因为各类支出标准都是强制性的。

第二个特征:这种预算模式强调的是预算收支的合规性(compliance),而不是预算资源使用所产生的成果(outcomes)。在这种预算模式中,预算按照一个个互不交叉的项目(items)编列,并呈报立法机关审核。每个列入预算的项目都能得到一笔预算拨款,例如工资、利息、办公用品、水电费、邮资费等。预算所列示的这些项目及资金,都预先规定了具体的用途,在预算执行中各个项目之间的资金转移通常受到严格的管制,也就是所谓"打酱油的钱不能用来买醋"。以投入为重点的预算管理常常伴随着一系列的规章制度,比如,关于各类投入应该如何被运用,工作应该如何完成等标准和规则。预算执行部门——更一般地讲是公共部门或政府——只需要对投入负责,即确保预算资源的取得和使用合规,并不需要就公共(财政)资源的使用所产生的结果承担受托责任,也不对预算资源使用的成果进行度量。

3. 优缺点分析

从本质上讲,传统的政府管理模式下,预算分配模式是以"养人"为基础的。这是一种与工业经济社会的政府管理相适应的预算模式。在政府管理中,采用了类似于工厂大批、大量生产的"流水线式"模式,将行政部门和行政岗位进行细分。与这种政府管理模式相适应,政府建立了整齐、划一的预算资金分配模式。不同部门在业务性质和内容上差别很大,很难比较,但有一点是共同的——各机关都必须要有人才能办事。因而,要建立整齐、划一的政府预算资金分配模式,就只能将基点放在"养人"上,即应当根据政府各部门的人员和合理定额来分配预算。这种政府以"养人原则"为基础的预算分配模式保证了政府行政机构的正常运行,提供了满足居民最低需求的政府服务,因而在历史上曾起过积极作用。奥斯本认为,这一制度"不是因为它办事有效率,而是因为它解决了人民希望解决的基本问题"。"在大萧条和两次世界大战的严重危机时期,这种官僚主义模式运转特别有效。"

以投入为导向的预算管理模式的优点主要在于便于进行支出控制,确保支出不会超过预先设定的支出限额。由于明确规定了投入(支出)的用途,对支出实施监管也较为便利,同时有利于与过去年度进行比较。此外,由于无须考虑(结果导向的)绩效因素,投入预算的编制方法相对简单。

但是,这种预算管理模式的缺点也是非常明显的。采用这种预算管理模式,决策者和管理者都不得不花大量的时间、精力和资源去应付琐碎而大量的投入控制问题:谁花的钱? 钱花在什么地方? 取得和使用这些钱是否符合有关法律、法规的规定? 但以投入为重点的预算管理模式并不关注预算中安排的资金取得了什么成效,产出和成果情况如何,是否实现了政策目标。这样的话,每个支出机构都把工作重心放在争夺预算拨款上,而不是用于如何用好花好预算资金以取得成效上,从而导致政府机构和人员膨胀、预算支出浪费和低效率等问题。

政府机构的建立不仅仅是为了花钱和遵守规则。政府预算是否应为某个项目安排资金,从原则上讲并不取决于是否存在这个项目,而在于这个项目能否为社会(公众/纳税人)带来有意义的结果——核心是产出和成果。为了改变评价的标准,政府试图描述和测量预算支出在购买什么。这些描述和测量方法主要是关于产出和成果的。

(二)以产出和成果为导向的预算管理模式

和以投入为导向的预算管理模式不同,以产出和成果为导向的预算管理模式主要关注预算资源使用的"产出"和"成果"。其中,所谓"产出"是从产品和服务的角度描述公共职能,计算政府提供了多少公共服务,生产了多少公共产品,主要是以数量、时间和质量等指标为导向的,可以用政府修建的公路的里程数、政府投资的基础教育学校数、当年的毕业生人数等指标来描述。所谓"成果"是指政府部门的工作对社会产生的实际影响。如因改善卫生条件使人口的预期寿命得到提高、因加强社会治安管理使犯罪率下降、因加强义务教育使失学儿童人数减少等。在以产出和成果为导向的预算管理模式下,虽然许多以投入为基础的预算管理方法中的重要因素仍然存在,但是对政府管理人员的评价更主要的是看他们的项目执行情况,而不是看他们是否很好地遵守管理规章和程序,或者是看他们如何成功地为他们的项目获得资源(资金、职员等)。

实施以产出和成果为导向的预算管理需要具备一系列的条件,其中最重要的是要明确测度预算绩效,即对各支出机构(甚至个人)建立绩效(核心是产出与成果)指标,确立需要努力达到的绩效标准,从而告诉各支出机构和工作人员应该做些什么事情,目标和方向是什么,并可借助实际绩效与目标绩效的比较,测定各支出机构绩效标准的实际完成情况。为了达到这一目的,就需要有良好的权责发生制基础上的政府会计和成本计量系统,对政府部门的成本、产出和成果进行较为准确的衡量。

此外,在以产出和成果为导向的预算管理模式下,对预算投入的控制已经大大放松,各部门和支出机构有很大的权限自主管理预算中的各种投入要素,包括人力资源和货币资金。支出控制者(立法机关或预算管理部门)只是控制一个支出总量,而这笔总开支究竟如何在内部进行分配,则由它们自己来处理。与此同时,审计部门也会放松对各支出机构的投入控制,不再将关注点放在开支是否合法合规,而更多的是注重预算支出是否取得了预期的绩效。因此,实施以产出和成果为导向的预算管理需要具备的条件还包括在预算程序中培养一种"遵守规则的文化",由政府各部门基于一种负责任的态度(遵守正式的预算规则)来对其预算支出进行控制。

从传统的以投入为重点的预算管理转向这种以产出和成果为导向的预算模式,可以说是预算管理理念和实践上的革命,标志着在预算管理中从传统的考虑财务合规性问题,更多地转移到考虑经济效益和政策目标问题。正是以产出和成果为导向的预算管理模式的实施,使得(产出和成果导向的)绩效成为各部门和支出机构申请预算并获得资金的正当理由,同时也使立法机关、支出控制者和支出机构得以了解有关政府绩效的一些关键问题:我们花了纳税人的钱得到了什么?我们如何判断是否取得了成功?我们在多大程度上完成了任务和政策目标?等等。可以看出,以产出和成果为导向的预算管理改革更为关注和重视政府资源配置的效率和政府资源使用的成果,从而可以有效地提高预算资金的使用效益和提升政府部门的施政绩效。

(三)OECD 成员国早期改革实践

20 世纪 50 年代至 70 年代,许多 OECD 成员国对其预算管理制度实施了重大改革。其突出特点是:对传统投入预算模式的局限性进行反思,将绩效(performance)概念引入预算管理中。

这些早期以产出和成果为导向的预算改革(美国是这一改革的先锋)经

历了三个阶段：从20世纪50年代的预算绩效（PB），到20世纪60年代的规划—项目—预算（PPBS），再到20世纪70年代的零基预算（ZBB）。早期的预算制度改革由于种种原因而未取得成功，但为当前的改革提供了许多有价值的经验和教训。

1. 第一阶段：预算绩效

现代预算改革所作的最早尝试是20世纪50年代流行一时的"预算绩效"。二战后，分项排列预算已经无法满足复杂的政府预算管理的需要，预算管理的实践要求有新的预算形式来提高政府部门的绩效。作为早期政府预算制度改革的先锋，美国于1949年采纳了胡佛委员会的建议，开始实施预算绩效改革。

在美国预算绩效改革的实践和联合国出版物《预算绩效法手册》的影响下，将近50个国家于20世纪60年代开始采用不同形式的预算绩效法。在OECD成员国中，瑞典、英国、加拿大和法国都率先采用了预算绩效法。如在英国，从20世纪60年代以来，开始实行"功能成本""产出预算"和"计划分析与检查"的预算编制方法；在法国，实行的是"预算选择的合理化"；在瑞典，实行的是功能预算。虽然没有一个国家实行的是地地道道的预算绩效法，然而这些改革取得的成绩显然已对预算方面的决策产生了某种影响。

预算绩效将预算管理重点从单纯的支出控制，转向支出所取得的产出和成果，并着眼于提高资源分配的经济效率。与传统的投入预算相比，预算绩效的出现标志着政府预算模式的历史性转折。但是由于种种制约因素，预算绩效并没有取得成功，人们对预算绩效的期望很高，而所取得的成绩却不尽如人意。

2. 第二阶段：规划—项目—预算制度

许多OECD成员国在20世纪60年代采用的规划—项目—预算制度是第二次大规模的预算制度改革。PPBS是一项试图在政策目标（Policy goals）与规划目标（program objective）之间、在规划与活动之间，以及在各项财务资源之间建立起更好联结的雄心勃勃的改革。

这次预算改革首先也是在美国兴起。随后，许多OECD成员国也采纳了这一预算体系。一些国家有选择地实施了规划—项目—预算编制法的某些组成部分。奥地利、英国、加拿大、德国、法国、荷兰和新西兰实行计划分类、中期预测以及计划和项目评估,日本对多年期开支和收入进行预测。在法国,出现于 1946 年的"指示性规划",成为恢复遭受战争破坏的法国经济和根据马歇尔计划使开支合理化的一个办法。为了控制支出,法国政府的某些预算官员在美国首都华盛顿实地考察了规划—项目—预算编制法后,法国政府在 1969 年转向预算选择方案合理化办法。预算选择方案合理化办法将强调计划结构、制定目标、制订多年期计划、运用诸如成本—效益分析之类的技术进行分析性研究(特别是对资本投资项目)、制定绩效指标和创建资料系统结合起来。

实践证明,由于面临着许多技术、政治上的阻力,PPBS 是很难实施的。但是,规划—项目—预算制度也为预算制度作出了重要贡献,将许多经济学和社会学概念引入预算管理。

3. 第三阶段:零基预算

在当前预算改革浪潮之前的最后一次重大改革是零基预算改革(ZBB)。20 世纪 70 年代中期的经济萧条促使预算的重点转移到控制和管理的功能。零基预算正是在这种条件下出现的。在美国总统卡特的推动下,零基预算于 20 世纪 70 年代中后期在美国被广泛采用。并在 20 世纪 70 年代末,由某些 OECD 成员国,比如加拿大、英国等国采用。纯粹的零基预算要求每年对每个项目均从零开始进行评估。这种纯粹的形式从来也未曾在哪个国家采用过,但许多国家的政府都或多或少地吸收了零基预算的原则。

事实证明,零基预算存在着一些致命弱点,规划—项目—预算改革中遇到的许多问题在零基预算改革中也出现了。此外,零基预算使得预算信息收集和处理的工作量大大增加。零基预算将经济效率原则作为资源配置的唯一标准,从而忽略了预算决策行为的多元性,因为,预算决策需要考虑到很多因素,包括社会的、技术的、文化的、政治的等等。考虑到时间限制以及 ZBB 运作所需要的技能,这一方法只适合对选择性的支出规划进行审查,对于每个年度预算中的每个项目的成本以及每个规划进行审查,这在实践中是不可能的。

4. 早期预算制度改革对当前改革的影响

总体上看,预算绩效、规划—项目—预算和零基预算等 OECD 成员国的早期预算改革收效有限。虽然如此,OECD 成员国 20 世纪 80 年代以来的预算改革,并不是对以前改革的否定和抛弃,在许多方面可以视为对早期改革的继续和改进。当前改革与早期改革有着基本相同的目标,主要是强调产出和成果等绩效因素在预算管理中的作用,强调预算管理应从主要关注投入转为主要关注产出和成果,从主要关注某个机构花了多少钱、花在什么地方,转移到关注所花费的钱是否取得了有意义的结果。当前改革取得的成效在很多方面要归结于早期改革的实践提供的经验和教训。

20 世纪 40 年代后期和 50 年代早期所实施的预算绩效,不仅是以产出和成果为导向的预算管理模式的早期"原型",并且也对预算分类做了重大改进,从而使预算模式发生重要变化。现代预算制度对于良好的预算分类有着高度的依赖性,没有预算分类的突破,引入以强调产出与成果为导向的现代预算就是无法完成的任务。当时胡佛委员会认识到,引入预算绩效模式的一个前提条件之一,在于应该通过把政府事务分为功能、活动和规划三种,以此为基础构造的预算,才能作为绩效评估和监督的基础,1950 年美国的《预算与会计程序法案》的颁布和实施为此做了准备,该法案对以活动和功能作为预算基础的联邦预算做出详细规定。预算绩效所采用的新的预算分类基础,是对传统预算模式的重要突破。

20 世纪 60 年代的 PPBS 对此前的预算绩效进行了多方面的改进,预算分类也更加合理。此外,PPBS 体系也是将政府的项目和政府的政策目标联系起来所作的早期努力。传统的分项排列预算的特征是简单地将预算资源的分配与花费开支的项目联结起来;相比之下,现代预算的一个基本特征是试图尽可能地鉴别政府活动的目标以及与这些目标相联结的产出和成果,以此为基础分配预算资源和建立预算账户。PPBS 预算体系将预算支出按照"规划大类""规划小类"和"规划要素"进行分类,依次在更详细的层次上对经清晰表述的政府活动的目标作出更为具体的界定。例如,如果把"儿童保健"界定为一项规划大类,该规划即可向上联结到更为广泛的政府政策目标——如促进公民健康,又可向下联结到诸如"预防儿童软骨病"这一次级的规划小类上,而后者还可进一步区分为一系列诸如医生培训和药品研制等规划要素。PPBS 所采用的分析概念和技术因素继续在影响着许多国家的预算实践。

总体而言,早期改革的目标同当前改革的目标在很大程度上是一致的,但当前 OECD 成员国所进行的预算改革由于政府组织对改革本身的良好理解,因此,比早期改革取得了更为明显的成效。与早期预算改革时的情形不同的是:在近期的预算改革中,作为一种控制机制的产出控制已经代替了投入控制,信息技术系统的发展也使改革成本得以降低。

三、预算改革的具体措施

20 世纪 80 年代以来,由新西兰、澳大利亚、美国、英国等 OECD 成员国发起的新一轮政府预算管理改革,目的是将传统的以财政投入为管理重心的预算模式,转变为以财政活动的产出(政府提供的公共产品和服务的数量、价格和质量)和财政活动的成果(实现政府或部门目标的情况)为管理重心的新型预算管理模式。改革的重点涉及以下方面:

(一)建立基于产出和成果的受托责任体制

市场化为取向的政府改革中,许多企业管理的理论被引入到政府管理中,其中之一就是"购买论"。这种理论的引入改变了以前的预算观念。根据这一理论,政府之所以拨款给政府各部门,简单地说,就是为购买公共服务。这就存在着政府"拨款"(投入)与"效果"(产出和成果)的对比问题。对于效率低的部门,就应当减少或者停止拨款,或者委托给其他机构去做。反之,那些高效率的部门对社会的贡献大,应当获得更多拨款,这也是对其业绩的奖励。根据这一预算理念,OECD 成员国将预算管理的重点逐步从投入转向产出和成果。在预算管理上变传统的"过程管理"为"结果管理"。

为了提高政府部门的工作绩效,OECD 成员国设计了各种合约安排(contractual arrangements),作为明确政府部门预期结果(expected results)和受托责任的工具。传统上关于购买者—供应者合同的概念已被广泛引入到政府部门,具体体现为预算管理部门同各支出机构之间签订的各种预算协议(budgetary agreements),以及政府各部门之间、政府各部部长同其下属的官员之间签订的各种协议。英国与新西兰已经在部门与支出机构之间普遍采用了关于绩效的合约制度。澳大利亚也已经设计出关于财政管理部门与各部门机构之间的资源协议(resource agreements)。多数资源协议针对的是单项的营运成本(比例工资),有些也与整个规划支出相关。许多资源协议中规定有关于所提供的资金、追加的投资、保留的使用者收费,以及它们与产出或成果相联结的内容等。

建立基于产出的受托责任体制要求开发出良好的绩效标尺或绩效导向方法。这里遇到了两个主要问题：第一个是设计有意义的绩效标尺时所遇到的技术问题，从有形服务（例如签发执照、护照）到无形个人服务（例如培训和教育），再到无形公共服务（例如政策建议），复杂程度在不断增加。计量和评估绩效需要使用一系列的绩效标尺，采用过于狭窄或单一的绩效标尺可能会导致个体行为的扭曲。在这方面有许多例子，比如，以单位税收成本为主要绩效指标的税收官员，可能不愿意涉足复杂、成本高昂的逃税案例，这就为逃税提供了机会。因此，一项绩效指标必须具有以下特点：①明确，即精确而不含糊；②相关，即该项指标应适用于当前目标（而不是仅仅因为可以很容易获得这一绩效指标）；③经济，即应当可以以合理的成本获得所需的数据；④充分，即该项绩效指标本身或与其他指标相结合，可以为业绩评估提供充足的信息；⑤易于监督，绩效基本必须容易进行独立的监督。基准设定越来越多地被人们认为是一种提高资金效益的有效工具，因为基准设定可以通过具有可比性的公共组织和私人组织的最佳表现，确定有关的业绩目标。第二个是如何将绩效导向引入预算资源配置过程的问题。为实施基于绩效的资源配置和激励措施，需要有良好的资源配置系统和人员绩效管理系统来与绩效标尺相配合，否则，绩效标尺的开发、计量和评估就不能发挥实际作用。

（二）实施多年期预算规划

传统的预算理念是强调预算的"年度性"，这适应了立法机关对预算进行控制的要求。但是，年度预算将关注的问题放在过短的时间内，限制政府对未来更为长远的考虑，容易导致政府忽略潜在的财政风险。此外，从财政意义上讲，政府承诺的可信度与财政政策的可持续性密切相关。因此，为了增加政府承诺的可信度，就要求政府在制定财政政策时，必须关注可持续性问题，并对财政政策作出清楚的阐述。而多年期预算的一个突出优点就在于将政府决策的注意力转向当前政策的长期可持续性。因此，制定和公布多年期预算规划将有助于减小长期的财政风险和增强政府财政承诺的可信度。当前，多数 OECD 成员国都已采用 3~5 年甚至更长时间的多年期预算框架，以弥补年度预算的不足。多年期预算框架并不是一个法定的多年期预算资金分配方案,其作用只是在于为未来若干年提供一个支出导向或目标。

在制定多年度预算规划时,中期预算目标的确定是非常关键的。例如,《马斯特里赫特条约》(The Maastricht Treaty)为欧盟各国确立了总体中期财政目标。目前,绝大多数欧盟成员国把马斯特里赫特条约的标准作为其主要的总体财政目标。OECD 成员国的综合财政目标(global targets)包括三类:①比率,通常表述为相对于 GDP 的某个百分比,包括预算差额、收入或支出、公共债务或政府借款等相对于 GDP 的百分比;②收入或支出的变动(升降)比率;③目标变量的名义或实际绝对值。比如,未来的支出或赤字水平。

同时,《马斯特里赫特条约》及《稳定与增长公约》(The Stability and Growth Pact)也规定了许多有关中期财政报告方面的要求。自 1993 年以来,欧盟成员国已经有义务定期公布其"中期趋同规划"(medium term convergence programs),该规划由欧盟理事会进行详细审查。此外,欧洲货币联盟(EMU)成员有义务每年呈递一份"稳定规划",这一规划包括如下内容:至少三个年度内政府赤字和债务的中期预测,计算赤字和债务的主要假设,并阐述正在采取或者未来拟采取的用于实现既定目标的预算措施。其中,对于重大预算措施,需要提供一份评估报告,用以量化这些预算措施对预算状况产生的影响。各成员国还必须对有关改革措施如何影响预算和债务状况进行敏感度分析(sensitivity analyses)。

多数欧盟区外的 OECD 成员国也公布中期财政战略规划(medium fiscal strategy programs)。例如,新西兰的《年度财政战略报告》(Annual Fiscal Strategy Report),澳大利亚的《财政战略报告书》(Fiscal Strategy Statement),以及美国的《经济与预算展望》(Economic and Budget Outlook)。这些规划包含着与上述"稳定规划"相同或类似的信息。当然也有些国家并不喜欢公布中期财政目标。此外,大多数经济合作与发展组织成员国都向社会公众公布与当前年度和未来年度预算有关的各种资料,如前期预算报告(pre-budget reports)、编制预算时的财务报表、在年度内对财政数据进行更新等等。

而长期性的预算预测目前尚未普及,也不如中期计划与预测那样制度化。美国、澳大利亚、新西兰和丹麦开展了长达 30~40 年的长期预测,其主要目的是为了纳入人口因素变化对预算产生的影响。因为目前为止,人口老龄化是对政府面临的支出倾向影响最大的因素之一。鉴于对未来长期经济活动的预测具有很高的不确定性,因此,长期预算预测主要倾向于指向性(indicative),而不是预测性(predictive)。包括美国、挪威和新西兰在内的一些国家还编制长期预算,评估当前政策对未来产生的影响,以及当前政策对个人之间成本和收益分配的影响。

(三)增加预算透明度

OECD 成员国在改革的过程当中普遍认识到提高透明度是改善预算管理的关键之一。因此在提高预算透明度方面做出了很多努力。

英国于 1988 年制定了以促进财政政策可信性和透明度为目的的《财政稳定法》(Code for Fiscal Stability)。该法案规定,政府制定财政政策,必须遵守透明、公开和信用等原则。《财政稳定法》的核心部分,是对发布的数据要独立审核,保证财政预测数据的全面、可信,这是财政政策的基础。《财政稳定法》规定了两项重要的财政法则:一是黄金法则,即政府举债只用以投资而不是消费;二是可持续投资法则,即政府要使债务比例保持在合理水平。《财政稳定法》涉及两个目标,一是中期目标:健康的公共财政、税收和预算支出,保证对各年龄段公民的公平性;二是短期目标:财政政策支持货币政策自动、稳定地发挥作用,在经济过热时加税,在经济疲软时减税。

新西兰 1994 年通过《财政责任法案》(The Fiscal Responsibility Act),为财政统一目标建立起法律框架。这一法律框架阐明负责任的财政管理原则,以及重点预算参数、其他中期财政报告必须具备一定的透明度等原则,并要求政府清楚地阐明五个关键性的财政指标值不应超过规定的水准。政府必须开展上述解释工作,这将构成政府的一项承诺。如果政府偏离了符合实现上述目标的某项政策,则政府必须解释说明其政策变动能够实现的有关目标。

澳大利亚于 1998 年通过《预算诚实宪章》(Charter of Budget Honesty Act),旨在增强财政政策制定过程和财政结果的透明度。该法案明确了澳大利亚联邦政府公共财政管理和报告方面的规定,引入一系列财政政策管理的原则,提出若干增加透明度的要求,以保证政府的财政运行结果有恰当的计量标准。该法案与新西兰有关法律最突出的共性特点是:在所有选举之前公布各种财政数据,防止各级政府隐瞒自己的财政状况。这一特点带来许多有利结果,使得政治程序中的参与者都对国家未来经济与财政发展的信息有所了解,以免新一届政府一上任就对原政府的财政状况感到震惊。

(四)采纳自上而下的预算编制程序

OECD 成员国预算制度改革所取得的另一个重要进展,是采纳了自上而下的预算编制程序,并划分预算决策的不同组成部分。主要内容包括:①在预算编制的起始阶段即由较高级别的(核心)部门建立和公布总量预算限额(budget aggregates)、部门预算限额(sectoral aggregates),各支出部门与机构则在给定的部门限额内,将预算资源在各项预算规划间进行配置。②根据总量预算限额考虑部门预算限额,然后,根据部门预算限额考虑预算规划配置(program allocations)。在预算过程中对这两类问题分别进行考虑,这将有助于硬化预算约束。因为总量预算限额代表了政府在高级别上的承诺,一旦制定并公之于众之后,如果再去重新修订,很可能具有相当高的成本。如果让预算过程中较低级别的参与者清楚地意识到这一点,这会提高他们对预算约束的可接受性,增进对政府削减预算行动的理解和支持,同时也有助于促使支出部门及其下属机构减少那些旨在实现预算最大化的各种措施。

许多国家已经在不同程度上采取了自上而下的支出控制措施,包括:为各部门的预算支出预期建立较高级别的预算限额和支出削减目标,规定新的支出必须通过全面预算削减,或者是专项预算削减来获得资金。事实已经证明,许多国家更加喜欢采用专项预算削减,而不是全面预算削减。采用专项预算削减能够使资源从利用效率较低的部门流向利用效率更高的部门,并激励各部门和支出机构建立自己的支出优先性排序以促进配置效率。加拿大、瑞典、挪威、冰岛、荷兰、芬兰和英国已采用各自的从上到下的预算编制制度。北欧国家采用的预算框架程序尤其典型:在预算过程的起始阶段即由内阁制定公共政策,以此为各部门下一财政年度的预算设定支出框架,并对新的支出需求产生强有力的约束作用。由于预算限额明确且有相当可信度,预算申请者得以认真考虑减少自己负责实施的、效益低下的现有规划数目,这反过来为新规划的引入开辟了道路。

此外,许多国家在就预算总额达成一致以及根据这一支出总额作出详细的支出预测时,都将立法部门包括在内。立法部门的参与使得政府的承诺更加可信,而且消除了各部门试图增加资金的另一种潜在途径。

(五)放松对预算投入的控制

在将预算管理的重点从投入转向预算的产出和成果后,由于管理者侧重于对预算结果负责,而不是对预算投入负责,投入控制被大大放松,这使得管理者在预算资源的使用管理方面有了更大的自主性和灵活性。OECD成员国普遍放松对预算资源投入的控制,授予政府各部门更多的支出决策自主权。具体做法有:

第一,将原来非常详细的分项排列式拨款项目,分项合并成详细程度较低的拨款,并将资源配置权下放到各政府机构。这种做法已经越来越普遍,包括澳大利亚、新西兰、瑞典和英国在内的许多国家,在支出方面几乎赋予支出机构以完全的自由裁量权:预算投入的组合决策——用多少钱"买酱油"、用多少钱"买醋",支出机构在很大程度上可以自己说了算,在资源使用方面具有很高的灵活性。另外,在把原来由核心部门实施的投入控制移交给支出机构的同时,这些国家在其他方面设立了严格约束,比如对政府机构内部较高级别官员的数量,及其薪酬标准加以限制,或是对于各项预算规划之间的资源转移,通常也存在各种限制。

第二,取消对各财政年度之间资金转移的限制。政府各机构可以将本年度没有使用的资金结转至下一年度使用。典型的做法是设置一个递延的百分比,即本年未使用完而可以递延到未来年度的资金,占本年拨款额或营运成本的某个百分比。允许预算资源的年度间递延(结转)大大减弱了年末突击花钱的动因,也使得强制性的时间截止日期(只能在本年度使用)而导致的资源低效率使用问题得以缓解。

第三,引入净拨款是另一种赋予支出机构管理灵活性的制度安排。净拨款允许政府各部门和各机构保留全部或部分使用费收入,即使是在预算紧张的情况下也是如此。这一做法的目的是对那些在征集使用者收费方面取得成功的机构提供激励。在有些国家里,净拨款方法还提供各种手段,激励政府各部门和各机构发现并出售过剩资产。通过出售过剩资产所得的收入可以全部或者部分进入政府各机构的账户,而不是全部纳入中央预算。在这种情况下,重要的是明确哪些资产应当完全由政府各机构控制,哪些资产政府各机构只拥有有限的权利。引入净拨款的做法进一步增强了政府各机构的支出灵活性,但也带来了一些问题,包括削弱支出控制和刺激支出机构通过销售资产获得额外收入等。

(六)引入权责发生制会计和预算

权责发生制在政府会计和预算中的应用,是以产出和成果为导向的预算管理改革的重要组成部分。20 世纪 90 年代以来,很多 OECD 成员国将传统的以预算投入为管理重心的预算管理模式,转变为以预算活动的产出和成果为管理重心的新型预算管理模式,更加重视预算和政府活动的绩效。在新的预算管理模式中,各部门的管理者应当对与产出和成果相联系的所有费用负责,而不仅仅是直接的现金费用。这就需要在政府会计核算及预算编制方面能够正确计量政府各种活动的成本与产出。但传统的政府预算编制和预算会计核算一般以收付实现制(现金制)为基础。收付实现制对政府资源投入的控制功能较强,而对政府产出的管理功能较弱,不能适应以产出和结果为导向的财政管理改革的需要。这主要表现在:收付实现制所反映的现金收付,与收入、费用没有对应关系,因而难以正确计算政府部门产出的成本耗费;收付实现制预算可以通过提前或推迟支付现金,来操控各年度的开支;收付实现制预算不将资本性项目的购买成本在其使用年限内进行分摊,同时还忽略了将资本投资于实物资产的机会成本,所以收付实现制预算不能正确反映使用资本的年度成本,无法充分体现预算绩效与预算成本之间的关系,而预算绩效与预算成本的关系是绩效导向管理模式的基础。

自 20 世纪 90 年代以来,一种较之收付实现制能更加全面、完整、准确地反映政府综合财政经济状况的核算基础——权责发生制,正逐步被一些 OECD 成员国(如澳大利亚、新西兰、英国、美国、法国、冰岛等国)引入政府会计核算和政府预算编制领域,并取得了一定的成效。与传统的现金制预算相比,权责发生制,能更准确、全面地反映政府在一个时期内提供产品和服务所耗资源的成本,并更好地将预算确认的成本与预期的绩效成果进行配比,从而支持管理者的有效决策,有利于加强管理者对产出和结果的责任和促进全面的绩效管理改革。目前超过一半的 OECD 成员国在政府工作报告中采用了权责发生制会计,而新西兰、澳大利亚、英国等几个国家还将权责发生制会计基础引入政府预算编制,使传统的应收应付制预算转向了权责发生制预算。

　　在以权责发生制取代(或部分取代)传统的应收应付制政府会计方面也存在着广泛的争议。这种争议大部分来自政府管理部门自身和议会。因为,在实现这种转变之前,需要投入大量的时间和人力来对政府官员和议员进行培训。但澳大利亚和新西兰的实践表明,在支持绩效导向的政府预算改革、确认与控制财政风险,以及改进政府对长期资产管理等方面,权责发生制政府会计起着十分关键的作用。在预算中采用权责发生制有利于更好地识别尚未拨款的政府未来债务,更好地管理基础设施以及更有效地进行预算重新分配。

　　最后,值得指出的是,虽然当前许多 OECD 成员国预算管理主要是着重于预算的产出和成果。但是,以过程为导向的管理以及用行政法规进行管理的方法在 OECD 成员国当中也并没有过时。同样,一些预算投入控制方法仍然继续被使用着。因此,OECD 成员国中预算管理模式的改革是一种累积的过程,当新的预算管理方法被运用后,旧的模式中的一些因素仍被保留下来。以产出和成果为导向的预算管理并没有替代对预算投入的管理和对预算过程的管理。OECD 成员国的目标只是通过加强对预算产出和成果的管理,从而完善传统的预算管理方法。

四、若干 OECD 成员国的改革实践

　　20 世纪 80 年代以来,OECD 各国政府都认识到:在新的政治、经济和社会形势下,需要增加政府做什么和达到什么目标的透明度,增强政府部门对该部门行动和结果所负的责任,提高政策实施的效率和效果以及促进各项政策的协调一致性。为了达到这一目的,许多 OECD 成员国已经将预算管理的重点从预算投入逐步转向预算的产出和成果。虽然这些国家的改革目标是相似的,但 OECD 各成员国的改革措施和过程却又有着各自的特点。

(一)完全以产出和成果为导向

　　实行这种预算管理方式的国家主要包括:新西兰、澳大利亚、英国等国。这些国家已经形成了较为完全的以产出和成果为导向的预算管理模式,不仅在各支出部门中建立了较为系统的完整的绩效指标,而且据此确定预算和拨款。

1. 新西兰——预算改革先行者

新西兰是世界上最早在政府会计和政府预算中引入权责发生制的国家,主要改革开始于20世纪80年代末和90年代初。20世纪80年代,新西兰的经济长期不景气,政府对经济实施了过多的干预和控制,造成宏观经济不平衡,财政状况恶化。为了改变这种情况,新西兰政府从改革国有企业和重新确定政府在经济和社会中的职能入手,对其政府预算和会计制度进行了改革。按照改革实施时间,主要包括以下几个阶段:

第一阶段:1986年,颁布《国有企业法案》(State Owned Enterprise Act),推行私有化政策,在国有企业中开始引入权责发生制概念。该法案的主要内容是:区分商业活动和非商业活动;赋予经营者更大自主权,同时要承担更多责任;确保国有企业和私有企业在同一基础上竞争,不允许有任何特权,并把盈利作为主要考核指标。

第二阶段:1989年,对核心政府部门进行改革,政府部门迈向权责发生制会计。颁布《国有企业法案》后,新西兰将改革注意力转向核心中央政府部门。1988年的《国有部门法案》(State Sector Act)和1989年的《公共财政法案》(Public Finance Act),形成了中央政府改革的基础。1988年的(国有部门法案》给予部门执行长官足够的权力,包括人事权、现金及资本资源运用权,同时要求其承担更大的运作部门及管理资源的责任,用法案的形式明确了部门产出责任。1989年发布《公共财政法案》,主要是为了衡量政府部门的绩效,将企业会计的方法引入公共部门以及进行预算及会计系统的权责发生制改革。改革的主要内容是:①要求各部门向议会提供一系列的财务报表,包括财务状况表、现金流量表、财务绩效表、承诺及或有负债表,由议会对这些财务报表进行查核。②中央政府的财务报表应包含所有的公共部门,按照一般公认会计原则以权责发生制为基础编制年报及半年报。③公共部门的财务系统由原先重视投入转为重视产出,各个部门最重要的工作是将要完成的工作(即产出)量化,由各部长来决定是否需要该项产出,再决定给多少经费,这与原先在投入的状况下只需考虑争取到更多的预算不同。新西兰在政府各部门中实施的转向权责发生制的改革是较为迅速的,也是较为成功的。按照《公共财政法案》规定,政府各部门有两年转型的改革时间,但在一年时间内,45个部门中的绝大多数成功地完成改革。新西兰政府整体的财务报告在 1991 年 12 月转为权责发生制。1991 年 7 月,为促使政府各部门更加关注资产的使用效率,及时发现和处置不良资产,新西兰政府在权责发生制改革下,又采取了对各部门占用国家的资源按一定比例征收资金占用费的措施。

第三阶段:1993 年,编制第一份完全合并的中央政府财务报表,并通过《财务报告法案》。1992 年,第一份正式的部门权责发生制年度财务报告出现;1993 年,编制出第一份完全合并的中央政府财务报表。新西兰的权责发生制财务报告分为"部门报表"和"整个政府报表"两个层次。整个政府报表是由部门报表合并而成的,主要有:资产负债表(列示政府的资产、负债和净资产情况)、运营表(列示政府的收入、支出及其差额)、现金流量表(反映来自运营、投资和融资活动的现金流量)、承诺事项和负债表(报告资产负债表表外风险情况)、借款表(提供政府债务的详细情况)。1993 年 9 月,通过《财务报告法案》(Financial Reporting Act)。其重点是强化公共部门对一般公认会计原则的应用,即权责发生制的应用。

第四阶段:1994 年,通过《财政责任法案》,编制出第一份以权责发生制为基础的整体政府预算。1994 年 6 月,第一份政府年度预算案以《财政责任法案》(Fiscal Responsibility Act)的形式通过。其目的在于建立准确、有效的财政管理系统,并要求政府定期公布短期及长期的财政目标,提供全面整体的财务信息,以求达到稳定政府支出及逐渐减少政府债务的目的。该法案确立了五项管理原则:①将中央政府负债降低到谨慎水平;②维持中央政府负债在谨慎的水平上;③达到及维持中央政府净值足以应付未来经济危机的水平;④谨慎的财政风险管理;⑤合理及可预测的税率。

至此,新西兰在预算和政府会计中已经完全实现权责发生制。从制定政策到最后实施,整个过程历时 7 年时间。新西兰的预算制度改革,改善了政府的财政状况,提高了政府财政收支的透明度,并使政府工作效率有了明显提高,公共服务质量也得到提高。需要指出的是,在新西兰进行权责发生制预算和政府会计改革中,并没有完全抛弃收付实现制。新西兰采用了一套计算机系统,同时按照权责发生制和收付实现制进行记录,并通过一定的余额调整,来反映所需要的信息。

2. 澳大利亚——全面以权责发生制为基础

澳大利亚联邦政府从 1984 年开始着手对政府预算制度实施改革。20世纪 90 年代初,澳大利亚公共会计和审计联合委员会、澳大利亚国家审计委员会开始认识到,在政府预算和政府会计领域采用纯粹的收付实现制基础,不能对政府资源实施有效的管理。1992 年 5 月,澳大利亚联邦和州成立联合工作小组,研究政府部门转向以权责发生制为基础的财务报告。

自 1994—1995 年财政年度开始,澳大利亚联邦在政府会计中引入权责发生制作为计量基础,要求政府部门以权责发生制基础编制财务报表。1997 年,澳大利亚颁布实施《1997 年财务管理和受托责任法案》,该法案明确要求权责发生制应作为政府预算、政府会计和财务报告的基础。1998 年公布由澳大利亚审计总署审核的政府合并财务报告。《1998 年财务管理和受托责任法案》将管理资源的权力更多地下放到各政府部门,使部门负责管理产出,最大程度地实现政府服务的预期成果,并建立绩效指标以审核效果和效率。

从 1999—2000 年财政年度起,年度预算的编制也开始以权责发生制为基础。这包括两项较为重大的措施。

第一,预算的计量基础由收付实现制改为权责发生制(解决如何计量的问题)。权责发生制预算侧重于财务管理的三个方面,即:经营总成本、资产管理和现金流量管理。经营总成本通过在经济业务发生当期加以记录来确认。资产管理通过将资产的成本与使用情况更好地配比来实现。因为在权责发生制下要确认各部门所拥有的资产的成本,这就促使有关部门处置那些利用率不高的资产。为了促使人们更加关注资产的投资成本,澳大利亚政府对各部门按其净资产的 12% 征收资金占用费,这样可以保证政府向部门提供的权益能够有所回报,也能够确保澳大利亚的政府部门和私营部门在商品、服务提供方面可以有更激烈的竞争。现金流量管理是有效财务管理的一个重要组成部分。它可以保证现金的供给充足,需要支付商品、服务费用和员工工资时,不会出现现金短缺情况。

第二,在成果和产出框架下编制权责发生制基础的预算报告(解决计量什么的问题)。成果与产出框架旨在回答以下三个基本问题:一是政府希望实现的目标是什么;二是政府如何实现这一目标;三是政府如何了解产出和委托经营项目的情况。所有政府部门都要求明确成果与产出,还需要确定相关的成果、产出和委托经营项目的绩效信息。绩效指标通常反映如下内容:不同项目对实现成果贡献程度的有效性;产出的价格、质量和数量;相关委托经营项目的预期特性。所有政府部门都要求在预算表和年度报告等受托责任报告中列示出有关绩效信息。澳大利亚财政与管理部已确定有关成果和产出的规范指南,还制定出成果与产出框架之下绩效报告的编制指南。产出的质量指标通常涉及有形的、客观的指标(如及时性和准确性)和无形的、解释性的数据(如客户满意度);产出的数量指标可以是处理投诉或申请的次数,实现的转移支付或救济金支付之类的目标等指标。

澳大利亚权责发生制改革从准备到 2004 年,用了近 20 年的时间。其中改革最快的是维多利亚州,其次是联邦政府,其余五个州由于政治原因还处于预算拨款采用收付实现制,预算报告实行权责发生制阶段。

3.英国——资源会计与预算制度改革

1994 年,英国政府开始实施以权责发生制为核算基础的"资源会计与预算制度"(Resource Accounting and Budgeting, RAB),这标志着英国政府预算管理的重点从投入逐步转向成果和产出。所谓资源会计与预算(RAB),就是以权责发生制为核算基础的中央政府会计与预算,即采用权责发生制基础进行政府预算的编制、预算执行的会计处理和政府财务报告的编制,以更全面、系统地反映政府部门运行的成本或资源耗费的成本。

改革过程中,英国先是于 1994 年由政府发表白皮书,提出引入资源会计与预算,后在 2000 年由议会通过《2000 年政府资源与账户法案》,确定了权责发生制原则在预算管理中的地位,财政部制定《资源会计手册》,作为政府各部门遵循的资源会计与预算准则。在此项改革中,资源会计和预算项目的整体框架由财政部负责构建,但具体细节的实施原则由政府各部门负责,但是对所有部门来说采用的实施日程表是一样的,财政部为此制定了一个长期的时间表。

1998 年,为了进一步实施以成果和产出为重点的预算管理改革,英国政府首次对各个政府部门的支出项目实施了全面审查,并要求各个部门提交公共服务协议(Public Service Agreements, PSA)以及服务交付协议(Service Delivery Agreements, SDA)。这些协议可以看作是各个政府部门向公众有效提供公共服务的一种承诺。①公共服务协议列出政府部门所有的工作成果目标,并且将这些目标分解为一系列具体的指标,通过这些指标可以对该部门成果的实现情况作一度量。另外,公共服务协议还包括许多能够测度的、将成果和产出相联系的货币指标。此外,除了单个部门的公共服务协议外,还有一些跨部门的公共服务协议,因为,很多政策是由许多部门共同实施的。跨部门的协议包括所有部门和政策目标实现相关的各种指标。对于每一个公共服务协议,相应的技术手册都在网上发布。技术手册中详细地列出了如何测度每一个指标,包括数据资料的来源,对含义不明确的词语的解释以及对有关资料排列顺序的详细解释等。②服务交付协议则详细说明与公共服务协议中成果指标相联系的产出和过程指标。服务协议有时也包括一些在部门控制之外,但是能对成果的实现产生影响的详细因素。规模较小的政府部门不用制订公共服务协议,但是必须制订服务交付协议。这些部门用服务交付协议来设定绩效指标,如果有可能的话,这些绩效指标需要包括成果指标。

目前,英国各部门的预算资源的配置主要是基于各个政府部门的工作成果。对各部门公共服务协议的讨论和预算的分配是由内阁中的同一委员会在同一时间进行的。有关预算的白皮书和公共服务协议也同时公布。财政部负责具体监督公共服务协议中所列出的成果的实现情况,根据协议中所列出的指标来测度实际的绩效,并于每个季度向相关的内阁委员会提交一次对各部门公共服务协议实施情况的评价报告。另外,在每一年度的政府部门工作报告中,各政府部门还根据其在公共服务协议中所列出的成果和产出目标,提供一份公共服务进展报告。

(二)引入绩效管理因素

美国、法国、日本等国家虽然未以产出和成果为基础编制预算,但也在预算体系中引入不少绩效管理的内容。

1. 美国——新预算绩效改革

20世纪50年代以后,美国的多次预算改革都一直重视绩效,力图将项目绩效与预算决策统一起来。最早的努力可以追溯到1951年的预算绩效改革。但由于当时各种条件的制约,最终没有取得太大成效。1993年1月《政府绩效和成果法案(GPRA)》通过,国会要求各机构重视预算项目的绩效,以提高联邦项目的效益、效率。尽管该法案是精心设计的,但仍未实现其目的。2001 年 8 月,乔治·W. 布什总统上任不久,便宣布了一项改革政府管理制度和提高联邦项目绩效的议案,简称为"总统管理议程"。总统管理议程目的在于解决政府管理中一些长期问题和提高政府的绩效,包括 5 项政府动议和 9 项特定项目动议。其中的"预算与绩效一体化动议"又再次强调了预算决策以绩效为导向。

2003 年,美国的总统管理与预算办公室专门制定一项有关预算与绩效一体化的评级制度来评价联邦机构执行总统管理议程的工作成果。各个机构每个季度都要接受评估,就他们的成效标准(每项动议中列明的政府目标)完成情况进行评级;同时各机构还要就成效标准完成过程中的工作进展接受评估,OMB 对各机构为完成目标而采取的措施以及哪些措施需要改进等问题作出详细评论。

2004 年,美国联邦政府正式引入项目评价体系(Program Assessment Rating Tool,PART),以实现将项目的绩效与预算决策有机结合起来、根据绩效确定预算的目的。所谓 PART 系统实际就是一个问卷调查表,由近 30 个问题组成(问题数根据项目类型的不同而不同),主要包括:项目目标、战略规划、项目管理和项目成果四个部分。前三个部分的问题采用"是/否"的表格形式,同时有一个简短的叙述性解释和相关的证据来支持答案,并且答案必须以事实为依据。可供选择的答案有:是、否、不适用。其中,"是"表示整体绩效的潜在高水平;"否"表示没有足够的证据,或是项目没有取得应有的绩效;"不适用"说明该问题与项目无关,这要求有适当的解释。为了使对项目成果的评价更加客观,该部分的问题答案有四种选择:是、程度大、程度小、否。

尽管 PART 还不是很完善,但在 2004 年的预算编制中发挥出了一定的作用,使预算政策制定者多了一项责任,即绩效责任。PART 改变了联邦管理者思考责任的方式,他们的重任在于证明项目的效果,以使项目更为有效;同时,为国会和其他政策制定者提供重要的依据,帮助他们确定资金决策,并识别一些法令中存在的不足。除了经济状况、国家需求、政策需要以外,PART 提供的重要信息也将成为预算辩论的内容之一。

目前,OMB 认为 PART 仍存在不少缺陷,并将进一步对其进行修正。例如：①PART 的答案反映的是个人意见，测评人员的判断标准不一，评价也会有所区别，如果绩效目标被认为不合适，大多数评价者对项目的评分可能很低或是零，而另一部分评价者可能会给一定的分数。针对此问题，OMB 准备对 PART 进行修改，说清标准及加强测评人员的训练，使其达成一致。②已经纳入评价体系的许多项目都不能证明其成果，因为没有足够的资料和措施可以衡量它们的绩效。近 50% 的测评结果是"成效未知"，有的是没有适当的绩效目标，有的是没有搜集相关证据资料。因此，OMB 未来几年的一个重要任务就是改变这种状况。③很多联邦政府机构无法说明绩效结果与资金水平的关联，造成这一问题的重要原因是缺乏适当的绩效衡量指标。为了解决这一问题，2004 年，OMB 开始为五个跨部门的政府职能开发统一的绩效评价指标，或称为"通用衡量标准"。这五个政府职能包括：低收入住房援助、职业培训与就业、荒地火情管理、减轻水灾损失以及灾害保险。并且，通用衡量指标的数量会随着时间而逐步增加。

2. 法国——实施新的预算框架

20 世纪 90 年代以来，法国预算管理当中已逐步引入绩效信息。1997 年，法国实施了以所谓"预算集合"（budget aggregates）为基础的新预算框架。预算集合是根据政府各部门的工作成果，对原先的预算小节进行分组而形成的，可以为议会提供有关政府部门工作成果信息。在议会的要求下，法国政府也开始采取措施提高政府预算和会计信息的质量。2000 年的预算编制就要求各个政府部门将相应的工作目标概要包含在"预算集合"中，如果可能的话，还要提供有关工作目标的定量指标。

2001 年 6 月，法国对《1959 年财政法案》（the 1959 Order on Finance Acts）进行修改，新的预算基本法（The Organic Law/The New Constitutional Bylaw on Budget Acts），于 2001 年 8 月在法国上下两院获得通过。这标志着法国正在进行一场涉及范围非常广泛深入的预算改革。这项改革有两个主要的目标：一是改革公共管理框架，以提高公共管理的效率，使预算管理完全转变为以成果和绩效为导向；二是提高预算信息的透明度，以便向议会和公众提供更翔实的有关预算管理的信息，提高议会对预算的控制程度，平衡政府和议会的预算权力。

为了增加公共部门管理人员的为公众提供服务的责任，提高其承担责任的自觉性。此次改革给予了公共部门管理人员更大的预算资金自主权。预算拨款将被分为不同的单独"预算项目",政府部门管理人员可以在每个预算项目内部自由地重新分配拨款。然而,人员经费将受到"非对称可转换性"(asymmetric fungibility)原则的限制,即在一个单独的项目内,人员经费可用来补充其他拨款,但反之则不可能,这样就为人员经费设定了一个上限。"预算项目"被分解为和各政府部门的工作成果目标相联系的所谓"任务",每个任务都有相应的绩效指标。此项改革之后,议会将不再以预算小节为基础进行预算拨款,而是对预算项目进行事前审查,将其作为预算拨款的基础。这种以预算项目为基础的预算管理框架将使法国传统的投入预算转变为以成果为导向的预算。

改革的另一个目标是提高预算管理的透明度,向议会提供更多更翔实的信息。在议会对预算案进行审核时,各部门都要提交其绩效报告,对其活动的结果和以前的绩效计划进行对照。议会对预算案进行表决之后,各部门要提交其绩效计划,计划中要有明确的目标以及衡量这些目标的方式,包括一些量化的绩效指标以及完成这些目标需要耗费的资金等。对预算案进行表决之后,议会还要批准中央政府按权责发生制会计原则编制的财务报表。为了确保财务报表能够真实公允地反映政府的财务状况,基本法中还规定了政府报表年度审计制度,这项工作由法国的审计法庭在每年开始对预算案进行审核投票之前进行,审计的结果提交给议会。

提交给议会的报告中包含两方面的信息:财务信息和非财务信息。绩效报告主要和财务信息相关。绩效监测计划属于非财务信息,作为预算法案的一部分提交给议会。当然,在预算案中起决定作用的还是一些衡量财务运行效果的财务指标,这些运行指标都是以权责发生制为基础来确定的。一般来说,议会需要经过表决来通过预算案,然后再根据预算案把拨款拨给每一个支出部门。通常,法国在预算审核报告中包含每一个支出部门的信息。每一笔拨款案的支出采用收付实现制,但在对各部门的具体业务活动和服务费用的支出进行分析时采用的是权责发生制。关于公共部门运行的绩效情况,需要按照绩效监测指标进行目标考核。衡量公共部门管理的绩效有三个主要指标:①成果指标,尤其是一些类似社会保障、司法、教育这方面的目标;②向用户提供服务质量的指标,比如说在内部收入服务和纳税人之间的关系方面的目标;③提供服务所发生的费用的指标,即各部门管理人员减少相应的成本和费用的能力。每个管理人员都要对自己服务范围内的业务活动费用负完全责任。每项业务的完成都需要按照事先的具体指标来衡量是否达到要求,并定期编制绩效报告。

3. 日本——引入政策评估体系

2001年,日本政府引入政策评估体系。依据这一体系,每一政府部门都必须对其所负责的政策、规划和项目进行评估。公共管理部、内务部和邮电部被授权对各政府部门的政策进行评估。为了帮助各政府部门更好地进行政策评估,公共管理部、内务部和邮电部已经设计出三种不同的评估方法。各政府部门可以根据自身的特殊需求来选择政策评估的方法。各部门可以单独使用其中的一种方法,也可以将这些方法组合在一起,还可以对这些方法进行调整。在这个框架之内,各部门对评估方法的运用有着很大程度的自由和灵活性。

这三种方法中的其中一个运用了"绩效评估"方法。这一方法要求,如果可能的话,各部门必须运用产出和成果目标来说明其工作目的。而这些产出和成果目标应该可以定量测度的,也是必须对社会公开的。另外,该体系也鼓励各部门将实现这些目标的方法以及为了实现这些目标所预计花费的资金向公众公开。各部门的实际绩效是依据该部门先前所设定的成果目标来进行评估的,而这些评估文件也要向社会公开。为了能够对产出和成果目标相关联的风险进行管理,在政策实际执行之前,应该首先确定各政府部门无法控制的外部因素。

此外,一些政府部门已经开始试图将绩效评估融入政策程序当中。例如,经济贸易工业部已经在政策过程中的三个阶段设立了绩效评估体系。在政策制定阶段,政策目标必须由成果和产出目标来进行说明。基于绩效指标,对各种政策备选方案进行比较分析,这有助于确定最有效率和效力的政策方案。在政策执行阶段,根据所设置的绩效目标,经济贸易工业部定期对政策的进展和实际的绩效进行监测。如果绩效指标显示出政策执行没有达到预期情况,则经济贸易工业部的中心部门将进行细致的评估,并拟订改进的方法。在政策评估阶段,当主要的政策执行完后,经济贸易工业部将对政策执行结果进行认真评估,将其实际绩效和计划的绩效指标目标进行对比。绩效评估报告将对社会公开。而且,负责这一项目的分支机构也需要根据绩效评估报告中的建议,对自身的工作进行改进。

第七节　国外预算绩效管理经验总结

随着信息技术的飞速发展、政府规模的不断扩大、巨额财政赤字的出现和政府公共支出管理能力的普遍提高,以及公众对提高政府行政效率的要求,源于欧美等发达国家的预算绩效改革迅速波及全世界,形成了世界性的预算绩效改革潮流。各国的世界预算改革呈现出一些共同的特点,如健全的法律制度、完善的预算绩效运行体系、赋予管理者充分的自主权、建立严格的问责机制等等。但同时也应看到,预算绩效管理在对支出总体效果考评、方法体系建设、绩效考评结果运用等方面仍存在一些问题,需要在今后的改革中加以解决。

一、预算绩效改革的特点

在这场预算改革的大潮流中,各国预算绩效改革的成效非常之大,但改革的过程却并非一帆风顺,而是在不断的失败中总结经验和教训,从而使改革不断向前推进。由于在政治、经济、文化等方面存在着差异,国外在预算绩效改革中的历程和侧重点各有特点。但是,我们也看到,国外预算绩效改革也有不少共通之处。

(一)健全的法律制度

预算绩效涉及职权在不同部门之间的重新分配,利益分配也相应不均,在使一些部门受益的同时也损害到了一些部门的既得利益。由于法律所具有的相对稳定性和权威性,为了降低改革的阻力,顺利推进预算绩效改革,西方国家普遍都借助立法这一有效手段,建立了一系列关于财政透明度和责任的法律法规,以法律的形式将各方的权力和义务固定下来。例如,为推进预算绩效改革,新西兰相继制定了企业法、国有部门法、公共财政法、储备银行法、财政责任法,以及一些关于公共服务权力下放的法案。其中,国有部门法明确了部长和 CEO 的职责,要求部长与 CEO 之间签订绩效协议。公共财政法确立了预算绩效作为公共领域改革的重要组成部分,并要求 CEO 对自己部门的财务管理负责。财政责任法确定建立财政目标和进行定期的财政报告,要求实现中长期的财政框架,要求政府部门实行国际会计准则,在政府会计和预算中引入权责发生制,提出财政政策制定原则等。

(二)坚实的预算绩效制度基础

预算绩效的实施需要一系列制度绩效作保障,预算绩效改革并不仅仅涉及预算管理模式的变化,也需要相关配套制度建设的支持。在推行预算绩效的过程中,西方国家着重加强了以下几个方面的制度建设,为预算绩效改革的顺利进行奠定了基础。

1. 建立完善公共资产管理制度

完善的公共资产管理制度是实施预算绩效管理的重要前提,有助于政府加强行政管理,掌握提供公共产品和服务的成本。尽管受各国国情的影响,各国公共资产管理制度不尽相同,但大部分推行预算绩效的国家,都建立了较为完善的公共资产管理制度。例如,美国由财政部负责公共资产预算管理,制定统一的管理制度和法规,对公共资产进行严格的预算控制和绩效考核,并设立相对独立的专门的资产管理机构,负责政府公共资产管理的具体事务。同时,还对车辆、房产实行了集中化、专业化管理,对闲置资产处置实行规范化、程序化管理。

2. 建立完善国库集中收付制度

实行预算绩效的一个重要前提就是要将所有现金都纳入国库管理,并能够对资金使用情况进行有效监督。国库集中收付制度,又称为国库单一账户制度,是发达国家普遍实行的国库管理制度之一,它在加强国库现金管理,提高财政资金使用效率方面发挥了重要作用。一些国家设立了专门的国库现金管理机构,将政府现金集中于国库单一账户管理。例如,澳大利亚从 1980 年开始改革完善国库管理制度,1999 年,在财政部下成立了财务管理办公室,专门负责国债和国库资金的管理。国库集中收付制度的建立,加强了对财政收支的控制,提高了政府财务管理水平,为预算绩效的推行奠定了扎实的基础。

3. 建立完善政府采购制度

政府采购制度是公共财政支出管理的重要内容,建立政府采购制度,有助于加强对预算执行的管理,提高财政透明度,为预算绩效的推行创造良好的制度和政策环境。实行预算绩效的国家大都建立了较为完善的政府采购制度。各国普遍通过制定政府采购法律,设立专门负责该项业务的专门管理机构,制定一系列采购原则,采取招投标采购方式,加强政府采购人员培训和信息化建设等方式,逐步建立并完善了政府采购制度。例如,美国参加了WTO《政府采购协议》,建立了完备的政府采购法律法规体系,由联邦事务管理局专门负责政府采购工作,联邦供应局为具体经办部门,建立了严格的招标制度、作业标准化制度等,并充分利用互联网强大的信息功能发布政府采购信息,政府采购在促进经济发展、推进政府公共管理改革、提高政府效率和透明度等方面发挥着越来越重要的作用。

(三)完善的预算绩效运行体系

预算绩效管理模式区别于传统预算管理模式的核心,是将市场机制和竞争机制引入到部门预算管理,使部门预算的编制、执行、调整紧紧围绕绩效而展开。大体上,预算绩效运行框架体系如下:

1.年度绩效计划

年度绩效计划通常在编制年度预算时根据部门的战略目标确立,详细阐述部门在特定年度内拟提供的公共服务数量和水平。包括以结果为导向的绩效目标,实现绩效目标需开展的详细活动和需动用的资源,衡量绩效目标的具体指标以及按照正常条件能够达到的绩效标准等,如新西兰的绩效声明报告,美国的年度绩效计划等。年度绩效计划通常需提交给内阁或者国会通过,以作为将来对该部门或项目进行绩效考评的依据。

2.提交绩效报告

为跟踪部门年度绩效计划的进展情况,一般要求部门管理者定期或者不定期提交绩效报告,通过绩效指标详细描述绩效目标的完成程度。这一方面有利于部门管理者了解工作进展情况,据以改进工作,另一方面有利于独立机构或者公众进行绩效考评。除少数国家(如澳大利亚、新西兰等)需提交月报和年中报告外,其他国家都仅需在预算年度结束后提交年度绩效报告。类似于上市公司的财务报告,为保证其合法、真实和准确性,部门绩效报告一般也要经过独立机构进行审计。

3.进行绩效考评

顾名思义,绩效考评是对部门完成绩效的情况进行评价。虽然绩效报告一般会对年度绩效计划和实际完成绩效进行比较,并对部门绩效目标实现情况做出判断,但是,由于绩效报告由部门自己提供,很难保证考评结果的客观公正性,需由独立于部门的外部机构进行考评。如新西兰,绩效考评工作由财政部、国库部、审计署等部门完成。引人注目的是,公民取向的绩效观被越来越多的国家所采纳,特别是在英、美等国。

4.反馈绩效考评结果

对于不同的利益相关者,绩效考评结果产生的作用不同。对于部门管理者,绩效考评结果有利于其了解公众的偏好以及自身工作存在的不足,据以加强预算管理、提高管理效率;对于预算分配部门,绩效考评结果是调整以后年度预算分配的重要依据。目前实行预算绩效改革的国家主要有两种模式:一种是绩效考评与预算分配之间没有非常直接的联系,如美国、荷兰、澳大利亚等,这些国家主要以加强管理、提高效率为目的进行绩效考评;另一种是绩效考评与预算分配之间有一种非常直接的联系,绩效考评的好坏直接影响到拨款的多少,如新西兰、新加坡等。

(四)充分的管理自主权

传统的预算管理方式侧重对投入的控制,往往用条条框框约束部门管理者的具体活动,如对预算资金的用途做出明确的规定,限制管理者调剂使用,结余资金不准结转,等等。这种管理方式一定程度上确保了资金使用的安全性,但由于预算只是对未来发生事项的一种中性估计,部门管理者无法根据实际情况灵活安排资金,资金使用效果往往受到影响。预算绩效侧重对产出的控制,由于存在信息不对称,信息较充分的管理者更了解如何优化配置资源以实现本部门的产出目标。因此,以分散管理代替集中管理,赋予管理者较充分的自主权也就成了预算绩效改革的通行做法。例如,新西兰部门管理者有人事支配权,有选择从政府部门或者私人部门购买服务的权力;澳大利亚和瑞典实行整体拨款制度,在拨款数额内,部门管理者可以自主决定资金用途;瑞典部门管理者还有结转、信贷、用人等方面的权力。

(五)严格的问责机制

权利和责任往往是对等的,在提供部门管理者灵活性的同时,各国也相应完善了问责机制。那些赋予部门管理者较大权力的国家,往往也是问责机制较为健全的国家。新西兰通过签订个人绩效合同直接约束部门管理者,管理者在合同到期时能否续签合同,能否得到分红,都受绩效考评结果的直接影响。瑞典的问责机制包括:发布拨款证明文本,向公众说明机构要实现的目标、绩效指标,以及机构因此而得到的拨款数额;进行独立审计并进行评分和评级;实行议会巡查官制度倾听公众对于公共服务的投诉;编制财务报告和年度报告,接受议会的审查等。加拿大引入了诚信支出法案,使项目负责人可以得到更好的问责。

(六)以权责发生制计算政府成本

收付实现制对政府资源投入的控制功能较强,而对政府产出的管理功能较弱。首先,收付实现制可以通过提前或推迟支付现金来操控各年度的开支,直接影响到费用核算的准确性;其次,收付实现制忽视对固定资产的管理,没有对固定资产计提折旧,直接影响到费用核算的完整性。由于无法准确、完整计算费用,收付实现制不能适应以产出为导向的预算绩效改革的需要。相对于收付实现制而言,权责发生制通过计提固定资产折旧和反映一些长期项目和或有债务的信息,能够更准确、更全面地反映政府在一个时期内提供产品和服务所耗费的成本,并更好地将预算确认的成本与预期的绩效成果进行配比,从而支持管理者的有效决策,有利于加强管理者对产出和结果的责任,有利于促进全面的绩效管理改革。因此,随着预算绩效改革的推进,各国会计核算基础纷纷从收付实现制转向权责发生制。目前,在会计核算上,美国、法国、加拿大等国已根据本国的情况,有选择地采用了改良或修正的权责发生制;澳大利亚、新西兰和英国等三个国家则实行完全的权责发生制。其中,澳大利亚、新西兰等国还将权责发生制应用到预算管理上。

(七)充分的机构、人员保障

要提高公共支出的效率和有效性,就要使决策科学化和合理化,杜绝决策过程中的腐败行为。为此,要在组织结构上形成权力的相互制衡机制。例如,澳大利亚实行两级审议,为此专门成立了支出审议委员会,所有支出提案都由支出审议委员会审议,而财政部不再控制支出,只是负责向支出审议委员会提供部门支出提案,协助支出审议委员会审议支出提案。之后,预算提案再提交国会授权的参院委员会审议。支出审议委员会和参院委员会都由最高级别的政府官员组成,这从组织上保证了公共支出得到控制。加拿大也是财政部、国库委员会各司其职。财政部只负责预算的编制,而控制支出的职能则由国库委员会履行。为加强对绩效考评工作,加拿大还专门成立了支出考评委员会。

预算绩效是一项复杂的技术工作,不管是绩效考评的操作和管理,还是权责发生制预算的实施,都要求机构管理者具有很高的专业素质。为此,新西兰和澳大利亚等国一方面大量引入高素质的专业人才,另一方面对现有机构管理者定期进行系统培训,这些工作不仅加快了预算绩效的进程,而且使预算绩效文化逐渐在这些国家建立起来。

二、预算绩效管理中存在的问题

即使从1947年美国胡佛政府提出绩效这一概念算起,预算绩效也只有半个世纪的历史,因此,从目前来讲,各国开展预算绩效,实际上仍处于探索阶段。同时,预算绩效本身所存在的制度缺陷,使得各国在开展预算绩效或支出绩效考评体系中,也产生了一些问题。

(一)缺乏对支出总体效果考评的制度设计

首先,预算绩效实际上是一种"部门预算",它只能针对某一部门的财政资金情况进行分析,从更高层面上,对整个财政资金在不同领域进行分配的情况,或者讲,对整个财政盘子、财政支出结构的合理性,尚无法进行考评,从而影响了预算绩效下财政的管理能力。其次,即使对一个部门来讲,由于部门目标的多重性,决定了考评部门绩效的烦琐性。为了更好地实现预算绩效,各国在确定预算绩效目标时,往往只能从绩效考评指标体系中选择若干个指标,作为考评部门绩效的依据。由于指标体系的不全面,导致绩效结果实际上是一种"以偏概全"的结果。再次,目前实施预算绩效管理的国家,绩效管理的出发点基本上是部门的政策目标或项目目标,而对目标本身的科学性、公共性、现实性等问题,缺乏必要的分析,因此,很难判定部门的绩效目标是否符合本国社会经济发展的要求。最后,即使建立在正确的政策目标或项目目标基础上的部门绩效指标是科学合理的,由于对这些目标的考评工作,主要由本部门自己来实现,财政部门只能在考评中,起一个组织与协调的作用。由自己给自己的成绩打分,影响了考评结果的合理性。即使一些国家采取了通过考评委员会或其他专门组织的形式,对部门的支出绩效进行考评,但这些组织对部门的考评依据,大部分仍来自部门。因此,很难保证预算绩效或者绩效考评结果的科学合理。

(二)考评年度性与政府目标可持续性的偏差

一般而言,一个国家的目标是可持续的,而一届政府的目标也是长远的。即使在民主国家,一届政府上台后,它提出的任期内目标,也需要在一届内完成。因此,政府的目标是长远目标与短期目标相结合的。但无论是实施比较全面的预算绩效,还是仅仅对某些财政支出进行绩效考评,它的考察对象,就是预算执行年度。因此,这一制度所限定的年度考察制,与政府目标的可持续性,产生了较大的偏差,由此可能直接影响政府目标的实现。

例如,在对研究部门进行绩效考评时,都把"论文录用量"作为一个重要的绩效考评指标。但从政府的目标讲,政府需要一批重视基础理论研究、国家重大战略问题研究的科学家,而这些研究,可能十年内都无法发表论文。这就迫使这些科学家为了实现这些绩效目标,不得不分散精力,发表一些无关紧要的文章。

(三)绩效管理在各部门运用不均衡

在实施预算绩效管理的国家,虽然政府一般要求各部门在提交部门预算时,都要同时提出绩效目标或绩效指标报告,但这些目标和报告,都是部门自身提出的。由于大多数政府没有就绩效目标和绩效指标的内容,提出更为具体的要求,因此,各部门工作开展从形式到内容,差距都很大。如新西兰的劳工部提出了系统的规划,而澳大利亚的劳动保障部也非常积极地推动本系统内支出考评工作,并专门成立了相应的工作机构。而在有些部门,这方面工作开展得较差,往往取决于行政首长的重视程度。

(四)绩效考评方法体系和信息支持有待完善

目前,除了美国政府提出了一套比较完善的绩效考评方法体系外,其他各国在绩效考评方法上,均没有形成一套完整的体系。从最初的项目管理和预算目标,一直到目前提出的产出和成果框架,都在不断拓展和改进。但在对不同的组织机构和部门,如何建立与之相适应的绩效考评基础框架;如何在既定的基础框架下,设计出更通用、更易操作的考评指标;如何运用更有效的考评方法,并在必要的信息收集基础上,建立标准体系;等等,各国实际上都还处于摸索阶段。

(五)考评结果应用有待强化

预算绩效与绩效考评的一个主要目的,就是希望通过对年度支出绩效考评,来影响年度部门的考核成绩,进而影响下一年度的预算安排。因此,各国都要求绩效考评结果公开化,如澳大利亚就要求各级政府部门都必须公布绩效考评结果。但在实际执行中,即使在绩效结果公开化的情况下,仍存在着绩效考评与考评结果运用之间的脱节现象,预算资金分配仍是在没有考虑考评结果情况下进行的。

第五章

预算绩效管理系统

预算绩效管理（Government Performance Budgeting System）简称预算绩效，是指政府和财政部门根据政府绩效管理原理，对负有公共事务受托责任的部门，就其经常性拨款采用的绩效拨款和绩效评价制度。这就是说，项目性支出不属于预算绩效管理的范围。在这里，我们主要研究预算绩效管理的制度构架，包括预算绩效管理的主体、预算绩效管理的环节、预算绩效管理的对象和范围、绩效指标体系设计的方法、预算绩效管理的配套改革等五方面的问题。

第一节 预算绩效管理的主体

制度建设的首要问题是明确主体、客体和内容。根据公共委托—代理原理，预算绩效管理的主体包括委托人、受托人两个方面。

一、预算绩效管理的委托人是政府和财政部门

预算绩效管理的委托人是政府和财政部门。我们将政府和财政部门列为预算绩效管理的主体。理由为：从法律意义上讲，各级政府是公共资金的所有人，而财政是政府理财部门，是公共资金所有人代表和公共财物的经理人，对公共资金的效率负有责任。

首先，预算绩效管理属于行政工作。财政部门是公共预算的执行部门和拨款机构，也是监督机构，根据权利与义务对等的原则，他们应当对公共资金使用效果负有不可推卸的责任。

其次，虽然国务院尚未将政府绩效管理正式授权财政部，国务院《财政

违法行为处罚处分条例》第2条规定："县级以上人民政府财政部门及审计机关在各自职权范围内,依法对财政违法行为作出处理、处罚决定。"中共中央《关于完善社会主义市场经济体制若干问题的决定》第21条也指出:"推进财政管理体制改革。健全公共财政体制……建立预算绩效评价体系。实行全口径预算管理和对或有负债的有效监控。"这些文件表明,我国财政部门应当是预算绩效管理责任人。

这里需要弄清的问题是,当前,审计部门提出绩效审计,那么,是否意味着审计部门将承担起预算绩效管理责任呢?

对此,笔者的结论是,审计部门的绩效审计应处于辅助地位,其主要责任是合法性审计。按《中华人民共和国审计法》(以下简称《审计法》),审计机关是授权对财政资金合法性审计的法定机构。虽然在审计中会涉及财政效率,但毕竟其基本任务是公共支出的合法性审计。而在市场经济社会里,公共利益与私人利益的矛盾是基本矛盾,因此,作为"看家人"的审计部门,在维护公共利益方面承担着重要责任。从业务上说,虽然绩效评价与合法性审查均属于财政监督,但两者不仅思路不同、原则不同,而且方法论不同,在这种情况下,将两者归于同一主体显然是不妥的。

再次,财政部门是公共资金分配部门,分配部门不必讲求财政效率,而让另一个不参与财政资金分配的部门去承担财政效率责任,显然是不合逻辑的。因此,按现行的行政制度,即使不再特别授权,财政部门也对公共资金使用效率负有不可推卸的责任。而从西方国家来看,预算绩效管理都是由财政部门负责进行的。例如,英国和澳大利亚等国家规定,政府的预算绩效评价事权归各级财政部门。

最后,根据公共委托代理原理,在信息不对称的情况下,财政部门进行绩效管理有利于降低交易费用。退一步讲,财政部门处于"管家婆"地位,在政府部门中,除了它谁能够承担预算绩效管理和绩效评价的责任呢?

可见,预算绩效管理属于财政工作的有机部分。无论国务院授权与否,财政部门作为政府理财部门都应当在政府的领导下,勇于承担责任,理直气壮地将预算绩效管理工作抓起来,排除各种困难将这一工作搞好,并向政府和人大汇报资金使用评价结果,这是历史赋予的责任。至于绩效评价中如何体现公平、公正,则属于操作问题,是可以通过适当途径解决的。那种将绩效评价推给其他部门的想法是推诿工作,而扯皮、推诿是政府的"不作为",本身就违背了绩效管理原理。

二、预算绩效管理的另一方是支出部门

支出部门是预算绩效管理的另一方。这是因为,支出部门是政府具体公共职能的受托人,也是公共资金的使用人。因而他们对公共资金的使用效果负有责任。

根据受托责任原则,他们理应对委托人——政府和财政部门负责,并接受绩效评价。至于部门如何合理地使用公共资金,取得最好效果是其实施问题。

预算绩效管理的另一方是支出部门,支出部门应当按部门预算要求,加强对所属单位的绩效管理,推行预算绩效管理并通过绩效评价来促使其提高财政效率。至于支出部门对下属单位的绩效管理如何进行,包括绩效指标的设置评价等,由支出部门决定。

上述分析告诉我们,政府预算绩效管理是直接与资金的接受人相联系的。因此,预算绩效管理应当分层次进行,即财政→支出部门→所属单位。这一点与项目绩效管理是有区别的。

第二节 预算绩效管理的环节

根据本书第四章的研究,预算绩效管理是由绩效拨款与绩效评价两部分和绩效指标设计、绩效拨款与绩效评价等三个环节组成。

一、绩效拨款与绩效评价

预算绩效管理是由绩效拨款与绩效评价两项相对独立的制度组成的。

(一)绩效拨款制度

绩效拨款的任务是根据公共产品理论和接受财政经常性拨款单位的特点,研究财政应当采用以哪些特征性指标,对各项政府职能进行绩效拨款。

由于政府职能的性质和行业差异,预算绩效的拨款方式是不同的,其形

式大体可以归纳为以下三类。

1. 完全的绩效拨款

这种情况下,政府对某一单位的拨款公式为:绩效拨款额＝业务特征值1计划量×平均成本＋业务特征值2计划量×平均成本＋业务特征值3计划量×平均成本＋……其中业务特征值是指从社会(顾客)角度反映行政事业单位工作量或工作业绩的数量指标;平均成本是指以效率状态下,平均计算的单位业务特征值成本或经常性费用,它可以来源于本地区的历年平均数,也可以来源于全国或地区的行业统计。

这是一种按一项或者多项业务特征值计划计算拨款的方式。在单位的功能单一,或者功能具有复合性质的情况下,通常采用该拨款公式。

2. 部分的绩效拨款

这种情况下,政府对某一职能的拨款公式为:总拨款＝固定拨款＋绩效拨款

这是一种"吃拼盘"式的拨款方式。它适用于那些具有历史积累性功能(如图书馆、博物院)等部门。绩效拨款额＝业务特征值计划量×平均成本

固定拨款＝业务费拨款＋其他需要固定的拨款项目

业务费拨款,如图书馆的图书购置费等;其他需要固定的拨款项目,如项目预算支出中的购置费、修理修缮费等。

3. 部门预算拨款

这种方式的公式是"部门预算拨款＋绩效评价",如在行政单位没有完成绩效管理改革前,采用的过渡性拨款方式。

(二)绩效评价制度

绩效评价制度的任务是在行政事业单位实施绩效管理后,建立何种评价机制,即通过相应的指标体系,对其实际业绩进行估价。

绩效评价的指标体系通常可以分为基本条件指标、投入指标和产出与结果指标等三个方面,也可以采用投入指标、产出和效果指标、发展能力指标等。

二、预算绩效的环节

预算绩效管理由绩效指标设计、绩效拨款与绩效评价等三个环节组成。

（一）绩效目标指标的确定

绩效目标的确定应当注意以下三方面：

一是支出部门的绩效是什么？以什么特征值来表现效果？这属于绩效指标体系的设计问题。通常，它应当包括投入、产出与效果三方面。

二是绩效目标应具有定量性和可测量性要求。由于事实上我们很难用一项指标来描述绩效目标，因而需要建立绩效指标体系。

三是按绩效指标，支出部门本年度应当达到的具体绩效目标是什么？这就是说，绩效目标必须是具体的、可考量的数值。对于某一主管部门而言，绩效目标一旦确定，就可以进入稳定的运行状态，而绩效目标会随着经济和管理的需要而变化，因而需要在每年预算中予以明确。

例如，对于教育部门来说，假定我们确定了各类教育的在校生人数、教育质量两个基本评价指标，那么，在校生人数则每年应当按入学率和当地的生源下达。假如，经调查某地的小学阶段的适龄人口的人数为 12.6 万人，入学率为 98%，则本年度的在校生人数应当为 12.35 万人。在这一环节，我们应注意以下两个问题：

1. 绩效目标的设定必须慎重，经过反复测算和综合平衡才能确定

绩效目标关系到政府的年度政绩，也关系到财政资金的安排方向。因此，选择合理的评价指标十分重要。此外，还需要慎重地选择有关指标目标。绩效目标定得较高，则按花钱买效果的原则需要更多拨款，因而绩效目标经过反复测算和综合平衡才能确定。财政部门在确定绩效目标时，不仅要听取各业务部门的意见，而且要依据国家的经济和社会政策，同时考虑财力可能，经过反复地综合平衡，最终确定一个合理的绩效目标。

在上例中，我们将在校生人数按入学率 98% 确定的。这就是说，教育局应当保证有 12.35 万人在校。在我国，入学率只指适合上学年龄儿童的入学率，或者说，它只指一年级儿童应当达到的人数，而不是 1—6 年级的儿童都必须保持平均 98% 的在校生率，中间发生逃学、退学的学生不统计在内。因而，现行的普及率指标存在着一定的虚假性。

按在校生 12.35 万人确定的教育绩效目标，虽然没有要求达到适龄学生 100% 上学，但事实上比起目前 100% 的净入学率指标，完成起来要困难得多。

2. 按政府职能进行预算绩效管理

预算绩效管理是对政府职能而言的,就是说,它是按支出职能的要求建立预算绩效的,而不是对单位。比如,部门有时有多个具体职能,这就需要按不同的职能来设置绩效目标指标。为此,我们应区分以下三种情况。

(1)一项职能只涉及一个单位,因而对政府职能的绩效评价与对单位的评价合一。

(2)一项职能涉及多个单位,这时的绩效管理实际上分成财政对支出部门的评价,支出部门对下属部门的评价两个层次;假如这一职能是由两个平行的单位完成的,则应当将它们整合起来,对支出职能进行整体的绩效评价。我们应当防止因"分头评价"而造成的相互将其他部门业绩转为自己业绩的行为。

(3)一个单位涉及多项职能,在这种情况下,应当按职能来评价绩效。否则,我们就会陷入"一头牛加一只老鼠等于什么"的逻辑陷阱。在这时,我们还应当做好指标间的衔接。例如,卫生部门承担着卫生行政(医政、药政)、防疫、医疗等三方面职能,相应地,财政是按不同职能来供给经费的,因而经费名称不同。为此,比较合理的方法是按经费渠道设置绩效目标,而不必硬将其凑合。同理,公安部门的治安管理、交通管理职能的预算科目不同,各自的绩效指标不同,我们应当分别职能设置指标,而不必将其凑合成一套指标。

(二)预算——绩效拨款计划

即按年度的绩效目标和事业成本,计算出应当拨款的计划(预算)。在确定绩效目标后,我们还应当根据事业成本,计算出绩效拨款计划。绩效拨款计划的计算公式为公式1或公式2。

$$本年度的预算拨款计划 = 绩效目标 \times 单位事业成本 \quad (公式1)$$
$$本年度的预算拨款计划 = 绩效目标增长率 \times 边际事业成本 + 上年的实际成本$$
$$(公式2)$$

根据上述公式,形成预算绩效管理草案。在财政部门编制预算绩效管理时,还应注意以下问题:

一是,绩效拨款计划适用于经常性职能的支出。对于超过这一范围的部分,应当列入专项拨款,并按项目绩效管理的办法进行管理和评价。

二是,确定预算拨款计划时,需要考虑到预算内外资金的不同性质。这就是分清总成本与拨款的概念。例如,在事业成本中,政府拨款只是其中的一部分,在这种情况下,应当将预算外收入也考虑入内。

三是,预算绩效管理是一种预算管理方式,财政部门按这一要求编制的称为预算绩效管理草案。在预算草案编制完成后,财政部门需要按规定程序报送政府审查。在政府通过后,应当按预算法规定的程序报送人大常委会。经人民代表大会讨论通过的预算案,由政府和财政部门执行。

(三)绩效评价

根据预定的绩效目标指标和其他指标,对拨款的效果进行评价,并按绩效评价的结果,对预算绩效管理拨款进行结算。通常,绩效评价以年度为周期进行。绩效评价的结果,还应当按规定正式向政府和人大报告。

预算绩效管理是绩效目标,绩效拨款和绩效评价三个环节构成的循环。而绩效指标和事业成本始终处于这一循环的核心地位。财政部门在绩效目标确定后,进入了预算编制环节,形成预算草案。预算草案在预算经过人大通过后,进入预算执行阶段,由财政部门、各业务部门执行。在预算绩效管理执行过程中,还应当按政府采购、国库部门等制度办事。预算绩效管理在执行完成后,进入了绩效评价环节。绩效评价完成后,还应当对资金进行结算。

第三节　预算绩效管理的对象

预算绩效管理的对象是政府的经常性支出,而它又是与政府的职能相联系的。因此,按政府职能来管理是绩效管理的重要特点。

一是预算绩效管理的对象是实现政府经常性职能的支出。由于这部分支出的承担者是行政事业单位,因而,对行政事业单位的管理也就成为预算绩效管理的主要内容。

二是预算绩效管理的对象是公共资金中用于经常性支出的部分。公共资金在这里不仅是指预算资金,而且包括预算外资金和制度外资金。这就是说,上述资金,无论是财政拨款方式,还是由事业单位按政府公布的标准收取的服务费用,均属于政府公共资金,因此,凡是上述公共资金中属于经常性支出的部分,都应当纳入预算绩效管理。

顺便指出,传统的观点认为,只有政府预算资金才应当纳入预算绩效管理,这一观点是不对的。事实上,预算外资金仅仅是政府理财的形式,并不改变公共资金的实质,也不改变使用者应当对资金效果负责。所以,它们同样应纳入预算绩效管理。

随着预算绩效管理的深入,西方国家将收入部门也纳入绩效管理,通过对收入的绩效评价发现了那些收入不多,但人员很多,因而低效率的收入部门,为此,取消了一些政府收费项目。看来,对于收入部门的绩效评价也具有重要意义。

第四节　预算绩效管理体系设计与改革方案

一、绩效指标体系设计的方法

在预算绩效管理中,最关键的,也是最困难的问题是绩效指标体系设计。一般地说,预算绩效指标设计出来,那么,下一步主要是实施的问题了。绩效指标体系设计的方法主要有逻辑分析法、样本基准法、关键成功因素法、综合平衡计分法。

(一)逻辑分析法

这一方法要求在对预算的对象进行逻辑分析的基础上,按其投入、产出、效果三类来设定绩效指标。逻辑分析法广泛地使用于绩效目标的指标设定上,读者可以看到,我们所提供的案例,基本上来自逻辑分析法。为了说明这一分析过程,我们先看以下案例。

【案例】

雷纳评估(Rayne Scrutiny)的步骤

20 世纪 80 年代,英国内阁的著名案例是雷纳评估。它们是按题以下步骤进行的:第一步,选择评审对象。评审对原由各公共部门根据自己的需要自愿选择。第二步，对现有活动的质疑。质疑就是对现在进行的工作提出尖锐的问题，包括：为什么要从事正在进行的工作？为什么要按照目前的方式从事这些工作？第三步，推动争论或辩论。评审员完成实地调查后，将发现的问题、自己的感受及改革的建议写成报告，一份交效率小组备案，一份交被评审单位，了解被评审单位的反应，征求其意见和建议。第四步，评审员和被评审单位有关人员对改革措施进行充分的讨论和协商，形成一致的看法，达成共识。

雷纳评估是在人们还没有总结出完整的逻辑分析法时进行的探索性评价。尽管如此，它为我们提供了一个对绩效管理的逻辑分析思路。逻辑分析法的特点是先提出问题，然后按问题的要求设定指标，最后，在此基础上进行优化。

逻辑分析法是以下四个基本问题为前提的：

(1)根据"花钱买效果"原则，政府在这一行业应当花钱"买回"什么？

(2)根据"为顾客服务"原则，"顾客"最关心的是什么？

(3)社会对该部门或行业反响最大的问题是什么？

(4)在行政管理上，哪些问题阻碍了这一公共管理目标的达成？

逻辑分析法主要是向绩效分析人员提供了一个逻辑分析框架，它广泛地采用逻辑分析的概念，即"如果什么条件，会产生什么结果？"从而使得人们可以从现有条件出发，一步步地推导出合理的结果。逻辑分析法将整个过程分为：投入（资源）、活动、产出、结果（直接结果、中期结果、长期结果）等四个环节，并将结果按时间顺序，分为直接结果、中期结果、长期结果等。逻辑分析法在设计绩效评价体系时，通常采用基本条件、投入（资金投入和人力资源等投入）、产出与结果等三部分指标，或者按投入、产出和结果、发展能力三部分来建立传数指标体系的框架。

（二）样本基准法

样本基准法（Benchmarking）也称为标杆法或外部导向法，在企业绩效评价中，它是指尽可能把企业最强的竞争对手或同行业领先的最有名望企业的关键业绩作为对照分析样本基准，进行评价与比较，以建立可持续发展的指标体系,促进企业持续改进方法。

在政府绩效管理中,样本基准法是指借用其他地区或国外的同类行业的绩效管理指标体系和绩效目标,在此基础上形成绩效指标和绩效目标体系。

(三)关键因素法

关键因素法是基于社会的远景、战略与核心价值观,对特定的公共服务行业的若干关键要素进行提炼与归纳,从而建立企业关键业绩评价指标体系和绩效管理系统的程序和方法。关键因素法既可以用于绩效指标的体系建设,也可用于绩效指标的优化。

关键因素法符合管理学的"二八原理"。在一个事业的公共服务供给中,存在着"20/80"的规律,即20%的骨干人员创造了80%的业绩;在每个部门和每一位员工身上"二八原理"同样适用,即80%的工作任务是由20%的关键行为完成的,抓住20%的关键行为,进行分析和衡量,就能抓住业绩评价的重心。

关键因素法主要用于政府对部门、事业的绩效分析上。随着上述问题的提出和调查的深入,我们会形成一些初步指标,但是,还需要进一步通过优化而筛选出指标体系。在这一过程中,我们将不断地提出如下问题:

(1)从可测定性看,哪些指标是重要的,并且可以测定的? 如果不符合这一要求,是否可以找到其他指标来替代?

(2)指标之间的覆盖面能达到多大? 指标之间的区分度有多大? 通常,要求指标体系的覆盖面应当达到80%以上。如果指标是可以相互替代的,那就属于其区分度过小,为此,应当从中选取那些取得数据比较容易的指标,而删除获取数据难度较大的指标。

(3)尽可能选取复合指标。这也是优化指标的重要方面。

(四)平衡记分法

平衡记分法(The Balanced Scorecard,BSC)是用于部门或单位内部,分解和落实绩效评价指标,对员工进行人力资源绩效管理的方法。这一方法广泛地应用于企业绩效管理。

"平衡"在这里是指上下平衡、左右平衡。平衡记分法要求,通过与岗位相结合的多目标的管理模式,将个人的评价在企业、单位的贡献与工资、工资等级、岗位升迁等结合起来,而形成的人力资源绩效管理机制。

例如,在企业评价中层干部的绩效时,其指标的一部分来自上层的评价,如工作任务完成的有关业绩指标等,这是属于岗位要求,但也有些指标来自基层,如员工对其工作的计划性、满意程度和关心员工等。此外,他的绩效指标还来自左右,例如,与其他部门的关系,客户的满意率等。这些指标综合起来,就可以客观地评价他在企业中的价值。

平衡记分法是建立在人与岗位相结合的评价标准上的。其框架包括四部分(或称为四个指标类别):组织学习与成长性;内部经营过程;客户满意度;财务结果。它要求先设定岗位,然而确定岗位和岗位的责任和工资标准。通常,我们可以规定评价达到 85 分以上为称职,85～60 分为基本称职,60 分以下为不称职。对基本称职者,应当按其得分,决定是否扣减工资,而对于不称职者应当免职。对于连续 3 年达到"称职"的人给予提升职务或工资等级。

平衡记分法在政府管理中也有较好前景,在政府管理中,通过平衡记分法可以有效地分解绩效目标,并将它与各下属机构的管理要求结合起来,也有人提出将其应用于公务员制度建设,为此,应当设立德、能、勤、绩四方面的绩效目标。但由于历史原因,我国在公务员量化应用方面的研究刚刚开始,因而这方面的应用比较成熟的案例不多。但这是今后值得深化的研究方向。

在上述四种方法中,逻辑分析法和样本基准法比较适用于对行政事业单位的绩效目标设定,而关键因素法与平衡记分法主要应用于内部的管理,尤其是平衡记分法,它在国外的政府管理中的应用比较普遍,但在国内,对于行政事业单位的应用刚刚开始。有关这些方法的具体内容,见本书的第十章。

二、预算绩效管理的配套改革

(一)调整管理体制模式,深化政府改革的必要性

由于现行的公共管理制度是按层级节制、公文主义、专业分工等原则设计的,而预算绩效管理是建立在现代公共管理理论上的,与扁平化、务实管

理、顾客至上等理念和制度的要求一致。因而通过预算绩效,我们可及时发现管理中的问题,深化公共管理改革。

传统公共管理的"层级节制"来自公共管理是既管人又管事的理论,即"管人+管事"公式。受记忆力等限制,人们认为一个主管应当以管理10～30人,以及与之相关的事务为限,超过这一规模就必须增设行政层次或级次,否则就管不了。因此,随着政府公共事务的扩大,机构就变得重重叠叠。而现代公共管理采用绩效管理后,我们可以通过制度—指标及其机制,计算机应用等,形成"复合型公共管理模式"。这一模式下的管理呈"扁平化",政府可通过这一模式,直接管理到基层单位,而不必经过许多中间层次。这样,许多中间机构就被省掉。

现阶段的教育管理采用"一级政府、一级学校"模式,在一个县的范围内,由于中小学数量太多,为此按上述理论需要县、乡两级政府管理学校,这就形成了县级管城镇中小学,乡级管农村中小学的体制。即使在2002年国务院下达农村中小学管理"以县为主"的通知后,地方仍采用行政性的"中心学校"或类似机构进行级次管理模式。而预算绩效管理要求撤销中心学校等中间机构,改为由县教育局直管全县中小学的"扁平化"结构。为此,我们提出了一个乡设立2～3所学校,将其余的学校改为教学点的"学校—教学点"模式。在预算绩效实施后,诸如此类的改革几乎是不可避免的。

总之,预算绩效管理必然触及政府的组织结构和管理机制,这是符合建设廉洁高效政府要求的。读者可以从本书的案例中发现,调整行政管理体制同样是绩效管理的重要方面。

(二)"本级职能由本级政府管"——调整县乡两级政府职能的重要原则

那么,我国应当怎样调整政府行政管理体制,以适应预算绩效管理要求呢?

在我国,长期存在着政府间职能划分不清的问题,这不仅造成了政府管理的低效率,也阻碍了政府绩效管理制度建设。我们知道,绩效评价是对于接受财政拨款的行政事业单位,未获得直接拨款的单位是无法对其评价的。但我们在考察义务教育时发现,从省到县乡各级政府都在办"自己的学校",由于隶属关系不同,经费供给的模式不同,因而学校间管理差异很大。这样,因隶属关系不同,即使同一地区,也无法对义务教育作出统一的绩效评价。同样,这些问题也包括公安、农业技术推广、林业、水利、卫生防疫、交通等。

改革行政体制是建立廉洁高效政府的重要方面。既然我们不能陷入"为改革而改革"的盲区,那么,现实可能的路径就是从政府绩效管理的观点来规划政府改革。即按"本级职能由本级政府管"的原则重新调整各级政府职能,尤其是调整县乡政府的职能,实行"实县虚乡"的政策和"五级政府,三级财政"的体制。

如果我们将行政工作中的无效率、官僚主义等统称为"政府失灵",那么,"政府失灵"最突出的是乡级政府。按宪法,虽然乡级是法定的政府级次,但经费来自县级拨款,因而处于事实上的附属地位。目前乡级承担的职能过多,但无论从机构设置上还是财力上均缺乏自律能力,乡级"政府失灵"都严重地损害了政府整体形象,也阻碍了政府绩效管理。

"实县虚乡"政策的核心是强化县级政府,而乡级政府并非功能完善的实体政府。县级政府是我国公共管理的基础环节。在历史上县的概念可追溯到秦汉时代。秦始皇在统一中国后,实施了"实县虚州"的行政体制。这一体制一直沿用了二千多年。就是说,州只是个行政管理机构,而不直接管理民事。而州的民事归县级管理,例如,苏州城内的治安、赋税等民事归吴县。而县以下,乡则属于自治机构,政府不予拨款,只给少量补助。

新中国成立后,我们根据工业化的需要采取了对农村继续"实县虚州",将州(专区或地区)政府作为省级的派出机构和对城市强化市级政府的措施。同时,加强城市政权建设,建立了直辖、省辖市,使之成为工业品生产基地和商品流通中心。

1982年宪法中,明确了中央、省、市、县、乡(镇)五级政府制。20世纪80年代中后期各地相继进行了"市管县"改革,确立了市级对县级的领导地位,并通过乡财政改革,完善了五级政府制度。虽然"市管县"改革的初衷是好的,但实行结果却不甚理想。这主要由于以下原因。

(1)经济是以互利为基础的商品关系,只要解除了地方封锁,行政体制就不可能对其施加重大影响。就是说,企业不可能因"市管县"而放弃既有利益和合作关系,而改寻找"本市区"的合作伙伴,或放弃已有市场。因此,试图借"市管县"拉动县级经济是"剃头挑子一头热"。

（2）随着市场经济体制改革深化，城市经济面临着激烈竞争，尤其中西部地区城市，它们连自身生存都很困难。在这种情况下，"带动县级经济"不仅不可能，而且往往凭借行政权力，向县级"集中"财力。这就导致市县矛盾激化。

（3）财政体制理不顺。由于市级的再分配，省财政下达的各项农村发展资金往往很难落实到县级，更讲不清是否落实到乡。即使资金到了乡镇，也很难说用于农业发展。虽然我们建立了审计制度，但五级政府的信息不对称和复杂的博弈关系，使得交易成本，包括制度的纠错成本都很高。而乡级政府自律机制缺失又使人们产生了根深蒂固的不信任。

"五级政府，三级财政"是指在政府机构设置上采用中央、省、市、县、乡五级制，但在财政上只设中央、省、县三级。因而，虽然在行政上市对县是领导关系，但在财政上两者是并行的，它们都是省财政的结算单位。市可以对县拨款，但这是委托关系。与此同时，在县乡关系上采用"实县虚乡"原则，即在体制上县对乡财政是一种包含关系，乡级没有独立的财政，也不设国库机构，而成为县级财政的拨款单位。当然，县财政除了保障正常经费外，还应当视乡镇财政超收情况，实行超收分成制。

同时，在乡级职能分工上，凡是县级政府的职能应由县级有关部门实施，如义务教育、卫生院、法庭、公安、水利、道路交通、电力供给、农业技术推广、土地管理、畜牧兽医、农机管理等，经费直接归县级供给，而乡镇政府成为管理一般性行政事务的"小政府"。

如果说，过去由于我们没有建立绩效管理机制，因而上述派出机构"天高皇帝远"，县级职能部门很难直接管理，那么，与绩效管理结合的"实县虚乡"应当是可行的。而"五级政府，三级财政""实县虚乡"也是建设廉洁高效政府的一个方面。

● 第六章

预算绩效目标

第一节 绩效目标管理

一、绩效目标管理的概念

以绩效目标管理为核心理念的绩效管理在西方发达国家早已实施并成为其财政管理的主要形式,而这一制度引入我国并开始实践则是 2000 年以后,预算绩效目标管理产生与发展受新公共管理理论影响深远。

新公共管理理论的核心思想是要打造服务型政府、责任政府和效率政府,要求预算部门使用财政资金实行绩效考评,注重政府应以顾客或市场为导向,把社会公众与政府的关系定位为"顾客"和"管理人员"的新型公共受托责任关系。

绩效目标管理则强调把社会公众看作顾客,要求政府的一切活动都要从公众的需求出发,并建立财政支出绩效评价管理体系,通过构建一套复合指标测定政府服务成本和效率,来推动政府责任的导向和激励作用,采用私营部门的管理手段,对产出结果提出意见,从而区别于传统公共行政做法。绩效目标管理实行严明的绩效目标控制,实施全面质量管理,从而提高政府服务意识和执政水平,改变"政府本位"现象,满足社会经济全面发展的要求。总之,绩效目标管理是财政部门和预算部门及其所属单位以绩效目标为对象,以绩效目标的设定、审核和批复为内容所开展的预算管理活动。

绩效目标既是整个预算绩效管理体系运行的前提,引领整个预算绩效管理体系全过程。科学的预算绩效目标对推行预算绩效管理体系有着重要的基础性和推动性作用。绩效目标在资金的预算、实施方案的制订和项目完成后的评价中都可作为重要的参考和依据，贯穿于项目的整个过程之中。科学规范、高标准、高要求的绩效目标能够指导项目更好地开展，进而创造出可观的效益。

二、绩效目标

绩效目标是指资金使用单位根据其履行职能和事业发展的需要所申请的预算资金计划在一定期限内达到的产出和效果，是预算绩效管理的前提和基础，是贯穿预算绩效管理始终的一条主线，是建设项目库、编制部门预算、预算资金安排、事中绩效跟踪和事后绩效评价的重要依据。绩效目标是由预算部门在申报部门预算时填报的，以相应绩效指标的细化、量化来反映绩效目标，主要包括绩效内容、绩效指标、绩效标准和绩效目标值。

（一）绩效内容

绩效内容是贯穿预算项目的各个环节，包括投入、过程、产出和效果四个方面。投入方面主要指的是资金安排，过程方面主要指的是资金使用的合法合规情况，产出层面主要指的是公共产品及公共服务的产出范围、种类以及数量，效果层面则主要指的是预算资金支出对于社会层面的影响。

1. 投入

投入方面的目标主要是指项目立项方面的目标和资金安排方面的目标。

（1）项目立项方面的目标。项目立项方面的目标要求合乎规范、立项合理、项目预期目标客观明确。

1）项目立项合乎规范。项目立项合乎规范主要是指项目申请、批准设立合乎现有规定，整个审核程序合法有效。这一目标包含以下含义：项目申请过程符合规定程序；项目申请所提交的各种文件达到相关标准；项目立项依据充分可靠，事前已经过充分且必要的可行性论证等。

2）立项合理。立项合理指项目的设定能够实现一定的目标，项目合乎国家法律、法规和项目执行部门的战略目标。这一目标主要包含以下含义：预算项目的设立符合相关法律规定，并与政府执政目标相适应；项目与预算执行单位的职责密切相关，有助于预算执行单位实现其行政管理任务和战略目标;项目是预算执行单位履行相关行政职能和实现部门战略目标所必需的;项目的预期产出和效益与其付出的成本大致相当,与正常的项目执行效果相当。

3)项目预期目标客观明确。项目预期目标客观明确指项目的最终目标是清晰的、可衡量的。这些目标能够成为最终评价项目运行成果的依据。这一绩效目标主要包含以下含义:预算绩效目标已经经过充分细化,分解成为多个具体的目标;项目各项具体目标都有清晰的、可衡量的指标来加以体现;项目各项具体目标与部门职责和年度计划相匹配;项目资金与预算安排的投资额度相当。

(2)资金安排方面的目标。要确保项目资金足额到位、及时到位并兼顾项目资金的效率和节约。

1)项目资金到位率。项目资金到位率指实际到位资金达到了计划安排的资金,能够保障项目整体的顺利进行和任务的最终完成。项目资金到位率目标主要包括以下含义:项目资金实际到位总量与计划投入量相匹配;项目资金实际到位总量与完成项目所需要的资金量相匹配。

2)项目资金到位及时率。项目资金到位及时率指资金能够按照项目所需及时到位,来满足项目支付需求。项目资金到位及时率目标主要包含以下含义:项目资金实际到位满足项目资金支出进度的要求;项目资金实际到位情况符合预算安排中的资金到位时间安排。

3)项目资金使用兼顾效率和节约。项目资金使用兼顾效率和节约指的是项目投入涉及财政资金的分配,必须以有限的财政资金尽可能地多提供公共产品及公共服务,在保障实现必要绩效目标的同时,节约使用财政资金。项目资金使用兼顾效率和节约主要包含以下含义:项目资金安排有充分依据;项目资金能够保证项目的顺利实施;项目资金安排科学严谨,不存在过量资金安排;项目资金管理制度详细健全,确保项目资金的科学合理使用。

2.过程

过程层面主要涉及项目业务管理和财务管理两个方面的目标。

(1)项目业务管理方面。项目业务管理方面的目标要求有健全的管理制度、管理制度能够得到有效的执行以及管理制度能够对项目进度、质量等起到充分的控制作用。

1）业务管理方面的管理制度健全。业务管理方面的管理制度健全指预算项目的进行有完整的制度体系能够保障项目顺利实施。整个管理制度应当能够规范项目实施行为,反映项目实施中的各种行为。这一目标主要包含以下含义:项目有着完整、科学、可执行的规章制度体系;规章制度体系的相关规定能够覆盖项目执行的所有重要方面;规章制度体系的内容合法、合规。

2）管理制度能够得到有效的执行。管理制度能够得到有效的执行指的是项目的执行符合既定的各项相关业务管理规定。这一目标主要包含以下含义:项目执行各种行为符合法律和管理制度体系的规定;项目计划的安排和调整、项目各个环节文件规范、资料齐全符合管理制度体系的规定;项目人员配备、硬件设施、信息系统建设符合管理制度体系中所要求的标准。

3）管理制度能够对项目进度、质量等起到充分的控制作用。管理制度能够对项目进度、质量等起到充分的控制作用是指预算执行单位是否对项目进度、质量控制方面安排了必要的措施,能够及时反映项目进度和质量信息,并能够加以调整。管理制度能够对项目进度和质量起到充分控制作用主要包含以下含义:管理制度体系中包含进度、质量方面的明确规定,存在质量检测标准;预算执行单位严格执行了进度和质量方面的手段,并能够起到控制进度和质量的作用。

（2）财务管理方面。财务管理方面要求有健全的财务管理制度、资金收支符合相关制度安排以及预算资金的收支在严格的制度约束和规定下进行。

1）项目财务管理方面的管理制度健全。项目财务管理方面的管理制度健全指项目执行的财务管理有着健全的财务制度可以规范财务管理行为,财务制度能够保障项目资金的规范、安全运行。这一目标主要包含以下含义:项目制定出健全的、能够覆盖全部重要环节的财务管理方法;项目财务管理制度与国家会计制度和会计准则相符合;项目财务管理制度与政府财务管理的规定相符合。

2）资金使用符合财务管理制度。资金使用符合财务管理制度指项目资金的收支符合财务管理制度体系,并能确保资金收支的规范、合理。这一目标主要包含以下含义:项目资金收支符合国家的财经法规、会计制度和政府的资金管理办法;项目资金收支(特别是资金支出)有完整的审批程序和手续;项目资金的各项重大开支论证充分、支出合理;项目资金支出符合预算规定的用途和合同的支出条款;项目资金不存在挤占、挪用、截留和虚列开支等情况。

3)预算资金的收支在严格的制度约束和规定下进行。预算资金的收支在严格的制度约束和规定下进行指项目资金的安全性存在必要的监控措施,能够保障项目资金的安全、规范运行。这一目标主要包含以下含义:健全的管理制度中存在对于资金安全、规范运营的相关规定;这些措施能够保障项目资金的安全、规范运营;相关规定能够被切实有效地执行。

3.产出

产出是指预算项目最终提供的公共产品及公共服务的数量,产出目标必须在项目立项时明确提出,是判断项目立项合理性的重要参考。产出目标主要包括公共产品及公共服务产出的数量、公共产品及公共服务提供的时间、公共产品及公共服务的质量,以及公共产品及公共服务提供的单位成本。

(1)项目能够提供的公共产品及公共服务的数量。项目能够提供的公共产品及公共服务的数量是指项目执行过程中提供的公共产品及公共服务数量和项目完成能够为全社会提供的公共产品及公共服务的数量。项目能够提供的公共产品及公共服务目标主要包含以下含义:项目提供的公共产品及公共服务种类;各个种类的公共产品及公共服务的数量;公共产品及公共服务的受益对象。

(2)公共产品及公共服务提供的时间。公共产品及公共服务提供的时间指的是公共产品及公共服务产出的时间因素,公共产品及公共服务能够被提供出来的时间和人民群众受益的时间。公共产品及公共服务提供时间的目标主要包含以下含义:公共产品及公共服务产出的时间;公共产品及公共服务提供给社会公众的时间;公共产品及公共服务产出在各个时间点的分布。

(3)公共产品及公共服务的质量目标。公共产品及公共服务的质量目标指公共产品及公共服务的品质方面,公共产品及公共服务要达到一定的质量标准,并且需要提出所提供全部公共产品和公共服务的达到质量标准的比率目标。公共产品及公共服务的质量目标主要包含以下含义:公共产品及公共服务的质量标准;公共产品及公共服务的整体达标率。

(4)公共产品及公共服务的单位成本目标。公共产品及公共服务的单位成本目标指的是公共产品及公共服务的产出成本,这一方面的目标是判断项目资金安排是否合理的一项重要依据。公共产品及公共服务提供的单位成本目标主要包含以下含义:公共产品及公共服务提供的单位成本;项目资金中纯管理费用所占比例;项目资金扣除纯管理费用后的单位公共产品及公共服务的直接成本。

4.效果

效果目标是指预算项目的实施对社会的影响,或者说是指预算项目的执行和完成能够对整个社会所起到的作用。预算项目绩效目标大致包括经济效益、社会效益、生态效益、可持续影响以及社会公众或受益对象对项目的满意程度等方面。

(1)项目效果中的经济效益。项目效果中的经济效益指的是项目实施能够对特定区域的经济发展所起到的作用,能够在哪些方面、以何种程度促进经济发展。经济效益方面的目标主要包括以下含义:对项目实施影响范围内的经济增长有一定的促进作用;对项目实施影响范围内的居民收入增长有一定的促进作用;对项目实施影响范围内的特定产业发展有一定促进作用;对项目实施影响范围内的特定居民群体的收入增长有一定促进作用。

(2)项目效果中的社会效益目标。项目效果中的社会效益目标指的是项目实施对社会事业发展所起到作用,或者说是指在哪些方面促进了社会进步,促进了精神文明建设。社会效益目标主要包含以下含义:对项目实施影响范围内的社会进步有一定促进作用;对项目实施影响范围内的社会特定方面具有一定促进作用;对项目实施影响范围内的特定居民群体的素质提升有一定促进作用;对全社会的某些道德素养起到的一定的示范作用等。

(3)项目效果中的生态效益。项目效果中的生态效益指的是项目实施对生态环境的影响,既包括直接影响,也包括间接影响。生态效益目标主要包含以下含义:项目实施对整个生态系统所起到的作用;项目实施对特定生态系统所起到的作用;项目实施直接对生态系统中的某一方面所起到的影响;项目实施间接地对生态系统的各个方面所产生的影响。

(4)项目效果的可持续影响。项目效果的可持续影响指的是项目产生的长期、永久性效果。项目的可持续影响主要包括以下含义:项目能够产生哪些可持续影响;各种可持续影响的存续时间;各种可持续影响分别在多大程度上促进了各项社会事业的发展。

(5)社会公众或受益对象对项目的满意程度目标。社会公众或受益对象对项目的满意程度目标指的是项目能够被绝大多数社会公众接受,能够被绝大多数的受益对象满意。社会公众或受益对象满意程度目标是衡量项目受益群体主观上的接受程度,这一目标主要包含以下含义:项目能够被所影响到的社会公众、受益群体所接受;项目的各项政策意图能够被社会公众、受益群体所接受;实现项目各项目标所采取的措施能够被社会公众、受益群体所接受。

(二)绩效指标

预算绩效指标是衡量和评价预算支出预期达到的效益、效率、效果以及绩效目标实现程度的工具,是预算绩效目标内容的细化和量化,它与预算绩效目标直接相关,能够突出表现预算绩效目标内容的指标。预算绩效指标能够全面、系统的反映预算绩效目标的内容,主要包括产出指标、效益指标和满意度指标等,绩效指标应与绩效目标对应一致,突出重点,系统全面,便于考核。

1.产出指标

产出指标是预算绩效目标中关于公共产品及公共服务的产出数量方面的指标,反映预算部门根据既定目标计划完成的产品和服务情况。可以按照产出目标的内容分为数量指标、质量指标、时效指标和成本指标。

(1)数量指标,主要反映项目的核心产出及其数量,如:推广新技术多少项,受益人群覆盖率、举办培训的班次、培训学员的人次、新增设备数量等。

(2)质量指标,主要反映预期提供的公共产品和服务达到的标准、水平和效果,即该项目涉及的管理制度和政策办法提出的项目目标,如:森林覆盖率、病虫害控制率、教师培训合格率、验收通过率等。另外,还可反映受益群体政策知晓率,即项目对应的受益群体对政策的了解情况。

(3)时效指标,用以反映预期提供公共产品和服务的及时程度和效率情况,如:培训完成时间、研究成果发布时间等。

（4）成本指标,用以反映预期提供公共产品和服务所需成本的控制情况,如:人均培训成本、设备购置成本、和社会平均成本的比较等。

2. 效果指标

效果指标是对预期效果的描述,反映与既定目标相关的、预算支出预期结果的实现程度和影响的指标。包括经济效益指标、社会效益指标、生态效益指标、可持续影响指标等。

3. 满意度指标

满意度指标是反映服务对象或项目受益人的认可程度的指标。

（三）绩效标准

绩效标准是指设定绩效指标具体数值时的依据或参考标准,包括历史标准、行业标准、计划标准及其他被认可标准。

1. 历史标准

历史标准指同类指标的历史数据等。

2. 行业标准

行业标准指国家公布的行业指标数据等。

3. 计划标准

计划标准指预先制定的目标、计划、预算、定额等数据。

4. 其他被认可标准

其他被认可标准指财政部认可的其他标准。

（四）绩效目标值

总体分为定量绩效目标值和定性绩效目标值。

1. 定量绩效目标值

能够用数字表示的目标值称为定量目标值,如政府及事业单位的项目产量、产值、利润、劳动生产率等。定量绩效目标值的具体表现形式有以下几种:

（1）按其性质可分为数量目标值和质量目标值。数量目标值是用来表明目标的广度即数量水平,如产量、预算完成率、结转结余率等;质量目标值是用来表明目标的深度即质量水平,如制度执行有效性、项目立项规范性、绩效目标合理性等。

（2）按目标值的计量单位可分为实物目标值和价值目标值。实物目标值是以实物单位计量的,如实际完成数;价值目标值是以货币单位计量的,如到位资金。

（3）按目标值的计算方法分为绝对数目标值、相对数目标值和平均数目标值。

2.定性绩效目标值

指不能用数字表示的目标值。定性目标的目标值难以量化,给实施和考核带来一定的困难。为了便于评价,对不能量化的目标应尽量具体化、形态化、可衡量和可操作。如服务质量目标,可以用顾客的满意程度（通过调查和统计分析）来反映目标绩效。

三、绩效目标的分类

（一）按预算支出范围及内容分类

按预算支出范围及内容,将绩效目标分为基本支出绩效目标、项目支出绩效目标、部门整体支出绩效目标。

1.基本支出绩效目标

基本支出绩效目标是指部门基本资金支出在一定期限内所达到的产出和效果。

2.项目支出绩效目标

项目支出绩效目标指通过具体项目的实施,在一定期限内预期达到的产出和结果。

3.部门整体支出绩效目标

部门整体支出绩效目标是指预算部门（单位）按照既定的职责,利用全部财政资金在一定期限内所达到的总体目标,是预算部门（单位）基本支出和项目支出共同作用达到的绩效结果。

（二）绩效目标的时效性分类

按绩效目标的时效性,将绩效目标分为长期绩效目标和年度绩效目标。

1. 长期绩效目标

长期绩效目标也称战略目标,反映某项预算支出在跨度多年的存续期内所达到的总体产出和结果,解决的是未来若干年度预算支出的绩效问题。

2. 年度绩效目标

年度绩效目标是某项预算支出在一个预算年度内所要达到的产出和结果。

第二节　绩效目标设定

一、绩效目标设定的依据

绩效目标设定的依据如下:

(1)国家相关法律、法规和规章制度,国民经济和社会发展规划。

(2)当地政府部门总体发展规划及中长期经济发展重点。

(3)财政部门中期和年度预算管理要求。

(4)部门职能、中长期事业发展规划、年度工作计划或项目规划。

(5)相关历史数据、行业标准、计划标准等。

(6)其他符合财政部门要求的相关依据等。

二、绩效目标设定的要求

(一)指向明确

绩效目标要符合国民经济和社会发展规划、部门职能及事业发展规划,并与相应的财政支出范围、方向、效果紧密相连。

(二)细化量化

绩效目标应当从数量、质量、成本和时效等方面进行细化,尽量进行定量表达,不能以量化形式表达的,可以采用定性的分级分档形式表达。

(三)合理可行

制定绩效目标时要经过调查研究和科学论证,目标要符合客观实际。

（四）相应匹配

绩效目标要与计划期内的任务数或计划数相对应，与预算确定的投资额或资金量相匹配。

三、绩效目标设定的原则

预算绩效目标是预算绩效管理体系健康运行的前提。绩效目标的设定遵循"谁申请资金，谁设定目标"的原则。在这里，我们对目标设定普遍适用 SMART 原则与 3E 原则。我国近年来根据实践经验总结了五个绩效目标设定基本原则，分别列举如下：

（一）SMART 原则

SMART 原则是目标制定的基本原则，任何绩效目标的设定都应该符合这个原则，主要包括 5 个方面的内容：

1. 目标必须是明确的（specific）

绩效指标要用具体的语言清楚地说明要达成的行为标准。明确的目标几乎是所有成功项目的一致特点，很多项目不成功的重要原因之一就因为目标定的模棱两可，或没有将目标有效地传达给相关负责人员。目标设置要有项目、衡量标准、达成措施、完成期限以及资源要求，能够很清晰地反映计划要做哪些事情，计划完成到什么样的程度。

2. 目标必须是可衡量的（measurable）

绩效目标是数量化或者行为化的，验证这些指标的数据或者信息是可以获得的，如果制定的目标没有办法衡量，就无法判断这个目标是否实现。目标的衡量标准遵循"能量化的质化，不能量化的感化"，使制定人与审核人有一个统一的、标准的、清晰的可度量的标尺，杜绝在目标设置中使用形容词等概念模糊、无法衡量的描述。

对于目标的可衡量性应该首先从数量、质量、成本、时间、群众的满意程度五个方面来进行，如果仍不能进行衡量，其次可考虑将目标细化，细化成分目标后再从以上五个方面衡量，如果仍不能衡量，还可以将完成目标的工作进行流程化，通过流程化使目标可以衡量。

3. 目标必须是可实现的(attainable)

绩效指标在一定资源投入及付出努力的情况下是可以实现的,是要能够被执行人所接受的,应避免设立过高或过低的目标。

4. 目标必须和其他目标具有相关性(relevant)

实现的目标要与其他目标紧密相关,如果相关度较低,即使目标达到了意义也不是很大。

5. 目标必须具有明确的截止期限(time-based)

目标的实现是有时间限制的。目标设置要具有时间限制,根据工作任务的权重、事情的轻重缓急,拟定出完成目标项目的时间要求,定期检查项目的完成进度,及时掌握项目进展的变化情况,以方便对执行者进行及时的工作指导,以及根据工作计划的异常情况变化及时地调整工作计划。

(二)3E 原则

1. 经济性(economy)

经济性指以最低费用取得一定质量的资源,简单地说就是支出是否节约,主要是成本类指标。

2. 效率性(efficiency)

效率性指投入和产出的关系,包括是否以最小的投入取得一定的产出,或者以一定的投入取得最大的产出,简单地说就是支出是否讲究效率。

3. 效益性(effectiveness)

效益性指多大程度上达到政策目标、经营目标和其他预期结果,简单地说就是是否达到目标。

(三)基本原则

根据我国近年来预算绩效目标设定的实践情况,可将预算绩效目标的设定的基本原则列举如下:完整性、相关性、适当性、可测算性、可监督性。

1. 完整性

绩效目标的设定应当全面考虑,不能以偏概全。绩效目标应当全面覆盖其投入、过程、产出以及最终效果,同时关注预算资金使用的经济性、效率性和有效性。

2.相关性

预算绩效目标的设定应当与预算执行项目或预算执行单位相关,是该预算执行所能够达到的目标。相关性要求不能在目标体系中出现无关目标,同时也要避免过大目标。比如,对某一个财政支出项目或某个职能部门的预算绩效目标设定不能以全社会民众幸福指数作为预算绩效目标。

3.适当性

绩效目标设定值,应当是预算执行活动在正常运转情况下能够达到的目标。若是目标值设定过高,则容易挫伤预算执行单位的信心和积极性,预算执行单位也难以争取到足够的财政资金来完成目标。相反,预算绩效目标设定值过低,预算执行单位较易达到预算绩效目标,也不利于调动预算执行单位的积极性。绩效目标设定值,应当结合预算执行历史情况,制定合乎现实的预算绩效目标。

4.可测算性

预算绩效目标的可测算性指绩效目标能够被测算且测算成本较小。绩效目标应有定性目标,也必须有定量目标,绩效目标设定必然关系到绩效评价指标设定。二者的指标获取都需要人力、物力投入,信息的整理和分析也会花费成本。从成本收益角度来看,绩效目标设定不宜过度复杂,且应当尽量避免难以获取或获取成本极大的指标。绩效目标设定是预算绩效管理体系的重要组成部分,推行预算绩效管理体系目的在于提高预算资金使用效率。绩效目标设定若不具备经济性,成本过大,有可能抵消预算绩效管理活动带来的财政资金节约效果。

5.可监督性

绩效目标包括定性指标与定量指标,二者都必须可被监督。可监督性基于可测算性,只有目标能够被测度,才存在对指标真实性监督。需要注意的是,指标的可测算性会随着信息化技术的不断进步而发生变化。可能一些过去难以测算的指标会随着时间推移和技术进步能够准确测算,这时候可以考虑将这类指标重新引入绩效目标体系当中。绩效目标的可监督性指的是指标获取与测算都能够被检验,并且指标数值的真实性可以被检验。

绩效目标设定中,采用第三方或社会调查的数据都需要能够被监督和验证。

四、绩效目标设定的方法

（一）KPI 法（关键绩效指标法）

KPI（Key Performance Indicators）法把战略目标分解为可操作的工作目标，通过对组织内部流程的输入端、输出端的关键参数进行设置、取样、计算、分析，衡量流程绩效的一种目标式量化管理指标，是把绩效单位的战略目标分解为可操作的工作目标的工具。KPI 可以使我们明确绩效评价的主要指标，并以此为基础，建立关键指标，KPI 法符合二八原理。因此，必须抓住 20% 的关键指标，对之进行分析和衡量，这样就能抓住绩效评价的重心。

确定关键绩效指标有一个重要的 SMART 原则。SMART 是代表 Specific（绩效考核要切中特定的工作指标，不能笼统）、Measurable（绩效指标是数量化或者行为化的，验证这些绩效指标的数据或者信息是可以获得的）、Attainable（绩效指标在付出努力的情况下是可以实现的，避免设立过高或过低的目标）、Relevant（绩效指标与上级目标具有明确的关联性，最终与公共组织目标相结合）、Time bound（注重完成绩效指标的特定期限）。

（二）AHP 法（层次分析法）

AHP（Analytic Hierarchy Process）法是将与决策有关的元素分解成目标准则、方案等层次，也就是将一个复杂的多目标决策问题作为一个系统，将目标分解为多个目标，进而分解为多指标的若干层次。

1. 基本思路

应用 AHP 法解决问题的具体思路是：第一，把需要解决的问题分层次系列化，根据问题的性质和既定的目标，把问题分解为不同的组成因素，按照因素之间的隶属关系和相互影响将其分层归类组合，形成一个有序的、呈阶梯状的层次结构模型。第二，依据人们对客观现实的判断，对模型中各个层次所有因素的相对重要性给予定量表示，再利用数学方法确定每一层次所有因素相对重要性次序的权重。第三，通过综合计算不同层因素相对重要性的权值，得到最低层相对于最高层的相对重要性次序的组合权值，以此作为评价的依据。

2. AHP 法的优点与局限

日前,AHP 法已广泛应用于经济计划和管理、能源政策和分配、人才选拔和评价、生产决策、交通运输、科研选题、产业结构、教育、医疗、环境和军事等各个领域。处理的问题类型包括决策、评价、分析和预测等。应该说,AHP 法目前已在各个领域得到了广泛应用。应用 AHP 法的主要优点在于:

（1）系统性。AHP 法将对象视作系统,按照分解、比较、判断、综合的思维方式进行决策,成为继机理分析、统计分析之后发展起来的系统分析的重要工具。

（2）实用性。定性与定量相结合,能处理许多用传统的最优化技术无法着手的实际问题,应用范围很广。同时,这种方法使得决策者与决策分析者能够相互沟通,决策者甚至可以直接应用它,这就增加了决策的有效性。

（3）简洁性。计算简便,结果明确,具有中等文化程度的人可以了解层次分析法的基本原理并掌握该法的基本步骤,容易被决策者了解和掌握,便于决策者直接了解和掌握。

AHP 法也会存在一些不足之处,主要包括以下两点:

（1）主观性强。从建立层次结构模型到给出成对比较矩阵,人为主观因素对整个过程的影响很大,这就使得结果难以让所有的决策者接受。当然,采取专家群体判断的办法是克服这个缺点的一种途径。

（2）略显粗略。该法中的比较、判断及结果的计算过程都是粗糙的,不适用于精度较高的问题。

（三）Delphi 法（德尔菲法）

Delphi 法又称专家规定程序调查法,该方法主要是由调查者拟定调查表,按照既定程序,以函件的方式分别向专家组成员进行征询,而专家组成员又以匿名的方式（函件）提交意见。经过几次反复征询和反馈,专家组成员的意见逐步趋于集中,最后获得具有很高准确率的集体判断结果的一种方法。

Delphi 法的工作流程大致可以分为 4 个步骤,在每一步中,组织者与专家都有各自不同的任务。

1. 开放式的首轮调研

（1）由组织者发给专家的第一轮调查表是开放式的,不带任何框框,只提出预测问题,请专家围绕预测问题提出预测事件。因为如果限制太多,会漏掉一些重要事件。

(2)组织者汇总整理专家调查表,归并同类事件,排除次要事件,用准确术语提出一个预测事件一览表,并作为第二步的调查表发给专家。

2.评价式的第二轮调研

(1)专家对第二步调查表所列的每个事件做出评价。例如,说明事件发生的时间、争论问题和事件或迟或早发生的理由。

(2)组织者统计处理第二步专家意见,整理出第三张调查表。第三张调查表包括事件、事件发生的中位数和上下四分点,以及事件发生时间在四分点外侧的理由。

3.重审式的第三轮调研

(1)发放第三张调查表,请专家重审争论。

(2)对上下四分点外的对立意见作一个评价。

(3)给出自己新的评价(尤其是在上下四分点外的专家,应重述自己的理由)。

(4)如果修正自己的观点,也应该叙述改变理由。

(5)组织者回收专家们的新评论和新争论,与第二步类似地统计中位数和上下四分点。

(6)总结专家观点,形成第四张调查表。其重点在争论双方的意见。

4.复核式的第四轮调研

(1)发放第四张调查表,专家再次评价和权衡,做出新的预测。是否要求做出新的论证与评价,取决于组织者的要求。

(2)回收第四张调查表,计算每个事件的中位数和上下四分点,归纳总结各种意见的理由以及争论点。

值得注意的是,并不是所有被预测的事件都要经过4步。有的事件可能在第二步就达到统一,而不必在第三步中出现;有的事件可能在第四步结束后,专家对各事件的预测也不一定都达到统一。不统一也可以用中位数与上下四分点来作结论。事实上,总会有许多事件的预测结果是不统一的。

(四)主成分分析法

主成分分析也称主分量分析,旨在利用降维的思想,把多指标转化为少数几个综合指标。在实际问题研究中,为了全面、系统地分析问题,我们必须考虑众多影响因素。这些涉及的因素一般称为指标,在多元统计分析中也称为变量。因为每个变量都在不同程度上反映了所研究问题的某些信息,并且指标之间彼此有一定的相关性,因而所得的统计数据反映的信息在一定程度上有重叠。在用统计方法研究多变量问题时,变量太多会增加计算量和增加分析问题的复杂性,人们希望在进行定量分析的过程中,涉及的变量较少,得到的信息量较多。主要方法有特征值分解,奇异值分解(SVD)、非负矩阵分解(NMF)等。

1. 主成分分析法的优点

(1)可消除评价指标之间的相互影响。原因在于主成分分析法在对原指标变量进行变换后形成了彼此相互独立的主成分,且实践证明,指标间相关程度越高,主成分分析效果越好。

(2)化繁为简,化多为精。当指标较多时,主成分分析法可以在保留绝大部分信息的情况下,用少数几个综合指标代替原指标进行分析。又由于主成分分析法中各主成分按方差大小依次排序,在分析问题时,可只取前后方差较大的几个主成分来代表原变量,从而减少工作量。

2. 主成分分析法的主要缺陷

(1)在主成分分析中,需要保证所提取的前几个主成分的累计贡献率达到一个较高的水平,其次对这些被提取的主成分必须能够给出符合实际背景和意义的解释,否则主成分将空有信息量而无实际意义。

(2)主成分的解释含义一般带有模糊性,无法达到原始变量含义的清楚与确切,这是变量降维过程中必须付出的代价。因此,提取的主成分个数通常应明显小于原始变量个数,否则降维的"利"可能抵不过"弊"。

五、绩效目标设定的程序

(一)基层单位设定绩效目标

申请预算:资金的基层单位按照要求设定绩效目标,随同本单位预算提交上级单位,根据上级单位审核意见,对绩效目标进行修改完善,按程序逐级上报。

(二)预算部门设定绩效目标

预算部门按要求设定本级部门(系统)支出绩效目标,审核、汇总所属单位绩效目标,提交同级财政部门,根据财政部门审核意见对绩效目标进行修改完善,随同年度预算,按程序提交财政部门。

第三节　绩效目标审核

一、绩效目标审核的概念

预算绩效目标审核是指财政部门或预算部门对项目立项时所报送的各个预算绩效目标进行审核并反馈审核意见,预算单位根据财政部门反馈的审核意见对预算绩效目标进行调整。

二、绩效目标审核的依据

财政部门对预算单位提出的绩效目标进行审核,其主要依据包括:

(一)国家相关法律法规

国家相关法律法规既包括与财政预算制度有关的《预算法》等相关法律法规,也包括与部门具体项目相关的国家法律法规。

(二)国家经济和社会发展政策及其规划

国家经济和社会发展政策及其规划主要指国家中长期战略规划和政府年度经济工作重点。国家中长期战略规划主要指各个五年规划,近期的主要依据则是"十四五"规划。政府年度经济工作重点,提出年度政府经济工作的基调的主要着力点,中央经济工作会议是传递年度经济工作重点等信息的重要渠道。

(三)部门职能及事业发展规划

部门职能及事业发展规划主要指预算单位在政府序列中被赋予的具体职能,以及依据其具体职能制定的相关行业的发展规划目标。预算单位的绩效目标应当围绕本部门职能以及事业发展规划。

（四）预算单位当年的重点工作安排

预算单位当年的重点工作安排主要指预算单位根据本部门的中长期战略规划制定的部门年度工作规划。部门年度重点工作,是部门年度工作的主线。绩效目标要符合这一工作主线,有助于部门年度重点工作的开展和部门年度目标的实现。

（五）当年预算支出的结构和重点方向

当年预算支出的结构和重点方向主要指全部财政资金支出的结构安排以及年度财政资金安排的重点支出项目。财政部门对预算单位的绩效目标进行审核时,要结合年度财政支出规划,引导各个预算单位的绩效目标与年度预算支出的结构和重点方向相一致。

（六）当年预算资金的预计安排情况

当年预算资金的预计安排情况主要是指根据财政资金管理的需要,结合本级政府财力状况能够动员使用的财政资金状况。财政部门审核预算单位的预算目标必须考虑到本级政府的财力状况,以及既有财力状况下的资金安排状况。

三、绩效目标审核的内容

绩效目标审核内容包括目标完整性审核、相关性审核、适当性审核、可预测性审核。

（一）完整性审核

完整性审核主要指预算单位的绩效目标应当包括投入、过程、产出和效果方面的内容。绩效目标在包括年度效益的同时,还要包括中长期效益,预算单位要综合反映部门整体预算绩效目标。产出和效果方面的绩效目标是资金投入的成果,是衡量财政资金投入是否合理的标准,应当成为财政部门审核的要点。而过程层面的绩效目标则是产出和效果顺利实现的保障。

（二）相关性审核

相关性审核主要是指预算单位提出的预算绩效目标是否与本单位的主要职责相关,是否与本单位中长期战略规划有关,是否与本单位的年度重点工作相关。预算单位的绩效目标若不能证明与以上几点密切相关,则不能说明项目立项的合理性。

(三)适当性审核

适当性审核主要是指绩效目标的设定是否正常合理,既不能提出过高的绩效目标,也不能提出过低的绩效目标。财政部门对绩效目标适当性的审核,相当于对预算单位项目产出和效果的约束,避免其工作中浮夸风或者工作散漫。

(四)可预测性审核

绩效目标是否经过充分论证和合理测算,所采取的措施是否切实可行,并能确保绩效目标如期实现。综合考虑成本效益,是否有必要安排财政资金。

四、绩效目标审核的方式

(一)财政部门自行审核

对一般性项目的绩效目标,财政部门可结合预算部门的审核过程,由财政部门的相关人员进行审核,提出审核意见。

(二)财政部门组织第三方审核

对一些社会关注程度高、对经济社会发展有重要影响和关系民生的重大项目的绩效目标,财政部门根据需要实施第三方审核,组织相关部门、专家学者、中介机构及社会公众代表等共同参与,提出审核意见。

除了以上两种绩效目标审核方式外,预算单位往往会对绩效目标进行自审核。预算单位自审核可以提高预算绩效目标的合理性和预算编制的科学性。预算单位往往会在部门预算"一上"时,提出部门绩效目标。随后,预算单位根据"一下"的情况,来开展自审核,调整相关预算安排和绩效目标。也有部分地方的绩效目标自审核是在"二下"时进行的。

五、绩效目标审核结果

根据财政部《关于印发〈中央部门预算绩效目标管理办法〉的通知》(财预〔2015〕88 号),将项目支出绩效目标审核结果分为优、良、中、差四个等级,作为项目预算安排的重要参考因素。

审核结果为"优"的,直接进入下一步预算安排流程;审核结果为"良"的,可与相关部门或单位进行协商,直接对其绩效目标进行完善后,进入下一步预算安排流程;审核结果为"中"的,由相关部门或单位对其绩效目标进行修改完善,按程序重新报送审核;审核结果为"差"的,不得进入下一步预算安排流程。

六、绩效目标审核程序

(一)预算部门及其所属单位审核

预算部门及其所属单位对下级单位报送的绩效目标进行审核,提出审核意见并反馈给下级单位。下级单位根据审核意见对相关绩效目标进行修改完善,重新提交上级单位审核,审核通过后按程序报送财政部门。

(二)财政部门审核

财政部门对预算部门报送的绩效目标进行审核,提出审核意见并反馈给预算部门。预算部门根据财政部门审核意见对相关绩效目标进行修改完善,重新报送财政部门审核。财政部门根据绩效目标审核情况提出预算安排意见,报人大同意后,随预算资金一并下达预算部门。

第四节 绩效目标批复

一、绩效目标批复的概述

财政预算经各级人民代表大会批准后,财政部门和预算部门在批复预算时,一并批复绩效目标。批复的绩效目标应当清晰、量化,以便在预算执行过程中进行绩效监控和预算完成后实施绩效评价时对照比较。

二、绩效目标的调整

在项目实施过程中,由于客观环境的变化,或项目意图改变等,对原目标修改,上报预算部门重新批复。经全国人民代表大会批准的中央预算和

经地方各级人民代表大会批准的地方各级预算,在执行中出现下列情况之一的,应当进行预算调整:

(1)需要增加或者减少预算总支出的。

(2)需要调入预算稳定调节基金的。

(3)需要调减预算安排的重点支出数额的。

(4)需要增加举借债务数额的。

在预算执行中,各级政府一般不制定新的增加财政收入或者支出的政策和措施,也不制定减少财政收入的政策和措施,必须作出并需要进行预算调整的,应当在预算调整方案中作出安排。

在预算执行中,各级政府对于必须进行的预算调整,应当编制预算调整方案。预算调整方案应当说明预算调整的理由、项目和数额;由于发生自然灾害等突发事件,必须及时增加预算支出的,应当先动支预备费;预备费不足支出的,各级政府可以先安排支出,属于预算调整的,列入预算调整方案。

三、绩效目标批复的程序

(一)财政部门批复

财政部门对预算绩效目标进行批复,并与预算执行单位接收的"二下"预算正式批复结果共同下达。财政部门的预算绩效目标批复包含批复说明、批复情况以及对预算执行单位进一步细化预算绩效目标和预算绩效实施等方面提出基本要求。

(二)预算执行单位批复

预算执行单位参考财政部门的批复意见,结合批复情况,将细化后的预算绩效目标批复给项目实施者。

(三)绩效目标调整

在预算执行过程中有需要对预算进行调整,此时预算绩效目标可能也需要发生相应的调整。预算绩效目标调整是指在项目实施中由于客观环境的变化或是项目意图发生改变等情况下,对原有绩效目标提出修改。预算绩效目标一经确定,一般不予修改,确实需要修改时,需要重新上报预算管理部门对修改后的预算绩效目标重新履行批复手续。

第七章

绩效评价管理系统

第一节 绩效评价管理概述

一、绩效评价的相关界定

(一)绩效评价定义

所谓绩效评价,是指根据设定的绩效目标,运用科学、合理的绩效评价指标、评价标准和评价方法,对预算支出的经济性、效率性和效益性进行客观、公正的评价活动。

(二)绩效评价对象

预算管理的资金都属于绩效评价的对象,也就是所有财政性资金都属于绩效评价的范围。目前,在项目支出、政策和部门整体支出等方面均有不同程度的评价实践。

1. 项目支出绩效评价

项目支出是预算单位为完成特定的工作任务或事业发展目标,在基本的预算支出以外,财政预算专项安排的支出。项目支出绩效评价是以项目支出为对象,以项目实施所带来的产出和效果为主要内容,以促进预算单位完成特定工作任务或事业发展目标所开展的绩效评价。

2. 政策绩效评价

结合当前预算绩效评价工作开展的实际,与前述政策绩效运行监控一致,本章所述政策绩效评价未有特定指向的均为财政专项资金政策绩效评价。财政专项资金政策绩效评价的对象是用于实施财政支出政策的专项资金。由于专项资金具有专门指定用途或特殊用途,一般都会要求进行单独核算、专款专用,并且有严格的管理规范要求。因此,除与项目支出绩效评价一样均关注资金与项目管理外,评价还要关注政策制定和执行的过程,并在效果评价中侧重于公平性、响应性等价值标准判断,从而为政策是否存续、调整等提供依据。

3. 部门整体支出绩效评价

部门整体支出是指财政部门批复的部门预算中所包括的全部支出,既包括基本支出,也包括项目支出。部门整体支出绩效评价是以部门预算资金为对象,以部门所有支出所达到的产出和效果为主要内容,以促进部门高效履职为目的所开展的评价活动。

(三)绩效评价目的

从财政预算绩效管理的需求及绩效评价管理的内涵出发,绩效评价管理的目的主要包括以下方面:一是向相关方提供财政支出绩效方面的重要信息,帮助决策者做出合理的资源配置决定,提高决策水平;二是为财政支出运行提供及时、有效的信息,帮助管理者改进财政支出管理,从而提高财政资金的使用绩效;三是通过绩效评价结果的公开、问责与应用,增强政府部门分配、使用公共资金的责任感。

综合来看,通过开展有效的财政支出绩效评价管理,可发现预算资金在项目(政策)立项、执行管理中制度保障、实际操作方面的缺陷和薄弱环节,同时总结提炼项目(政策)和部门的经验做法,为政府和预算部门(单位)改进政策和项目管理、完善政策和预算管理提供可行性参考建议,为下一年预算编制与评审提供充分有效的依据,以达到改进预算管理、控制节约成本、优化资源配置、为社会提供更多更好的公共产品和服务、提高预算资金使用效益的目的。

二、绩效评价主体职责

从当前预算管理体制看,预算部门(单位)既是部门预算编制的主体,也是预算执行的主体,当然也是绩效评价的主体,为其财政资金的使用效益负责。根据需要,绩效评价可委托专家学者、中介机构等第三方实施。

（一）绩效评价的管理主体

1.财政部门

各级财政部门是预算绩效评价工作的组织主体,负责制定预算绩效评价工作规划和规章制度,组织、指导本级预算部门(单位)和下级财政部门的预算绩效评价工作。

2.预算主管部门

各预算主管部门是预算绩效评价工作的责任主体,负责制定本部门预算绩效评价工作规划和规章制度,具体实施本部门及指导下属预算单位的预算绩效评价工作。

3.预算单位

预算单位负责本单位预算绩效评价工作的实施,具体包括:组织开展本单位的绩效自评,并配合财政部门和预算主管部门开展绩效评价工作,根据评价结果落实整改措施,加强本单位预算管理;按规定实施本单位绩效评价信息在本部门公开和向社会公开,接受各方监督;按规定向预算主管部门报送本单位绩效评价报告。

（二）第三方

各类社会中介机构和专家学者是预算绩效评价工作的参与主体,主要为预算绩效管理开展提供必要的技术和智力支撑。在绩效评价中引入第三方评价,对于提高绩效评价质量、完善绩效评价制度有着深远影响。随着预算绩效评价工作的扩面增点和纵向深入,越来越多财政部门结合地方绩效评价工作开展的实际需求,建立了绩效评价第三方中介库和专家库。

1.第三方中介机构

在绩效评价实践中,工作量大、专业性强的重大项目、政策等通常可以借助各类第三方力量参与。第三方在绩效评价实施过程中应当根据财政或预算部门(单位)的委托,严格执行合同约定条款,并依照国家相关法律法规、行业规范、绩效评价原理及方法,勤勉尽责,恪守独立、客观、公正的原则,按时完成绩效评价方案及绩效评价报告,并对绩效评价报告全部内容的真实性、完整性和合理性负责。

2. 专家

除作为第三方直接承接绩效评价工作外,为提高绩效评价工作质量,通常还会引入专家咨询和专家评审机制。根据预算绩效评价工作需要,参与绩效评价工作的专家主要分为绩效专家和行业专家。一般情况下,绩效专家的选取应遵循随机、相关和回避原则,专家的专业类型应根据拟评审项目的性质和类型来确定,若评价对象的支出内容专业性较强,还应邀请相关行业专家。根据绩效评价组织方的需求,专家可全程参与受托绩效评价工作或仅参与方案和报告评审,其主要职责包括:提供业务指导,参与绩效评价方案和报告评审并发表独立、客观、公正的评审意见,等等。

此外,社会各界是预算绩效评价的监督主体,包括人大、政协、纪检监察、审计等部门及社会公众代表等,主要为预算绩效评价开展提供相应的指导和监督。

三、绩效评价组织形式

根据绩效评价组织主体的不同,可分为由预算部门(单位)、财政和其他监督机构组织的评价。根据实施主体不同,可分为自行实施和委托第三方实施。通常而言,有以下几种组织形式:

(一)预算部门(单位)组织自评价

预算部门(单位)既是预算编制和执行的主体,也是预算绩效管理的主体。自评价是指预算部门本级或预算单位针对本单位的预算执行情况,将实际取得的绩效与绩效目标进行对比,对绩效目标的完成情况进行的自我评价。综合考虑评价对象资金规模、对部门(单位)履职重要性等因素,针对预算金额较小、属于部门履职辅助类的项目和涉及人员定额补贴类的项目,基于重要性、经济性和有效性原则,主要以自评价形式开展。

(二)财政部门组织再评价

再评价一方面旨在对预算部门(单位)自行开展的绩效评价工作进行检查验证,包括工作的规范性、数据的真实性及结论的准确性,复核确认自评价结果,不断改进绩效管理,另一方面可对部分重大专项政策和项目进行更专业、更系统的分析,以更加全面、深入地反映政策和项目绩效情况。再评价通常由财政部门组织,可自行开展或委托第三方机构开展。

(三)财政或预算主管部门组织重点评价

重点评价是指由财政部门或预算主管部门对重大政策和项目,以及部门整体支出情况组织开展的绩效评价,旨在完善财政支出结构、促进部门履职、落实优化财政政策等。

四、绩效评价方法

绩效评价有多重目标和多元取证方式。评价过程会产生大量绩效信息,有些以货币计量,有些不可货币化,有些是量化的客观数据,也存在不能量化的其他信息。因此,绩效评价应坚持"价值标准"和"事实标准"并重的原则,采取定量和定性相结合的分析方法,以定量分析为主、定性分析为辅。

当前,预算绩效评价主要采用指标分析法进行评价。指标分析法的应用旨在通过指标分析结果的提炼,反映对政策、项目的制定、执行和实现效果等各个环节的判断结果,重点剖析部门、政策、项目设立的科学性和严谨性,政策和项目时效的严肃性,资金分配的合理性和规范性,资金使用审核和监管机制的健全性,政策和项目实施的有效性与效果的充分性。要分析判断政策和项目是否存在重复享受、支持对象或目标重叠情况(包括本部门专项资金和项目之间的交叉,以及与其他部门的专项资金和项目可能存在的重复),针对指标分析揭示的问题,结合访谈及抽样调查的情况,提出针对性建议。

需要特别指出的是,采用指标分析法进行的评价要对在绩效指标体系表中的扣分点进行定性分析,并具体描述,重点剖析此项绩效指标的扣分对整个政策或项目实施的影响程度,并且在对应的问题和建议中给予反映。

在指标分析法评价的基础上,综合辅以文献法、专家咨询法、成本效益分析法、比较法、因素分析法、最低成本法和公众评判法等。绩效评价方法主要包括:

(一)文献法

通过广泛收集相关文献,并通过对文献的研究形成对事实的科学认识,从中选取信息,以达到调查研究目的。文献法是一种便捷、高效的研究方法,超越了时间和空间限制。

(二)专家咨询法

绩效评价过程中引入专家,通常包括财政专家、绩效专家和行业专家。财政专家重点从预算管理角度提出专业建议;绩效专家则依据绩效评价原理,重点把握绩效评价方案中的评价思路合理性、评价指标体系设计科学性等;行业专家根据专业领域积累重点把握评价关键点,明确评价结论定位等。专家的参与可提升方案和报告的科学性、全面性,评审后的方案包括绩效目标和评价指标体系及评分标准,此均作为绩效评价的重要依据。

(三)成本效益分析法

成本效益分析法是指将一定时期内总成本与总效益进行对比的分析方法,以评价绩效目标实现程度。结合预算支出确定的目标,比较支出所产生的效益及所付出的成本,通过比较分析,选择以最小成本取得最大效益的方案,但其适用范围具有一定的局限性。该方法主要适用于成本和收益都能准确计量的评价,如公共工程项目等;对于成本和收益都无法用货币计量的支出则无能为力。一般情况下,以社会效益为主的支出不宜采用此方法。

(四)比较法

比较法是指通过对绩效目标与实施效果、历史与当期情况、不同部门和地区同类支出的比较,综合分析绩效目标实现程度。比较法主要适用于财政项目资金管理,通常也通过一些案例的对比分析来进行方案的评判和选择。

(五)因素分析法

因素分析法是指通过综合分析影响财政资金绩效目标实现、实施效果的内部和外部因素,将影响投入和产出的各项因素罗列出来进行分析,计算投入产出比进行评价的方法。很多公共项目的绩效评价都用到因素分析法,通过不同因素的权重评比进行综合评分。

(六)最低成本法

最低成本法是指对效益确定却不易计量的多个同类对象的实施成本进行比较,评价绩效目标实现程度。该方法只计算项目的有形成本,在效益既定的条件下分析其成本费用的高低,以成本最低为原则来确定最终的支出项目。由于公共部门只要提供公共服务,与经济效益最大化的企业组织存在一定的区别,因而在使用最低成本法的同时,也需要明确不同对象的产出和结果,并适当选取其他方式综合进行绩效评价。

(七)定量模型分析

定量模型分析是指利用相关的横截面数据、时间序列数据或面板数据,应用计量经济方法,建立数学模型进行计算分析,找出影响财政资金绩效的主要因素,分析影响绩效的主要因素,针对性地提出具体改进建议。这类分析对数据质量和分析技术的要求较高,主要包括:时间序列外推预测模型、多元回归模型、数据包络分析法(Data Envelopment Analysis,DEA)、可计算一般均衡模型、系统分析法、网络分析法、模糊综合评估法、灰色系统理论、人工神经网络评估法、基于主体建模的公共政策仿真方法等。

(八)公众评判法

公众评判法是指通过公众问卷或直接对公众进行抽样调查等对财政支出效果进行评判,评价绩效目标实现程度。对于无法直接用指标计量其效益的支出,可以选择社会公众进行问卷调查以评判其效益。这一方法适用于对公共部门和财政投资兴建的公共设施进行评价,具有公开性的特点,但需要设计好相应的评估方式和调查问卷,并有效选择被调查的人群。

第二节　项目支出绩效评价

项目支出绩效评价是全过程预算绩效管理的重要组成部分,也是各地开展绩效评价工作的主要内容。本节就项目支出绩效评价的重点和难点工作进行详细介绍,包括评价思路、指标体系设计、绩效分析和评价成果四个方面。

一、项目支出绩效评价思路

(一)评价内容及重点

预算绩效评价对象是纳入预算管理的财政性资金。项目支出是其中为完成特定工作任务或事业发展目标,在基本支出预算外专项安排的支出,故以项目支出为对象的绩效评价,一般以反映部门特点、行业特色和涉及重大民生、社会关注度高、政府购买公共服务等项目支出等为重点。从具体支出项目看,其绩效评价内容主要包括项目立项依据充分性、财政资金使用情况、项目管理制度建设及执行情况,以及预期绩效目标实现情况。其中:项目立项依据充分性主要从绩效目标与战略规划、事业发展的适应性、项目实施计划的完善度等方面考察;财政资金使用情况主要考察财务管理状况,以及资产配置、使用、处置及其收益管理情况;项目管理制度建设及执行情况主要考察项目投资、项目实施、成本控制、财务监理、政府采购、合同管理和质量控制情况等;绩效评价核心考察的绩效目标实现程度,则从预计产出、效果和可持续影响三个方面考察。此外,绩效评价还需要回答项目预算编制与安排的合理性问题,分析项目相关政策的科学性等。

(二)评价思路

评价思路对评价结论有着至关重要的影响,评价定位不准确或评价思路不明确,就无法达成评价目的,也会导致评价选取的方法和实施路径与所要实现的目标发生偏离。对应项目概况与评价指标体系之间的关系,评价思路与评价指标体系的设计应紧密关联,评价的重点应该通过对应评价指标和指标权重在评价指标体系中予以反映。评价思路梳理具体可细分为以下三部分:

1. 评价目的和依据

为确定评价思路,首先应明确评价目的,即通过评价所要实现的目标,体现评价的最终价值,这是整个评价工作的基本导向,解决为什么评价的问题。其次,进一步说明确定此评价思路的原因,说明要这样评价的理由。最后,概述评价实施路径,即为了实现该评价思路,将采用何种评价方法、获取哪些评价信息,以及通过何种方式获取,并明确评价依据。

此外,还可根据项目特性,结合评价需求,设定个性化的评价目的,如项目成本测算、支出定额标准建设等。无特殊评价目的的项目,可结合项目支出绩效评价的经验,依据项目评价重点梳理评价目的。为达到评价目的,需要选取适当的评价方法。常用的绩效评价方法是指标分析法,但根据评价对象的具体情况,可以采用一种或多种方法进行绩效评价。

评价依据则是要回答依据什么评价的问题,即要阐明法律、政策、技术和管理等支撑条件,包括行业管理要求和财政管理要求等。其中,行业管理要求是项目管理要求、产出和效果指标评价标准的主要来源;财政管理要求主要是对资金管理、评价总体要求和实施规范等做出规定。绩效评价的主要依据包括:国家、本地区相关法律、法规和规章制度,国家、本地区各级政府制定的国民经济与社会发展规划和方针政策,预算管理制度、资金及财务管理办法、财务会计资料,预算部门职能职责、中长期发展规划及年度工作计划,相关行业政策、行业标准及专业技术规范,预算批复、绩效目标、专项转移支付、年度决算报表和报告及相关资料,审计报告及决定、财政监督检查报告和其他相关资料。

2. 评价对象和范围

项目支出绩效评价的对象一般是指被评价项目所对应的预算资金,明确项目单位、项目实施年度、项目名称和资金金额。如"该评价对象为某单位 2016 年某文化馆改建项目,预算资金 2 000 万元"。

除特殊情况外,评价范围通常应当覆盖项目预算资金支出的所有内容和区域,一方面应对项目整个实施过程的评价内容进行描述,包括项目决策、项目实施和项目成果验收流程等;另一方面可描述项目评价覆盖行政区域或群体情况。此外,还应对项目实施内容进行介绍,明确被评价部分。如前期已经明确项目某部分的实施存在特殊情况,不在评价范围内或不是此次评价的重点,应在评价对象和范围部分进行明确。

3. 评价时段的确定

评价时段的确定也就是明确绩效评价的基准时点,评价的区间从何时开始至何时结束。项目支出绩效评价一般以预算年度为评价时段,但对跨年度的重大、重点项目,可根据项目或支出完成情况确定评价时段。按资金用途分类看各类项目的评价时段:

(1)政策类项目,如评价政策实施期内的效果,则可选择整个政策期作为评价时段,综合评价多年连续投入形成的累计效应;若想了解政策实施当年度取得的即时效应,可选择最近一个年度为评价时段;若为事后奖补的政策类项目,则财政资金投入的隐形效应为其引导效应;若想反映其即时效应,应适当将评价时段延伸至资金投入年度后 1~2 年,以便体现资金投入的引导作用。

（2）业务类项目，通常按年度预算执行，评价时段可选择一个或多个预算期间。

（3）基建工程及维护类项目，立项前通常会有较长的调研时段，且通常难以在投入使用后迅速产生效益。针对此种情况，应结合项目实际情况确定合理评价时段，并在方案中说明评价时段确定的理由。

（4）设备购置及维护类、信息化工程及维护类项目，资金投入的绩效主要在项目投入使用后显现，因此确定绩效评价时段时必须包括投入使用后的期间，包含期间根据投入使用效果凸显时间确定。

二、项目支出绩效评价指标体系设计

绩效评价指标体系是评价思路的集中体现，也是绩效评价工作方案设计的核心和难点，重点包括指标框架、指标权重和评价标准等方面。项目支出绩效评价指标体系设计应遵循绩效评价的基本原则，就项目决策、项目管理和项目绩效等方面进行全面设计。指标设置要考虑其实用性、可操作性和可实现性，要能充分体现和真实反映评价项目的绩效状况、绩效目标的完成情况及评价的需要。

（一）总体设计思路

指标体系设计总体思路应当在前文所述评价思路的前提下，概述评价指标设计思路、指标设计依据、权重设计思路、数据来源及取数方式、评价标准及评分方式确定的原则和方法，即评价目的和评价重点是如何通过评价指标体系来实现的。绩效评价指标体系通常以财政部门统一规定的指标框架为基础，根据项目特点进一步细化设计指标。指标体系设计的总体思路应当结合个性化的评价目的予以阐述，避免千篇一律。

（二）评价指标框架及内容

1. 共性指标框架

评价指标体系遵循"投入—过程—产出—效果"的基本逻辑路径，指标框架可参考中央及各地区出台的共性指标体系框架。

绩效评价指标分为共性指标和个性指标。共性指标是适用于所有评价对象的指标,主要包括预算编制和执行情况,财务管理状况,资产配置、使用、处置及其收益管理情况,以及社会效益、经济效益等。个性指标是针对预算部门或项目特点设定的、适用于不同预算部门或项目的业绩评价指标。

2. 分类共性指标

从财政支出绩效评价角度出发,不同类别的资金在绩效目标设定、绩效指标构建上均存在特殊性,无法采用同一套指标体系对所有项目的绩效进行评价,若针对每个项目都建立一套指标体系,工作量则过于繁重,且无法进行同类项目的横向比较,从而导致评价失去意义。因此,财政资金分类是实现绩效评价指标体系建设的前提。

在财政部、各地项目支出绩效评价共性指标框架的基础上,按照资金用途对项目管理类指标进行分类,建立政策类、基本建设工程及维护类、信息化工程及维护类、业务类、设备购置及维护类五大共性评价指标,包括项目决策和项目管理两类一级指标,分类的共性评价指标中,项目决策部分均关注决策管理和目标管理,决策管理主要关注立项依据的充分性和项目立项的规范性,目标管理部分则重点关注绩效目标的合理性。项目管理部分,五类项目均关注投入管理、财务管理和项目实施管理三部分。其中投入管理和财务管理基本相同,项目实施管理部分,除关注项目管理制度健全性外,结合各类项目特点考察内容有所不同。

(1)政策类项目。项目实施重点关注受益对象的资格审核规范性和信息公开程度。

(2)业务类项目。共性评价指标也包括项目决策和项目管理。与其他几类项目相比,项目管理的实施环节突出关注政府采购规范性、合同管理完备性等。

(3)设备购置及维护类项目。结合项目特点,此类项目管理的实施环节重点关注政府采购和合同管理的规范性,以及设备验收、巡检和固定资产管理情况。

(4)基建工程及维护类项目。结合此类项目特点,项目实施环节重点关注政府采购和合同管理规范性,以及项目验收、工程变更和监理的规范性等。

(5)信息化工程及维护类项目。在项目实施环节除关注政府采购、合同管理、项目验收、监理规范性以外,还应关注供应商资质符合度和系统运维规范性等。

3. 项目绩效类指标

项目绩效类指标包括项目产出指标和项目效益指标。产出指标反映预算投入后直接产生的公共产品或提供的服务,其特点是直接性;效益指标反映通过生产的产品或提供的服务所带来的结果与影响,其特点是间接性。产出是效益的前提,是保障效益实现的基础;效益是产出的结果,无效的结果表明产出没有意义。

(1)产出指标。项目产出指标可针对项目特点,分别制定反映数量、质量和时效的个性指标,可根据项目预算资金的经济支出进行分类和细化,如培训类项目中培训的场次、培训进度、培训人员参与率和培训考核通过率等。

(2)效益指标。项目效益指标考察项目执行后的效果,包括社会效益、生态效益、经济效益、可持续影响、社会公众或服务对象满意度等方面,可针对项目特点设计对应指标。一般而言,项目效益应从使用资金部门的职能出发,进一步细化分解后得出。效益指标应重点衡量因项目实施而产生的效果,聚焦项目投入所带来的发展变化,分析项目投入对效益变化的贡献率。

(3)可持续影响指标。可持续影响指标是指财政资金投入成效发挥的可持续期限,但因评价时点的选择和项目持续运行过程中影响成效发挥因素的变化,评价时点难以有效衡量其可持续影响,故在此处只关注使项目持续运行及成效发挥的影响力因素,包括项目能力建设情况。如某个候鸟迁徙保护救助的生态保护类项目,其主要内容是鸟类救护站维修维护和鸟类环志科研,在项目完成后对鸟类救护的目标可能无法立时显现,但救护工作机制对项目效果发挥有较大影响,所以在评价中更加关注救护工作机制的建立健全情况。

(三)评价指标体系权重

绩效评价指标的权重是一个相对概念,是指某一指标或某一类指标在整个绩效评价指标体系中的占比。绩效评价指标权重应根据某一指标或某一类指标在整个绩效评价指标体系中的重要程度,选用科学方法设置。指标权重按重要性原则,一般采用德尔菲法、层次分析法和经验分配法确定,权重设定要突出评价重点。

绩效评价关注的重点是评价对象的实际产出和效果,因此,在具体设置绩效评价指标权重时,应提高产出类指标和效果类指标的权重,使其在绩效评价指标的整体权重中占主导地位。从三项一级指标来看,项目决策、管理和绩效类指标权重通常按照 10∶25∶65 的比重进行分配。

在此基础上,可根据项目特点和评价重点进行调整。例如,一般的补贴类项目更重视决策和绩效完成情况,工程类项目更关注过程管理,对应指标权重应适当提高;再如,某项目截至评价基准日尚未有明确的效果显现,对应的项目效益评价指标权重则应适当降低。此外,对于存在多个子项目的项目支出,权重分配还应当考虑子项目资金投入比重。

(四)指标评价标准

评价标准是衡量绩效目标实现的尺度,包括标杆值和评分规则两部分。评价指标体系的标杆值通常以绩效指标目标值为基础,对于通过前期调研发现的明显不合理的目标值应在评价体系中给予修正。对不合理目标值的修正,主要参考来源包括:

计划标准,即以预先制定的目标、计划、预算、定额等数据作为评价的标准,如实施方案中明确完成宣传活动 5 场次,可以作为该项目的产出数量目标行业标准,即参照国家公布的行业指标数据制定的评价标准,如《土壤环境质量 农用地土壤污染风险管控标准(试行)》(GB15618—2018)规定了农用地土壤污染风险筛选值和管制值。

历史标准,是指参照同类指标的历史数据制定的评价标准,如科技类奖励项目的效益,可以考察某一时期内专利申请和授权数量与历史情况相比是否有所增加,以及其他可以认定的标准。

评分规则,是在指标目标值与实际值之间建立一套度量好坏程度的标准。对于定量指标,通常采用线性函数的评分方式;对于合规性指标,则采用[0,1]判断的方式;科学性、合理性指标较多采用等级评分的方式。此外,还有关键事件法、分段评分法等。

(五)基础数据表

基础数据表是评价体系的重要组成部分,也是重要的数据采集方式。

基础数据表通常由预算部门(单位)填报,并将其与根据原始材料整理的数据相结合,预算部门(单位)应保证提供真实、可靠的数据,评价主体则需对基础数据表的填报进行复核,以确保评价工作基于准确的数据开展。

与评价指标体系对应,基础数据表应分为决策类、管理类、绩效类;按照采集的数据类型,又包括制度信息表、财务数据表、业务数据表等。此外,基础数据表应针对不同的采集主体分别设计,例如,面向财政部门、预算主管部门、行业主管部门、预算单位和项目实施单位的数据采集表应互为补充,并能互相解释。

依据资金用途分类,对应评价目的和评价指标,基础表需获取资料如下:

(1)政策类项目:补贴实际发放标准、名单、发放时间、用途等,也可以就资金申请项目的目标完成情况设计基础表。

(2)业务类项目:部门职能、单位年度工作计划及预算对应表、部门人员工作安排等。

(3)设备购置及维护类项目:原设备及新增设备对照表、原设备购置使用年限、原设备服务人次等。

(4)(基建和信息化)工程及维护类项目:工程建设基本情况和工程投资情况、信息化系统建设内容、建设期间、服务人次、服务内容、运维服务频次和效果等信息。

三、项目支出绩效分析

绩效分析的本质是分析解答投入—产出过程中的效率效益问题,通过深入剖析绩效差等问题产生的原因,为解决资源配置问题提供思路。在分析过程中,可广泛运用各种数据分析工具,并完成指标评分、绩效分析、工作底稿、问卷汇总分析和评分结果综合提炼等步骤,形成评价结论。其中,指标评分和绩效分析是评价报告数据分析的重点内容。

(一)指标评分

指标评分是绩效分析的基础。在指标评分过程中,应注意指标的扣分需尽可能量化和依据充分,避免指标间重复扣分,并加强对扣分项的原因分析及解读,以及不同模块指标的逻辑关系一致性。

(二)绩效分析

绩效分析不设立统一的框架与分析模式,根据项目和资金性质的不同,运用多种方法,通过不同模型回答各种现实问题。按照前述资金用途分类,各类型项目的绩效分析重点及可应用方法建议如下:

1.政策类

侧重于项目的效益性分析。此类型项目的经济性一般从补贴方式和补贴标准方面进行考察,分析当前政策是否能够从补贴方式和标准方面优化,提高资金投入效益,具体需要从资金投入方向、投入结构、扶持对象、扶持方式等方面进行分析。可采用横向对比分析法,选择不同地区与评价项目相同的政策进行对比分析,以确定当前投入方向、投入结构等的合理性和有效性。针对有明确标准值的项目,则可采用标杆值对比分析法分析偏差产生的原因,并给出针对性的建议。

2.业务类

资金投入主要维持部门正常履职的支出。该类支出中有明确预算编制标准的内容,可将实际支出与定额标准作对比进行偏差分析;无明确编制标准的,应首先判断各项支出内容是否为本部门基本运行所必须支出,判断资源投入的必要性,若投入必要,再分析其投入产生效果是否与项目总目标匹配,完成必要性判断后,运用纵向对比分析法,将当年实际预算执行率与历年(至少三年)实际执行率进行对比分析,若当年度执行率与历年均值偏差较大,需对偏差原因进行分析。支出金额明显偏离历年平均水平时,需对支出金额的合理性进行判断,考察是否存在不经济的情况。

3.设备购置及维护类

资金投入一般为直接的设备购置和维护资金,绩效分析一般从设备采购必要性,采购设备数量、功能及功能对应价格的合理性,以及设备投入使用率和预期效果实现情况三个方面开展。若设备采购本身不具有必要性,能够通过其他替代方案实现相同功能,则采购资金投入本身经济性较低。采购数量分析一般根据设备配置标准判断,无配置标准则根据人均配置数量和实际需求进行比较判断,分析是否存在过度配置和数量冗余的情况。采购功能分析则将实际采购设备功能与发起采购时制定的目标和现实需求相比较,分析是否出现过度、过分超前的功能配置。价格合理性分析一般结合市场询价展开,以同等功能不同品牌的市场询价进行判断。设备采购到位后,重点分析设备是否投入使用、使用有无达到既定的频次或规定的正常频次等并分析原因,预算效果实现情况则对照既定目标分析效果实现情况。

4. 基建工程及维护类

资金投入一般为建设或维修资金,因此主要开展经济性分析,从建设必要性、建设资金控制有效性方面展开。基建工程及维护类项目建设的必要性通常在立项阶段已经进行相对充分的论证,因此必要性分析可依据立项阶段的可行性研究报告、立项申请材料、项目前评审材料及立项批复文件进行判断。

建设资金控制有效性,一般从概算、合同金额、工程决算(审价)结果三个方面进行分析。概算分析主要关注编制概算所采用的定额标准是否为当地市场目前平均价格,概算编制内容是否为本工程项目必须实施内容,等等。合同金额分析主要关注合同签订价格与施工图预算的偏离度,以及合同价格对应的服务内容是否与实际需求相吻合。工程决算(审价)结果分析主要关注决算金额与合同金额、项目概算的偏离度。

5. 信息化工程及维护类

资金投入一般为采购信息化建设与服务的资金,故该部分的分析重点与上述基建工程项目相似。此类项目还需更加关注项目决策是否科学,预算编制和安排的依据是否充分、合理,以及项目实施的保障措施及效果的实现情况。

绩效分析除项目正向效益的实现程度分析外,还需注意以下三个方面:

一是实现效益目标的投入水平是否合理,要与上述绩效分析结论相互印证。

二是项目在正向效益实现的同时,是否存在隐形、负面效益,比如产业补贴类项目是否存在对市场的过度干预、引发行业竞争不公平等负面效益。

三是很多项目的效益往往是多来源资金或多年投入叠加的结果。在多来源资金投入的情况下,需对评价范围涉及资金对应效益进行区分,避免将多来源资金投入的综合效益作为项目效益,过度放大评价项目本身的效益。在多年投入的情况下,应当重点对当年度项目效益的变化部分做分析。

四、项目支出绩效评价成果

（一）项目支出绩效评价工作方案

绩效评价工作方案是为开展评价而撰写的工作方案，是具体实施绩效评价的基础，是保障绩效评价质量的重要手段。工作方案的编写既要符合方案写作的一般要求，又要结合财政支出绩效评价的工作特征和内在要求，体现可行性、全面性和简明性的特点。绩效评价工作方案一般可分为项目概况、评价思路、绩效评价指标体系、社会调查方案和评价的组织实施五大部分，框架可参考各地财政部门的工作方案编写要求。

（二）项目支出绩效评价报告

绩效评价报告是评价活动的产物，是按照规定的格式，将评价过程中所搜集和掌握的相关信息进行分析归纳，从而对财政支出的经济性、效率性和效益性（"3E"原则）进行客观公正的判断，为决策提供依据的一种书面报告。绩效评价报告一般包括项目概况、绩效评价工作情况、评价结论和绩效分析、主要经验及做法、存在的问题和建议及相关附件，并就报告主要内容通过摘要予以反映。

第三节　政策绩效评价

随着预算绩效管理工作的不断深化，预算绩效评价重点由项目支出拓展到财政专项资金政策，并要求将评价结果作为调整支出结构、完善财政政策和科学安排预算的重要依据。其中，作为政策设计、实施、调整和退出的重要决策工具，财政专项资金政策绩效评价不仅能够为优化公共资源配置提供参考，还有助于增强政府财政支出政策制定的科学性，提升政府治理的综合绩效，因而得到了越来越多的关注，并已经在多个层面和多个地区付诸实践。

一、政策绩效评价思路

(一)评价内容及重点

1.专项资金政策绩效评价分类

科学的财政专项资金政策绩效评价工作,必须基于对专项资金设立所依据的政策的科学分类。只有明确其具体分类,才能确定不同资金政策的评价对象和内容,设计出具有针对适用性和科学合理性的绩效评价指标体系。

(1)价值型政策绩效评价和事实型政策绩效评价。根据政策是形成或产生一定的社会价值观念或社会价值判断(如法律政策文件或社会行为规范等),还是形成或产生一定的公共产品或公共服务(如教育、医疗卫生等),可以分为价值型政策绩效评价和事实型政策绩效评价。价值型政策绩效评价更关注政策的价值层面,属于应然范畴,在具体评价过程中,重点也是评价政策设立本身的公平性等,事实型政策绩效评价更关注通过哪些手段和项目实现政策目标。

(2)中央层面政策绩效评价和地方层面政策绩效评价。根据政策的颁布主体是中央政府还是地方政府,可以分为中央层面政策绩效评价和地方层面政策绩效评价。一般来说,政策制定层面开展的评价更重视政策制定本身,下级政府实施上级政策的绩效评价,更关注政策执行层面。

(3)主导型政策绩效评价和辅助型政策绩效评价。根据在整个公共政策制定、执行过程中发挥作用的重要性程度,即发挥主导作用还是辅助作用,政策绩效评价可以分为主导型政策绩效评价和辅助型政策绩效评价。

(4)直接投入政策绩效评价和间接投入政策绩效评价。根据公共政策制定和执行过程中财政资金是通过直接方式投入还是间接方式投入,可以分为直接投入政策绩效评价和间接投入政策绩效评价。直接投入如产业引导资金、农业辅助资金等,间接投入有担保资金、基金等。不同的投入方式,政府资金的管理模式和引导效应等都不一样,评价的侧重点也不一样。

(5)延续性政策绩效评价和阶段性政策绩效评价。根据政策实施执行的连续性,即政策是长期实施执行还是只在某一个时期或阶段实施执行,可以分为延续性政策绩效评价和阶段性政策绩效评价。

（6）事前、事中和事后政策绩效评价，根据政策不同环节或不同时期开展绩效评价，可以分为事前绩效评价、事中绩效评价和事后绩效评价。事前评价重点关注政策制定的相关内容；事中评价重点关注政策执行的有效性及政策目标的阶段成果，根据评价的目的适当兼顾政策制定；事后评价除了重点考察政策目标实现及政策效果外，还要对政策制定和执行做全面评价。

2.绩效评价重点

由于政策开展中不同层级政府、不同政策主体扮演的角色、关注的重点不同，因而需要有差异地设计具体的政策制定和执行维度的绩效评价指标；政策效果则需结合政策目标，根据政策内容的不同选择相应的社会、经济、生态效益进行个性化设计。具体来说：

（1）政策制定方面，中央政府的政策主要从宏观角度出发，考察政策的必要性、在全国范围内的可行性、程序规范性和价值导向性。而对于省、市级等地方政府的政策，在政策制定维度的指标设计上除需考察以上特性外，还需考察政策的一致性和政策落实的配套是否完备。一致性指的是政策的内容符合国家相关政策规定，不偏离上级政府政策的意图和目标。资源配套可包括政策执行所必需的资金配置、人员队伍配置、组织管理机制配置等。

（2）政策执行方面，对于政策的制定主体，主要考察如何分解、指导、监督各级政府和相关机构开展实施工作，即通过对政策进行分解，进而对本级与下级执行政策进行方向指导和监督。对于政策的执行主体，应考察其对上级政策进行解读的情况，以及在本级执行过程中的原则性、灵活性和规范性。原则性是指执行主体在政策执行过程中应坚持政策目标与方向；灵活性指在不违背政策根本目标和方向的前提下，结合区域特点因地制宜采取适当措施灵活执行；规范性是指政策执行过程符合相关法律法规、政策要求，执行过程公平、公开、公正。

（3）政策效果方面，政策目标的实现程度、公众满意度等效果是每项政策评价必须首先回答的问题。然而，对于综合、多元的财政支出政策，还有必要评价政策的辐射效果以突出政策特色，例如产业扶持类政策还要重点考察政策对社会经济方面的影响，社会民生类政策则侧重考察政策对社会群众效用提升的促进情况。对于成本有效性的评价，需要根据政策效果和政策成本是否可量化、可货币化,选择成本—投入、投入—产出、成本—效益、成本—效果等衡量指标。

(二)评价实施路径

在评价思路的梳理上,政策绩效评价与项目支出绩效评价相同,均应建立在明确的评价对象和评价范围基础上,结合政策本身的特点,在完成政策绩效评价上述评价内容和重点的基础上,充分回应评价组织者的评价要求。具体的实施路径如下:

1. 明确资金政策评价基本情况

收集和政策相关的资料(包括政策相关文件),通过和预算部门(单位)沟通,了解政策制定的背景及实施途径,确定政策实施的总目标和分类目标、相关配套管理办法的制定和预算资金安排情况等内容,通过了解专项政策的基本情况,包括政策的基本内容和构架、预算资金的性质(按用途分类)、预算资金安排情况、政策实施有效期等内容,明确以下内容:政策名称、专项资金的类别、政策主要内容、政策期限、政策涉及预算总额、年度预算安排金额、预算来源、预算安排明细、政策所包含的内容及政策内容的实施计划(项目名称、进度计划、计划主要完成成果等)、政策总目标。

2. 梳理专项资金政策的绩效目标

财政专项资金政策的绩效目标按照项目支出绩效目标的编制要求来设定。根据政策的总目标,结合政策设立的目的,以及对政策基本内容和要素的梳理,提炼、归纳专项政策的具体绩效目标。总目标应明确政策有效期内要达成的目标,分解目标应当根据专项资金政策支持的方向进行分类后归纳提炼,而不是具体某个项目的绩效目标。

3. 分解专项资金政策实施活动

通过对政策的执行了解,依据专项资金政策确定的目标和管理要求,并结合专项资金政策评价的特点和重点,分解政策在制定、执行、实现和效果等环节的内容,并对政策的每一项活动内容进行梳理,阐述实现途径和活动目标。具体内容包括:

(1)政策制定。确定政策目标制定的背景和调研情况,政策制定、政策预期目标、相关配套管理办法的制定和预算资金安排情况。其主要包括:熟悉财政专项资金政策出台的重要性、必要性,以及需要解决的主要问题和迫切性等；总体目标是否明确，需求是否充分，政策调研和论证是否科学、严谨；政策内容是否符合前期调研与制定政策的背景和需求，是否有具体的绩效目标；政策要素是否清晰和完整；政策内容是否与需要解决的问题高度相关，政策的相应保障措施要科学有效促进政策绩效目标的实现。

（2）组织管理。根据相关部门和单位在政策实施过程中相应的职责和流程情况、组织部署情况，以及责任主体联动机制的实施情况，评价项目管理的规范性，包括项目的审批要求情况（包括申报材料齐全、审批的流程合规、审批内容完善、审批形式严谨）、按规定实行政府采购的情况、进行项目的动态管理等情况。一般情况下，专项资金管理办法会就支持对象、方式与使用范围，以及组织机构、操作流程、项目管理、财务管理与监督等内容进行明确，评价组根据专项资金管理办法，在核实具体操作流程的基础上梳理项目组织管理流程。

（3）资金情况。依据资金重点支持领域、使用对象和范围、资金使用的标准、预算执行等情况，评价资金管理的合规性、有效性；依据专项资金预算安排情况，分析专项资金实施的经济性；通过跟踪资金流向，了解专项资金实行国库集中拨付情况。

（4）执行监督。通过了解政策实施的管理活动，评价和反映专项政策的主管部门和单位在政策执行中是否进行有效监督。

（5）信息公开。评价项目信息公开情况（包括申报指南的科学性、项目申报程序合规性、执行结果的信息公开情况等）。

（6）政策产出。评价政策实施和资金投入后实现的产出，主要从数量质量和时效等方面进行分析。例如，政策涉及面（产业或行业）、覆盖率（产业或行业的覆盖面）和实际享受政策的单位数量、政策实施进度、附加值投入的比例（如研发资金投入占政策实施项目总投入的比例）等。

（7）政策效果。评价政策的效果（效能或效率和影响力），主要从政策实施的经济性、效益性、效率性和公平性等方面进行分析。此外，要重视政策实施的资源利用情况（即成本—效益），相关对象的满意度是衡量具体民生和政策实施效果的重要内容，还要关注政策的长效机制和可持续发展问题。

二、政策绩效评价指标体系设计

(一)总体设计思路

政策绩效评价指标体系主要依据绩效目标,以及政策实施的要求和情况而设计。在具体的评价开展中,由于评价介入的时点、评价涉及的政府层级、评价的目的和政策本身的不同,评价的要点和具体指标的设计也会不一样。

基于对政策制定环节和实施要件的细分,提炼形成绩效指标,科学设置标杆值及评分规则或考察要点。要做到定量指标应量化,定性指标可衡量,系统反映财政政策所产生的社会效益、经济效益、生态效益和可持续影响等。要关注政策制定和实施的公平性指标和满意度指标,即资金分配的合理和公平,以及资金绩效体现的普惠性。同时,指标体系的设计要遵循系统全面、内在逻辑一致性、分类设计和结果导向等原则。财政专项资金政策是实现政府职能的重要工具与手段。因此,财政专项资金政策绩效评价指标体系的建设,可依据政策制定的政府层级进行政策分类,依据不同层级政府在政策制定与执行中的职能定位分类设计政策制定与执行指标。同时,依据政策内容所属领域明确其主管部门,并对应至相应的履职活动分类,依据履职活动结合政策目标设计政策效果指标,通过政策效果对政府部门职能的呼应,更立体地反映政策绩效实现程度。

(二)评价指标框架及内容

根据专项资金政策绩效评价的内容,其指标体系由政策制定、政策执行、政策效果三个部分组成,一级框架可进一步分为多个二级维度和三级指标内容。同时,根据具体的政策和评价需要,指标体系可以调整或往下级细化相应的指标。

(三)评价指标体系权重

专项资金政策评价可根据评价管理的需要,对指标体系设计或者不设权重。不采用权重赋分的指标评价,指标体系主要作为评价的指引,侧重于对体系中每一个绩效指标完成情况的分析与判断。

如果按照综合评分法实施评价,财政专项资金政策绩效评价的权重设计以 100 分为满分。一般来说,需要在对政策分类的基础上,结合科学方法进行权重设计。根据经验,结合专家意见,建议一级指标一般按照政策制定 15～20 分、政策执行 20～25 分、政策效果 55～65 分进行权重分配,具体评价中可根据实际情况调整。二、三级指标依据评价的实际内容和具体的指标设计,按照重要性原则,可合理选择德尔菲法、层次分析法或经验分配法设定权重。根据评价介入的时点不同,评价的一级指标框架组成不一样,二、三级指标的权重也要相应调整。

三、政策绩效分析

与项目支出绩效分析相同,政策绩效分析也建立在指标评分的基础上,根据政策绩效评价的目的,反映政策绩效分析的重点,进行政策效率分析、政策效益分析和政策影响分析。

(一)政策效率分析

政策效率分析,主要是指对政策的制定情况、政策的落实情况和政策投入/产出关系等的分析和评价,政策绩效分析可以从政策制定、执行的效率,以及财政资源投入与政策产出的效率两个维度进行分析。

首先,是对政策制定和执行效率的分析,主要内容包括:是否在较短的时间内确定高质量的政策目标和政策方案;是否以最快的速度发动和组织政策的贯彻实施;是否高质量地按实施程序将政策予以落实;是否加强了政策执行中的监督;是否有效处理了违反政策纪律的行为;是否及时地发现和纠正了政策运行中出现的新问题、新情况等。因此,一项政策应该持续还是应该终结,资源的投入是否得到有效利用,应该扩大还是应该缩减,这些问题的回答,在很大程度上取决于对该政策效率的评价。

其次,财政资金支出是为了提供优质的公共产品及服务,但财政资源的有限性决定了提供公共产品和服务同样必须考虑投入和产出之间的匹配关系,再充裕的财政资金也面临"投什么"与"投多少"的问题。因此,政策绩效评价往往需要涉及财政资源配置合理性的剖析,以衡量财政资金的使用效率。这类效率分析可以基于成本视角,分析政策成本与预算投入、政策产出的匹配性,是政策绩效评价必须回应的问题。成本—投入分析,关注政策成本与实际预算投入的匹配性;投入—产出分析,关注政策产出与预算投入的匹配性。在绩效分析中可以结合政策具体情况，加以综合应用。

这里还需要特别说明的是，在政策绩效分析的过程中，对投入和产出的分析并不是独立的，需要结合效果共同进行。如果单纯对投入和产出进行分析，可能存在这样一种情况：投入和产出之间完全匹配，或者说政策的效率很高，但这个产出对于政策效果目标的达成没有意义或者贡献度不高。投入—产出—效果之间有着内在的逻辑关系，在进行政策绩效分析时应进行关联。以政策效果为落脚点，任何不符合政策效果目标的投入和产出都是无效的，所以还应充分结合下面的政策效益分析。

(二)政策效益分析

改策效益分析主要是对政策目标实现程度的反映，其主要内容是研究和分析政策实施所产生的效果。同时，通过前述比较法、定量模型法等政策绩效分析方法分析政策投入、产出和效果之间的关系，反思政策决策的科学性、政策绩效目标的合理性和专项资金预算安排的匹配性，从而为提高专项资金使用效益，以及政策的后期调整和优化提供参考依据。整体来看，政策效益分析通常可以从下述三个维度，通过各种绩效评价方法的综合应用进行：一是成本—收益分析(损益分析)，关注政策效益与预算投入的匹配性，主要适用于可用货币单位计量成本和收益的财政政策，如对政府公共资本投资项目进行评估。二是成本—效果分析(本效分析)，对于支出效果具有多样性和复杂性，且收益无法货币化的财政政策，可以将多种效果按一定权重转化为单一的效果，便于分析。三是成本有效性分析，通过比较获得相同可衡量目标的不同政策方案所需的成本，对政策的"经济性"进行分析。具体有两类：一是固定预算法，明确一个给定的顶算投入，然后找出提供最大收益的备选方案；二是固定效率法，明确一个给定的收益水平，然后选择用最低成本取得这一收益的政策备选方案。

1. 比较法的应用

政策效益分析要关注政策修订的前后对比，以及与外省市相应政策内容的横向分析比较，多方位评价政策的前瞻性、合理性和有效性。如 X 地区政府为支持当地机场航线开辟与维持现有航班运营，设立航空运输发展专项资金政策，用于经政府批准的新开国内、国际(地区)通航城市客、货运航线的补贴。为综合评价专项资金使用效益，首先，对前期梳理出的新开航线数量、客座率、旅客吞吐量、货邮吞吐量、起降班次等政策基本目标的实现情况进行考察,并进一步对航线补贴周期、各航线延续性、过站旅客情况等进行分析。如对航线补贴周期的分析,主要是针对补贴3年以上的5条航线的补助方式、补助标准、年度补贴金额、旅客吞吐量和客座率等运营情况进行纵向分析,并以单客补贴金额作为切入点,将政策资金投入与政策效果进行关联。

2.定量模型分析法应用

如为科学评价S地区加快新旧动能转换促进工业企业提质增效专项资金政策绩效,评价组通过定量模型对政策补助强度与扶持企业经济效益相关性进行了重点分析。根据《S地区工业和信息化"十三五"发展规划》的三大战略新兴产业与四大传统优势产业分类,评价组绘制了按产业分类的政策扶持企业补助强度和企业营收增长率情况,以及扶持企业补助强度和企业税收增长率情况。

（三）政策影响分析

政策影响分析是指政策对其对象产生的作用及各种制约因素对政策产生的作用所进行的分析评价。一项政策的实施,往往会产生正、反两个方面的结果,既有积极的影响,也有消极的影响。政策影响分析的目的是:确定某项政策是否形成了预期的影响;注意是否存在某些重大的预期之外的影响,了解政策产出与政策效果之间的因果关系;在排除政策本身以外的因素后,衡量政策影响的范围,设法消除不良的政策影响。

（四）政策绩效分析的特点

作为一门应用学科,政策绩效分析需要学习和借鉴其他学科的理论知识,它是一个由多种学科背景、多种技术方法和多种理论模型组成的综合研究领域。

一是复杂的学科背景。政策绩效分析具有跨学科的特点,包括政治学、哲学、经济学、心理学和社会学,以及与公共政策有关的历史学、法学、人类学和地理学等方面的知识,量化技术和计算机科学对于政策形成、执行和评估也具有一定影响,因此也被纳入政策绩效分析的范畴。

二是广阔的研究领域。公共政策已经渗透到社会的各个层面和生活的各个领域。人们到医院去看病,会受益于国家的医疗卫生政策;送孩子去学校读书,会受益于国家的义务教育政策;骑车或开车上路,需要遵守国家的交通管理规定;过节燃放鞭炮,需要避开城市禁放区城;等等。一般而言,政府和公众所关心的政策问题都是政策绩效分析所要涉及的研究领域。

三是理论与实践的结合。进行政策绩效分析主要出于科学和专业上的双重考虑,前者的目标是探求理论知识,后者的目标则是运用这些理论知识去解决社会中的实际问题。

四是多架构的研究方法。政策绩效分析的目的是结合各种具体情境,运用不同分析模型,强调的是针对性和适用性。因此,政策绩效分析不能视野狭隘,而要博采各种研究方法和学科之长。

第八章

预算绩效运行监控

第一节　绩效运行监控

一、绩效运行监控定义

预算绩效管理是当下基层预算管理模式改革的重要价值取向,预算绩效管理模式的运行和完善离不开绩效监督体系建设。在预算绩效管理模式下,绩效监督是其重要的组成部分,并且贯穿于预算绩效编制、预算绩效执行、预算绩效评价和绩效评价结果应用的始终。绩效运行监控管理是全过程预算绩效管理的重要环节。

二、绩效运行监控主体

预算绩效运行监控的主体,包括财政部门、预算部门、审计部门、各级人大(立法机关)、司法和检察机关、社会公众。各类监控主体的目标有所不同,并且监控的手段有所不同,将其分类为政府内部监控(含财政部门、预算部门、审计部门、各级人大、司法和检察机关等监控)和政府外部监控(社会公众监控)。

(一)财政部门

财政部门通过下设的财政监督机构来具体执行对预算绩效运行活动进行监督、指导和管理的监督职能。

财政部门主要是对预算绩效执行情况进行动态监控,对预算的编制、执行、资金拨付、账户设置、现金管理和政府会计等具体方面进行监控,旨在确保财政资金使用和分配的合理性、有效性,保障绩效目标的实现,预算执行的合法合规性,引导预算绩效执行。

(二)预算部门

预算部门通过完善内部的管理机制,依靠各项制度以及自身内控建设来进行预算绩效执行的动态监控。

预算部门主要完善内部管理机制,具体包括财务制度、工作报告制度、信息收集处理机制的建立和完善等,保障自身预算行为的合法合规性,促进自身预算绩效目标的实现。预算部门通过自身的预算绩效执行动态监控来保障绩效目标顺利实现。

(三)审计部门

审计部门参与预算绩效运行监控管理,对预算执行情况进行审计监督。

(四)各级人大(立法机关)

各级人民代表大会对各级人民政府的行政管理活动进行监督,预算绩效执行属于政府行政管理活动的重要部分,自然也是各级人民代表大会对行政机构监督的重要方面。人民代表大会通过监控预算绩效执行状况合法合规性,来确保行政机构预算绩效执行的经济、效益和效率。

人民代表大会对预算绩效执行的动态监控,旨在避免预算绩效执行与人大立法精神和规定的偏离,做到预算绩效的执行有法可依。

(五)司法和检察机关

司法和检察机关主要依据现存法律法规来行使预算绩效运行的动态监控,司法和检察机关参与预算绩效动态监控的目的在于保障预算绩效执行行为合规,以此促进预算绩效目标的顺利实现。

(六)社会公众

社会公众参与预算绩效运行监控管理,对立法中关于预算绩效执行的动态监控程序进行监督,要求立法反映社会公众诉求,确保预算绩效执行符合公众利益;对预算绩效动态执行是否合法进行监督,既定法律程序能够确保预算绩效执行符合社会公众利益,那么社会公众就需要监督政府使其不能违反已有相关法律法规;对政府在财政法规框架内的行为进行监督,协调社会公众内部利益,保证政府能够公平对待每个社会团体,不能为某些利益集团所绑架。社会公众可以采取直接监督和间接监督的方式对预算绩效的运行进行监控管理。直接监督是指社会公众可以对预算执行提供建议,并通过一定程序参与到预算执行的管理活动中。间接监督是通过政府组成部门中的民意机构来实现的。民意机构指我国的人民代表大会。

三、绩效运行监控对象

绩效运行监控范围包括部门预算资金、财政专项资金、政府投资预算资金等财政性资金安排的,且纳入绩效目标管理范围的项目资金。

四、绩效运行监控内容

绩效运行监控管理主要内容包括预算执行情况、项目实施情况、资金管理情况、项目管理情况、绩效目标实现程度等。

(一)预算执行情况

预算执行进度是绩效运行跟踪监控的核心指标之一,预算执行工作是实现预算收支任务的关键步骤,也是整个预算管理工作的中心环节。具体来讲,预算执行情况主要包括以下内容:

(1)财政部门按照本级人大批准的本级预算向本级各部门(含直属单位)批复预算的情况、本级预算执行中调整情况和预算收支变化情况。

(2)预算收入征收部门依法征收预算收入情况。

(3)财政部门依照规定和财政管理体制,拨付和管理政府间财政转移支付资金情况以及办理结算、结转情况。

(4)财政部门按批准的年度预算、用款计划及规定的预算级次和程序,拨付本级预算支出资金情况。

(5)国库按国家规定办理预算收入的收纳、划分、留解情况和预算支出资金的拨付情况。

(6)本级各部门(含直属单位)执行年度预算情况。

(7)依照国家有关规定实行专项管理的预算资金收支情况。

(8)法律、法规规定的其他与财政性资金筹集、分配、使用和管理有关的情况。

(二)项目实施情况

项目实施情况包括项目具体工作任务实际开展情况及趋势,项目实施计划的实际进度情况及趋势,项目实施计划的调整情况等。

项目实施情况包含的信息有:各项具体任务的开展情况及其预期完成状况、整个项目的进度信息、项目中已经发生或需要改变计划方面的信息。

(三)资金管理情况

资金管理情况包括项目资金用款计划的时效性、专项资金支付方式、拨付效率、资金安全性等。

资金管理情况包含的信息有:资金划拨的合法合规性、资金划拨效率与安全性、资金的管理状况和支付状况。

(四)项目管理情况

项目管理情况包括指向政府采购、项目公示、工程招投标和监理、项目验收等情况,财务管理和会计核算情况,相关资产管理情况等。

项目管理情况包括政府采购、招标、验收等方面的合法合规性,项目资金管理的合法合规性以及项目资产的状况。

(五)绩效目标预期完成情况

绩效目标预期完成情况包括计划提供的公共产品和服务的预期完成程度及趋势,计划带来效果的预期实现程度及趋势,社会公众满意率预期实现程度及趋势,项目实施计划的调整情况等。绩效目标预期完成情况主要包含以下信息:项目计划提供的公共产品和服务的预期完成程度及趋势,包括项目的数量、质量、时效、成本等目标;项目实施所计划带来效果的预期实现程度及趋势,包括经济效益、社会效益、生态效益和可持续影响等;社会公众满意率预期实现程度及趋势;达到计划产出所需要的财力、物力、人力等资源的完成情况。

五、绩效运行监控方式

(一)按时效性分类

绩效运行监控的方式分为日常监控和半年总结分析。

1.日常监控

日常监控是预算部门(单位)在年度预算执行过程中,不定期对项目支出情况采取的绩效跟踪。预算部门(单位)应对重点项目及绩效目标变动项目加强日常绩效跟踪,及时发现项目预算执行中的问题,及时调整、纠正。

2.半年总结分析

半年总结分析是指预算部门(单位)每半年根据日常跟踪情况,对部门(单位)整体财政支出情况实施总结分析。

(二)按监控主体分类

绩效运行监控的方式分为部门、单位自行监控和财政部门重点监控两种。

1.部门、单位自行监控

部门、单位按照预算绩效管理有关规定,对照绩效目标,对预算执行过程以及资金使用和管理情况进行跟踪监控。各有关部门、单位要健全制度,责任到人,提高支出执行的及时性、均衡性和有效性。及时掌握财政支出绩效目标的完成情况、实施进程和资金支出进度,填报绩效监控情况表。当财政支出执行绩效与绩效目标发生偏离时,各有关部门、单位要及时向财政部门报告,并采取措施纠正。

2.财政部门重点监控

财政部门在部门、单位自行监控的基础上,根据预算安排、绩效目标、国库管理等,对预算执行进度、绩效目标实现程度进行绩效跟踪管理。通过听取汇报、实地核查以及绩效运行信息采集、汇总分析的途径和资金运行的动态纠偏机制等方式不定期对有关财政支出进行跟踪抽查,查找资金使用和管理以及预算执行过程中的薄弱环节,提出解决问题的方法和措施,促使部门、单位改进实施管理,确保绩效目标的实现。

六、绩效运行监控方法

(一)文献研究法

文献研究法主要通过解读国家和地方政策,以及与项目相关的政策文献。获取绩效运行监控项目的管理概况、绩效目标、需调整和修改的绩效指标等有用信息。

（二）社会调查法

社会调查法主要是通过问卷调查、访谈和现场勘查等方式，对项目绩效运行情况进行监控。从资金流和业务链两个层面着手，对资金管理和项目管理进行绩效监控。

第二节　绩效运行监控环节

一、绩效监控布置环节

财政部门在监控预算绩效目标时，对绩效监控布置实施所提出的要求，主要包括绩效监控的内容、实施方式、监控要求、报告格式、时间安排等。

预算绩效监控布置主要是为各监控主体建立监控渠道，使其能够顺利行使监控权利，故将绩效监控布置环节分为政府内部预算绩效监控布置和政府外部预算绩效监控布置。

（一）政府内部预算绩效监控布置

政府内部预算绩效执行动态监控是指参与监控的各部门依据宪法、法律、行政法规和财政规章制度的不同要求，制定预算绩效监控程序，按程序开展绩效监控活动，或根据日常财政管理过程中发现的问题，采取科学、适当的监控方式，及时组织开展预算绩效监控管理，以保证预算绩效目标的顺利实现。监督的要求如下。

1. 日常监督

财政监督部门和财政部门各业务处科室按照国家法律法规的规定对预算执行和财政管理中的日常事项所进行的监督管理活动。

2. 全过程监督

财政监督管理部门对财政监督客体在财政经济事项发生前进行审核，发生过程中进行监控，事项结束后进行检查，实行全过程监控。

3. 分段监督

财政监督部门根据情况，选择一个恰当的时段对财政监督客体的行为进行监督。

4. 事后检查

财政监督部门通过对财政监督客体已经结束的财政经济事项，根据国家的法律法规进行印证性检查，并对违法违规者作出处理或处罚的行为。

5. 全面监督

全面监督是指财政监督部门对某一或者某些财政监督客体在某一时期内发生的全部财政财务收支活动、所有的核算资料以及涉及的所有财政经济业务事项进行的事后监督。它在监督内容上十分全面，但在监督时段上属于事后检查。

6. 专项监督

财政监督部门和财政机关各有关业务部门对某一特定类型的项目进行的监督检查，这些项目可能存在于同一监督客体，也可能分散在不同的监督客体，但它们属于同一类型的经济业务，或者在性质上属于相同问题，监督检查的结果可以进行归纳。

7. 个案监督

财政监督部门根据上级批示，或者日常监督检查和专项监督检查中发现的线索，或者根据群众举报，组织力量对监督客体在某一时期发生的某一具体财政财务收支活动、核算资料或者某些需要实施检查的经济事项进行的监督检查。

以上财政监督方法，多适用于财政部门对预算执行部门进行监控。除此之外还需要预算执行部门进行日常的自我监控。预算执行部门自我监控是指预算执行部门按照预算绩效目标，持续跟踪预算绩效执行情况的信息。

（二）政府外部预算绩效监控布置

政府外部预算绩效执行监控布置主要是指社会公众对政府财政预算绩效工作进行监督，并畅通社会公众对政府预算绩效执行的动态监控渠道。

社会公众监督的要求如下：

1. 发展舆论监督

舆论监督是社会公众对财政预算绩效执行监控的一种重要手段，舆论由于其公开性的特点具有了其他手段所无法替代的优势。舆论监督能够对政府形成外部压力，并且舆论畅通环境下，便于及时发现问题、暴露问题和解决问题。

2. 提高财政透明度

要实现人民对政府的财政监督，财政透明度的提升是最关键的要素。如果人民对财政信息一无所知，根本就无法进行监督。财政透明度是政府管理的关键环节，它可以促使负责制定和实施财政政策的人更加负责。

3. 强化人民建议权

要加强人民群众与人民代表大会的联系，加强人民代表大会对政府日常工作行为的指导。人民的建议权是监控的一种手段，能够反映社会公众的诉求，应当作为政府外部预算绩效监控布置的重要方面。对于社会公众中的专家学者，他们的建议权要受到足够的重视，要畅通他们提建议的渠道，对他们的建议加以科学研究并作出回应。

二、绩效监控实施环节

预算绩效监控实施环节主要是主管部门自行监控。预算单位在开展绩效监控过程中，要定期或不定期将监控的情况以表格和文字的形式反馈给财政部门，确保财政部门及时了解有关资金使用情况，实现动态纠偏。财政部门应及时对预算部门报送的绩效监控情况进行审核，如有偏离目标的情况，要指出其中的问题，并反馈有关预算部门，督促其进行整改。财政部门根据各预算单位跟踪监控的实际情况，选取部分单位进行抽查，及时发现其中存在的问题，考查预算单位报送监控情况的真实性与准确性，也可在此过程中发现预算单位未注意到的问题，提高预算单位的资金管理水平。

预算绩效监控实施环节做到以下几点：

（1）动态监控绩效的执行，督促偏离时间进度的预算资金项目及时开工，实时监控工程进展情况。

（2）动态监控预算资金运行状况，及时采集资金拨付使用信息，加快财政资金支出进度，保证预算项目实施的资金需要。

（3）动态监控绩效目标完成情况，定期采集并汇总分析项目绩效运行信息，结合预算执行管理科室共同开展绩效专项检查，及时纠正偏离绩效目标的各种项目和资金管理问题。通过绩效监督动态监控预算绩效运行,保证预算绩效目标的如期实现。

（4）当预算单位收到相关文件后,要严格按照文件的有关规定,认真对项目进行跟踪,同时要提供相关跟踪监控材料,证明监控有关的内容,确保项目按既定目标执行。

三、绩效监控结果

预算绩效运行监控作为预算绩效管理的重要环节,是预算绩效目标实现的重要保障。预算绩效运行监控结果,必须能够有效运用,才能够发挥监控的效果。预算绩效运行监控结果至少在保障预算项目顺利执行、预算绩效运行后续调整以及为今后预算绩效管理活动提供借鉴等环节发挥重要作用。

（一）为预算项目运行的顺利进行提供保障

预算绩效运行监控,强调事中监控,区别于传统观念中以事后监控为主的监控模式。在预算绩效执行中,随时发现问题解决问题。预算绩效运行监控是一种现场控制或者称为同步控制。

这种监控措施针对国家机关、国有或国有控股企业（金融机构）、事业单位等预算执行单位正处于进行中的预算绩效项目执行进行监控。对其合法性合规性以及是否向实现预期绩效目标方向发展进行监控,以此促进预算绩效管理目标的实现。

（二）为预算绩效运行工作的调整提供依据

预算绩效运行监控是对预算绩效执行工作的实时监控,在发现问题时,应当分析其原因并给出解决方案。预算绩效执行动态监控所提供信息能够为预算项目执行进行修正提供参考信息,有助于选择更有利于实现绩效目标的运行路径。

预算绩效运行工作调整存在两种模式:一种是对现有预算绩效运行工作路径进行优化,分析预算执行中完成的工作量、达到的效果以及与预期效果间差距所产生的原因。通过逐一比较、分析产生差距的原因,给出预算绩效运行工作路径调整或加强的方面,促进工作效率的全面提升。另一种是重新设计预算绩效运行工作路径,有时候预算运行工作的内外部环境发生变化,会显著影响预算绩效运行工作的效果。在这种情况下,需要评析原有预算绩效运行工作路径是否还是实现预算绩效目标的最佳工作路径,并将其与新设计的工作路径加以对比,衡量利弊得失,选择更能够有助于实现预算绩效管理目标的工作路径。

(三)为预算绩效运行工作的管理提供支撑

预算绩效运行监控信息,可以获得预算运行单位的运行信息。能够督促预算绩效运行的工作进度,也可以作为加强预算资金管理的手段。

(1)预算绩效运行监控信息,可以使监控主体了解项目进度,对项目进展情况和最终预期完成状况有一个合理评估。监控主体可以据此督促预算运行单位加快预算绩效运行工作进度。保证预算绩效运行工作的平衡性。

(2)预算绩效运行动态监控不仅能够提供项目进度信息,并且能够据此估计预算运行单位的资金支出需求。财政管理部门可以依据此信息为向预算运行单位拨款的依据。财政管理部门对于预期不能完成全部任务的预算运行项目,可以减少对其财政拨款。对于完全无法继续运行的预算绩效项目,可以停止对预算运行单位拨款。通过对资金拨付的管理,来加强对预算绩效项目的管理。

(四)为预算绩效管理工作水平的提升积累素材

预算绩效运行监控作为一种全过程的监控,能够发现预算绩效运行中各种各样的问题。这其中很多问题可能是在预算绩效目标设定时未曾考虑到的因素,这些因素将为同类预算绩效管理项目工作路径设计所考虑。通过预算绩效运行监控所分析出的工作关键节点,也成为设计预算绩效管理工作路径所重点关注的环节。一些预算绩效管理活动根本无法达到项目立项时所承诺的绩效目标,对于此种项目今后应当禁止立项。

第九章

绩效跟踪制度设计

第一节 绩效跟踪的基本概述

一、绩效跟踪的概念

财政预算经过编制和审批之后便进入财政预算执行环节,与之相对应,财政预算绩效目标管理则进入财政预算的绩效跟踪的流程。从字面而言,绩效跟踪是指对绩效所进行的"跟踪",而追溯目标管理方法是以目标结果为导向的本质,财政预算的绩效跟踪便可定义为是在财政预算的执行环节所开展的,以事前绩效编审环节所确定的绩效目标为衡量标准,通过采集、核查数据并采用绩效评价的方式所进行的项目跟踪监管,从而动态地了解和掌握项目绩效目标实现程度、资金支出进度和项目实施进程,以确保资金使用效率和项目管理效益的提高。

二、绩效跟踪是财政预算绩效目标管理的关键

(一)绩效跟踪是确保财政预算绩效目标的根本性保证

作为预算落实的操作阶段,预算执行环节的绩效跟踪可谓是上一绩效编审环节的延伸,绩效编审力争的是预期绩效的合意性,而绩效跟踪则是确保绩效目标能实现的"护航仪"与"监控器"。由于财政预算执行涉及面广、影响因素多样、不确定性较大,这一环节的绩效跟踪便成为影响全过程绩效目标管理综合效能的关键性要素。

通过对财政预算绩效目标实现过程进行绩效跟踪,动态地分析预算执

行是否沿着绩效目标的实现轨道发展,存在哪些重大问题和矛盾,引起何种社会效应,找出实际绩效状况与应达到的绩效水平之间的差距和原因,并针对问题有的放矢地采取整改和完善之策,对于我国财政预算执行的安全性、经济性、效率性与效益性均具有重大实践意义。

(二)预算绩效运行监控是全过程财政预算绩效管理的关键环节

作为全国开展财政预算绩效管理工作的框架性制度,财政部发布的《预算绩效管理工作规划(2012—2015年)》明确提出,在其所要构建的"五有"新机制中,"预算绩效运行监控是全过程预算绩效管理的关键。财政部门和预算部门要对绩效信息适时进行跟踪监控,重点监控是否符合预算批复时确定的绩效目标,发现预算支出绩效运行与原定绩效目标发生偏离时,及时采取措施予以纠正。情况严重的,暂缓或停止该项目的执行"。这一论断在理论上奠定了财政预算绩效跟踪在全过程绩效目标管理工作中的关键性地位。

三、绩效跟踪的基本方式

由于财政预算执行的体量巨大,尤其是我国目前财政预算事后综合问效环节较为完善,已有相当省市探索了财政预算绩效编审试点,但正式开展了财政预算绩效跟踪的城市却相对极少的背景下,全面覆盖的财政预算绩效跟踪缺乏现实性,所以在我国已经仅有的少数几个试点城市中,都是选择了选取部分项目进行绩效跟踪的试点。同时,根据从事具体绩效跟踪评价工作的主体身份差异,各地绩效跟踪的基本方式不约而同地采取了相同的二分法。

一是对于一般性财政预算项目,其执行环节的绩效跟踪多是交给了主管预算部门和预算单位予以自评,并要求在规定的期限内将自评结果、报告及相关材料报送财政部门,财政部门仅是通过采取专项检查或是不定期抽查的方式,来达到加强财政预算资金绩效管理的目的。

二是按照一定的标准,挑选出一部分重大项目,由财政部门直接组织开展绩效跟踪这一工作。重大项目的选取标准各地互有不同,但多是集中在预算资金规模较大、攸关国计民生或是当期社会所聚焦的一些热点关注领域的财政项目。由于财政预算绩效目标管理对工作人员的素质要求较高,加之独立性等方面的考虑,实践中也有部分政府是采用委托的方式聘请第三方绩效评价机构或组织专家实施,如江苏省江阴市便是如此。

四、绩效跟踪的组织管理

由于目前绩效跟踪的基本方式都是在预算执行项目所涉及的主管职能部门与预算单位以及财政部门之间展开,所以财政预算绩效跟踪的组织管理工作就主要集中在财政部门和预算部门两个方面。在我国已开展了这一工作尝试的地区中,虽然在具体的制度规定上存在着或多或少的差异,但总体框架上却高度趋同。常州市在全国首个出台了专门的绩效跟踪管理办法《常州市市级财政专项资金绩效跟踪管理暂行办法》,对此设立了专门的两条内容:

一是市级财政部门的主要职责,包括六个方面:①研究制定绩效跟踪管理办法;②组织、协调、督促、检查和指导市级预算部门(含单位,下同)的绩效跟踪管理工作;③结合绩效目标实现程度和项目实施情况,负责项目资金的审核和拨付,并定期反馈绩效跟踪管理综合意见;④对绩效跟踪中发现的绩效运行目标与预期绩效目标发生偏离的情况,及时督促市级预算部门采取措施予以纠正;⑤对市级预算部门提出的确因政策调整、不可抗力等因素需调整目标的情况,进行审核和批复;⑥应当履行的其他绩效跟踪管理职责。

二是市级预算部门的主要职责,也包括六个方面:①建立健全本部门绩效跟踪管理制度;②按照设定的绩效目标具体组织实施项目,提高预算执行效力,保证项目按预定的绩效目标完成;③负责做好项目实施数据资料的收集、整理和报送工作;④落实整改意见,及时纠正项目实施过程中效益与绩效目标的偏差;⑤向财政部门报告绩效目标调整事项;⑥应当履行的其他绩效跟踪管理职责。

第二节 财政预算绩效跟踪的主要内容

一、绩效跟踪的对象

理论上,财政预算绩效跟踪覆盖所有的财政预算执行项目是最优的,但显然,基于数据获取的困难、地域差异的存在、技术水平和业务能力的限制等因素综合导致了所有项目要实现全覆盖的非现实性。因此,应先按照数据的可得性以及项目的重要性等原则,选择适合的财政预算绩效跟踪项目,待条件成熟,再逐步扩大覆盖率。在目标对象的选择标准上,可考虑以下三个方面:一是抓重点,选取财政预算资金规模较大、增长速度较快的项目;二是攻难点,选取一些长期时间内都难以解决的问题方面的财政项目;三是破热点,选取当前社会反映强烈、应由政府重点解决的一些攸关国计民生的重大热点问题。

二、绩效跟踪的范围

绩效跟踪的范围也就是要对财政预算执行情况所实施的绩效跟踪所要涉及的主要内容。目前,已经在实践部门达成共识的范畴主要集中在:一是跟踪分析预算执行与绩效目标的实现程度,综合分析项目阶段性的产出数量、质量、成本及时效等产出结果和项目实施后所产生的社会效益、经济效益、环境生态效益及可持续发展的影响等;二是分析预算执行与绩效目标出现偏差的原因;三是围绕订立的绩效目标内容开展绩效评价自评工作或是由财政部门(包括由财政部门委托的第三方中介绩效评价机构或组织)开展绩效跟踪评价工作,对报送表格数据的客观性、真实性、准确性进行审核;四是及时协调解决绩效跟踪工作中出现的问题,纠偏扬长,提出改进和完善的措施,促进绩效目标的顺利实现。

三、绩效跟踪的相关材料

毫无疑问,财政预算执行绩效跟踪也离不开相关材料和数据的论证与支撑。立足绩效跟踪在财政预算绩效目标管理中所处的"承上启下"位置以及财政预算执行的特点,一级政府要进行财政预算的绩效跟踪,必须涉及的相关材料主要集中在两大方面。

一是与绩效编审环节所形成的绩效目标直接相关的材料,主要包括审批通过后的正式财政预算绩效目标申报表、绩效目标实现的计划方案、计划方案实施的明细预算方案、预算单位的自评绩效指标体系等。

二是开展绩效跟踪评价所必需的一些材料,如预算单位要填列提交的专门表格和报告、为报告和表格中所填列的信息发挥依据作用的财政预算执行情况材料(如预算审批表)等。

当然,基于不同项目的具体特征,每一案例的财政预算绩效跟踪工作都会要求有针对性较强的一些个性化材料,如受评项目所属产业或行业的发展规划,甚至国家在相关领域所制定的大政方针等。但从我国少数地方所开展的财政预算绩效管理试点情况来看,目前的重点放在了第二个方面的材料内容上。与绩效编审的做法一脉相承,试点地区也是力图通过某张表格来融会贯通地列取所需要的数据和信息,但基于目前这一绩效跟踪所处的阶段过于初步,所以各地也都是在"各自为政"地摸索着自己的财政预算绩效跟踪构建之路,这样分散化差异性的突出表现,就是不同地方所设计的表格从形式到内容都差异较大。如同属浙江省的杭州市和绍兴市,其试点中所应用的绩效目标绩效跟踪情况表就相差巨大。

第三节 财政预算绩效跟踪的绩效评价

一、财政预算绩效跟踪评价的基本含义

财政预算绩效跟踪评价就是针对财政预算的执行过程中的绩效进行评价,也就是评价财政预算执行环节的绩效状况,它是整个财政预算绩效目标管理的事中绩效评价环节。简单地说,财政预算绩效跟踪评价是通过绩效评价的手段来实现财政执行绩效跟踪的目的,绩效评价是其手段,绩效管理则是其目标。

二、财政预算绩效跟踪评价的基本原则

与事前绩效编审和事后综合问效的绩效评价相一致,财政预算绩效目标管理的这一事中绩效跟踪评价也要围绕预算执行环节的特点和目的而遵循特定的原则,以能够保质保量地完成这一工作。这些原则主要包括以下五个方面。

（一）共性准则原则

与绩效编审原则确定的原理相同，财政预算绩效跟踪预算执行，也是对在政府行政组织体系框架内运行的财政预算管理活动的执行环节，进行有关绩效程度的评价。因此，财政预算的法定性、完整性、可靠性、时效性、统一性和公开性等原则，也必须是财政预算绩效跟踪工作所必须遵循的框架性准则。这是财政预算绩效跟踪所必须遵循的第一大共性原则。其所必须要遵循的第二大共性原则是绩效的判定准则，亦即前文中已有所述及的"3E"或"4E"准则，财政预算绩效管理的核心就是要随时保证财政资金的使用能达到有绩效的效果，因此，作为财政预算的实践环节，财政预算绩效跟踪评价也必须服从并服务于绩效的评判与实现。

（二）整体优化原则

与绩效编审的事前评价和综合问效的事后评价不同，财政预算的事中绩效跟踪秉承的是"承上启下"的责任，肩负着落实编审绩效实施和保证最终绩效结果的双重任务，所以财政预算的绩效编审评价既要注重与事前绩效编审环节所制定的预期绩效目标的衔接，更要侧重于如何确保后续财政决算的结果能够达到一个合意的绩效要求。

（三）目标对比原则

预算执行是对前期预算编制的具体实施，所以财政预算执行绩效的跟踪评价必须紧扣财政预算所制定的预期绩效目标，衡量并评判在执行过程中财政预算绩效目标的实现程度是财政预算绩效跟踪的核心，因此目标对比原则也是这一绩效评价工作的核心原则。

（四）动态完善原则

该原则是指财政预算绩效跟踪的内容要随形势的变化而予以动态的更新与调整，而不能静止不变。这一原则在实践的体现主要集中在两个方面：一是财政预算绩效跟踪评价指标的选择要"动静"结合，即既要有静态指标，又要有动态指标；二是具体指标评分标准值的确定，既要结合特定评价期间的静态数值，还要注重评价前期历史中的动态数值。

（五）时限基础原则

时限性标准（time-based）是绩效目标确定 SMART 五原则中的一个，但由于绩效目标确定与预算编制相对应,基于财政预算的年度性特征,财政预算绩效目标的时限性也多与财政年度的时限相一致。但由于预算执行是对预算编制的阶段性落实,所以财政预算绩效跟踪评价的时限性原则主要有两层含义:一是指财政预算绩效跟踪所涉及的期限,如日前绍兴市以季度为单位,杭州市则以半年为单位;二是指各部门具体开展绩效跟踪工作的时间节点,这是确保财政预算绩效跟踪切实得以贯彻的基本时间保证。

三、财政预算绩效跟踪评价的指标体系

(一)财政预算绩效跟踪评价指标体系的设计原则与方法

1. 指标体系设计原则

应该说,基于财政的预算执行在整个预算流程中所起的"承上启下"作用,法治性的特征使得财政预算编制已经直接限定了财政执行的范围、方向和内容,而绩效管理以结果为导向的宗旨又为财政执行的后果设立了不得背离的约束框架,因此,财政预算绩效跟踪的评价可以说在整个财政预算绩效目标管理的"事前""事中"和"事后"这三大流程中最为复杂的,所要考虑的内容也是最为多样、全面的。由此,财政预算绩效跟踪指标体系的设计原则上必须考虑到既能实现对事前绩效编审所定目标实现度的考评,又能确保预算年度结束后总的事后综合问效能达到合意的整体效果。基于此,财政预算绩效跟踪指标体系的设计原则与财政支出绩效评价指标体系设计的普遍共性原则便具有了极强的一致性,如可操作性原则、定性与定量相结合的原则、相关性原则、重要性原则、普适性原则、"3E"或"4E"原则、SMART原则、动态与静态相结合的原则等,均可结合具体财政预算绩效跟踪项目的特点选取不同的原则予以应用。

2. 指标体系设计方法

围绕财政预算绩效跟踪旨在考核预算执行的过程绩效,以确保绩效目标实现的根本目的,这一环节指标体系的设计方法相对简单,主要是通过因素分析法,结合上述的若干原则,设计、挑选并最终确定具体的财政预算绩效跟踪指标体系:对于各个指标标准分值的确定,主要应采用目标比较分析法,辅以专家赋值法和德尔菲法等;对于各个指标权重的确定没有特别的要求,应在财政支出绩效评价的诸多权重赋值法中根据需要进行选择应用,如

层次分析法、模糊数学法、比较分析法等。

（二）财政预算绩效跟踪评价的指标体系框架

1.财政预算绩效跟踪评价的指标体系

根据财政预算执行绩效跟踪所要遵照的相关原则,立足绩效跟踪旨在检验预期绩效目标实现度、加强财政预算管理并通过及时反馈迫使受评预算部门和单位进行动态整改的根本目的,整体上便可以从目标完成类、管理监控类和预算调整类等方面对财政预算执行过程中的绩效进行评价,并在此基础上进行权重的赋值和每个指标评分标准值的确定。

2.财政预算绩效跟踪评价的指标权重

指标权重会直接影响财政预算绩效跟踪评价的结果。在财政支出的绩效评价领域,有大量的指标权重赋值法。

3.指标评分标准

评价指标和指标权重确定之后的第三项内容就是要为每一个指标确定评价标准,依照评分标准可以计算出绩效评价指标分值,该分值与评价指标对应的权重之积,便是这一预算绩效跟踪指标的最终得分。

（1）定量指标的评分标准。严格来讲,对应财政预算的法定性特征,定量指标的最优评分标准理论上应该是各指标完成率达到100%即得满分,未达到100%则为零分。但基于现实情况的复杂性,尤其是形势的变化使得某些预算调整成为必要之举,所以在实践操作中,这一标准必须适当放松,以实现绩效跟踪评价的可操作性。可以采取以下两种方式来解决这一问题。

一是直接采取百分制的评分标准确定办法,即去掉计算得出的评价指标完成率的百分比单位,将数值作为该指标的标准分值。如资金到位率完成率的指标,若实际资金到位率/计划资金到位率×100% = 80%,则该指标的标准分值即为80分;若该指标的权重为5%,则其最终的绩效评价得分为80×5% = 4分。

二是区间赋值法,即通过德尔菲法或是专家赋值法,为两两相邻的分值界限标准值所构成的区间直接赋值,从而确定指标的标准分值。具体区间以及每一区间对应的标准分值由财政预算绩效跟踪主体根据情况进行设计。假定以最简单的五分法为例,可将绩效跟踪评价指标的数值划分为0 ~ 20%（含）、20% ~ 40%（含）、40% ~ 60%（含）、60% ~ 80%（含）、80% ~

100%五个区间,每一区间的标准分值可分别设定为20分、40分、60分、80分和100分,标准分值和指标权重之积便是该指标的绩效评价得分。例如,若上述资金到位率完成率指标的数值为50%,则该指标的标准分值便为60分,仍假定其权重为5%,则其最终的绩效评价得分为60分×5% = 3分。

(2)定性指标的评分标准。管理监控类和预算调整类两类指标中,包含了大量的定性指标。该类指标的评价只能依赖评价人员的主观判断,根据实际情况和相关材料,由负责具体实施绩效跟踪评价的专家直接对这些指标的标准分值进行赋值。例如对于"预期目标的合理性"指标,可采用级差法将其确定为"不合理、不太合理、基本合理、比较合理和合理"五个级别,再制定相应的标准分值,如与上述五个级别的标准分值假定为是20分、40分、60分、80分和100分。

四、财政预算绩效跟踪评价的等级评定标准

通过将每一指标的标准分值及其权重相乘,便可得到每一个绩效跟踪批评指标的绩效得分,在此基础上便可计算出受评项目的总体绩效分值。

第十章

预算绩效评价指标体系

第一节　设计绩效评价指标体系

一、设计评价指标体系

（一）设计思路

1.分析绩效活动各环节,构建绩效评价指标体系一级指标

资金投入—资金流动—资金转换是绩效活动的全过程,涉及绩效活动的投入、过程、产出、效果四个环节,因此,将投入、过程、产出、效果作为绩效评价指标体系的一级指标。投入是人力、物力、财力的投资;过程是资金管理和项目管理中相关制度的建设及执行过程,是项目资金及质量控制和实施者对项目计划的遵循度;产出是由资金转换为服务或实物的结果,是以数量、质量、时效和成本来衡量产出;效果是资金流动和转换过程给社会、经济、生态等带来的直接或间接的影响等。

2.遵循"4E"特性,构建绩效评价指标体系二级指标

预算绩效评价是对预算支出的经济性、效率性、效益性进行客观、公平的评价,绩效评价指标的构建需遵循"4E"原则,即从经济性、效率性、效益性和公平性四个方面考虑分析,将一级指标分解为二级指标。如投入一级指标可以分解为项目立项情况、目标设定情况、财政投入情况和资源利用情况等方面的指标,以体现经济性;过程指标可以分解为项目管理、财务管理会计信息质量、资源配置等方面的指标,以体现效率性;产出指标可以分解为数量、质量、时效、成本等方面的指标,以体现效率性和效益性;效果指标可以分解为社会效益、经济效益、生态效益以及公众满意程度等方面的指标，体现效益性和公平性。

3.多角度分析，构建绩效评价指标体系三级指标

根据财政支出内容的多样性（如财政支出呈现经济、社会、生态等各个层次的需要和直接或间接影响），财政支出对象的层次性，财政资金从财政部门流向公共部门，再由公共部门流向具体资金使用单位或支出项目，资金实现了分配和再分配的过程，这个过程体现了财政支出对象的层次性，这些多因素需要从多角度分析，找出绩效评价关注点，结合项目实际和需要，选取或设计三级指标，构建绩效评价指标体系。

（二）设计步骤

绩效评价指标体系是通过绩效目标的细化、分解，结合绩效评价关注点和侧重点，设计出可以反映这些绩效目标完成情况的评价指标构建成的体系。

1.分析目标、评价关注点、评价侧重点

根据中长期规划、部门职责等相关依据，整理并分析目标，将各个层面上较为综合的目标分解成为若干清晰、相互独立的指标。例如，对于城市基础设施建设，其最终目的是为全体市民提供便捷、舒适与科学的城市基础设施体系，对其总体目标必然要加以分解，比如分解为在道路建设、公共交通、绿化环境等方面建设的具体目标。对单个方面的具体目标还需要进一步进行目标分解，比如公共交通可以进一步分解到地铁、交通、出租车等各个交通工具的发展状况的细化目标。

根据项目实际，分析项目评价侧重点及评价过程中的关注点，为绩效评价指标的细化和分解做准备。

2.确定评价指标框架和分级指标

对分解的目标，采用评价指标来衡量。从一级指标、二级指标、三级指标及指标解释等方面来确定或设计评价指标框架和分级指标。大致从投入、过程、产出、效果4个维度来设计一级指标，并根据评价对象实际，细化一级指标至二级指标、三级指标。

3.选取或设计评价指标

根据项目实际情况，在设计一级指标的基础上，细分至二级指标，并选

取合适的共性指标;根据项目特点,结合项目评价关注点,设计出个性指标,予以评价。

评价指标衡量目标单元有直接衡量和间接衡量两种情况。某些目标单元可以被直接衡量,例如城市人均绿化面积可以反映绿化工作的进展情况,每个人拥有病床数量能够反映医疗卫生建设情况;某些指标则是间接反映目标单元的实现情况,例如用家庭轿车拥有率可以反映经济发展状况。选取间接衡量指标,通常是在难以直接取得衡量指标时所采取的措施。选取的指标中可能存在无法获取某些可靠的数据来衡量,且难以通过定性的方式来描述的指标,应当选择删除该指标。

4. 确定评价指标权重

确定评价指标权重,根据评价指标的相关程度和重要程度,赋予某一指标在整个绩效评价指标体系中的占比大小。

(1)从最小目标单元的评价指标开始,确定权重,并通过汇总得出上一级指标权重。例如,评价指标设计到三级的指标体系,先根据评价指标的重要程度等因素确定三级指标中各指标占比,进而汇总计算出二级指标的权重,进一步得出一级指标的权重。

(2)从一级指标开始,根据评价侧重点,确定一级指标权重;根据项目实际情况和指标重要程度等因素确定二级指标权重,二级指标的权重是一级指标权重的细化;采用同样方式确定三级指标权重,如有四级指标,可进一步细化。

5. 确定评价指标评分标准

通过设置标杆值和评分规则的方式,确定评价指标评价标准。

二、设计评价指标

(一)设计思路

指标选择要建立在客观性、实用性、公开性等原则上,同时要兼顾共性和个性。

首先选取若干方面联合反映被评价对象的整体属性的共性指标,而且每个方面代表研究对象不同方面的特征,接着在每个方面里选取若干候选指标,通过非参数检验,将没有显著性差异的指标归为一个子类,从子类指标中选取最具代表性的指标,进而选择出合适的共性指标。再根据项目实际情况,对项目进行分析,结合项目特点,从项目评价关注点和项目评价侧重点等方面对个性指标进行设计。

(二)设计步骤

将评价对象的整体特征分成不同的方面,如根据资金的流动情况,可以从投入—过程—产出—效果四个方面来反映评价对象的整体特征。通过案卷研究,选取这四个方面若干候选指标,形成一个较为全面的有层次的候选指标群。

对各个候选指标群,通过非参数检验,将没有显著性差异的指标归集为一个子类候选群,这样同一子类候选群中各指标间没有显著性差异,而不同子类候选群中指标间存在显著差异。

从某个子类候选指标群中选取最具代表性的、易衡量、可获得的指标来反映该子类候选指标群;采用同样的方法选取各个子类候选群中的合适的指标。

将每个方面所有子类选出的指标联合起来,构成一个初步的评价指标体系。

根据项目特点,结合初步的评价指标体系,通过专家咨询等方式,设计个性指标,最终形成评价指标体系。

三、设置评价指标权重

绩效评价指标权重就是某项绩效评价指标在整个绩效评价中所占的比重。权重和评分标准是构建指标体系的两个因素,权重和评分标准设计的科学性和合理性直接影响到绩效评价结果的准确、客观和公正。

为保证权重的科学性和公正性,在设计的过程中通常采用 Delphi 法和AHP 法相结合的方法。

(一)设计步骤

1. 建立评价系统的递进层次结构

根据绩效评价指标体系框架,建立评价指标的递进层次结构。

2.构造两两比较判断矩阵

每位专家依据个人对评价指标的主观评价,进行综合分析,对各项指标之间进行两两对比之后,按9分位比率排定各评价指标的相对优劣顺序,依次构造出评价指标的判断矩阵。

3.计算各指标的权重

关于判断矩阵权重计算的方法有两种,即几何平均分(根法)和规范列平均分(和法)。

(1)几何平均法(根法)计算判断矩阵a各行各个元素m的乘积:计算m的n次方根,对向量进行归一化处理,该向量即为所求权重向量。

(2)规范列平均法(和法)计算判断矩阵a各行各个元素m的和:将a的各行各个元素和进行归一化,该向量即为所求权重向量。

(二)设计方法

在实践中,常用的方法是专家咨询法。专家咨询法是通过根据所要预测的问题,选择有关专家,利用专家在专业方面的经验和知识,用征询意见和其他形式向专家请教而获得预测信息的方法。专家咨询法的实施步骤如下:

(1)通过项目分析和文献研究,结合项目实际和项目评价侧重点,初步设置权重。

(2)将初步设置的权重给专家进行评审,根据修改意见,对权重予以修正。

四、设置评分标准

(一)评分规则

评分规则主要采取与标杆值比较的方式,分析每一个指标,设置合适的评价指标得分扣分区间。评分规则设置如下:

对科学性、合理性、规范性等定性指标,描述有与无、是与否等现象所反映的互斥约束条件,采用0~1规则设置评分规则。例如项目管护制度建设情况,有管护制度,得分,无管护制度,不得分。

对资金到位率、资金及时率、计划完成率、质量达标率等定量指标以极值为满分,采用线性函数的方式设置得分扣分区间。如资金到位率,以100%为满分,每少落实一个百分点扣1分,扣完为止。不足一个百分点的按照一个百分点计算。另外,考虑到公共资源的有限性,对于某些定量指标超出计划定额,根据实际情况酌情按超出百分比扣分。

对于表示程度的指标,包括定性与定量指标,可采取等级评分的方式设置评分规则,根据项目实际,对指标评分标准进行等级划分。如某项目财务报账支出进度6分,可以分为三级:截至6月30日,报账支出进度达到60%以上的得4分,每低于5个百分点扣1分,扣完4分为止;截至9月30日,报账支出进度达到80%以上的再得1分,每低于5个百分点扣1分,扣完1分为止;截至11月30日,报账支出进度达到90%以上的再得1分,每低于5个百分点扣1分,扣完1分为止。

(二)设置标杆值

标杆值可以根据定性标准和定量标准来设置,进一步可以根据计划数据、行业数据、历史数据和经验数据。

1.以计划数据设置标杆值

以计划在某个时期内要达到的目标、计划、预算和定额为数据,与目标实现程度或实际完成情况对比分析,设置标杆值。

2.以行业数据设置标杆值

以国家公布的行业指标数据情况为基础,结合实际数据情况,设置标杆值。

3.以历史数据设置标杆值

选取本部门或本地区过去年份的指标水平和变化规律的历史变动情况及平均水平为基础数据,设置标杆值。例如:社会保障支出增长率即通过与上一年相比,看今年是否需要更多资金投入到社会保障方面;业务信息化部门增长率即通过与上一年相比,看今年是否有更多的部门单位纳入电子政务系统建设中。该标准可引申为地区标准,即与发展情况相当的地区水平相比较。

4.以经验数据设置标杆值

根据长期的财政经济活动发展规律的管理实践,由在财政管理领域及其他领域有丰富经验的专家学者,在经过严密分析研究后得出的可以直接使用的经验数据,设置标杆值。

五、设计注意事项

(一)区分产出层面和效果层面的指标

评价指标是用来衡量目标的。划分一项指标属于产出层面还是效果层面,主要区分项目的成果和影响。从范围上来讲,产出层面是项目解决的具体问题,是项目实施建设的成果,在项目范围内,影响是指在项目完工后一个中长期的时间内,超出项目范围对整个经济、社会和环境等方面带来的变化,是效果层面的指标。

(二)项目对其影响有限的宏观指标选取

在确定项目的影响时,要根据项目的规模、范围和项目预期,确定合理的绩效评价指标。影响可能仅仅是在社会、经济、环境、政策等方面的某一方面和某些方面直接或间接的影响,根据项目的规模和范围,尽量做到具体、合理、不空乏。对宏观因素的影响必然存在对宏观指标是否符合预期假设,可从宏观指标是否符合预期假设这一方向对绩效指标进行选取;也可对比同时期、同类型、不同地点项目的相关情况,选取合适的绩效评价指标。

(三)从现有资源中选取绩效评价指标的步骤

1. 了解现有资源

了解现有资源,列出可用的数据来源,包括国家或地方相关法律、规章、制度,同类项目支出的相关案卷文献或科研成果等,如财政部《关于印发〈预算绩效管理工作规划(2012—2015)〉的通知》(财预〔2012〕396 号)、财政部《关于印发〈预算绩效评价共性指标体系框架〉的通知》(财预〔2013〕53 号)、G 省财政厅关于印发 G 省预算绩效评价指标体系的函等相关法律规章文件中涉及绩效评价指标体系的相关资料或内容,包括绩效评价共性指标体系框架和绩效评价个性指标体系框架等。

2. 选取合适的指标

从现有的资源中,找出相关文件中共性指标体系框架和个性指标体系框架,根据项目实际和项目评价关注点,选取合适的共性指标,同时选取合适的个性指标。

3. 补充设计个性指标

结合项目实际,对选取的共性指标和个性指标进行补充设计。根据项目实际、项目评价侧重点和项目评价关注点,增设个性指标。

4. 调整绩效评价指标体系

在绩效评价实施过程中,对某些数据难以收集难以评判的指标予以调整,可以通过替代或删除的方式,对此类指标用另一同类指标代替或直接删除,选取另外合适的指标进行评价。若项目实施过程中发生项目计划更改、外部环境变化等情况时,可以适当对预算评价指标体系进行修订。

第二节 项目支出绩效评价指标体系构建

一、按照项目管理流程维度的绩效评价指标体系

项目资金绩效评价指标体系的设计是从资金流的角度入手,按照项目资金使用与管理的流程,分为立项阶段、实施与验收阶段、结果评价阶段、修正阶段,分析各评价指标之间的逻辑关系、综合设计。

(一)立项阶段

主要针对项目申请时项目论证的科学性、项目批复程序的规范性、项目绩效目标设计的准确性、项目资金申请的合规性等定性指标进行分析评价,同时,也对财政部门对项目资金审核的合理性、资金拨付的及时性等进行分析评价。例如项目立项规范性、目标设计合理性、资金拨付及时性、资金到位率等定性指标与定量指标相结合的方式进行综合评价。

(二)实施与验收阶段

主要涉及:资金运行、过程控制、管理责任、验收等四个大的方面。资金运行,侧重于项目资金的到位、落实情况,项目资金的管理情况;过程控制,侧重于评价项目资金的过程管理控制,包括资金核算、制度执行等;管理责任,侧重于评价项目资金所在部门、单位的管理者、项目负责人在项目实施中所应尽到的法定管理责任;项目验收,侧重评价项目验收的严谨性、有效

性,例如管理制度健全性、制度执行有效性、项目质量可控性等,采用定性指标进行分析评价。

(三)结果评价阶段

根据项目资金运行流程进行绩效评价,该阶段是项目实施的结果反映阶段,在设计指标时主要包括项目产出、项目实施后所产生的经济效益、社会效益、生态效益以及项目实施的满意度、可持续影响等。例如项目实际完成率、质量达标率、项目实施后对经济、社会、生态所带来的直接或间接影响等定性指标与定量指标相结合的方式进行综合评价。

(四)修正阶段

绩效评价指标体系再完备,也不可能涵盖所有性质不同、用途不同的项目所需的评价指标。主要从经济性、社会性两个方面对项目资金绩效评价指标体系进行更加科学、合理的修正,体现出某个项目的内在特质,从而可以增设一些三级指标的具体内容。

依照项目资金运行流程进行绩效评价,能够更加直观地反映项目资金的流向。该体系根据项目资金的时间轴划分为 4 个一级指标,下设二级、三级指标,可根据项目的具体特性进行适当的指标修正、删减或增设,对项目实施单位、部门以及项目负责人起到重点项目实施过程控制的引导作用。将资金拨付、验收两个节点作为评价点进行评价,可以促进项目资金及时拨付、项目负责人重视项目验收工作。同时,在项目结果的社会效益评价中加入项目区实施乡村农民的满意度评价和项目单位、部门管理人与项目负责人的责任评价,增强了管理者实施项目活动时的公众、责任意识。

二、按照项目产出绩效维度的绩效评价指标体系

一般来说,从项目的产出绩效维度设计的绩效评价指标体系主要包括以下三个方面的内容:一是项目管理绩效情况;二是项目资金投入和使用绩效情况;三是项目产出绩效情况。依据项目内容设立绩效评价指标体系遵循了绩效评价指标设计的实用性和有效性。

项目管理绩效指标,反映项目的立项管理和完成情况。具体设计包括目标设定情况、项目完成程度和项目管理水平三个二级指标。评价项目的

管理效益,包括资金使用管理成效、项目进度管理成效等,具体到项目资金到位率、专项资金配套率、资金到位及时性等评价指标。还涉及是否擅自调整项目批复建设内容、是否擅自调整财政补助资金使用计划、是否专款专用和存在挪用移用现象、项目计划投资完成率、项目计划完成率等。

资金投入和使用绩效指标,反映项目的资金投入和使用绩效。具体包括资金落实情况、实际支出情况、财务管理情况和资产配置与使用四个二级指标。

产出绩效指标,反映项目的产出效益情况。具体包括经济效益指标、社会效益指标、生态效益指标和公众满意度等二级指标。

第三节　部门整体支出绩效评价指标体系构建

一、部门整体支出绩效评价指标体系

对部门整体预算支出评价是对预算部门资金配置、执行与决算绩效的评价,旨在提高财政资金使用效益的绩效管理手段,也是推进管理中心下移机制、强化预算管理的重要内容。对部门整体支出绩效评价指标体系的初设是基于预算管理的客观现实,以"预算绩效度"为总目标,以预算配置、执行与决算绩效为分目标,在遵循科学性、可比性与可行性等基本原则的基础上构建评价指标的递阶层次体系。

二、预算配置(编制)的绩效评价指标体系

预算编制明确了预算编制应该遵循合法性、真实性、完整性、科学性、稳妥性、重点性、透明性和绩效性原则,实质上是从编制合规、信息真实、项目完整、体系合理、收支平衡、保障重点等方面对预算编制提出的要求。依此,首先将预算配置绩效分解为收入预算配置、支出预算配置以及收支预算保障绩效,体现了合法性、完整性以及稳妥性原则,收支预算配置合理、保障得当代表了相对良好的预算配置绩效状态。随后考虑影响收支预算配置绩效的规模、结构与变动因素,规模因素表明了当年预算编制的水平,贯彻了透

明性原则;结构因素反映了预算收支结构的稳妥程度;变动因素评价了预算的发展能力,侧面表达了事业发展的成效。最后将收支预算保障绩效细化为收支平衡与收支保障两类因素,实现科学性与重点性原则的量化。前者考核预算编制是否量入为出,收支平衡;后者衡量预算编制是否率先保障基本支出,后安排项目支出,先重点、急需项目,后一般项目。

影响收入预算配置绩效的规模、结构与变动因素指标均围绕人均预算收入、财政拨款和自筹经费预算数展开。人均预算收入与变动率既反映了预算整体水平,又蕴含了对预算单位事业发展能力的认可程度;财政拨款和自筹经费比重以及变动率则是对多渠道筹集资金能力的考核。支出配置绩效的评价按照支出预算类别细化,人均预算支出、基本支出(人员支出与公用支出)项目支出的规模与变动指标是从总量和分量角度衡量的支出预算水平,也是贯彻"增收节支"绩效理念的外延。基本支出预算比重考核预算编制是否首先确保基本支出;人员支出与项目支出比重评价基本支出和项目支出预算优先安排人员支出的水平。收支预算保障绩效主要是考虑收支平衡与配比因素,前者由预算收支平衡率和结余率组成,旨在评价预算编制是否做到收支平衡,有所结余;后者涵盖基本支出、项目支出保障率,用于考核财政拨款预算对基本支出、项目支出的保障程度,也有助于在预算执行过程中把握组织收入与节约支出的重点。

三、预算执行的绩效评价指标

预算执行作为预算配置指标的落实过程,包括收入预算组织、支出预算控制与预算调整三方面核心内容,收入落实得力、支出控制有度、预算调整合理代表了预算执行绩效的良好状态。收入预算组织评价预算单位落实预算收入能力,考虑规模与结构因素设置预算完成率及财政拨款预算,完成率与自筹经费预算完成指标,分别考核整体预算落实、获取财政拨款能力以及自筹经费到位情况。支出预算控制主要衡量预算单位适度节支能力,同样基于规模与结构因素设置支出预算完成率、基本支出、项目支出预算完成率,分别评价支出总量与分量的适度节支情况。预算调整绩效则是对预算严肃性的反映,预算经审核除非发生不可预见重大情况方可调整,调整次数越多、调整数额越大说明预算的预见性较差,管理绩效较低。

四、预算决算绩效评价指标

预算决算作为预算管理流程终结阶段的评价,一方面应该结合预算决算阶段特征,保持与预算配置、执行评价的逻辑对应关系;另一方面必须基于预算单位事业性质考虑预算决算绩效的表现形式,设计客观科学的反映预算成果的指标体系。因此,选取收入、支出与收支保障绩效考核预算决算情况。

从规模和结构变动因素角度出发,设置人均执行收入变动率、财政与自筹经费变动率评价实际收入的发展趋势,这也是提高事业发展绩效的有力保障。支出绩效的衡量则通过人均执行支出变动率、基本支出与项目支出变动率体现,能否将实际支出数稳定控制在可接受的水平同样是预算管理绩效的客观表现形式。与预算配置与执行评价类似,收支保障绩效同样从收支平衡和收支保障角度构建执行收支平衡率与结余率,基本支出、项目支出保障率考察预算效果;通过对预算配置与执行阶段指标数值的纵向比较,实现全过程的预算绩效管理,为未来预算年度提供改进经验。

此外,根据财务绩效是基础、事业绩效是外延的逻辑思维规划相应的评价指标。财务绩效分解为筹资能力、偿债能力与资金能力,筹资能力下设自筹收入、拨款收入、贷款收入以及自筹基建资金比率指标,评价预算单位多方位筹措资金的绩效;偿债能力下设资产负债率与流动比率指标,考核预算单位短期与长期偿债能力;资金能力借助可动用自有资金净额、可临时周转货币资金两个绝对数指标反映,衡量预算单位资金结余满足流动性支付的需要。事业绩效作为预算产出评价的重要内容,必须与预算单位的公共服务性质相挂钩,对其事业绩效的评价理应综合考虑经济和社会效益。经济与社会效益指标的设计从属于预算单位的事业属性,事业属性差异化随之带来指标的特性化问题,这部分指标需要结合预算单位事业特点规划。

第十一章

政府预算绩效管理制度及手段创新

第一节　政府预算管理制度创新

　　预算体现国家的战略和政策,反映政府的活动范围和方向,是推进国家治理体系和治理能力现代化的重要支撑,是宏观调控的重要手段。党的十八大以来,按照党中央、国务院决策部署,预算管理制度不断改革完善,为建立现代财政制度奠定了坚实基础。当前和今后一个时期,财政处于紧平衡状态,收支矛盾较为突出,加之预算管理中存在统筹力度不足、政府过紧日子意识尚未牢固树立、预算约束不够有力、资源配置使用效率有待提高、预算公开范围和内容仍需拓展等问题,影响了财政资源统筹和可持续性。

一、总体要求

(一)指导思想

　　以习近平新时代中国特色社会主义思想为指导,深入贯彻党的十九大和十九届二中、三中、四中、五中全会精神,全面贯彻党的基本理论、基本路线、基本方略,坚持稳中求进工作总基调,立足新发展阶段、贯彻新发展理念、构建新发展格局,以推动高质量发展为主题,以深化供给侧结构性改革为主线,以改革创新为根本动力,以满足人民日益增长的美好生活需要为根本目的,更加有效保障和改善民生,进一步完善预算管理制度,更好发挥财政在国家治理中的基础和重要支柱作用,为全面建设社会主义现代化国家提供坚实保障。

（二）基本原则

（1）坚持党的全面领导。将坚持和加强党的全面领导贯穿预算管理制度改革全过程。坚持以人民为中心，兜牢基本民生底线。坚持系统观念，加强财政资源统筹，集中力量办大事，坚决落实政府过紧日子要求，强化预算对落实党和国家重大政策的保障能力，实现有限公共资源与政策目标有效匹配。

（2）坚持预算法定。增强法治观念，强化纪律意识，严肃财经纪律，更加注重强化约束，着力提升制度执行力，维护法律的权威性和制度的刚性约束力。明确地方和部门的主体责任，切实强化预算约束，加强对权力运行的制约和监督。

（3）坚持目标引领。按照建立现代财税体制的要求，坚持目标导向和问题导向相结合，完善管理手段，创新管理技术，破除管理瓶颈，推进预算和绩效管理一体化，以信息化推进预算管理现代化，加强预算管理各项制度的系统集成、协同高效，提高预算管理规范化、科学化、标准化水平和预算透明度。

（4）坚持底线思维。把防风险摆在更加突出的位置，统筹发展和安全、当前和长远，杜绝脱离实际的过高承诺，形成稳定合理的社会预期。加强政府债务和中长期支出事项管理，牢牢守住不发生系统性风险的底线。

二、加大预算收入统筹力度，增强财政保障能力

（一）规范政府收入预算管理

实事求是编制收入预算，考虑经济运行和实施减税降费政策等因素合理测算。严禁将财政收入规模、增幅纳入考核评比。严格落实各项减税降费政策，严禁收取过头税费、违规设置收费项目或提高收费标准。依照法律法规及时足额征收应征的预算收入，如实反映财政收入情况，提高收入质量，严禁虚收空转。不得违法违规制定实施各种形式的歧视性税费减免政策，维护全国统一市场和公平竞争。严禁将政府非税收入与征收单位支出挂钩。

（二）加强政府性资源统筹管理

将依托行政权力、国有资源（资产）获取的收入以及特许经营权拍卖收

入等按规定全面纳入预算,加大预算统筹力度。完善收费基金清单管理,将列入清单的收费基金按规定纳入预算。将应当由政府统筹使用的基金项目转列一般公共预算。合理确定国有资本收益上交比例。

(三)强化部门和单位收入统筹管理

各部门和单位要依法依规将取得的各类收入纳入部门或单位预算,未纳入预算的收入不得安排支出。各部门应当加强所属单位事业收入、事业单位经营收入等非财政拨款收入管理,在部门和单位预算中如实反映非财政拨款收入情况。加强行政事业性国有资产收入管理,资产出租、处置等收入按规定上缴国库或纳入单位预算。

(四)盘活各类存量资源

盘活财政存量资金,完善结余资金收回使用机制。新增资产配置要与资产存量挂钩,依法依规编制相关支出预算。严格各类资产登记和核算,所有资本性支出应当形成资产并予以全程登记。各级行政事业单位要将资产使用管理责任落实到人,确保资产安全完整、高效利用。推动国有资产共享共用,促进长期低效运转、闲置和超标准配置资产以及临时配置资产调剂使用,有条件的部门和地区可以探索建立公物仓,按规定处置不需使用且难以调剂的国有资产,提高财政资源配置效益。

三、规范预算支出管理,推进财政支出标准化

(一)加强重大决策部署财力保障

各级预算安排要将落实党中央、国务院重大决策部署作为首要任务,贯彻党的路线方针政策,增强对国家重大战略任务、国家发展规划的财力保障。完善预算决策机制和程序,各级预算、决算草案提请本级人大或其常委会审查批准前,应当按程序报本级党委和政府审议,各部门预算草案应当报本部门党组(党委)审议。

(二)合理安排支出预算规模

坚持量入为出原则,积极运用零基预算理念,打破支出固化僵化格局,合理确定支出预算规模,调整完善相关重点支出的预算编制程序,不再与财政收支增幅或生产总值层层挂钩。充分发挥财政政策逆周期调节作用,安

排财政赤字和举借债务要与经济逆周期调节相适应,将政府杠杆率控制在合理水平,并预留应对经济周期变化的政策空间。

(三)大力优化财政支出结构

各级预算安排要突出重点,坚持"三保"(保基本民生、保工资、保运转)支出在财政支出中的优先顺序,坚决兜住"三保"底线,不留硬缺口。严格控制竞争性领域财政投入,强化对具有正外部性创新发展的支持。不折不扣落实过紧日子要求,厉行节约办一切事业,建立节约型财政保障机制,精打细算,严控一般性支出。严禁违反规定乱开口子、随意追加预算。严格控制政府性楼堂馆所建设,严格控制和执行资产配置标准,暂时没有标准的要从严控制、避免浪费。清理压缩各种福利性、普惠性、基数化奖励。优化国有资本经营预算支出结构,强化资本金注入,推动国有经济布局优化和结构调整。

(四)完善财政资金直达机制

在保持现行财政体制、资金管理权限和保障主体责任基本稳定的前提下,稳步扩大直达资金范围。完善直达资金分配审核流程,加强对地方分配直达资金情况的监督,确保资金安排符合相关制度规定、体现政策导向。建立健全直达资金监控体系,加强部门协同联动,强化从资金源头到使用末端的全过程、全链条、全方位监管,资金监管"一竿子插到底",确保资金直达使用单位、直接惠企利民,防止挤占挪用、沉淀闲置等,提高财政资金使用的有效性和精准性。

(五)推进支出标准体系建设

建立国家基础标准和地方标准相结合的基本公共服务保障标准体系,由财政部会同中央有关职能部门按程序制定国家基础标准,地方结合公共服务状况、支出成本差异、财政承受能力等因素因地制宜制定地方标准,按程序报上级备案后执行。鼓励各地区结合实际在国家尚未出台基础标准的领域制定地方标准。各地区要围绕"三保"等基本需要研究制定县级标准。根据支出政策、项目要素及成本、财力水平等,建立不同行业、不同地区、分类分档的预算项目支出标准体系。根据经济社会发展、物价变动和财力变化等动态调整支出标准。加强对项目执行情况的分析和结果运用,将科学合理的实际执行情况作为制定和调整标准的依据。加快推进项目要素、项目文本、绩效指标等标准化规范化。将支出标准作为预算编制的基本依据，不得超标准编制预算。

四、严格预算编制管理，增强财政预算完整性

（一）改进政府预算编制

上级政府应当依法依规提前下达转移支付和新增地方政府债务限额预计数，增强地方预算编制的完整性、主动性。下级政府应当严格按照提前下达数如实编制预算，既不得虚列收支、增加规模，也不得少列收支、脱离监督。进一步优化转移支付体系，完善转移支付资金分配方法，健全转移支付定期评估和动态调整、退出机制，提高转移支付管理的规范性、科学性、合理性。规范国有资本经营预算编制，经本级人大或其常委会批准，国有资本规模较小或国有企业数量较少的市县可以不编制本级国有资本经营预算。

（二）加强跨年度预算平衡

加强中期财政规划管理，进一步增强与国家发展规划的衔接，强化中期财政规划对年度预算的约束。对各类合规确定的中长期支出事项和跨年度项目，要根据项目预算管理等要求，将全生命周期内对财政支出的影响纳入中期财政规划。地方政府举借债务应当严格落实偿债资金来源，科学测算评估预期偿债收入，合理制订偿债计划，并在中期财政规划中如实反映。鼓励地方结合项目偿债收入情况，建立政府偿债备付金制度。

（三）加强部门和单位预算管理

政府的全部收入和支出都应当依法纳入预算，执行统一的预算管理制度。落实部门和单位预算管理主体责任，部门和单位要对预算完整性、规范性、真实性以及执行结果负责。各部门要统筹各类资金资产，结合本部门非财政拨款收入情况统筹申请预算，保障合理支出需求。将项目作为部门和单位预算管理的基本单元，预算支出全部以项目形式纳入预算项目库，实施项目全生命周期管理，未纳入预算项目库的项目一律不得安排预算。有关部门负责安排的建设项目，要按规定纳入部门项目库并纳入预算项目库。实行项目标准化分类，规范立项依据、实施期限、支出标准、预算需求等要

素。建立健全项目入库评审机制和项目滚动管理机制。做实做细项目储备,纳入预算项目库的项目应当按规定完成可行性研究论证、制定具体实施计划等各项前期工作,做到预算一经批准即可实施,并按照轻重缓急等排序,突出保障重点。推进运用成本效益分析等方法研究开展事前绩效评估。依法依规管理预算代编事项,除应急、救灾等特殊事项外,部门不得代编应由所属单位实施的项目预算。

(四)完善政府财务报告体系

建立完善权责发生制政府综合财务报告制度,全面客观反映政府资产负债与财政可持续性情况。健全财政总预算会计制度,将财政财务信息内容从预算收支信息扩展至资产、负债、投资等信息。推动预算单位深化政府会计改革,全面有效实施政府会计标准体系,完善权责发生制会计核算基础。完善国有资产管理情况报告制度,做好与政府综合财务报告的衔接。

五、强化预算执行和绩效管理,增强预算约束力

(一)强化预算对执行的控制

严格执行人大批准的预算,预算一经批准非经法定程序不得调整。对预算指标实行统一规范的核算管理,精准反映预算指标变化,实现预算指标对执行的有效控制。坚持先有预算后有支出,严禁超预算、无预算安排支出或开展政府采购,严禁将国库资金违规拨入财政专户。严禁出台溯及以前年度的增支政策,新的增支政策原则上通过以后年度预算安排支出。规范预算调剂行为。规范按权责发生制列支事项,市县级财政国库集中支付结余不再按权责发生制列支。严禁以拨代支,进一步加强地方财政暂付性款项管理,除已按规定程序审核批准的事项外,不得对未列入预算的项目安排支出。加强对政府投资基金设立和出资的预算约束,提高资金使用效益。加强国有资本管理与监督,确保国有资本安全和保值增值。

(二)推动预算绩效管理提质增效

将落实党中央、国务院重大决策部署作为预算绩效管理重点,加强财政政策评估评价,增强政策可行性和财政可持续性。加强重点领域预算绩效管理,分类明确转移支付绩效管理重点,强化引导约束。加强对政府和社会

资本合作、政府购买服务等项目的全过程绩效管理。加强国有资本资产使用绩效管理，提高使用效益。加强绩效评价结果应用，将绩效评价结果与完善政策、调整预算安排有机衔接，对低效无效资金一律削减或取消，对沉淀资金一律按规定收回并统筹安排。加大绩效信息公开力度，推动绩效目标、绩效评价结果向社会公开。

（三）优化国库集中收付管理

对政府全部收入和支出实行国库集中收付管理。完善国库集中支付控制体系和集中校验机制，实行全流程电子支付，优化预算支出审核流程，全面提升资金支付效率。根据预算收入进度和资金调度需要等，合理安排国债、地方政府债券的发行规模和节奏，节省资金成本。优化国债品种期限结构，发挥国债收益率曲线定价基准作用。完善财政收支和国库现金流量预测体系，建立健全库款风险预警机制，统筹协调国库库款管理、政府债券发行与国库现金运作。

（四）拓展政府采购政策功能

建立政府采购需求标准体系，鼓励相关部门结合部门和行业特点提出政府采购相关政策需求，推动在政府采购需求标准中嵌入支持创新、绿色发展等政策要求。细化政府采购预算编制，确保与年度预算相衔接。建立支持创新产品及服务、中小企业发展等政策落实的预算编制和资金支付控制机制。对于适合以市场化方式提供的服务事项，应当依法依规实施政府购买服务，坚持费随事转，防止出现"一边购买服务，一边养人办事"的情况。

六、加强风险防控，增强财政可持续性

（一）健全地方政府依法适度举债机制

健全地方政府债务限额确定机制，一般债务限额与一般公共预算收入相匹配，专项债务限额与政府性基金预算收入及项目收益相匹配。完善专项债券管理机制，专项债券必须用于有一定收益的公益性建设项目，建立健全专项债券项目全生命周期收支平衡机制，实现融资规模与项目收益相平衡，专项债券期限要与项目期限相匹配，专项债券项目对应的政府性基金收入、专项收入应当及时足额缴入国库，保障专项债券到期本息偿付。完善以

债务率为主的政府债务风险评估指标体系,建立健全政府债务与项目资产、收益相对应的制度,综合评估政府偿债能力。加强风险评估预警结果应用,有效前移风险防控关口。依法落实到期法定债券偿还责任。健全地方政府债务信息公开及债券信息披露机制,发挥全国统一的地方政府债务信息公开平台作用,全面覆盖债券参与主体和机构,打通地方政府债券管理全链条,促进形成市场化融资自律约束机制。

(二)防范化解地方政府隐性债务风险

把防范化解地方政府隐性债务风险作为重要的政治纪律和政治规矩,坚决遏制隐性债务增量,妥善处置和化解隐性债务存量。完善常态化监控机制,进一步加强日常监督管理,决不允许新增隐性债务上新项目、铺新摊子。强化国有企事业单位监管,依法健全地方政府及其部门向企事业单位拨款机制,严禁地方政府以企业债务形式增加隐性债务。严禁地方政府通过金融机构违规融资或变相举债。金融机构要审慎合规经营,尽职调查、严格把关,严禁要求或接受地方党委、人大、政府及其部门出具担保性质文件或者签署担保性质协议。清理规范地方融资平台公司,剥离其政府融资职能,对失去清偿能力的要依法实施破产重整或清算。健全市场化、法治化的债务违约处置机制,鼓励债务人、债权人协商处置存量债务,切实防范恶意逃废债,保护债权人合法权益,坚决防止风险累积形成系统性风险。加强督查审计问责,严格落实政府举债终身问责制和债务问题倒查机制。

(三)防范化解财政运行风险隐患

推进养老保险全国统筹,坚持精算平衡,加强基金运行监测,防范待遇支付风险。加强医疗、失业、工伤等社保基金管理,推进省级统筹,根据收支状况及时调整完善缴费和待遇政策,促进收支基本平衡。各地区出台涉及增加财政支出的重大政策或实施重大政府投资项目前,要按规定进行财政承受能力评估,未通过评估的不得安排预算。规范政府和社会资本合作项目管理。各部门出台政策时要考虑地方财政承受能力。除党中央、国务院统一要求以及共同事权地方应负担部分外,上级政府及其部门不得出台要求下级配套或以达标评比、考核评价等名目变相配套的政策。加强政府中长期支出事项管理,客观评估对财政可持续性的影响。

第二节　政府预算管理手段创新

预算管理手段创新,是指对预算管理手段进行改进、调整、变更、补充和更新。使预算管理手段的运作,更能适应社会主义市场经济发展、公共财政体制架构、现代预算管理的要求,更有效地促成预算管理目标的实现。

一、预算管理手段体系

预算管理手段是指可供政府实现预算管理目标选择或采取的方式和方法。管理是目标和手段的统一体,由于预算管理目标是一个多层次的、多维的目标体系,对不同的目标要求应采取不同的手段予以实现。预算管理手段是由各种不同手段相互配合协调而组成的一个有机的统一体系。

(一)预算管理的制度手段

预算管理是一种规范的制度运作行为。根据预算管理手段所依据的制度特征,预算管理制度手段可分为法律手段、行政手段和经济手段三种类型。

1. 法律手段

预算管理的法律手段是指通过法的形式对预算管理行为进行规范的办法。在现代社会中,一般都比较重视运用法律手段管理预算,构筑一个比较完整的预算管理法律体系。

预算管理的法律手段是由不同层次的法律规范共同组成的有机体系。从我国当前的现实情况看,预算管理的法律手段包括宪法、法律、行政法规、地方法律和法规中有关财政预算的规定共同组成。具体地说,宪法对财政预算的规定,具有最高的法律效力,是制定一切财政预算法律、法规的基本依据;《预算法》和其他有关预算管理法律法规,都必须以宪法为准绳,不得违背宪法的规定。

由于法律是体现国家与统治阶级意志的行为规范和准则,它的实施和运用由国家权力机关强制施行。预算管理法律手段是为确保预算管理体现国家和统治阶级意志而强制实施的管理方式,它规定着哪些预算行为可为,哪些预算行为不可为,因而成为确定预算行为基本范畴及预算管理其他手段的基本依据。一般而言,预算管理法律手段越科学完善,经济手段和行政手段的运作就越规范,预算管理行为就越公正、越透明,其合理性的社会评价监督就越强,管理效果就越符合社会公众的利益。

2. 行政手段

预算管理的行政手段是指在预算管理活动中所运用的计划指令、命令、决定、指示等方式的总称,是以行政力量直接推进的管理手段。预算管理行政手段是通过法律手段授权产生的,预算管理主体必须在预算管理法律授权的范围内,通过依法行政、依法规范预算行为来实现预算管理的目的。

预算管理行政手段包括构建科学合理的预算管理行政组织体系、建立规范科学的预算管理制度、编制预算管理计划、做出预算管理决定、制定预算管理决策、发布计划指令和指示等。行政手段是经济手段运作的基础,经济手段通过行政手段有效地运用和实施。

3. 经济手段

预算管理的经济手段是指在预算管理活动中运用经济杠杆或财政资金流量流向的调整和变动,来达到预算管理目标的方式与方法。预算管理经济手段可分为收入类手段和支出类手段。

(1)收入类管理手段是指通过预算收入总量的增减、收入在各级政府间的划分、收入结构的调整等办法来达到预算管理的目的。具体表现为税种税目的开征停征、税基的拓宽或收缩、税率的调高或调低、税种的划分与分享等。

(2)支出类管理手段是指通过预算支出或税式支出总量和结构等的变动或调整的办法来达到预算管理的目的。具体表现为预算结余或赤字、经营性支出、资本性支出、公债发行规模与回购、转移支付、财政补贴、财政贴息、税式支出等。

(二)预算管理的利益调节手段

从预算资金分配和调节的角度看,预算管理手段可分为总量调节手段、增量调节手段、存量调节手段和结构调节手段四种基本类型。各种手段根据不同的需要或目的从不同的角度与范围调节预算资金的筹集、分配和使用。

1. 总量调节手段

预算管理总量调节手段是指国家或政府依据财政收支矛盾运动规律，通过预算收支总量或总规模的调整或变动来达到预算管理目标的办法。

预算管理总量调节手段的运用，一般是在国民经济发展处于衰退或过热时，国家或政府实施反经济周期政策而采取扩张性或紧缩性财政政策时采用。一般情况下，当经济出现衰退时，国家或政府将采取减少预算收入或增加政府支出的办法，扩大投资需求和消费需求，刺激经济增长，促进经济发展；当经济出现过热时，国家或政府将采取增加预算收入或减少政府支出的办法，抑制投资需求和消费需求，使经济降温，促使经济增长回归常态。预算管理总量调节手段主要有预算结余、预算赤字、公债的发行和回购、宏观税率调升或调降等。

2. 增量调节手段

预算管理增量调节手段是指上级政府为了化解本级及下级的预算收支矛盾，而改变或调整对下级及本级预算收支增量的分配办法，从而化解各级预算收支矛盾，使各级预算的收支运行处于良性循环的状态。

预算管理增量调节手段，是在保证各级和各部门既得利益的基础上，从发展的角度调整预算利益分配关系。这一手段比较易于接受和操作，相对存量调节手段而言，运作的阻力小，机会成本低，但是，由于它主要是通过量变调节的累积，逐渐达到质变调节的要求，因而它对预算收支矛盾的调节与化解是渐进性和长期性的，见效较慢。在预算收支矛盾不是十分尖锐的情况下，运用增量调节手段进行调节，经过相当长一段时期以后，预算收支矛盾可以得到化解。然而，在预算收支矛盾比较尖锐的情况下，增量调节手段的作用将无力妥善化解业已存在的矛盾，并且有可能延误矛盾解决的时机，导致矛盾的进一步激化。这种手段在当前的预算管理活动中具体表现为体制超收分成、税收增量分成或上解、超额累进税等。

3. 存量调节手段

预算管理存量调节手段是指上级政府在预算管理活动中，为了从根本上化解预算收支矛盾，在不考虑下级政府和部门单位既有的预算收支基数或既得利益的前提下，全面调整与下级政府之间的预算分配关系和重新核定部门的预算收支数额的办法。

由于存量调节手段的运用直接涉及各级政府和各部门的既得利益,在短时期内全面改变现有的利益分配格局,使预算利益的分配格局实现根本性的突变,因而实施起来阻力比较大、机会成本较高。但正是由于它不考虑既得利益的突变性特点,使得它在解决预算收支矛盾上具有彻底性、时效快、效率高,比较易于达到预算管理的目的。这种手段在预算管理中具体包括零基预算、按因素法确定的上下级政府间的转移支付等。

4. 结构调节手段

结构调节手段是指根据社会政治经济发展的需要,有选择地改变预算收入和预算支出结构,从而达到预算管理目标的办法。运用预算管理结构调节手段的目标至少体现在如下几个方面:

一是在预算管理活动中有选择地安排确定预算收支部门结构,调节国家或政府集中掌握的社会资源在各部门之间的配置格局;二是在预算管理活动中有选择地安排确定预算收支在上下级政府及同级政府之间的分配结构,进而调节国家或政府集中性掌握的社会资源在地区间的配置格局;三是在预算管理活动中有选择地安排确定预算收入的经济来源和预算支出的经济投向(包括投资和消费),则可改变市场主体及个人之间的利益分配格局,从而诱导、影响和调节社会经济结构的调整,改变个人收入分配结构。预算管理结构调节手段主要包括预算收入结构、预算支出结构、税式支出结构、转移支付(包括一般性转移支付和专项性转移支付等)、财政补贴和财政贴息等。

预算管理结构调节手段,是财政政策的重要组成部分。政府各项宏观经济管理政策中,财政政策的结构调控功能最强,这主要是通过预算管理结构调节手段的运用来实现的。

(三)混合调节手段和弹性调节手段

1. 混合调节手段

在预算管理手段中,不是每一项手段都可以明确划分为某一种类型的。有的管理手段相对单一,但相当一部分的预算管理调节手段都是由各种形式相互配合协调形成的一种混合体。有的既是总量调节也属增量调节或存量调节,有的是在总量调节或增量存量调节中包含着结构调节,也有的是集法律手段、经济手段和行政手段于一体。如农业法、教育法对农业投入和教育投入的规定,既属于法律手段,也属于增量和结构调节手段;《预算法》关于财政赤字和政府公债发行的规定,既属于法律手段和经济手段,也属于总量和结构调节手段等。各种手段相互联系,相互作用,相互制约,围绕预算管理目标协同运作,为实现预算管理目标服务。

事实上,各项预算管理活动的开展,都必须在法律法规的授权范围内进行,也就是说,预算管理的法律手段是预算管理活动的基本依据;而各项预算管理活动的进行基本上都是在行政运作的基础上完成的,因而行政手段是预算管理活动的基础;而且预算管理无论直接的或间接的,从本质上说都是对利益分配关系的一种规范和调整,这就是预算管理的经济手段,它是预算管理的基本工具。

2. 弹性调节手段

弹性调节手段,是指预算管理手段具有较强的弹性功能,在实际应用中能够进行自我调适,并随着社会经济形势的发展变化而自动调整调节力度,从而更好地适应社会经济发展的客观需要,达到预算管理的目标。这种弹性调节手段在预算管理实践中被称为"自动稳定器"或"调节阀",在预算管理中具体体现为超额累进税(个人所得税、财产税等),社会保障支出中的失业救济金等,均属此类调节手段。

二、预算管理手段创新的原则

任何管理手段的创新,都是建立在现实客观需要的基础上的,预算管理手段的创新也不例外。预算管理手段创新是建立在社会主义市场经济发展要求、公共财政体制架构与现代预算管理的基础之上的,是社会主义市场经济条件下政府职能转变和调整的客观需要,也是构建与市场经济体制相适应的公共财政管理体系的必然产物。

根据社会主义市场经济发展的要求,结合预算管理活动的特征,预算管理手段创新应遵循如下基本原则:

(一)市场性与计划性相结合的原则

预算管理手段的创新,必须坚持市场性与计划性相结合的原则。这是由我国社会主义市场经济发展的客观要求和预算管理活动自身的基本规律所决定的。

我国现行的预算管理手段,是在传统计划经济模式下经过40多年的改革创新演化而成的。但仍然没有彻底摆脱传统计划经济管理模式的束缚,难以适应社会主义市场经济发展的要求。在预算管理手段的创新中,必须紧紧围绕市场经济发展的客观需要,遵循市场规则和价值规律,使预算管理赋予市场运作的基本内涵,确保预算管理手段与方式创新具有较强的时代适应性和客观现实基础。

预算的本质就是一种计划安排,是政府为履行其职能而参与国民收入分配与再分配的一种分配行为。预算管理手段的运用,就是要保证这一分配计划的实现。预算管理手段的创新,必须充分体现预算的这一根本特点。

在社会主义市场经济条件下,计划性是预算管理手段的内在本质,市场性是预算管理手段的外在特征。或者说,市场性和计划性相统一是社会主义市场经济条件下预算管理手段的基本属性。这就决定了在预算管理手段和方式创新的过程中,必须始终坚持市场性和计划性相结合的原则,既要确保预算管理手段与市场经济运行规律和规则相衔接、相匹配,又要为实现预算的计划性服务,做到市场性和计划性的有机结合。

(二)规范性与灵活性相结合的原则

预算管理手段创新的规范性,就是预算管理手段必须紧紧围绕规范预算管理行为、硬化预算约束、实现预算管理目标进行创新。预算管理手段的创新,必须统一到实现预算管理目标的轨道上,以实现预算管理目标为根本准绳。判别预算管理手段创新的标准,就是要看所进行的创新是否有利于预算管理目标的实现。凡是有助于促进预算管理目标实现的创新,就是有效的创新。

预算管理手段创新的规范性是一种灵活性、弹性的规范,而不是呆滞、固化的规范。事实上,由于社会政治经济是不断发展变化的,不是一成不变的,随着社会政治经济形势的发展变化,预算管理的具体目标也将随着调整和变化,预算管理手段也必须随之而创新。但由于预算管理在一般情况下具有相对稳定性和延续性,这就决定了预算管理手段的创新是一种阶段性、渐进性的运动过程。在这种情况下,为了适应社会政治经济形势发展变化的需要,客观上必然要求预算管理手段具有一定的弹性和环境适应能力,在管理运作机制不变的情况下,通过预算管理手段的弹性运作,使整个预算管理系统适应预算管理目标的需要。预算管理手段创新,必须体现预算管理活动这一特殊性要求。

预算管理手段创新的规范性和灵活性相结合的原则,从根本上说就是要求预算管理手段和方式的创新既要具备普遍的适应性,又要满足预算管理的特殊需要。在预算管理手段创新中做到普遍性和特殊性相结合,确保创新的有效性和可行性。

(三)间接性与可控性相结合的原则

预算管理手段的间接性是指预算管理手段的运作必须与市场机制的运作相衔接,依托市场机制的运作,间接作用于市场主体,调整市场各经济利益主体的市场行为,从而实现预算管理的目标。在市场经济体制条件下,政府不直接干预经济的运行,政府对经济的宏观管理,主要是按照市场机制的运作要求,通过各类调控手段的运作,改变市场运行参数,引导市场主体的行为。预算是政府实施宏观经济管理的重要工具,预算管理手段的创新,必须体现政府宏观经济管理的需要,有利于促进宏观经济管理目标的实现。市场供求关系是不断变化的,市场经济的运行状态也会随着时序的推进而变化。这就要求在预算管理上,必须根据不同的社会经济发展阶段和宏观经济政策导向,采取不同的方式和手段,而且每一次选择和运作都应当有一个度的限制,以确保管理手段的运作适应管理目标的要求,这就是预算管理手段的可控性。预算管理手段的创新,必须符合预算管理手段的这一客观要求,做到既要符合国家管理宏观经济间接性运作的需要,又要体现在实施操作时的可控性,使政府在宏观经济管理过程中能够具有较强的选择性和具有较大的回旋空间。

(四)公平与效率相结合的原则

公平与效率是任何形式和类型的管理所追求的基本目标。不同的管理需求对公平与效率的偏好不同,有的管理偏重公平,有的管理偏重效率,有的管理则要求公平与效率相互兼顾。在一般的社会管理实践中,公平与效率是同等重要的,公平是管理的基础,效率是管理的前提,两者统一于管理活动的全过程之中。

预算管理的公平体现在如下几个方面:一是预算管理涉及市场主体的

利益分配与再分配,预算管理在利益的分配与再分配上应体现为对所有平等市场经济利益主体的公平。二是预算管理涉及国家的社会管理职能,即公平社会分配的职能,预算管理必须做到消除社会分配两极分化的现象。三是预算管理涉及上下级政府和同级政府之间的利益分配和再分配,预算管理应当做到上下级政府之间事权与财权对等,同级政府之间的财力分配基本均等。预算管理手段和方式是为实现预算管理目标服务的,预算管理手段的创新与运用,必须体现预算管理的上述公平要求,坚持公平原则。

预算管理的效率主要体现在如下几个方面:一是宏观经济整体效率。由于财政管理直接涉及利益的分配与再分配,这将会不同程度地改变市场利益主体的分配格局,对市场主体的行为产生影响,进而影响到社会资源的配置和利用,影响到经济发展的整体效率。预算管理必须有利于实现社会资源的优化配置和有效利用。二是财政资金的运用效率。包括经济效益和社会效益,预算管理应当尽可能提高财政资金的综合利用效率。三是财政管理体系本身的运作效率。包括财政资金筹集、分配运用、监督管理所耗费的人才、物等成本费用的节约。预算管理手段的创新,必须坚持以提高财政管理效率为目标,努力提高财政管理手段的运作效率。

三、预算管理手段创新的规制条件

预算管理是政府经济社会管理职能的重要组成部分,也是政府履行职责的物质保障。预算管理手段创新必须明确政府的职能范围及政府的预算管理目标,只有政府职能和预算管理目标明确,预算管理手段创新才成为可能,这是预算管理手段创新的规制条件。政府职能转变和调整的到位程度、预算管理目标定位与明晰程度及其体系的完整性、严密性,直接规定和制约着预算管理手段创新。

(一)转变和调整政府职能

预算是政府意志的集中体现,政府有什么样的职能,就有什么样的预算,政府的所有预算管理活动,都必须围绕实现政府的职能服务,预算管理活动必须服从服务于政府职能的履行。而政府职能是建立在现实社会经济基础之上的,体现着社会经济发展的客观需要。不同的社会经济发展状况和经济管理模式,形成不同的政府职能需要和政府职能实现的运作方式,决定着预算管理的基本模式和可供选择的运作手段。预算管理手段的创新,必须从政府职能转变和调整入手。

在传统计划经济时期,由于政府与社会、微观经济单位之间职能相互浸透,政府职能包揽了社会经济的各个方面,政府属于全能政府;而在市场经济体制条件下,政府主要负责对社会公共资源进行配置和对市场配置进行必要的修正与补充,市场在竞争性资源配置中发挥着基础性作用。但在政府职能的现实运作中,由于体制改革的不全面性、不匹配性,使得政府职能没能及时地随着经济发展模式的转换而转变,形成政府职能的"越位""缺位"和"短位"并存,而这种"越位""缺位"和"短位"都不能适应社会经济发展的客观需要。我国现行的预算管理机制、管理模式和管理手段,基本上还是延续或建立在传统计划经济时期形成的政府职能基础上,使得在预算管理机制、管理模式及管理手段的创新上难以超越传统机制和管理手段的束缚,难以形成新的运行机制、目标模式和管理手段。预算管理手段创新,必须彻底摆脱传统计划经济体制对政府职能转换或对政府在社会经济发展中的角色定位的束缚,按照市场经济体制的客观要求对政府职能进行转变和重新界定,使之符合并适应现实社会经济发展的客观需要。

从政府作为社会经济管理者的角度讲,在市场经济体制条件下,政府应当退出市场机制能够有效地调节的领域。从政府作为国有资产的所有者来看,政府应当以一般所有者的身份参与企业生产经营活动,在政府与国有企业之间建立起一般所有者与企业之间的产权关系,解除政府对国有企业的无限财务责任和不必要的行政干预。

当前,应重点解决政府职能"越位""缺位"和"短位"问题,把属于企业的职能还原于企业,把属于政府应当承担的社会管理职能从企业中分离出来。通过政府职能的客观性归位,解放包括企业在内的各类市场主体,政府通过建立公共预算、社会保障预算、国有资产经营预算等预算运作管理体系,使预算管理真正建立在健全的政府职能基础上。

(二)确定预算管理目标

改革开放以来,政府的职能有了较大的转变和调整,转变和调整的着力点主要是在上下级政府之间以及政府职能部门之间进行职责重组与再分工,而不是从政府与市场的角色定位和分工上对政府职能进行转换,政府职能仍然不能全面反映社会经济发展的客观要求,无法构造出一个科学完整的预算管理目标体系。根据市场与政府的职能分工,在市场经济体制条件下,政府预算管理应当确立保障、稳定、效率、公平和风险等五个目标所构成的目标管理体系。

1. 预算管理保障目标

预算管理的保障目标,是指保障政府正常履行职能,向社会提供基本的公共产品和服务。目前,相当一部分应由市场予以满足和实现的市场产品,仍由政府组织提供,而应由政府提供的相当一部分社会公共产品和服务,政府则没有很好地承担起来。究其原因主要是由于政府职能转变滞后和长期以来对预算管理保障目标重视不够,理财观念落后,理财方式单一,管理目标不明确而累积下来的疾患。重构预算管理体系,必须把提高预算保障能力作为预算管理的首要目标,使预算能确保政府履行基本职能的需要。

2. 预算管理稳定目标

预算管理的稳定目标是指各种预算行为和预算管理活动要有利于促进社会经济稳定发展。预算作为政府集中性资金的分配活动,它的运作直接涉及整个社会资源和物质利益的重新配置与分配,并对社会经济运行释放出相应的诱导信息。不同的预算分配行为,对社会经济产生不同的影响。预算管理必须确保这种影响不至于引起社会经济产生大的波动,有序调节社会经济的运行,使社会经济持续、稳定、健康地发展。预算管理创新,必须把实现社会经济稳定发展作为创新的基本目标,增强预算分配对社会经济发展的稳定功能,发挥其稳定作用。

3. 预算管理效率目标

预算管理的效率目标是指通过预算管理活动使预算资金的使用取得最大的经济效益和社会效益。长期以来,在预算管理活动中,重资金分配、轻资金筹集和绩效管理的现象十分严重,预算分配权肢解,预算资金使用分散,预算资金配置利用不当,损失浪费严重,使用效率低下。这些都与预算管理中没有确定效率目标有关。预算管理创新,应当在预算管理体系中全面确立效率目标,使预算管理体系的运作符合提高资金经济社会效益的要求。

4. 预算管理公平目标

预算管理的公平目标是指对预算资金的筹集、分配、使用必须做到公平合理。公平目标分为纵向公平和横向公平。纵向公平是指上下级政府之间的财力分配与事权划分要相称,使各级政府均具有履行职能所必需的财力保证。横向公平是指同一级序政府之间具有提供均等的公共服务所需的财力:企业与企业、个人与个人之间的预算负担水平要公平。预算管理的公平目标,实质上就是预算管理社会效益的最优化,是社会进步和有序运作的制度保证。

5. 预算管理风险目标

预算管理风险目标是指通过对政府负债的监控,确保政府负债在政府预算承受能力之内。在社会主义市场经济体制条件下,政府的市场化融资渠道和筹资机会较多,所承担的社会责任加大,为了解决资金短缺,加快经济社会各项事业发展,化解社会矛盾,各级政府通过市场渠道进行融资或帮助企业担保融资,政府的负债风险增多,政府各级预算承担的债务风险压力越来越大。为了防范和化解政府负债风险,各级政府必须把风险管理作为预算管理的基本目标之一。预算管理创新,必须体现政府负债风险管理的需要,把建立有效的政府负债风险管理机制作为创新的目标之一。

四、预算管理手段创新的选择

随着财政收支矛盾运动的发展变化以及经济管理体制和财政管理体制改革的进一步深化,预算管理的重心已由预算收入管理转向预算支出管理。为了适应这一发展变化,客观要求预算管理手段必须进行相应的创新。

(一)预算管理手段创新的趋势

1. 市场经济体制推动预算管理手段创新

预算管理手段创新的趋势,是由社会政治经济发展的趋势决定的。不同的社会经济发展模式,要求有不同的预算管理手段与之相适应。在传统的计划经济体制模式下,社会经济运行是通过政府的计划指令和行政命令推动的,政府计划包揽了社会经济的各个方面,企业是政府部门职能的延伸,是政府的附属物,企业的生产销售、原材料供应、价格、利润分配都直接由政府统一调配,政府预算管理的基本目的是增加财政收入。即使是改革开放以后,我国的预算管理手段基本上仍然是把重点放在收入管理上,预算管理手段创新主要集中在预算收入管理方面,通过收入管理手段的创新达到增加预算收入的目的,规范预算收入管理,并通过收入管理手段的创新,促进经济社会各项事业发展。

随着社会主义市场经济体制的建立,客观上必然要求对传统计划经济时期的预算管理手段进行扬弃。摆脱传统预算管理运作模式和手段的束缚,及时摒弃阻碍市场经济发展要求的预算管理手段,按照市场经济体制的要求,及时创造、引进、补充新的管理手段,本着整体设计、局部创新、退出与跟进并重的原则,建立健全符合市场经济运作、有利于促进市场经济发展的新型的、先进的、科学的预算管理模式。

2. 构建公共预算管理手段体系

公共预算是对应于公共财政体制的一种预算方式,是指政府在预算年度内的公共财政收支计划。公共预算与传统计划经济体制下统收统支的生产建设预算相比,具有如下几个方面的特点:公共预算在支出重点上主要集中于政权建设、事业发展、公共投资和收入分配调节四大领域。在预算编制形式上实行以综合性、整体性、细化性为特点的部门预算;在收入形式上严格区分公共收入和所有者收入,实行以公共税收和公共收费为特点的资金筹集体系;在预算支出实现方式上采用以政府采购为主的支出管理手段;在资金缴纳拨付上采用国库集中收付制度等。

公共预算管理是指围绕公共财政预算的实现而进行的各项管理活动。公共预算管理手段的创新,应当通过法律、行政组织机构、各项管理体制等方面的创新来实现预算管理手段的创新:按照内在管理和外在调节相结合的要求,创新与完善公共预算管理的政策和调节手段;按照稳妥、便捷、高效的原则改进和提升预算管理方法与技巧。

(二)预算管理手段创新的重点

根据社会主义市场经济体制以及预算管理目标的要求,结合我国现行预算管理存在的弊端和缺陷,当前及今后一段时期,我国预算管理手段创新的重点应主要放在如下几个方面:

1. 法律手段创新

(1)修改完善《预算法》。一是在《预算法》中补充完善有关上下级政府和上下级财政部门之间的预算管理权的条款,赋予地方必要的预算管理权,如开征新的地方税种立法权、地方政府公债发行权等。二是在《预算法》中确立综合预算的法律地位,强化预算外资金管理,提高预算内外资金的统筹运用能力。通过立法形式确立综合预算的法律地位,为编制部门预算提供法律基础。三是在《预算法》中明确规定,财政资金要逐步退出一般经营性和竞争性领域,提高对政权建设、教育文化、科学事业、社会保障以及环境保护等公共需要的保障能力。四是在《预算法》中明确规定,任何部门法律法规,都不能对预算分配作出具体量化规定,为实行"零基预算"、项目滚动预算创造必要的条件。五是在《预算法》中增加税式支出预算管理内容,以规范税式支出预算管理。六是在《预算法》中明确规定各级政府必须按政府公共预算、国有资产经营预算、社会保障预算等构成的政府复式预算来编制预算,以建立分类明确规范、保障充分有力的预算管理体系。七是在《预算法》中补充预算审查监督条款。

(2)建立健全预算收入和预算支出管理的法律法规体系。从预算收入管理法制建设上看,一是要完善税收体系,特别是要完善地方税收体系,赋予省级人大开征地方新税种的立法权;二是建立社会保障税收法制体系,开征全国统一的社会保障税;三是按照税收普遍性原则,统一企业所得税立法。从预算支出管理法制建设上看,要在《预算法》中增加对预算支出程序、范围、保障重点、资金分配责任、监督、处罚等方面作出明确的规定,以保证预算支出有序运作。

(3)清理非预算管理法规中的有关预算管理条文规定,增强预算管理法规的严肃性和权威性。近几年来,我国在相关的部门立法和法规中出现了对预算分配进行量化规定的趋势,如教育、农业、科技、文化宣传等法律法规,均对用于本部门的预算支出进行了具体的量化规定。有的上级部门在下达专项拨款补助时,规定了下级财政应配套的资金比例,有的地方法规还对用于乡镇企业、用于基本建设等方面的顶算支出进行了量化规定,这是一种极不符合现代预算管理原则的、不正常的现象。若所有部门的预算支出都通过部门法律法规予以确定,政府预算的编制权就会虚拟化,财力分配权就会被部门进一步肢解。为了确保预算的完整性和严肃性,应当对现行的各部门法规进行清理整顿,凡涉及量化预算分配的条文,应予取消或调整。

2. 行政手段创新

（1）合理划分各级政府的事权与财权。目前，各级政府在事权划分上还缺乏明确的法律界定，宪法对各级政府间的事权只作了原则上的表述，各级政府在一些具体事务上的职责权限不明，造成各级政府之间职责存在着不合理的交叉。一些本应属于中央的事权、应由中央财政负担的支出，地方却负担了一部分；而一些本应由地方负担的事权和支出，中央也承担了一部分。因此，在对政府与市场进行科学分工的基础上，根据社会共同需要的范围、提供公共产品和服务的效率等因素，合理划分中央与地方以及各级政府之间的事权和财权，并通过立法予以确定下来。

（2）全面推行部门预算。部门预算是市场经济国家预算管理的基本组织形式。部门预算以部门作为基础单元编制预算，并从基层单位编起，一个部门一本预算，把部门内的各项收支（包括预算内外收支）全部在部门预算中体现，使预算能够全面反映政府的活动范围与活动方向，体现政府预算的完整性。同时，通过编制部门预算，细化预算编制，使预算透明化、直观化，便于预算的审查、执行和监督管理。从而克服传统功能预算存在的不完整性和抽象性等弊端，为强化预算约束，规范预算编制行为，加强预算管理创造必要条件。

（3）建立国库集中收付制度。国库集中收付制度就是将政府所有的财政性资金集中在国库或国库指定的代理行开设账户，所有财政性资金缴拨均通过国库单一账户体系进行。目前，我国在财政性资金的缴拨管理上存在着多头开户、分散管理的问题，相当一部分财政性资金游离于国库之外。如部分政府性基金、行政性收费以及预算外资金没有依法依规纳入预算管理。政府财政性资金分散缴拨和储存，不仅使财政性资金收付过程脱离财政监督，资金使用效率不高，而且造成政府财政资金统计不实，财政资金运行信息不能及时反馈，政府无法及时全面了解全部财政资金的运转情况，难以对财政经济运行情况作出客观、准确、公正的判断，从而影响财政经济政策的制定。

（4）推进和扩大政府采购制度。政府采购制度是国家机关、行使社会公共服务职能的事业单位和社会团体使用财政性资金，以购买、租赁、委托或雇用等形式获取货物、工程和服务的行为。公开、公平、公正地竞争是政府采购的核心,是国际上通行的一种财政资金采购支出管理办法。长期以来,我国在政府采购领域一直采取由部门单位分散采购,政府采购经费混含在部门和单位的公用经费或专项经费中,使政府采购透明度不高、管理混乱并且缺乏应有的监督,政府采购行为随意性较大,采购成本偏高,采购物品质量难以保证。要使政府采购适应市场经济发展的需要,就必须下大力气创新预算管理机制,改革传统的政府采购管理制度和办法,编制统一规范的政府采购预算,实行集中性的政府采购制度。

(5)创新预算制度体系与政府预算科目分类体系。《预算法》明确规定,我国实行的是复式预算制度,并且规定我国的复式预算包括政府公共预算、国有资产经营预算、社会保障预算等。但在预算编制实践中,上述三类形式的预算并没有明确的界限划分,而且在政府预算中反映也不完整、不详细,过于简单笼统。根据《预算法》的要求,应尽快构建新的预算编制体系,全面实施复式预算制度。按照复式预算制度重新设计政府预算科目体系,把预算科目按照政府公共预算、国有资产经营预算、社会保障预算等预算模块进行设计。如把基本建设支出中用于经营性投资企业挖潜改造支出作为国有资产经营预算的国有资本支出类科目,把国有资产经营收益和国有企业计划亏损补贴作为国有资产经营预算的收入类科目,并对支出类和收入类科目进行细化;对抚恤和社会福利救济费、社会保障补助支出、行政事业单位离退休经费等并入社会保障预算,并重新设置收支科目;对公共预算科目按部门预算的要求重新设计并细化。

3. 经济手段创新

(1)创新地方税收体系。加快培育地方主体税种,逐步建立地方税收体系,将现行的房产税、城镇土地使用税、车船使用税等税种简并为财产税,并适当拓宽税基,使之成为市县一级财政的稳固税种;及时开征遗产税、赠与税,调节社会收入分配;推进费税改革步伐,对一些具有地方性特点的行政性收费通过费改税纳入地方税收管理体系。按照适当集中、合理分权的原则,扩大省一级地方政府的税收管理权限,将一些地方性较强、不影响全局经济发展和国民收入分配格局的地方税种的管理权下放给省级政府,使各省(区)可以根据本地财政经济发展的现实需要,自主决定开征、停征或减征、免征某些地方税,以增强省级政府对本地经济社会各项事业发展的调控能力。

（2）创新财力调节手段。现行的预算财力调节制度由原体制补助、原体制上解、税收返还、过渡期转移支付、调资专项转移支付、专项拨款补助、专项上解、结算决算补助等构成，各构成要素之间缺乏必然的内在逻辑关系，调节目标不明确，调节效果不明显，应当予以调整和规范。中央财政应逐步取消税收返还制度、原体制上解和补助制度，把税收返还、原体制补助和原体制上解、过渡期转移支付补助进行合并，按照科学的因素法，建立统一规范的一般性转移支付制度，专门用于调节地区间财力差异，提高预算调节力度和调节效果。

（3）创新税式支出管理手段。税式支出是指国家或政府为了实现经济和社会发展目标，通过采取与现行税法的基本结构相背离的税收制度来鼓励特定经济活动（如投资、扩大内需、购房、购车、市政债券发行和慈善捐赠等，减少纳税人的特定税收负担而发生的政府支出或者政府预算收入损失）。税式支出主要包括：税收减免、纳税扣除、起征点、免征额、税收抵免、税前还贷、以税还贷和延迟纳税等。税式支出是市场经济国家实施宏观经济调控的一项重要手段。

我国改革开放前20年，为了促进经济发展，自中央至地方先后实施了一系列的税式支出政策，运用税式支出手段鼓励企业投资、生产和出口，促进经济结构调整等。如对特区的税收优惠政策、对部分企业实行以税还贷、对三资企业和高新技术企业实行减免税政策、对出口商品实行出口退税、对企业技术改造设备实行税收抵免政策、对西部鼓励类企业减率征收企业所得税等，这些税收优惠政策每年所产生的税式支出数额巨大。由于税式支出直接减少了政府可支配的预算收入，同时又不在正常的预算支出中进行反映，而且缺乏应有的统计，因而国家或政府对每年的税式支出数额有多大，支出结构和效果如何均不太清楚。这种状况既无法为国家或政府宏观经济决策提供客观真实的依据，也不利于国民经济的有序发展与经济结构的有序调整。

随着经济全球化和我国加入WTO的新形势，我国现行的税式支出管理手段必须予以创新。一是要全面清理税式支出，合理确定税式支出范围和税式支出结构。这既是提高预算收入占GDP比重、提高财政资金使用效率、增强财政宏观调控能力、缓解财政困难的需要,也是充分发挥税式支出管理手段对经济运行特定调节作用的内在要求。二是要建立和健全税式支出统计制度,定期编制税式支出统计报表,分析税式支出执行情况,为税式支出手段的有效运作提供客观依据。三是要编制税式支出预算,作为复式预算的一种形式,加强对税式支出的预算管理约束。

4.总量调节手段创新

(1)整合各种政府预算资金,扩大预算资金分配规模。在现行的预算管理构架中,存在着三种不同的管理运作方式:一是一般预算收支运作方式。这种运作方式就是通常所指的一般性预算管理范围内的资金管理运作。二是基金预算收支运作方式。这部分资金虽然在一定程度上接受预算的监督,但是在资金的具体运作上则缺乏规范的预算管理手段,造成资金运用的部门分割,预算管理的结构调节手段力量弱化,调节效果不明显。三是预算外收支运作方式。部门预算外资金游离于预算管理之外,预算内外资金相互脱节,导致资金使用分散,监督管理乏力,资金利用效率低。预算管理总量调节手段创新,全面整合各类预算资金,把所有政府性资金纳入预算管理轨道,实行统筹调节和综合运用,以扩大预算资金总量,提高预算收入占GDP 的比重,增强预算的内在实力和外在配置能力。

(2)赋予地方政府一定的公债举借权,增强地方政府预算总量调节能力。《预算法》规定,地方政府不得举债。而在现实经济生活中,中央财政通过各项债务转贷或承诺通过财政扣款的方式担保地方政府向金融机构再贷款,已使地方政府间接取得了相当的举债权。但是,由于地方举债是通过中央财政间接实现的,地方政府举债的可预见性、透明度均比较低,各项举债基本上是被动进行的,地方政府缺乏债务风险意识,债务控制能力低。为了增强地方政府举债的可预见性和透明性,使地方政府举债符合当地的社会经济发展需要,增强债务风险意识,建立地方政府债务预警控制机制,防范地方债务风险;同时,增强地方政府主动利用预算总量调节手段对经济发展的调控能力,应当赋予地方政府发行地方公债的权力。

5.存量调节手段创新

现行政府预算投资项目和专项资金预算安排的确定方法,基本上仍然是沿袭传统计划经济时期的行政指令方法。这一方法是先安排资金再找项目,至于预算安排是否合理科学则缺乏应有的客观依据。同时,由于在预算安排时资金没能落实到具体项目,也使得预算编制、审查和审批空洞化、形式化,弱化了预算的法律约束力,难以确保项目投资和专项资金的使用效益。此外,在预算中安排数额较大和内容繁杂的专项资金项目,固化了财政支出结构和部门利益刚性。在这种情况下,预算管理利益调节手段的运用受到了严重的限制。要提高预算管理效率,必须对预算资金分配手段进行全面创新,基本思路是配合部门预算与国库集中收付制度改革,不失时机地推进零基预算和预算绩效。

零基预算就是在编制年度预算时,对每一个部门的工作任务都进行全面的审核,不仅对年度内新增的预算支出进行审核,而且要对以往年度确定的项目或形成的支出基数进行审核,据此确定各部门支出预算的办法。零基预算包括决策单位、一揽子决策和排序三个基本要素。采取零基预算编制办法,有利于预算安排与客观实际相符。

预算绩效就是政府先制订有关的事业计划和工程计划,再依据政府职能和施政方针制订执行计划的实施方案,并在成本效益分析的基础上,确定实施方案所需支出的费用,据此来编制预算。预算绩效与效益的考核是以成本—效益为衡量支出标准的预算组织形式,对于监督和控制预算支出,提高支出使用效益,防止资金损失浪费具有不可替代的作用。预算绩效手段重点应用于投资性项目预算的编制。

五、预算管理信息系统建设

预算管理创新是一个全面的、复杂的系统创新工程,涉及预算编制、预算执行、预算监督等多方面的管理创新,需要有一个与之相适应的预算管理信息系统作为技术支撑。建立现代化的政府预算管理信息系统是支撑预算管理创新的一项重要的基础工程。

(一)建立预算管理信息系统的意义

政府预算管理信息系统,就是运用先进的信息技术,综合应用预算、会计和财务管理程序,完整记录每一笔预算收支数据,实现内部控制和业务程序自动化,及时提供准确、可靠的财务信息,为预算编制和预算执行提供全面、综合的管理报告,为宏观经济决策和微观经济管理提供基础依据。一方面,预算支出管理制度创新,需要汇集各方面对预算管理创新的需求,这是预算支出管理制度创新的主要动力来源;另一方面,预算管理本身的运作,需要对大量的管理信息进行实时处理,为实施管理决策提供客观依据。同时,预算管理的具体运作也需要一个高效的预算管理信息系统的技术支持,对各项预算管理信息进行综合利用。预算管理信息系统的建设,对于加快建立与市场经济相适应的公共财政体制框架,促进国民经济管理现代化和预算支出管理制度创新,具有十分重要的意义。

预算管理信息系统是财政管理信息系统的基础和核心组成部分,预算管理信息系统的建立必须与整个财政管理信息系统建设相衔接,与预算支出管理制度改革相匹配。

(1)适应政府管理信息化要求,建立起与各地方、各部门之间的电子信息化联系,实现电子信息传输和信息资源共享,建立电子政府,从而提高政府工作效率和宏观决策透明度。

(2)适应建立公共财政体制框架要求,为预算编制与预算执行改革提供技术保证。"系统"本身就是要按新的预算编制方法和财政国库管理制度改革方案设计,为预算编制与预算执行的进一步改革奠定基础。

(3)提高财政管理决策水平,为宏观经济分析提供基本依据,为预算执行分析提供准确的财务报告。保证宏观经济分析和预算执行基础数据的及时、完整提供,是预算管理信息系统建设的一个重要目标。同时,经济预警模型、收支测算模型、现金预测模型等系统模块,可为财政预算决策的科学化提供技术保障,也可为各种财政管理业务提供科学的分析工具。

(4)规范预算分配行为,增加预算编制与预算执行的透明度,增强财务控制功能,既能对财政部门内部预算管理工作进行规范,又能对部门预算执行情况进行检查监督。

(二)建立预算管理信息系统的目标

建立预算管理信息系统的目标:一是适应建立公共财政体制框架需要,提高预算编制和预算执行的规范化程度;二是强化预算约束,提高预算管理的透明度,促进财政系统与部门财务的廉政建设;三是实现资金管理的民主化、科学化,减少财政资金沉淀,加快预算资金周转,提高资金使用效率;四是全面反映财政收支状况,及时提供宏观经济信息,为制定财政政策提供决策依据;五是实现财政数据共享,从整体上提高财政工作效率。

政府预算管理信息系统既要涵盖所有的财政管理业务,具备网络覆盖面广、信息处理能量大的特点,又要充分考虑信息的保密性和资金收缴拨付的安全性。为此,我国政府预算管理信息系统的设计应体现如下几个方面的要求:

(1)严密性。能详细记录每一笔收支业务,保证总分类账记录的准确性,能实时查询每一笔支出的来龙去脉。

(2)可控性。整个支付过程的自动化程度要高,同时可以控制。

(3)可操作性。微机操作界面的设计要客户化,便于操作易于维护。

(4)实时性。系统设计要具有很强的数据处理能力,以便进行高效实时处理。

(5)安全性。系统的安全要达到或超过银行标准。

(6)可靠性。要有主机、辅机和远程灾难备份系统。

(7)可扩展性。要充分考虑技术革命和信息革命的发展前景,系统能适应未来发展的需要。

(8)可兼容性。能够兼容在其他环境下开发的软件和数据。

(9)数据格式的一致性。采用单一数据库,统一数据字典,保证数据格式一致。

(三)预算管理信息系统框架

我国政府预算管理信息系统框架由"宏观经济分析和预测""预算编制""预算执行"和"审计"四个部分组成,各部分按管理功能分为不同的子系统。各部分之间的信息流程按预算管理制度改革后的业务工作流程确定。在预算管理信息系统中,所有数据统一编码,集中存放在一个数据中心(其核心为总分类账数据库及其他数据库),真正做到宏观经济预测、预算编制、预算执行、审计的数据资源共享及信息的集中处理。

1.宏观经济分析和预测系统

(1)宏观经济预测子系统。该系统的核心部分为一个或若干个宏观计量经济模型。主要功能是:对国民经济主要指标和财政收支指标进行中长期及短期预测,为财政部门编制年度预算和执行预算及编制财政中长期规划和财政发展战略服务。

（2）政策分析与评价子系统。该系统的核心部分为政策分析模型，政策分析模型是政策制定的辅助工具。建立政策分析与评价子系统的主要目的是：能够定量分析财政运行与经济发展之间的关系，分析各项现行财政政策，并通过对各种情景模拟和政策效果对比进行决策分析，为合理制定财政政策等宏观调控措施服务，以提高决策的科学性、预见性和主动性。

（3）宏观经济监测和景气分析子系统。宏观经济监测和景气分析子系统的功能主要有：用景气指数方法对宏观经济进行监测；对经济运行态势提供直观、形象的预警信号。

（4）财经专题统计分析子系统。财经专题统计分析子系统主要是对财经领域的一些重大问题进行专项的统计分析。

（5）财政经济数据库。全面、翔实的财政经济数据是进行有效的政策分析的基础，也是保证上述各项需求实现的先决条件。数据库应能提供以下五个方面的数据：一是综合的宏观经济数据，它包括基本的存量指标和反映经济活动的各宏观账户的流量指标；二是为财政经济政策分析所用的数据；三是详细的财政和税收方面的统计数据；四是微观调查普查数据；五是国外的经济和财政数据。宏观经济数据库实际上是一个数据采集系统。考虑到需要对经济指标进行一系列的数据处理，经济指标相应要以数据文件的形式存储，数据库具有数据文件管理的功能。

2. 预算编制与管理系统

预算编制与管理系统是预算管理信息系统框架的核心环节。建立起科学、规范、高效的预算编制管理系统，是适应预算管理创新，推动我国预算编制制度改革，加强预算编制监控，规范预算编制行为，提高财政资金配置效率的客观需要。

预算编制与管理系统主要包括本级预算收入系统、本级预算支出系统、预算收支管理系统、预算管理体制系统、预算编制审核系统及其他预算管理系统。

（1）本级预算收入系统。本级预算收入系统的功能是利用宏观经济预测的结果，结合相关部门的年度计划，以及以前年度预算收入执行情况，通过建立收入测算模型，对预算年度的财政收入进行预测。依据预测数据编制年度收入预算，使收入预算的编制更加科学、更加准确、更加合理，为保障政府履行基本职能和财政决策提供依据。它包括收入测算和收入预算编制两个子系统。

（2）本级预算支出系统。中央本级预算支出系统的功能是：依据统一合理的定员定额、支出标准为基础，以"零基预算"方法按部门分人员经费、公用经费、专项经费编制预算，形成包括预算内外资金的综合财政预算。设计这一系统，可以实行网络传输预算调整信息并自动对账，减轻预算编制人员繁重的劳动强度；加强预算后管理，初步建立预算绩效框架及绩效评估指标体系；满足国库集中支付制度的需要，提高预算资金使用效率；进行网络预算支出数据查询，提高预算编制与预算执行的透明度。具体包括支出测算、支出预算编制、支出预算调整和地方专项拨款四个子系统。

（3）预算收支管理系统。我国实行的是分税制分级预算管理体制，为了全面反映地方预算编制、预算执行管理情况，必须设立预算收支管理系统，以汇总反映本地区财政收支的基本状况。具体包括三个子系统：一是预算子系统。预算子系统全面管理所辖各地方、各年度预算及其变动基本数据，并根据要求产生相应分析或汇总报表。二是预算执行子系统。预算执行子系统分旬报和月报两种，其基本数据、汇总方式及格式与本级预算执行系统基本相同。三是决算汇总子系统。决算汇总子系统全面反映所辖各地方、各年度预算执行结果基本数据，并根据预算管理要求产生相应的分解或汇总报表。

（4）预算管理体制系统。预算管理体制系统是根据上级财政与下级财政之间的预算管理关系而建立的一个管理系统，包括一般性转移支付子系统和专项性转移支付子系统。通过建立完备的数据库，根据国家的财政方针政策，提出体制调整方案，供领导决策参考。系统数据包括所辖各地区的基本概况、经济发展状况、财政统计及其他收集整理的专门数据。

（5）预算编制审核系统。预算编制审核系统主要是为提高预算准确度而建立的。其主要目标是审核预算单位编制预算时，定员定额标准掌握的准确程度，预算项目及其行使的职能与国家有关政策的相关程度，投资项目的轻重缓急顺序等。预算编制审核系统主要应与财政供养人员信息系统、公用经费定额信息系统、国家政策法规库、项目库的项目排序等相连接，并建立相应的审核关系。此外，还有预算编制指南、部门预算说明等其他系统。

3.预算执行管理系统

预算执行管理系统是预算管理信息系统的重要环节。利用现代化信息技术手段,实行数据的实时快捷、全面传送和资源共享,建立公共财政体制框架下的预算执行管理新模式,有利于增强财政管理的透明度和规范性,提高财政资金的使用效益。

预算执行管理系统分为"总分类账""承诺管理""支付管理""现金和债务管理""收入管理""资产管理""工资和养老金管理"和"执行分析和报告"等主体子系统,各系统以"总分类账"为核心,所有数据都实时传送至"总分类账"数据库,集中归类处理。

(1)总分类账子系统。该系统是整个预算管理信息系统的核心,由财政部门国库管理机构具体操作。主要功能是维护总分类账账目及会计科目、维护预算指标、国库支出授权、处理总账账务等。

(2)承诺管理子系统。该系统主要由财政部门集中支付机构管理运作,其基本功能是记录部门对下属单位的支付授权、对用款单位的申请作支付承诺等。

(3)支付管理子系统。该系统的主要功能是处理各项具体支付和退库业务、发票和支付文件管理、支票管理、零星支出核销等。

(4)收入管理子系统。该系统的基本功能是记录资金属性(资金分类);对收入征解、划分、报解进行交叉稽核并审理退库事项等。

(5)现金和债务管理子系统。该系统的主要功能是进行现金预测、国库资金资本运作管理债务发行和清偿管理等。

(6)工资和养老金管理子系统。该系统的主要功能是维护机构目录、机构职数、支出定额和职员名册、审核各支出单位的工资和养老金支出预案、编制正式工资和养老金支出计划等。

(7)资产管理子系统。该系统模块的基本功能是组织和管理政府活动,注册登记和核销政府资产等。

(8)执行分析和报告子系统。该系统主要功能是预算执行报表编制和分析及综合性、专项性预算执行情况的报告。

（四）预算管理信息系统运行的配套改革措施

预算管理信息系统是一个复杂的、庞大的系统工程,系统运行需要其他相关配套改革予以支持,才能使系统发挥功能强大的作用。需要进行的相关配套改革主要有:

第一,进一步推进预算编制改革。细化预算编制、全面推行部门预算,逐步使所有财政性资金的收付建立在明晰的基础上,为预算执行提供科学依据。

第二,政府预算收支分类改革。参照国际通行做法并结合我国国情,适时改革政府预算收支科目分类体系,科学地反映各类财政收支活动。

第三,国库单一账户制度改革。建立以国库单一账户体系为基础,资金缴拨以国库集中收付为主要形式的现代财政国库管理制度,减少财政资金拨付环节,提高财政资金使用效益。

第四,建立健全银行清算系统。加快建立健全现代化银行清算系统,提高银行的清算业务效率。

第五,完善有关法律法规。修订《预算法》《中华人民共和国预算法实施条例》《中华人民共和国国家金库条例》《中华人民共和国国家金库条例实施细则》《财政总预算会计制度》,修订相关税收征收法规、行政事业单位会计制度等,为预算管理信息系统建设提供完备的法律依据。

第十二章

我国预算绩效管理改革的特征及其成效

第一节　我国预算绩效管理的特征

在现代组织管理中,预算绩效管理发挥着越来越大的作用。与企业的绩效管理相比,政府部门的预算绩效管理由于价值取向的不同而具有自己的特征,主要体现在以下几个方面:

一是公共目标导向。政府预算绩效管理的目的是通过奖惩机制强调政府的责任意识和危机意识,以奖优罚劣为手段,促进政府效能建设,不断提高政府在经济、效率、效果和公平方面的绩效,打造服务民众、使民众满意的高效政府。

二是公民为本。政府预算绩效管理强调外部评价,对全体公民负责,这一点是由其目标的公共性所决定的。只有公众对政府提供的公共产品和公共服务满意时,政府管理才产生真正的绩效。公众对政府部门的满意程度,是衡量政府预算绩效的终极标准。人们期待政府部门能够负起责任。政府预算绩效管理建立了对各种责任的评估机制,能够对政府部门的各种活动进行综合测评,并可以通过绩效反馈来判断公共行政的责任是否得到落实。

三是指标的多元性。政府预算绩效管理具有合理、精细的指标设计,能够较好地满足不同民众的多方面要求。公共服务所面对的是具有各种各样要求的"顾客",他们对政府部门提供的同一类服务的评价往往差异很大。行政管理经常面临的困境之一就是在满足了一部分民众要求时,往往令另一部分民众感到不满。因此,要塑造一个现代的顾客导向型政府,就必须综合考量各方面要求,设计一套符合大多数公民根本利益的考核指标,有效地促进公共服务品质的提升。

四是重视公民参与。政府预算绩效评估过程中要吸引广泛的公民参与。公民是政府部门绩效评估的主体之一。因为从公共行政的角度来看，政府部门的支出必须获得公民的认可并按合法程序进行，公民有权评价政府部门是否为他们提供了优质的服务。发达国家绩效评估中的公民参与既表现在"顾客"导向的绩效指标设计和多样化的公民满意度调查上，又表现为民间组织对政府部门预算绩效的独立评价和审视。

五是控制过程，保证结果。企业绩效评估的一般原则是"目标导向""结果为本"，但由于政府管理活动往往是涉及全局性、宏观性的领域，如果过分关注结果而放松对过程的监控，可能导致严重的后果，如 SARS 等公共卫生安全问题。因此，政府绩效管理必须加强事前、事中监督，在注重结果的同时更注重管理过程的有效性。

六是兼顾组织绩效和个人绩效。政府预算绩效的形成不是公务员个人绩效的机械相加，这与政府的职能部门设置、部门内的岗位设置、相应的信息传递系统、机构运转机制等密切相关，其中任何一个因素不科学都会影响整体的绩效。过去政府部门通常进行的是公务员个人绩效评估，但在个人与组织互动日益密切的情况下，仅仅进行个人绩效评估是不够的。个人绩效的提高并不必然导致组织绩效同步的提高，只有将二者有机结合起来才能促进政府部门整体绩效的提高。

第二节　我国预算管理制度存在的不足

始于 1999 年的新一轮政府预算改革，取得的成就是显著的，也开启了走向现代公共预算之路，公众也开始关注预算改革，但我国预算改革受传统路径依赖的影响，改革还面临许多问题。

（一）思想解放不足，观念改变滞后

政府预算改革就是要打破传统运行无序、随意性大、暗箱操作的弊端，构建运行规范有序、公开透明的现代预算管理制度。但这样的改革必然触及利益的调整，遭到抵触，如就预算资金使用者的官员而言，要其对预算资金的使用纳入规范的预算管理流程,这必然与原有利益分配格局产生冲突而遭到抵触;而对于预算部门内部机构来说,要求其增强预算的公开透明,方便公众监督,这样必然会削弱其原来拥有的预算资金配置权从而遭到或明或暗的抵触,最近几年要求公开"三公经费"支出,并细化"三公经费"支出,遭到多方抵抗,公开总是异常艰难,其一个重要原因是思想观念转变滞后。因此,思想的解放和观念的改变非常重要。

(二)理论指导与创新依然不足

理论研究先行,是确保预算改革有序推进的必要前提。虽然在我国政府预算改革进程中也进行过一些理论研讨,但更多是侧重于规则、微观程序方面的探讨,在预算的宏观方面、顶层设计方面探讨还不足,系统的预算改革框架与思路还尚未形成,而实践中的预算改革更多是在外部力量压力下,实务部门才以改进解决预算问题方式予以改革,虽然这种改革符合我国渐进式改革策略,但预算改革的理论体系和总体目标框架不宜渐进提出,应该进行总体理论论证和设计。

(三)预算政治层面改革不足

不论是部门预算改革、国库集中收付制度改革还是政府采购制度改革、收支分类改革等,都是属于技术操作层面的改革,当然技术操作层面改革很重要,它规范了政府预算的运行,为政治层面改革奠定基础。但在技术层面改革推进到一定阶段后,必须适时把改革引向更高层次,如人大在预算审核批准监督中的作用如何更好地发挥,民众如何更好地参与预算管理和监督等。

(四)利益相关者参与不足

政府预算收入是全体纳税人的钱,政府预算改革和有效运行需要利益相关者参与。但我国预算改革是由财政部门具体推动实施,改革重点是管理规则和程序这样的具体操作方面的内容,如部门预算改革、国库收支改革、政府采购制度改革等。在公共参与方面的改革还很滞后,比如"三公经费"的公开社会各界呼唤多年,但至今尚未完全实现,更不用谈预算的整体细致公开。一句话,政府预算是纳税人的钱,其改革要注重构建整体运行机制,有利于利益相关者参与。

（五）政府部门对预算资金分配自由裁量权依然较大

在整个预算改革过程中,我国政府预算增强了透明度,减少了暗箱操作。但由于尚未形成利益相关者共同参与治理的模式,也尚未形成相互制衡的监督机制,政府预算改革的重点仍然是着眼加强政府内部行政控制,而在强化立法机构在预算过程的政治控制和媒体、民众在预算过程的社会监督明显不足,预算资金结构性配给自由裁量权没有受到严格约束,比如发改委被戏称为"第二财政部",其对预算资金享有再次分配权,在资本性支出预算总体规模确定下,发改委对资本性基础设施建设投资资金的优先次序有决定权,使得对预算中基础设施建设等资本性支出预算预留资金比例过大。如果享有预算资金分配权的部门权力过大,对预算资金自由裁量权过大,必然破坏预算统一性完整性原则,妨碍了统一的公共财政框架的构建。

总之,政府预算改革是涉及社会各界别、各层次广大国民的切身利益,其改革必须突破观念束缚,加强理论研究,注重发挥利益相关者参与,加强监督,加强法制化建设。

第三节　我国预算绩效管理改革进程及其成效

一、我国预算绩效管理改革进程

预算绩效管理是指在预算管理中融入绩效理念,将绩效目标设定,绩效跟踪、绩效评价及结果运用纳入预算编制、执行、监督全过程,以提高预算的经济效益、社会效益为目的的管理活动,是一个由绩效目标管理、绩效运行跟踪监控管理、绩效评价实施管理、绩效评价结果反馈和应用管理共同组成的综合系统。加强预算绩效管理既是世界预算管理发展的趋势,也是我国预算管理改革的需要。自21世纪初,中国日益重视预算绩效管理工作,多次强调要深化预算制度改革,加强预算绩效管理,提高预算资金的使用效益和政府工作效率。

我国的预算绩效管理改革采取中央政府和地方基层政府试点双层推进的方式,中央政府主要提供政策支持和理论指导,地方政府进行实践探索。

（一）我国预算绩效管理的政策、法规制度的顶层设计不断推进

2003 年 10 月,党的十六届三中全会通过的《中共中央关于完善社会主义市场经济体制若干问题的决定》明确提出"建立预算绩效评价体系"。自此我国开始了对于预算绩效管理的探索与实践。

党的十七届二中全会通过的《关于深化行政管理体制改革的意见》指出"推行政府绩效管理和行政问责制度。建立科学合理的政府绩效评估指标体系和评估机制"。2011 年 3 月,国务院成立政府绩效管理工作部际联席会议,指导和推动政府绩效管理工作。2013 年 11 月,党的十八届三中全会进一步提出要"打造透明预算,提高效率,建立现代财政制度"。2014 年修订的《预算法》提出"各级预算应当遵循统筹兼顾、勤俭节约、量力而行、讲求绩效和收支平衡的原则",在国家法律的战略层面首次提出预算应遵循绩效原则。

在党中央、国务院积极推进预算绩效管理改革的同时,财政部门也出台了一系列制度办法,积极组织、指导与推动预算绩效管理改革。

2005 年财政部制定的《中央部门预算支出绩效考评管理办法》(试行),对绩效考评的组织管理、工作程序、结果运用等做了比较明确的规定,但绩效评价制度仍不完整、不统一,立法层次低,绩效评价制度的法律约束力不高。

财政部 2009 年印发了《财政支出绩效评价管理暂行办法》,对绩效评价的基本原则,绩效评价的对象和内容,绩效目标,绩效评价指标、评价标准和方法,绩效评价的组织管理和工作程序,绩效报告和绩效评价报告,绩效评价结果及其应用等内容进行了全面安排。该办法的出台,标志着以绩效评价为主要内容的预算绩效管理工作,在各地试点的基础上,将在全国更加规范地展开。

2011 年财政部印发《关于推进预算绩效管理的指导意见》,逐步建立全过程预算绩效管理机制,标志着完整意义上的预算绩效管理理念得以确立;2012 年 9 月财政部印发《预算绩效管理工作规划(2012—2015 年)》;2013 年4 月财政部印发《预算绩效评价共性指标体系框架》;2015 年财政部印发《中央部门预算绩效目标管理办法》和《中央对地方专项转移支付绩效目标管理办法》,进一步加强和规范预算绩效管理工作。这一系列意见、规划、办法的

出台,大力加强了预算绩效管理的顶层设计,也意味我国预算绩效管理改革进入新阶段。

(二)地方政府积极开展预算绩效管理改革探索

按照中央的部署,各省、自治区、直辖市都积极推进预算绩效管理工作,加强预算绩效管理逐步形成社会共识。

自 2004 年年初佛山南海首次推行绩效管理改革以来,先后有许多基层政府进行了这方面改革的大胆探索,包括河南焦作、上海浦东、江苏无锡、黑龙江哈尔滨以及上海闵行等,其中,上海闵行的预算绩效评价改革较为彻底。下面以上海市闵行区财政局预算改革来了解我国预算绩效评价改革问题。

2008 年 11 月,闵行区财政局借鉴美国政府预算绩效改革的最新成果PART(项目评级工具),PART 的核心在于整合预算与绩效,实施全面预算管理。该区开发的 PART 体系围绕预算项目的定位、计划、管理和结果四个方面,由 14 个问题构成,涵盖了项目周期的全过程,构建了一个申报部门与审核部门之间就项目绩效信息交流互动的平台。闵行版的 PART 可用于项目预算的预评价,也可用于预算执行的过程管理和预算结果的绩效评价。

闵行区财政局预算绩效评价程序分为自评工作阶段和重点评价工作阶段。自评阶段,财政部门根据区绩效评价工作领导小组的部署,书面下达年度评价工作通知,明确自评工作要求。各预算单位根据财政部门、主管部门的布置和要求开展绩效自评工作,收集评价基础材料,选取评价指标,选用评价方法,综合分析评价,确定评价结果,填报自评表,撰写自评报告,进行网上公示。重点评价阶段,财政和主管部门围绕区委区政府提出的战略工作目标,根据部门年度重点工作目标,从财政预算支出项目资金实际安排情况出发,拟定重点评价项目计划,确定重点评价项目,财政部门牵头成立区重点评价工作组,实施重点项目支出绩效评价工作。

预算绩效管理不仅涉及理念的变化、制度的变革,还需要良好的改革基础与环境配合,改革内容庞大。因此,我国预算绩效管理改革应是一个循序渐进的过程,只有这样,才能最终取得理想的结果。

综合看,从 21 世纪初启动预算绩效管理改革,整个改革历程大体上经历了三个阶段:一是以预算绩效评价改革为重点的起步阶段;二是以全面推进预算绩效管理改革为重点的探索阶段;三是逐步开始以预算绩效为重点的发展阶段。

二、中国预算绩效管理改革的主要内容

根据《关于推进预算绩效管理的指导意见》《预算绩效管理工作规划(2012—2015年)》,我国预算绩效管理改革的总体目标、基本原则、主要内容如下。

(一)总体目标

预算绩效管理改革的长期目标就是要逐步建立以绩效目标实现为导向,以绩效评价为手段,以结果应用为保障,以改进预算管理、优化资源配置、控制节约成本、提高公共产品质量和公共服务水平为目的,覆盖所有财政性资金,贯穿预算编制、执行、监督全过程的具有中国特色的预算绩效管理体系。而近期的目标则是,按照建设高效、责任、透明政府的总体要求,积极构建具有中国特色的预算绩效管理体制,牢固树立"讲绩效、重绩效、用绩效""用钱必问效、无效必问责"的绩效管理理念,进一步增强支出责任和效率意识,全面加强预算管理,优化资源配置,提高财政资金使用绩效和科学化精细化管理水平,提升政府执行力和公信力。具体表现为:绩效目标逐步覆盖;评价范围明显扩大;重点评价全面开展;结果应用实质突破;支撑体系基本建立。

(二)基本原则

1. 统一领导,分级管理

各级财政部门负责预算绩效管理工作的统一领导,组织对重点支出进行绩效评价和再评价。财政部负责预算绩效管理工作的总体规划和顶层制度的设计,组织并指导下级财政部门和本级预算单位预算绩效管理工作;地方各级财政部门负责本行政区域预算绩效管理工作。各预算单位是本单位预算绩效管理的主体,负责组织、指导单位本级和所属单位的预算绩效管理工作。

2. 积极试点,稳步推进

各级财政部门和预算单位要结合本地区、本单位实际情况,勇于探索,

先易后难,优先选择重点民生支出和社会公益性较强的项目等进行预算绩效管理试点,积累经验,在此基础上稳步推进基本支出绩效管理试点、单位整体支出绩效管理试点和财政综合绩效管理试点。

3.程序规范,重点突出

建立规范的预算绩效管理工作流程,健全预算绩效管理运行机制,强化全过程预算绩效管理。加强绩效目标管理,突出重点,建立和完善绩效目标申报、审核、批复机制。

4.客观公正,公开透明

预算绩效管理要符合真实、客观、公平、公正的要求,评价指标要科学,基础数据要准确,评价方法要合理,评价结果要依法公开,接受监督。

(三)推进预算绩效管理改革的主要内容

推进预算绩效管理,要将绩效理念融入预算管理全过程,使之与预算编制、预算执行、预算监督一起成为预算管理的有机组成部分,逐步建立"预算编制有目标、预算执行有监控、预算完成有评价、评价结果有反馈、反馈结果有应用"的预算绩效管理机制。

1.绩效目标管理

(1)绩效目标设定。绩效目标是预算绩效管理的基础,是整个预算绩效管理系统的前提,包括绩效内容、绩效指标和绩效标准。预算单位在编制下一年度预算时,要根据国务院编制预算的总体要求和财政部门的具体部署、国民经济和社会发展规划、部门职能及事业发展规划,科学、合理地测算资金需求,编制预算绩效计划,报送绩效目标。报送的绩效目标应与部门目标高度相关,并且是具体的、可衡量的、一定时期内可实现的。

(2)绩效目标审核。财政部门要依据国家相关政策、财政支出方向和重点、部门职能及事业发展规划等对单位提出的绩效目标进行审核,包括绩效目标与部门职能的相关性、绩效目标的实现所采取措施的可行性、绩效指标设置的科学性、实现绩效目标所需资金的合理性等。绩效目标不符合要求的,财政部门应要求报送单位调整、修改;审核合格的,进入下一步预算编审流程。

(3)绩效目标批复。财政预算经各级人民代表大会审查批准后,财政部门应在单位预算批复中同时批复绩效目标。批复的绩效目标应当清晰、可量化，以便在预算执行过程中进行监控和预算完成后实施绩效评价时对照比较。

2.绩效运行跟踪监控管理

预算绩效运行跟踪监控管理是预算绩效管理的重要环节。各级财政部门和预算单位要建立绩效运行跟踪监控机制，定期采集绩效运行信息并汇总分析，对绩效目标运行情况进行跟踪管理和督促检查，纠偏扬长，促进绩效目标的顺利实现。跟踪监控中发现绩效运行目标与预期绩效目标发生偏离时，要及时采取措施纠正。

3.绩效评价实施管理

预算支出绩效评价是预算绩效管理的核心。预算执行结束后，要及时对预算资金的产出和结果进行绩效评价，重点评价产出和结果的经济性、效率性和效益性。实施绩效评价要编制绩效评价方案，拟订评价计划，选择评价工具，确定评价方法，设计评价指标。预算具体执行单位要对预算执行情况进行自我评价，提交预算绩效报告，要将实际取得的绩效与绩效目标进行对比，如未实现绩效目标，须说明理由。组织开展预算支出绩效评价工作的单位要提交绩效评价报告，认真分析研究评价结果所反映的问题，努力查找资金使用和管理中的薄弱环节，制定改进和提高工作的措施。财政部门对预算单位的绩效评价工作进行指导、监督和检查，并对其报送的绩效评价报告进行审核，提出进一步改进预算管理、提高预算支出绩效的意见和建议。

4.绩效评价结果反馈和应用管理

建立预算支出绩效评价结果反馈和应用制度，将绩效评价结果及时反馈给预算具体执行单位，要求其根据绩效评价结果，完善管理制度，改进管理措施，提高管理水平，降低支出成本，增强支出责任；将绩效评价结果作为安排以后年度预算的重要依据，优化资源配置；将绩效评价结果向同级人民政府报告，为政府决策提供参考，并作为实施行政问责的重要依据。逐步提高绩效评价结果的透明度，将绩效评价结果，尤其是一些社会关注度高、影响力大的民生项目和重点项目支出绩效情况，依法向社会公开，接受社会监督。

三、中国预算绩效管理改革成效

我国自2000年推行部门预算改革以来，一些基层政府在绩效管理方面做了大量、积极的探索,为充实绩效管理理论,推进全国的绩效管理改革奠定了理论基础和实践基础。

最早尝试绩效管理改革的是广东佛山市南海区财政局,2004年年初,该区在全国最先推行了预算绩效。其核心内容主要包括:首先由技术专家针对单位的预算申报材料进行技术性评价,主要解决部门单位申报专项资金中的技术上是否可行,申报预算资金数额是否合理,有什么技术性问题等,由技术专家提出预算申请报告的各项问题;其次,经过技术专家评价通过后的专项资金项目,再由政策专家就申报项目按照设定的评价指标打分,结果形成申报项目的排序;最后,根据排序来确定项目的轻重缓急及资金安排。南海财政的预算绩效改革是一次大胆有益的尝试,它解决了申报项目资金需求与财政资金有限供给的矛盾,但它不是真正意义上的预算绩效,因为这种只有专家评定的绩效缺乏广泛的民意基础。

2005年4月份,河南焦作市政府印发了《焦作市人民政府关于开展财政支出绩效评价工作的通知》,成立了"市财政支出绩效评价工作领导小组",焦作市财政局制定并印发了《焦作市财政支出绩效评价实施意见》(试行),从评价目的、评价方法评价程序、评价指标等方面对开展绩效评价工作做了具体规定。2008年,该市采取预算编制、执行、监督和绩效评价四权分离的新型财政管理模式,并制定了《焦作市财政支出绩效评价指标体系》《财政支出绩效评价专家管理办法》《中介机构参与财政绩效评价办法》《财政支出绩效评价内部协调制度》等,引入第三方评价机制,为进一步做好财政绩效评价工作提供制度保障。焦作实施的预算绩效评价引入第三方评价机制,并让财政支出项目的直接受益人参与评价,这样的评价具有较高的公信力,但这种评价侧重于事后评价,只对下一年度预算调整相关,不影响当年的预算安排。

从2005年开始,上海浦东也开展了预算绩效的研究和探索。2006年,出台了《浦东新区预算绩效改革试点方案》,方案提出:按照公共财政的要求,把绩效管理理念和方法引入财政管理,稳步推进预算绩效改革。2007年,制定了《浦东新区财政预算绩效管理办法(试行)》,该办法规定,在预算编制时,各部门要组织专家对纳入预算绩效管理的支出专项进行严密论证,设定年度绩效目标,设计绩效评价指标,测算完成目标所需要的资源,提出项目用款计划:财政部门按照"两上两下"的预算编制方式,核定下达预算;预算下达后,预算部门在执行预算中按照相关的财政财务制度规定组织实施;预算执行完毕后,由第三方对专项资金的预算完成情况进行绩效评价,将项目预算的实际执行情况与年度绩效目标进行比较分析,撰写绩效评价报告;评价报告完成后,评价结果向社会公开,接受公众的监督;财政及主管部门将绩效评价结果作为下一年度预算的重要参考依据,及时调整和优化部门(单位)下一年度预算的方向和结构,合理配置资源。上海浦东的预算改革探索提高了普通百姓的参与度,使政府的预算管理过程更加透明。

在试点的基础上,预算绩效管理改革逐步在全国推行。近年来,各级财政部门和预算单位按照党中央、国务院的要求和财政部的部署,积极研究探索预算绩效管理工作,开展预算绩效管理改革,取得了如下明显成效。

(1)预算绩效管理范围进一步扩大。从中央看,2014 年中央部门"二上"纳入绩效目标管理的项目支出金额约 2 080 多亿元,比上年增长近 56%,并已覆盖所有新增项目支出;确定的绩效评价试点项目涉及资金约 1 020 多亿元,比上年增长近 29%。从地方看,纳入 2014 年绩效目标管理的项目支出约 3.01 万亿元,比上年增长近 125%;纳入绩效监控的项目资金约 1.98 万亿元,比上年增长近 147%;绩效评价范围已从省本级逐步扩大到市、县层面,开展绩效评价的资金约 2.18 万亿元,比上年增长近 61%。

(2)预算绩效管理模式不断拓展。2014 年,在传统项目支出绩效管理的基础上,一是推进部门整体支出绩效管理试点,共有 25 个省(区、市)开展了省级预算部门整体绩效目标申报试点,有 19 个省(区、市)开展了部门整体绩效评价试点;二是开展财政政策绩效评估探索,共有 13 个省(区、市)开展了财政政策绩效评价试点。如,浙江省以"涉及水稻生产过程的各类财政补贴"为切入点,研究公共支出在涉农补贴方面的政策绩效,提出改进和完善政策的建议;三是实施财政管理绩效综合评价工作。财政部开展了县级财政支出管理绩效综合评价、省级财政管理绩效综合评价试点,共有 23 个省(区、市)对下开展了财政管理绩效综合评价。

(3)预算绩效管理质量得以提升。至 2014 年,预算绩效管理质量得以提升,主要体现为:一是加强绩效评价指标建设。有 31 个省级财政部门建立了共性绩效评价指标体系,29 个省级财政建立了个性绩效评价指标库,国家体育总局等中央部门结合自身职能特点,构建了项目支出绩效评价指标体系。二是推进信息系统建设。财政部重新开发了"预算绩效管理信息交流平台",有22个省(区、市)建立或在预算系统中嵌入了绩效管理信息系统,25个省(区、市)建立了预算绩效管理信息交流平台,海关总署等中央部门自主研究开发了绩效管理信息系统等。三是加强第三方机构建设。共有29个省(区、市)建立了省级专家学者库,有27个省(区、市)建立了省级中介机构库,有15个省建立了省级监督指导库。四是积极整合包括预算评审中心、社会中介等在内的多方力量,发挥审计、监察等职能部门作用并接受人大以及社会公众等多方位监督等,不断提升预算绩效管理质量,提高预算绩效管理工作的客观性、科学性、公正性和权威性。

(4)预算绩效管理措施得到加强。一是组织机构进一步健全。2014年,有近一半的中央部门成立了预算绩效管理领导小组,在全国36个省(区、市)财政厅(局)中,共有23个省(区、市)设立了单独的预算绩效管理机构。二是制度建设继续完善。2014年,各地区已出台的省级规章制度合计670件,其中具有顶层指导意义的总体规划和实施意见160件,青岛市还通过了全国第一部预算绩效管理地方性法规——《青岛市预算绩效管理条例》。三是宣传培训力度继续加大。2014年,省级财政发表各类文章报道达910多篇(次),开展的省级预算绩效管理培训达到230多次,培训人数超过3.7万人次。

四、中国预算绩效管理改革前瞻

尽管我国预算绩效管理工作取得了一定的进展,但整体上仍处于起步阶段,还存在不少问题,主要包括:预算绩效管理机制尚不健全、预算绩效管理推进仍不平衡、预算绩效管理层级依然不深、预算绩效管理质量有待提高、绩效评价结果应用尚有不足;"重分配、轻管理,重支出、轻绩效"的思想还一定程度存在,全过程预算绩效管理的机制尚未真正建立,突出表现为预算编制中、预算执行中、财政决算里对预算绩效的忽视等;预算绩效管理方面的法律法规相对缺失,制度体系仍不健全,对预算绩效管理的保障支撑作用不强,等等。

预算绩效管理改革的重点应在如下几个方面:①全面扩大预算绩效管

理范围。覆盖各级预算单位和所有财政资金,将绩效目标管理和绩效评价拓展到部门整体支出、财政政策、财政管理等方面,逐步扩大第三方参与绩效管理工作的范围。②建立和完善预算绩效评价制度。以重大专项资金、财政政策等为重点,积极推进重点绩效评价和中期绩效评价试点,建立和完善相应的再评价和定期绩效评价制度。③加强绩效评价结果应用力度。完善评价结果与预算的结合机制,研究向人大的绩效报告机制、向社会公开绩效情况,将评价结果作为调整支出结构、完善财政政策和科学安排预算的重要依据。④加快预算绩效指标和标准体系建设。逐步形成涵盖各类支出、细化量化的绩效指标体系,完善预算绩效管理信息系统,提升绩效信息质量,发挥社会各方监督力量,健全监督制衡机制,合力推进预算绩效管理工作。⑤推进实施政府绩效报告制度。逐步引入权责发生制会计,以便更加正确、全面地反映一定时期内政府提供产品和服务所耗费的总资源成本。同时,探索实行部门绩效报告制度。在年度终了时,由各部门根据年度预算执行情况向政府和人大提交部门绩效报告。通过建立部门绩效报告制度,可以从根本上强调执行主体的责任,提高部门预算资源使用的透明度,为实现政府绩效报告制度奠定基础。⑥建立健全预算绩效管理的法律法规制度。在新《预算法》加入预算绩效管理的相关条款的基础上,进一步健全绩效导向型预算管理的法律法规制度。适时制定和不断完善有关规范绩效导向型预算编制、执行和管理的行政法规,规定绩效导向型预算的目标、原则、主体、内容、方法和程序,以及预算绩效评价体系的相关制度内容,明确实行绩效导向型预算及预算绩效评价涉及的各方主体的权利和义务,完善绩效导向型预算的管理监督机制,逐步健全完善预算绩效管理法律制度体系。

第四节　我国预算绩效管理政策建议

预算绩效管理是一项系统改革,工程浩大,而且要使这种舶来品成功地与我国国情相结合并转化为中国特色的预算管理体制,需要一个较长时期的渐进优化过程。经过几年的实践,我国的预算绩效管理试点稳步推进,增强了各部门单位的责任意识,提高了财政资金的使用效益和政府工作效率。

但我国预算绩效管理整体上还处在起步阶段,还需要正确认识,优化机制,除了形成统一规范的预算绩效管理运行框架体系,还需针对预算绩效管理工作中存在的主要问题及形成原因,循序渐进地拓展管理范围和层次,积极深化预算管理制度改革,不断夯实预算绩效管理工作基础,为我国全面深入推进预算绩效管理创造条件。

一、逐步拓展预算绩效管理的范围和层次

推进预算绩效管理,应按照先易后难、由浅到深的原则,走渐进式的改革道路,逐步将项目支出、部门支出、财政支出纳入预算绩效管理范围。项目支出的绩效管理又分为三类,基本建设项目、专项资金项目和部门一般项目;部门支出绩效管理建立在项目支出绩效管理、基本支出绩效管理、下属事业单位绩效管理三者基础之上;财政支出综合绩效管理,则又建立在部门支出绩效管理、转移支付绩效管理、下级政府绩效管理的基础之上,也体现了逐层递进的特性。

(一)开展项目支出绩效管理

项目支出是预算单位为完成特定的工作任务或事业发展目标,在基本的预算支出以外,财政预算专项安排的支出。项目支出绩效管理是以项目支出为对象,以项目实施所带来的产出和结果为主要内容,以促进预算单位完成特定工作任务或事业发展目标为目的所开展的绩效管理活动。

开展绩效管理的项目支出可分为三类:一是基本建设项目。其对经济社会发展有重大影响,且一般委托私人部门生产,能较为广泛地运用企业项目投资管理中的一些成熟做法;二是专项资金。由于项目之间的同质性,引入竞争机制能较好发挥绩效管理的功能;三是部门一般项目。如果项目按产出和功能进行分类,则能更直接地帮助部门提高支出效率。

1.基本建设的绩效管理

基本建设支出,主要是向社会提供公共基础设施,是政府购买固定资产的资本性支出,由相应的营利性组织提供,且与预算部门和单位的性质关联不紧密,因此,基本建设的绩效管理,可以借鉴私人部门项目投资效益评价中较为成熟的方法,并在较广范围进行交流和比较,相互借鉴不断完善,从而形成较为统一的绩效管理体系。

在进行成本—效益分析时,需要将未来年限的收益进行贴现处理,但一般会采用政府债券利率(资金成本)或者私人部门的经济收益(机会成本)两种方式替代贴现率。另一个会遇到的困难是收益的预测。项目的收益通常在未来逐步实现,进行绩效评价时主要依靠预测。除外部性、信息不完全的影响外,一个科学的分析和预算方法是确保收益预测正确性的关键。

保留基本建设性质资金并单独进行管理,是我国财政管理中的一个特色。各级发改委每年都从财政预算中切出一块资金,自行进行分配和管理,不仅肢解了财政职能,也形成管理上的混乱,同时,这部分资金也脱离了财政监管的视线。受到现行行政管理体制的制约,短时期内这种管理模式不会发生质的改变。在这种状况下,对基建资金实行绩效管理,可以在很大程度上将财政管理职能融入基建资金管理之中并对其形成影响,这是完善财政部门管理职能的有效抓手和突破口。

2. 专项资金的绩效管理

专项资金是指年初编制财政预算时,由于该项具体使用方向和方式尚未确定等原因,未纳入部门预算、未明确到具体项目的预算。在控制的总规模内,这部分资金由主管部门按指定的具体用途进行分解。

专项资金的特征是项目之间的同质性。开展专项资金绩效管理有两个关键环节:一是引入竞争机制,选择有利于绩效目标实现的项目。主要方法是将专项资金进行分类,合理确定公开范围,采取公开招标的方式,邀请专家组公开评审、筛选最优项目;二是严格评价确保绩效目标的实现。将专项资金的绩效目标分解到每个具体项目,并要求项目责任单位给予承诺。对项目的实施进行追踪管理,严格对每个项目进行绩效评价。对未能实现承诺的绩效目标的项目,需要承担相应的责任,并视情况调整或取消下年竞争资格。

3. 一般项目的绩效管理

在这里是指部门预算中的非资本性项目,种类最繁多、管理最复杂的,但却是部门履职的最基本单元,是开展其他类别绩效管理的基础所在。

要对目前名目繁多的项目进行清理,一是将一些用于维护部门日常运转的项目纳入基本支出的管理;二是将项目按产出和功能进行分类,而不是采用传统的投入项目分类。项目的产出越单一,越容易进行绩效评价,且有利于分析各项目之间的替代和协同关系。因为一个部门项目的效果有限，且会受到同部门其他项目的影响，因此，项目的绩效评价应当更侧重于投入、产出指标，侧重于生产效率的分析。如果能将一个部门每个公共品的生产过程，通过一个项目或者一组项目进行管理，那么项目的绩效管理就能更直接帮助部门提高生产效率。需特别说明的是，项目预算反映的只是部门提供公共品的直接成本（变动成本），因为基本支出也是部门提供公共品的成本。

一个细化、量化、合理可行的绩效目标直接影响项目支出绩效管理的质量。无论什么类型的项目支出，其共有的项目属性使得项目支出绩效目标的编制可按照以下程序进行：一是项目的功能进行梳理，包括资金性质、预期投入、政策目标、支出范围、实施内容、工作任务、受益对象，明确该项目支出的功能特性。二是据该项目的功能特性，预计项目实施在一定时期内所要达到的总体产出和结果，从而确定该项目所要实现的总体绩效目标，并以定量和定性指标相结合的方式进行表述。三是项目支出的总体绩效目标进行细化分解，并从中总结提炼出最能反映总体绩效目标实现程度的关键性指标，并将其确定为相应的绩效指标。四是通过收集相关基准数据，如过去三年的平均值、以前某年度的数值、平均趋势、类似项目的先进水平、行业标准、经验标准等，确定绩效标准，并依据项目预期实施进展，结合预计投入的资金规模，确定绩效指标的具体数值。

（二）推进部门支出绩效管理

部门支出是指财政部门批复的部门预算中所包括的全部支出，既包括基本支出，也包括项目支出；既包括财政资金，也包括自有收入等。部门支出绩效管理是以部门预算资金为对象，以部门所有支出所达到的产出和结果为主要内容，以促进部门高效履职为目的所开展的绩效管理活动。

部门支出绩效管理，是建立在前述项目支出绩效管理、基本支出绩效管理、下属事业单位绩效管理三者基础之上的，这三者绩效管理的目标主要侧重于提高公共品的生产效率，而部门预算绩效管理侧重于实际效果的管理，通过公共品的组合实现效果目标。

1.基本支出的绩效管理

基本支出是用于维持部门基本正常运转的经费，包括人员经费和公用经费等内容。基本支出的这种特殊属性,且当前在预算管理上基本采取"定员定额"的方式下,一般情况下不对其实行单独的绩效管理,而是将其作为部门整体支出绩效管理的一个内容来考虑。

关于基本支出的绩效管理有三种思路:一是设立单独的绩效管理目标,如干部队伍建设、党风廉政建设、财务管理等方面,是一种管理方面的目标管理;二是控制基本支出的规模,如增幅在一定比例之内等,像近年来落实中央八项规定要求,将"三公"经费确定为只减不增或在三年平均数基础上压缩、递减5%等;三是将基本支出分解到项目支出中,让项目支出反映生产公共品的总成本,纳入项目的绩效管理。前两种方式,都不能有效地将基本支出与部门提高公共品的行为紧密联系起来。若采取第三种方式,按项目进行平均分配成本是个简单的操作方式,但需考虑公平性。如果部门内部的机构设置是按照产出和功能定位,则基本支出的分解相对简便。

2. 下属事业单位的绩效管理

具有独立性质的下属单位一般都具有事业单位属性,且相关公共服务一般也由部门的下属事业机构负责提供。对于事业单位的绩效管理要注重两个分析要点:一是要分析公共服务的社会效益。基础教育、中等教育、高等教育中个人收益要相对大于社会效益,因而政府投入比重需逐步减少。文化、科学、卫生等领域也都存在这样的情况。要通过事业单位的绩效评价,更加清晰、准确地判别不同公共服务社会效益的大小,合理界定政府投入的范围、程度和重点。二是要分析公共服务的生产方式,政府投入和提供不等于由政府直接生产,要较为准确地核定事业机构提供公共服务的成本和效率,以便与私人部门的生产效率进行比较,通过购买服务的方式,在生产过程中引入市场竞争机制。在此基础上建立一套绩效指标加强对公共服务质量的监管。

3. 部门支出的绩效管理

部门预算绩效管理,应重点分析产出指标和效果指标之间的关联程度,找出两者之间的规律,确定部门提供公共品的最优组合,进而确定投入与效果之间的关系,找出两者之间的效率函数,从而实现通过投入及过程控制产出,进而取得预期效果。如果一个部门每个公共品的生产过程是通过一个项目或者一组项目(机构)进行管理,那么部门绩效管理主要是协调项目(机构)之间的替代和协同关系,实现部门预算在项目(机构)之间的合理配置。

开展部门支出绩效管理的难点是设定部门的绩效目标。绩效目标设置不合理,将影响对部门整体绩效的判定。对于部门整体绩效目标的编制,可考虑按照以下程序进行:一是对部门的职能进行梳理,确定部门履职的各项具体工作职责。二是结合部门中长期规划和年度工作计划,预计部门在本年度内履职所要达到的总体产出和结果,将其确定为部门总体绩效目标,以定量和定性指标相结合的方式进行表述。三是依据部门所要实现的总体绩效目标,结合部门的各项具体工作职责,将其转化为具体的工作任务,确定每项工作任务预计要达到的产出和结果,并从中总结提炼出最能反映工作任务实现程度的关键性指标,并将其确定为相应的绩效指标。四是通过收集相关基准数据,如过去三年的平均值、以前某年度的数值、平均趋势、类似部门的先进水平、行业标准、经验标准等,确定绩效标准,并结合年度预算总体安排,确定绩效指标的具体数值。

既然通过对部门整体支出的绩效管理可以对部门履职效果进行判断,其实际就具有了政府绩效管理的性质。因此,要紧密结合政府绩效管理的进展情况,把对部门整体支出的绩效管理情况纳入到政府绩效管理之中,并在其中占据重要地位。这么做可以引起相关部门足够的重视,进而有效推动部门整体支出绩效管理工作的开展。

(三)探索财政支出综合绩效管理

财政预算是政府活动计划的反映,它体现了政府及其财政活动的范围、政府在特定时期所要实现的政策目标和政策手段等。财政支出综合绩效管理是以一级政府财政预算和支出为对象,以政府财政预算在一定时期内所达到的总体产出和结果为内容,以促进政府透明、责任、高效履职为目的所开展的绩效管理活动。财政支出综合绩效管理是建立在部门支出绩效管理、转移支付绩效管理和下级政府绩效管理的基础之上,按照功能支出进行分类绩效评价,依据满意度的调查结果调整政府功能定位,从而调整和优化财政支出结构。

1. 转移支付绩效管理

转移支付的主要目的,是对下级政府提供公共品收益外溢部分的成本予以资助,保障地方政府的公共品供给。转移支付是上级政府规范、调整下级政府行为的一种手段。不能将转移支付对地方支出绩效的贡献作为转移支付的绩效目标,因为贡献大小与转移支付金额直接相关,会形成"转移支付大、占比大、贡献大、绩效好"的激励机制,也不能简单认为激励地方财政配套投入越大,转移支付的绩效越好。地方配套能力与地方经济发展程度、可用财力直接相关。因此,转移支付绩效目标的设定是难点,特别是对一般转移支付而言。一般转移支付是通过"标准支出"和"标准收入"的方式测算得出,那么可以将标准支出的测算标准(定性和定量)作为转移支付的绩效目标制定依据。

转移支付资金集中体现了国家的宏观政策,涉及民生领域,且一般数额巨大,对其开展绩效管理意义重大。但相对于项目支出和部门支出,转移支付资金的绩效管理要更为复杂,主要是其资金涉及的管理层级和支出内容太多。仅从绩效目标的管理看,就涉及两个基本层面:一是该项资金的整体目标,需要由申请资金的部门(可能是预算部门,也可能是财政部门)来设定,财政部门将其作为总体预算安排的主要依据;二是细化到项目支出的具体目标,需要由具体资金使用单位来设定,作为资金分配的主要依据。从管理上看,转移支付资金的管理层级也比较多,尤其是中央财政的转移支付资金,涉及中央、省、市、县级的财政部门和预算部门,不同性质的转移支付资金也表现出不同的管理模式,使得转移支付资金的绩效管理更为复杂。

2. 财政支出综合绩效管理

财政支出综合绩效管理要按照"分级管理"的原则,一级政府一级财政,每级政府对本级财政支出的绩效结果负责。但按照"统一管理"的原则,上级政府通过转移支付等方式来调整、规范下级政府支出行为,同时也需要对本地区的财政支出绩效负有责任。财政支出绩效管理不仅限于本级财政支出绩效管理,还应对本地区财政支出进行绩效管理,强化上级政府对下级政府的财政支出领导责任。

将政府支出按功能分类,按类别设立绩效目标,侧重于分析部门支出与政府功能之间的关系。按照当前的政府收支分类科目,财政支出按功能分为一般公共服务、国防、公共安全、科技、教育、文化、社会保障和就业、医疗卫生、城乡社区事务等类别,不同类别支出应选用不同类型的绩效指标体系。同时,需要分析不同部门支出与功能之间的关系,如民政、人力资源与社会保障等多个部门在社会保障与就业支出的绩效管理中是怎样的替代与协同关系等。

对一些具体评价指标的设定,需要考虑其综合属性,否则就可能以偏概全。如对医疗卫生领域的绩效评价指标,无论是"每千人病床数"还是"个人医疗费用报销比例"等评价指标,都不能完整和全面地反映由于医疗卫生方面的投入而带来的实际效果和对居民健康的影响,相对而言,按照联合国组织提出的"人均期望寿命变动率",则可比较全面地反映一个地区由于医疗卫生投入带来的健康变动状况。另外,应注重对人民满意度的调查,把"受益对象满意度"作为一个核心指标,让"公众需求"表达出来,分析"公共利益"所在,据此调整政府的功能定位,进而调整财政支出结构。

二、积极深化预算管理制度改革

预算绩效管理根植于预算管理之中,是利用绩效管理的理念和方法对现有预算管理的完善。预算管理的发展影响着预算绩效管理的发展。依据现代治国理念积极深化预算管理制度改革,对于全面推进预算绩效管理具有基础作用。

(一)推进政府预算体系完善和预决算公开

1. 不断完善政府预算体系

完善的政府预算体系是预算绩效管理开展的基础。要在当前不断完善的预算管理体系基础上,进一步明确一般预算、政府性基金预算、国有资本经营预算、社会保险基金预算的收支范围,建立定位清晰、分工明确的政府预算体系,将政府的收入和支出全部纳入预算管理。要加大政府性基金预算、国有资本经营预算与一般预算的统筹力度,在按规定用途使用的基础上,建立将政府性基金预算中应统筹使用的资金调入一般预算的机制。要继续完善国有资本经营预算制度,逐步加大国有资本经营预算资金调入一般预算的力度。还要加强社会保险基金预算管理,做好基金结余的保值增值,努力在精算平衡的基础上研究做好社会保险基金预算的可持续性问题。

2. 积极推进预决算公开

预算信息的公开透明是实施预算绩效管理的条件。要在当前不断推进的财政预决算基础上,进一步细化政府预决算公开内容,明确除涉密信息外,政府预决算支出全部细化公开到功能分类的项级科目,专项转移支付预决算公开到具体项目,并积极推进财政政策公开。要扩大部门预决算公开范围,除涉密部门和涉密信息外,中央和地方所有使用财政拨款的部门均应公开本部门预决算。要细化部门预决算公开内容,逐步将部门预决算公开到基本支出和项目支出,研究将部门决算按经济分类公开。加大"三公"经费公开力度,细化公开内容,所有财政拨款安排的"三公"经费都要及时向社会公开,回应社会关切,接受公众监督。

(二)改进预算的管理和控制方式

1.改进年度预算控制方式

对于一般预算审核,其重点要由平衡状态、赤字规模向支出预算和政策拓展。进一步强化支出预算约束,支出预算不得突破本级人大批准的总规模。在向本级人大报告支出预算的同时,也要重点报告相关政策内容。预算执行中如需增加支出预算总规模,必须报经本级人大常委会审查批准。要弱化对收入预算的考核,收入预算逐步从约束性转向预期性,根据经济形势和政策调整等因素科学预测。预算执行中如出现短收,要向本级人大常委会作出说明。中央一般预算因宏观调控政策需要可编列赤字,政策调整后分年弥补,除经国务院批准外,地方一般预算不得编列赤字。

对政府债务实行限额管理,中央国债余额限额根据累计赤字和应对当年短收需发行的债务等因素合理确定,报全国人大或其常委会审批;经国务院批准,省级政府可以为没有收益的公益性事业发展举借一般债务,省级政府一般债务总余额限额由国务院确定并报全国人大批准,分地区余额限额由财政部在总限额内根据各地区债务余额、偿债能力、新增支出需求等因素确定并报国务院批准。加强政府性基金预算和国有资本经营预算编制管理。

政府性基金预算要按照以收定支的原则、根据政府性基金项目的收入情况和实际支出需要编制。经国务院批准,省级政府可以为有一定收益的公益性事业发展确需举借专项债务,专项债务实行年度举借额限额管理,各省级政府根据专项债务融资需求、政府性基金收入、资产负债状况等确定本地区专项债券年度举借额限额报财政部,由财政部审核汇总后报国务院批准。国有资本经营预算按照收支平衡的原则编制,不列赤字。

2. 建立跨年度预算平衡机制

要根据经济形势发展变化和财政政策逆周期调节的需要,建立跨年度预算平衡机制。中央预算执行中如出现超收,超收收入用于削减赤字、补充预算稳定调节基金,原则上不再安排当年其他支出;预算执行中如出现短收,通过调入预算稳定调节基金、削减支出或增列赤字并在经全国人大审定的国债余额限额内发债来实现平衡。地方预算执行中如出现超收,则要用于化解政府债务或补充预算稳定调节基金;如出现短收,通过调入预算稳定调节基金、削减支出或发行短期债实现平衡。省级政府如发行短期债,须报本级人大或其常委会审批,并在下一年度预算中予以弥补。政府性基金预算和国有资本经营预算如出现超收,则结转下年安排;如出现短收,通过削减支出实现平衡。

(三)实行中期财政规划管理

根据发展战略和规划编制中期财政规划,推进建立滚动预算。

1. 拓展预算编制周期,实行逐年滚动管理

改变目前预算只编一年的做法,实行以三年为周期,每年度向后递延一年的滚动编制和管理方式,在以三年为周期进行经济和财政收入预测的基础上,每年滚动编制未来三年的预算。财政部门根据国家中长期宏观调控政策,提出未来三年的财政支出政策,结合部门预算需求确定部门未来三年的预算控制数;部门根据未来三年的控制数,科学、合理安排本部门的支出,编制未来三年的滚动预算;财政部审核部门申报的滚动预算,经人大批准后批复部门第一预算年度预算,下达后两个年度的预算控制数,作为后续年度预算编制的基础。下一年度编制预算时,部门根据情况变化,结合管理需要,可以对上年编制的三年预算中的后两个年度的预算进行适当调整。

2. 保证周期性预算平衡,调整优化支出结构

实行建立在收入预算基础上的"以收定支"的总预算平衡原则。财政部门采用科学、量化的方法,加强对国际、国内经济发展趋势的分析和研判,提高对经济形势和财政收入的中长期预测能力,以此确定合理的财政收入和债务水平。在此基础上,发挥财政的逆周期调节作用,根据国家宏观调控需要,对总预算进行周期性综合平衡,确定中长期财政支出政策。同时,在财力约束下调整优化支出结构:一是财政部门根据经济社会发展中长期规划,

通过确定中长期财政支出政策,明确财政支出结构和重点,并根据经济社会发展情况与政策的变化,及时对预算支出结构进行调整。二是部门根据经济社会中长期发展规划,结合中长期财政支出政策和有关行业、领域的事业发展规划,制订部门的中长期工作综合计划,并以工作计划为基础,科学、合理地编制三年滚动预算,优先安排符合事业发展规划、部门工作计划的预算项目,并根据各方面经济发展变化情况,及时修正和调整相关指标。

3. 实行支出总量控制,增强预算的硬约束

对部门支出总量分为基本支出总量和项目支出总量,采取不同方式,实行严格控制。部门的基本支出总量和项目支出总量执行中不得随意调整,不得相互调剂使用。基本支出总量控制,即部门年度基本支出总量一经确定,原则上执行中不得申请增加总量。如有零星增编增人,通过机动经费解决。项目支出总量控制,即在滚动预算周期内,部门三年项目支出总量和年度支出总量一经确定,原则上不得随意突破,年度之间支出总量不得调剂。执行中如有一般性的新增支事项,全部由部门支出总量内通过机动经费,或通过项目之间调剂支出解决。如有符合相关追加规定的重大新增支项目,报经财政部审核同意后,相应调整部门三年项目支出总量及分年支出总量。

4. 加强项目清理整合,盘活财政资金存量

改进项目预算的基础管理工作:一是对预算项目实行分层、分类管理。将预算项目按层次划分为"任务项目"和"执行项目",按不同要求进行编制和管理。任务项目是指部门根据相关行业、领域事业发展规划,以及本部门承担的主要职责和中长期工作计划,围绕特定任务,为完成特定目标,编制的专项综合支出计划;执行项目是对任务项目进一步细化分解的项目。部门依据职能和管理需要,对执行项目进行归类整合后,与财政部门商定任务项目。任务项目确定后应保持稳定。二是推进项目的全周期滚动管理。改变项目预算管理方式,对项目按照项目周期进行多年度滚动管理。同时,部门要依据相关行业、领域事业发展规划,对本部门业务职能履行、自身能力建设和工作任务等进行全面的分析、梳理,对原有的全部预算项目进行全面的清理,加强对内部支出的统筹和对支出结构的调整优化,打破部门资金分配、管理的固化格局,在理顺内部业务和经费管理的基础上,通过分类归并、整合管理等,重新合理设置预算项目,大幅压缩项目数量。

5. 健全项目审核机制，充实预算项目储备

进一步健全部门的预算项目审核机制。部门建立分层级的项目审核程序，完善规章制度，明确审核机构和职责，规范审核的内容和要求。同时，发挥中介机构在项目评审中的作用，对专业性强、技术复杂、支出数额较大的项目，由部门组织专家或委托中介机构对项目进行评审，为部门内部审核决策提供参考意见。根据滚动预算编制和管理的需要，在加强项目审核基础上，部门充实预算项目储备，提高预算安排的计划性和前瞻性。每年度预算编制时，部门和单位的项目库中应储备足够数量的已完成审核程序的项目，供预算安排时备选。

（四）强化预算执行制度管理

1. 进一步做好预算执行工作

要硬化预算约束，年度预算执行中除救灾等应急支出通过动支预备费解决外，一般不出台增加当年支出的政策。一些必须出台的政策，通过以后年度预算安排资金。及时批复部门预算，严格按照财政预算、用款计划、项目进度、有关合同和规定程序及时办理资金支付，涉及政府采购的应严格执行政府采购有关规定。进一步提高提前通知转移支付预计数的比例，按因素法分配且金额相对固定的转移支付提前通知的比例要达到90%，加快转移支付预算下达进度。除据实结算项目外，中央对地方一般性转移支付在全国人大批准预算后30日内下达，专项转移支付在90日内下达。省级政府接到上级提前通知或下达的转移支付后，应在30日内落实到县（市）。要规范预算变更，在预算执行中部门和单位的功能分类预算科目、预算级次和预算数额调整由本级财政部门审批；要在政府预算变更，在预算年度终了后要报本级政府备案。

2. 规范国库资金管理

加强专项支出财政专户管理，原则上不再新设专项支出财政专户，对现有专项支出财政专户进行全面清理，除经财政部审核并报国务院批准予以保留的专户外，其余的专户在限定期限内逐步取消。要规范权责发生制核算，严格权责发生制核算范围，控制核算规模。地方各级财政除国库集中支付年终结余外，一律不得按权责发生制列支。要全面清理已经发生的财政暂付款，由预算安排的支出按规定列支，符合制度规定的临时性借垫款及时

收回核销;不符合制度规定的财政暂付款和对外借款应限期收回。加强财政暂付款管理,各级财政不得向预算单位之外的单位、企业或个人出借资金。要完善国库现金管理制度,加强国库现金流量测算,确定库底目标余额,在保证国库资金安全和满足国库支付基本需要的前提下,通过推进中央和省级财政开展国库现金管理、调整政府债券发行节奏等方式合理调节国库资金余额。

3. 引进权责发生制的政府会计制度

按照国库集中收付、政府采购制度等预算管理制度改革和政府收支分类改革的要求,及时调整会计核算流程,改进会计账务处理方法,完善总预算会计核算体系和财务报告体系,以及预算单位的财务核算体系和财务报告体系。在实施权责发生制的过程中,充分权衡政府会计基础转换的成本和收益,审慎选择实施的范围和程度,以渐进式的方式推进。选择在社会保险收支、债务收支、政府担保支出等方面实行权责发生制,以充分揭示政府隐性债务;选择在服务费用和政府固定资产核算方面实施权责发生制,以合理确定固定资产的计价原则,通过适当计提固定资产折旧,固定资产费用配比等方法来真实核算政府提供公共品的成本耗费。不断积累经验教训,尝试推进预算制度改革。政府会计制度改革是为政府财政管理改革服务的,目的是为预算改革提供一种工具和强有力的支持。权责发生制预算是提高政府部门绩效、防范财政风险和加强政府受托责任的重要方法,为提高政府财政效率提供了更全面的信息和更有效的激励。要在推进政府会计制度向权责发生制转变的过程中,不断积累经验教训,在完善政府会计核算的基础上,先从预算成本计量入手,立足我国国情,尝试推进权责发生制预算制度。

三、不断夯实预算绩效管理的工作基础

(一)规范预算绩效管理机构设置

统一、合理的机构设置,是预算绩效管理得以顺利实施的基本保障,有利于理顺财政内部的职能关系,加强各级财政部门之间的沟通和协调。目前关于预算绩效管理机构的设置,大致有三类:一是归口预算处,强调了预算编制在绩效管理中的龙头作用;二是归口财政监督处,强调了绩效评价在绩效管理中的监督作用;三是单独设立机构,强调了预算绩效管理的重要

性。不同的设置,代表了对预算绩效管理的不同理解。但各地机构设置差异较大,不利于上下对口业务指导和全国绩效管理工作的统一协调。

1. 确立财政部门的预算管理机构为预算绩效管理的牵头处室

在财政部门中确立预算管理机构为预算绩效管理的牵头处室,主要是源于三点考虑:一是绩效目标在预算绩效管理中的基础性作用。在预算编制环节,依据绩效目标编制预算;预算执行环节,对照绩效目标进行运行监控;预算执行结束后,对绩效目标完成程度进行考核。就如预算编制在整个预算管理中的作用一样,绩效目标在绩效管理中处于龙头地位。二是预算决策是检验预算绩效管理成果的关键因素。预算绩效管理的最终目标是用绩效改进预算决策。将绩效评价结果用于预算编制,优化资源配置,也是提高财政支出效率的难点。三是绩效管理不是与预算编制、执行、监督并列的关系,将"三权分离"转变为编制、执行、绩效、监督的四分离,而是用绩效理念和技术手段去改造、升级每个环节,将绩效管理融入现行的预算管理机制之中。此外,考虑绩效管理工作的专业性,可以成立类似预算编审中心的二级事业机构,如绩效管理中心等,由其负责一些技术性、程式性的具体事务,减轻业务处室的工作量。

2. 理顺预算与其他处室的绩效管理关系

预算绩效管理由预算处牵头,并不意味着绩效管理就是预算一个机构的职责,而是涉及每个管理处室、业务处室,既不留管理盲区,又避免职能交叉,形成协调统一、又相互制衡的管理格局,才能整合财政部门力量,畅通绩效管理的运行。

预算处室主要负责拟定财政资金绩效管理政策、制度和实施办法,建立科学合理的财政资金绩效管理机制;研究建立财政支出绩效评价体系,包括绩效目标、评价指标和标准体系、评价方法、评价主体等;支持和指导其他处室、下级财政部门的预算绩效管理工作;组织实施对一般性转移支付、下级政府财政支出、本级政府财政支出的绩效评价工作。国库处室要加快推进预算执行动态监控,为绩效运行动态监控提供支撑。监督处室要加大对违反预算绩效管理制度行为的查处。业务处室是绩效管理工作的主力军,不仅承担绩效目标初审、绩效运行监控、支出绩效再评价(部门支出、专项转移支付)和绩效评价结果分析和反馈等具体事务,还承担指导部门开展预算绩效管理工作的职责。

开展预算绩效管理干部培训是推动预算绩效管理工作的源动力。要加强绩效理念的宣传，统一预算绩效管理的认识，让提高财政支出绩效成为干部的自觉行为。要加强绩效管理业务培训，重点培养一线工作人员分析、运用绩效信息的能力。要加强对基层财政部门的管理，将绩效管理的触角延伸到基层每个角落，真正实现绩效管理对财政性资金的全覆盖。

统一思想认识，强化绩效理念。推进预算绩效管理，是财政部门进行的一次自我革命。预算管理的理念、方式和方法的转变，会让一些干部感到无所适从，由此产生抵触情绪，消极对待。要加大宣传和培训，让各级财政部门的干部充分认识到，加强预算绩效管理是势不可挡的必然趋势。财政部门的职责不仅是按规定程序分配资金，更要专注资金使用的绩效。要让绩效的理念深入人心，让财政干部自觉地从绩效的角度反思以往的财政工作，积极思考，主动创新，一步一步推动绩效管理工作。

推进预算绩效管理，更要增强预算部门的责任意识。若部门采取应付的方式，甚至以各种理由和方式设置障碍，则预算绩效管理工作难以得到真正落实。财政部门应加强与预算部门的沟通和协调，耐心听取部门的意见，多做解释工作，消除部门的疑虑。更要运用预算绩效管理工作，帮助预算部门提高工作效率，提升工作业绩，让部门从绩效管理中获益，形成财政与部门双赢的局面，从而调动部门的主动性，变"要我评价"为"我要评价"。

3. 加强业务培训，培养管理人才

绩效管理是一项专业性较强的工作，尽管可以多招募一些专业人才，或者聘用专家或中介机构参与管理，但是都不能代替一线工作人员的作用。多年累积的工作经验是新招聘干部、专家或中介机构所缺乏的，不是一朝一夕能培养的。财政干部、财务人员的绩效意识和业务素质，影响了绩效管理功能的发挥。要对各级财政部门、预算主管部门、预算单位进行多层次辅导和培训，通过反复的教育、培训和指导，让工作人员在干中学、学中干，实现技术与实践的有机融合，最大限度地发挥绩效管理的功效。

在开展预算绩效管理基础理论和实务操作统一培训的同时，应重点培训分析绩效运行信息、选择绩效评价方法、制定预算绩效计划的能力。一是收集绩效数据的能力。要培养跟踪记录绩效相关数据的习惯，且能依据工作经验及时判断出有效的、关键的绩效信息，能熟练使用绩效管理信息系统，及时将数据进行整理。二是分析绩效数据能力。收集的大量绩效数据，必须经过系统的分析，才能转变为有利于决策的信息。是否能及时发现绩效运行偏离目标，是否能找出绩效管理中的问题，等等，都以分析绩效数据的能力为基础。三是选择评价方法能力。绩效评价方法可以由专业人士进行研究开发，且通过编程的方式让非专业人士予以运用。但必须让工作人员了解各类方法的基本原理和优劣势，以便依据具体评价项目的特性选择合适的绩效评价方法，从而提高绩效评价结果的质量。四是制订绩效计划能力。要培养工作人员拟定、比较、选择不同行动方案的能力，以便依据实际情况的变化，及时调整绩效计划，寻找出实现绩效目标的更优路径，不断提高财政支出效率。

4. 加强基层建设，夯实管理基础

不同地区基层财政部门的管理基础条件存在较大差异，参差不齐。有些基层部门的财政管理意识较强，认真落实上级布置的各项改革措施，还积极结合自身实际进行创新。而有些基层财政部门则将精力放在抓收入、分资金上，财政支出管理的意识相当薄弱，财政改革落实尚不到位，科学化精细化管理更无从谈起，绩效管理缺乏实施的土壤。

但要全面推进预算绩效管理，就必须将管理的触角延伸到基层的每个角落，一方面发挥基层就近监管的优势，将一线原始数据及时收集汇总；另一方面发挥基层贴近群众的优势，让人民群众真实感受绩效管理的成效。要提高基层财政管理水平，完善县乡财政机构的运行机制，进一步加强乡镇财政建设，规范财政部门内部基层单位管理，确保基层财政部门严格按照管理标准和工作规范，优质高效地完成本职工作。在夯实基层财政管理基础之上，逐步推进预算绩效管理，增强基层绩效管理意识。

（二）规范绩效评价中介机构管理

中介机构的参与，有利于提高绩效评价工作的效率和质量，但必须规范中介机构的管理，努力保持中介机构的中立、客观，从而保证绩效评价工作的公正性。加大对中介机构的培育，形成一个有效的竞争市场。尝试建立中介机构资质评定体系，形成一个信誉激励机制。

1. 培育中介机构竞争市场

要设定一个准入门槛,对欲从事财政支出绩效评价的中介机构建立一个考核标准,如专业人才的比重、结构,中介机构的规模、信誉等内容,确保中介机构的质量,避免鱼龙混杂、浑水摸鱼。在这个考核标准的指引下,鼓励高校、研究机构、会计师事务所、社会调查公司组建机构参与到财政支出绩效评价的工作中,并让财政支出绩效评价成为一个品牌,一个证明中介机构实力的标志。

2. 建立中介机构资质评定制度

对纳入中介机构库的机构,依据其拥有的专业技术人员、规模、以往信誉记录等可能影响绩效评价工作质量的因素,划分等级评定资质,资质等级与其能承担项目的资金规模挂钩,且提高信誉在中介机构等级评定中的影响,激励中介机构重视信誉的培育。同时,一旦发现不诚信的行为,应当予以降级或者取消入库资格。要实行终身责任制,日后无论何时何地,只要发现中介机构存在造假行为,预算部门和财政部门都可以进行追诉。通过激励奖惩机制,让重视信誉的中介机构获得额外的收益,让缺乏信誉的机构付出高昂的代价。

(三)健全预算绩效管理的制度体系

完善的制度体系是预算绩效管理顺利运行的保障。目前,我国预算绩效管理法制建设不完备,预算绩效管理规范主要是部门行政性文件,国家尚未出台预算绩效管理相关法律、法规,绩效管理工作缺乏法制手段,面对各方利益博弈和多种阻力,难以有效发挥职能作用。预算绩效管理体系的四个子系统,还缺乏更为具体的操作指南,一些关键环节和许多细节需要不断规范和完善。要统一协调全国的绩效管理工作,还需要建立一套预算绩效管理工作考核办法。

1. 提升预算绩效管理的法律层级

提请国家出台预算绩效管理相关的法律、法规,一是密切关注新修订的《预算法》和《预算法实施条例》;二是由财政部进一步建立和完善全国统一的预算绩效管理相关法规,指导和推动各地财政部门的工作,形成全国上下一盘棋,也有利于各省市间相互比较和借鉴。同时,各地财政部门也应结合自身实际,提请本级政府出台预算绩效管理办法的地方法规,明确预算绩效管理的概念、适用范围、指导思想和原则,以及建立全过程预算绩效管理体系的目标;明确绩效目标管理、预算绩效编制、绩效运行监控、支出绩效评价、结果的反馈和应用等预算绩效管理中的具体工作、流程和要求;明确政府及其财政部门和预算部门在预算绩效管理方面的职责等。

2. 完善预算绩效管理的规章制度

预算绩效管理是一个由预算编制绩效目标管理、绩效运行跟踪监控管理、绩效评价实施管理、绩效评价结果反馈和应用管理共同组成的综合系统。要从定义、责任主体、基本原则、主要依据、基本内容、组织管理和工作程序等方面,对这四个子系统进行规范,但又要依据子系统的特点,各有侧重。

(1)预算编制制度

1)绩效目标的管理。明确绩效目标的编制要求,责任主体和申报程序,绩效目标权重设置的原则和方法,预算绩效计划的编制方法,绩效目标、绩效计划的审核、评价和论证的程序和方法,预算绩效目标与政府绩效目标、部门绩效目标的关系。

2)明确预算编制与绩效目标挂钩的方式,预算编制的程序和要求,调整绩效目标和预算的条件和程序,以绩效为衡量标准、在资金分配环节引入竞争机制的方法和程序。

3)中长期预算的编制。明确中长期跨度的年限,不同年限预算编制的范围和内容、明细程度,滚动预算编制的方法和程序。

(2)绩效监控制度

1)绩效运行分析报告。明确预算部门绩效运行分析的主体地位和报告的程序,定期报告的时间间隔,绩效运行分析报告的具体内容和要求,说明绩效数据的来源、收集和分析方法,预测未来绩效运行情况。

2)绩效运行监控预警机制。明确绩效运行监测指标,不同等级预警的标准,发现预警情况的处理方式,反馈到相关业务科室和预算部门的程序。

3)绩效运行偏离目标的处理。绩效目标执行未达进度或预期不能实现时,调整预算的程序和办法。

(3)绩效评价制度

1)绩效评价指标和标准体系。不同行业、领域的项目、基本支出,部门整体支出,一般性转移支付和专项转移支付,不同主体功能区的政府财政支出,都需要设计相适应的绩效评价指标和标准体系。

2)绩效评价方法的选择。对成熟的绩效评价方法进行规范,统一同等类型的绩效指标评价方法,以便更广泛地推广且有利于交流、比较。

3)中介机构和专家库的管理。明确中介机构和专家参与绩效评价工作的程序和要求,指导第三方规范开展绩效评价工作。

(4)结果反馈和应用制度

1)结果反馈。评价发现的问题和建议,反馈给预算部门的程序,部门整改情况回访程序,整改不到位的处罚程序。

2)结果公开。对社会关注度高、影响力大的财政支出项目绩效评价情况,明确上报人大、政府的程序,向社会公开的方式和范围。

3)绩效问责。明确绩效问责的内容、方式、机构,规范绩效问责的审批和申诉程序,财政、监察、组织、人事等部门的职责分工。配合行政问责,将绩效结果提供政府其他相关部门的程序。

4)改进预算。将绩效评价结果用于下一年度预算编制的范围、程度、方式和程序,设置社会公众、专家等参与预算决策的程序。

(四)建立预算绩效管理的考核制度

为有效推进预算绩效管理,应建立预算绩效管理工作考核制度,督促各级财政部门推进预算绩效改革的进度,考评预算部门加强预算绩效管理的成效,对管理工作成绩突出的予以一定的奖励,反之给予一定的处罚。通过考核指标,统一各级财政部门、预算部门对预算绩效管理的认识,确保绩效管理工作方向,协调各地工作进度,早日实现全覆盖。

1.建立财政部门考核制度

财政部门是预算绩效管理工作的组织者,可以从四个方面考核各地财政部门绩效管理工作情况:

(1)预算绩效管理试点情况。包括各种类型绩效管理试点及经验积累情况,实施预算绩效管理范围占财政支出的比重,创新丰富绩效结果应用的方式,拓展绩效结果应用的渠道。

(2)预算绩效管理体系情况。绩效目标是否连同预算一并批复,定期开展绩效运行情况分析,组织部门开展自评和财政再评价,开展评价结果的反馈和应用,绩效对预算编制和决策的影响程度,绩效运行动态监控机制,绩效评价结果的权威性,绩效问责机制的落实程度。

(3)预算绩效管理信息系统建设情况。主要包括绩效指标库、专家库、中介机构库等子库建设进度等等,关键是能否建立一个覆盖绩效管理全过程、对绩效信息及时进行收集、整理和分析的预算绩效信息系统。

(4)预算绩效管理组织机构的设置情况。预算绩效管理机构设置及其职能定位是否清晰,是否分类、分层进行业务培训,中介机构和专家的管理是否更规范。

2. 建立部门预算绩效考核质量检查制度

针对部门预算的绩效考核,除了要完成预算绩效管理相关制度规定外,为避免形式化、运动化,当前应着重从四个方面予以考核:

(1)绩效运行数据的收集、整理和分析质量。数据是否来源于一线工作岗位,是否对公共品的成本进行跟踪记录,是否采用一些分析方法处理数据,从而获取有利于提高效率的信息。

(2)预算绩效计划编制质量。是否能从产出效率和效果的角度思考,拟订切实可行的预算绩效计划,并依据预算绩效计划改变预算编制方法。

(3)绩效运行情况报告质量。是否能从基层单位层层汇总,并按照公共品的成本和产出角度重组传统机构,注重提高对绩效运行趋势的预测能力;是否能依据实际情况及时对绩效计划进行调整和优化,确保绩效目标的实现。

(4)绩效报告和绩效评价报告质量。在保证真实的基础上,是否能深入分析投入与产出、产出与效果、效果与满意度之间的效率关系,改进工作方法,优化资源配置,提高财政支出效率。

参考文献

[1]程瑜.中国预算绩效管理制度创新研究［M］.北京:中国财政经济出版社,2014.

[2]陆毅,凯瑟琳·威洛比.公共绩效预算［M］.马蔡琛,译.沈阳:东北财经大学出版社,2020.

[3]乔燕君.中国税式支出的预算治理安排研究［M］.北京:中国经济出版社,2018.

[4]牛美丽.地方政府绩效预算改革［M］.上海:上海人民出版社,2012.

[5]许正中,赵新国.财政工程理论与绩效预算创新［M］.北京:中国财政经济出版社,2014.

[6]王杨编.企划主管绩效管理方法［M］.北京:中国经济出版社,2003.

[7]白万纲.战略性绩效管控实操全解［M］.北京:中国经济出版社,2014.

[8]郑建新,许正中.国际绩效预算改革与实践［M］.北京:中国财政经济出版社,2014.

[9]夏先德,许正中.中国绩效预算模式设计研究［M］.北京:中国财政经济出版社,2014.

[10]王秀芝.中国预算管理制度改革［M］.北京:经济科学出版社,2018.

[11]李三喜.预算管理实务操作应用:厘定预算管理实施的思路与路径［M］.北京:中国时代经济出版社,2010.

[12]李金珊,徐越.预算项目政策绩效评价研究［M］.北京:经济科学出版社,2018.

[13]晁毓欣.全面预算绩效管理下财政政策绩效评价研究与探索［M］.北京:经济科学出版社,2018.

[14]吕昕阳.政府绩效管理创新研究［M］.北京:经济管理出版社,2017.

[15]孙克竞.政府部门预算支出绩效管理研究［M］.大连:东北财经大学出版社,2012.

[16]胡幼桃.部门预算改革与实践［M］.南昌:江西科学技术出版社,2006.

[17]何清华,杨德磊.项目管理[M].2版.上海:同济大学出版社,2019.

[18]申喜连.政府绩效评估研究[M].北京:光明日报出版社,2013.

[19]蔡军.绩效导向型公共预算管理研究[M].北京:中国书籍出版社,2013.

[20]杨建平,萧赓.国外公路投资预算管理制度研究[M].北京:人民交通出版社,2015.

[21]孙琳.政府会计制度改革与政府绩效改善研究[M].合肥:安徽大学出版社,2018.

[22]杨玉霞.中国政府预算改革及其绩效评价[M].北京:北京师范大学出版社,2011.

[23]周霞.基于可持续发展视角的财政补贴绩效管理研究[M].北京:经济科学出版社,2016.

[24]马蔡琛.政府预算[M].2版.沈阳:东北财经大学出版社,2018.

[25]徐华,吕勇清.全面预算管理:让公司指数级增长[M].北京:机械工业出版社,2019.

[26]陈志芳.基于平衡计分卡的地方项目财政支出绩效评价指标体系研究[M].昆明:云南人民出版社,2014.

[27]珍妮特·M.凯丽,威廉姆·C.瑞文巴克.地方政府绩效预算[M].苟燕楠,译.上海:上海财经大学出版社,2007.

[28]彭成洪.政府预算[M].北京:经济科学出版社,2010.

[29]刘铭达.公共财政与支出管理制度改革[M].南宁:广西人民出版社,2003.

[30]周云平.转型期政府绩效审计模式研究[M].济南:山东人民出版社,2008.

[31]王宏伟,张艳芳.中国财政支农绩效监测评价研究:以试点地区为案例[M].北京:经济管理出版社,2017.